Jarz
Entwicklung multimedialer Systeme

# **GABLER** EDITION WISSENSCHAFT

Ewald M. Jarz

# Entwicklung multimedialer Systeme

## Planung von Lern- und Masseninformationssystemen

Mit einem Geleitwort
von Prof. Dr. Friedrich Roithmayr

Springer Fachmedien Wiesbaden GmbH

Die Deutsche Bibliothek - CIP-Einheitsaufnahme

**Jarz, Ewald M.**:
Entwicklung multimedialer Systeme : Planung von Lern-
und Masseninformationssystemen / Ewald M. Jarz.
Mit einem Geleitw. von Friedrich Roithmayr.
- Wiesbaden : Dt. Univ.-Verl. ; Wiesbaden : Gabler, 1997
(Gabler Edition Wissenschaft)
Zugl.: Innsbruck, Univ., Diss., 1996
ISBN 978-3-8244-6523-1

ISBN 978-3-8244-6523-1          ISBN 978-3-663-08463-1 (eBook)
DOI 10.1007/978-3-663-08463-1


Der Deutsche Universitäts-Verlag und der Gabler Verlag sind Unternehmen der
Bertelsmann Fachinformation.

Gabler Verlag, Deutscher Universitäts-Verlag, Wiesbaden
©1997 Springer Fachmedien Wiesbaden
Ursprünglich erschienen bei Betriebswirtschaftlicher Verlag
Dr. Th. Gabler GmbH, Wiesbaden in 1997
Lektorat: Ute Wrasmann / Annette Werther

http://www.gabler-online.de

Höchste inhaltliche und technische Qualität unserer Produkte ist unser Ziel. Bei der Produktion und
Auslieferung unserer Bücher wollen wir die Umwelt schonen: Dieses Buch ist auf säurefreiem und
chlorfrei gebleichtem Papier gedruckt.

Die Wiedergabe von Gebrauchsnamen, Handelsnamen, Warenbezeichnungen usw. in diesem
Werk berechtigt auch ohne besondere Kennzeichnung nicht zu der Annahme, daß solche Namen
im Sinne der Warenzeichen- und Markenschutz-Gesetzgebung als frei zu betrachten wären
und daher von jedermann benutzt werden dürften.

ISBN 978-3-8244-6523-1

## Geleitwort

Durch die inzwischen relativ kostengünstig verfügbare multimediale Technik koordinierter, nonlinearer, audiovisueller Informationsdarstellungen entstehen weitere Aufgabenfelder der Informationsverarbeitung.

Sind es zu Beginn einer Innovation meist technische Interessen, die das Paradigma prägen, so ist in einer späteren Phase stets die Gesellschaft gefordert, den Einsatz und die Weiterentwicklung der Aufgabenfelder zu bewerten und zu steuern. Gerade im Gebiet Multimedia, das in der vergangenen Dekade in Theorie und Praxis nahezu weltweit einen immensen Bedeutungs- und Wissenszuwachs erfahren hat, hat die Entwicklung theoretischer Basiskonzepte mit der technischen Entwicklung nicht mitgehalten.

In der hier vorliegenden Arbeit ist es dem Autor hervorragend gelungen einen konsistenten, roten Faden durch das schwierige Thema zu finden und auf Basis genauer technischer und lernpsychologischer Kenntnisse übergreifende Konzepte zur Entwicklung und zum Einsatz multimedialer Systeme zu beschreiben. Der Autor hat im Rahmen des Forschungsschwerpunkts Multimedia am Institut für Wirtschaftsinformatik der Sozial- und Wirtschaftswissenschaftlichen Fakultät der Universität Innsbruck mehrere multimediale Projekte bearbeitet, betreut, projektiert und zur Serienproduktion gebracht. Dieser Hintergrund blitzt in den theoretischen Ausführungen auf. Erst dadurch konnte er den nötigen interdisziplinären Charakter der Arbeit aufrechterhalten. Er bringt eine Struktur in die Vielfalt sehr unterschiedlicher Bezugswissenschaften und -konzepte und erarbeitet ein übersichtliches Begriffsinventar, das weitere empirische und gestalterische Arbeiten befruchten sollte.

In diesem Sinne ist dieses Buch ein wichtiger Schritt zur Entwicklung einer multimedialen Theorie, die valide Aussagen in einer Gesellschaft mit sich rasant ändernder Technik zulässt.

o.Univ.-Prof. Dr. Friedrich Roithmayr

# Vorwort

1985 wurde ich zum ersten Mal mit dem Wort „Multimedia" konfrontiert. Wir stellten einen Diavortrag über unsere vergangene Saharareise zusammen und orientierten uns dabei an den damals populären, neuartigen Überblendtechniken der Diaprojektoren mit synchronen Toneffekten. Ich begegnete diesem Wort später auch in der Theaterbranche als Licht- und Tontechniker und schließlich auch als Vorstandsmitglied einer Innsbrucker Kleinbühne. Das Wort Multimedia tauchte dann auch beim Österreichischen Rundfunk auf, bei dem ich nebenberuflich als Lichttechniker und Kameraassistent arbeitete. Aber erst durch meine Tätigkeit als Universitätsassistent am Institut für Wirtschaftsinformatik der Leopold-Franzens-Universität Innsbruck hatte ich im Rahmen des Forschungsschwerpunkts Multimedia die Möglichkeit, mich intensiv mit diesem Begriff auseinanderzusetzen. Die ersten Projekte waren eher explorativer, experimenteller Natur. Die anfängliche Faszination, bunte, bewegte Bilder und Filme am PC darstellen zu können, wich aber bald der Einsicht, dass es mit bloßem Technikeinsatz nicht getan ist, und dass sich die ersten multimedialen Lernprogramme im Prinzip vom – gescheiterten – computerunterstützten Unterricht der sechziger Jahre kaum unterschieden. Aus dem Bedürfnis nach übergreifenden, fundierten, theoretischen Aussagen zu Lerntheorien, Wirkung, Einsatz und Gestaltung von multimedialen Systemen entstand die Konzeption dieser Arbeit. Aus inzwischen über 15 multimedialen Projekten, in denen ich involviert war und bin, von denen neun abgeschlossen sind und zwei zur Marktreife gebracht wurden, kristallisierten sich langsam Gemeinsamkeiten heraus, denen ich in dieser Arbeit nachgegangen bin.

An dieser Stelle sei allen gedankt, die mir die Fertigstellung dieses Werkes ermöglicht haben. Allen voran gilt mein spezieller Dank meinem Doktorvater o.Univ.-Prof. Dr. **Friedrich Roithmayr**, der mir die Möglichkeit bot, in einem sehr gut ausgestatteten, infrastrukturellen Umfeld ein Multimedia-Labor aufzubauen, und der entsprechende Projekte initiierte. Ohne seine großzügige Unterstützung wäre diese Arbeit nie fertiggestellt worden. Ein herzlicher Dank geht auch an meinen zweiten Betreuer, o.Univ.-Prof. Dr. **Herbert Altrichter**, der mir gerade in dem Bereich der Lerntheorie sehr wesentliche Hinweise gegeben hat. Weiters ist es mir wichtig, all jenen („meinen") Diplomanden zu danken, die durch ihre Vorarbeiten mir ein wesentliches Stück Arbeit abgenommen haben, und durch deren laufenden Kontakt ich in persönlichen Gesprächen zu vielen Einsichten gekommen bin. Mag. **Thomas Pesendorfer** hat die technischen Voraussetzungen für viele weitere Entwicklungen geliefert. Mag. **Nina Jäger** hat neue Wege bei der Benutzerführung erarbeitet. Mag. **Roland Schuster** hat das erste professionelle Screendesign geliefert. Mag. **Thomas Mathis** zeigte die Möglichkeiten und den Einsatz der Evaluierung multimedialer Anwendungen auf und lieferte damit ein erstes Benutzerfeedback. Mag. **Georg Fuhrmann** stöberte erstmals in „informatikfremden" Bereichen nach grundsätzlichen Gestaltungshinweisen. Mit Mag. **Florian Oberkofler** und Mag. **Richard Schuster** gelang es, die erste marktreife multimediale Anwendung auf CD-ROM zu brennen. Durch **Peter Göller** und **Christian Huber**, sowie Mag. **Markus Walcher,** Mag. **Gregor Kofler** und **Christian Wiesmayr** konnte ich wichtige Teile meines Vorgehensmodells neu durchdenken und überprüfen.

Ein besonderer Dank geht an meine beiden Arbeitskollegen und Freunde Dr. **Gerhard A. Kainz** und Dr. **Gerhard Walpoth**, die mir konstruktive Anregungen für meine Arbeit gaben und mit denen in vielen Arbeitsstunden eine multimediale Fallstudie und ein erstes Vorgehensmodell dafür entstanden ist. Auch meinen weiteren Mitarbeitern am Institut für Wirtschaftsinformatik **Manuela Fink, Alexandra Seeber** und – last but not least – Ing. **Peter Seethaler** sei für deren stets offenes Ohr und der Unterstützung bei organisatorisch-technischen Problemen gedankt. Weiters möchte ich mich bei Dr. **Gabriele** und Mag. **Stefan Salzgeber** bedanken, die mich zu Beginn meiner Beschäftigung mit Lerntheorien auf die richtige Fährte geführt und mir entsprechende Literatur zur Verfügung gestellt haben. Auch Dr. **Josef Schiestl** hat mich mit wichtiger, „grauer" Literatur versorgt – Dankeschön! Bedanken möchte ich mich auch bei o.Univ.-Prof. Dr. **Stefan Laske**, der mich in der Schlussphase mental unterstützte und der auch die Erstellung der SOWI-CD ermöglichte. Den Mitarbeitern der Firma **Tyrolean-Airways**, die sich für die Erstellung der multimedialen Fallstudie zur Verfügung gestellt haben, sei ebenfalls herzlich gedankt.

Mein innigster Dank geht an meine Frau **Karin**, die mir nicht nur konsequent bei der Austreibung des Fehlerteufels half, sondern die mich immer ermuntert und in meiner Arbeit bestärkt hat. Danke vielmals!

Der besseren Lesbarkeit und Verständlichkeit wegen wird in der Folge durchgehend und einheitlich die männliche Form für beide Geschlechter verwendet. Ich folge damit der „Empfehlung zur sprachlichen Gleichbehandlung der Frau" (Punkt 5.1.2.) aus der Schriftenreihe zur sozialen und beruflichen Gleichstellung der Frau des Bundesministeriums für Arbeit und Soziales der Bundesrepublik Österreich.

Ewald Jarz

**Überblick**

# Inhaltsverzeichnis

## Abbildungsverzeichnis

# Tabellenverzeichnis

# 1 EINLEITUNG

## 1.1 Problemstellung

Der massive Einsatz von Informations- und Kommunikationssystemen hat Wirtschaft und Gesellschaft nachhaltig geprägt.[1] Insbesondere durch die Möglichkeit, große Datenmengen rasch zu verarbeiten und daraus Informationen zu gewinnen, stieg der Anteil des Faktors Information an der Arbeitskraft.[2] Der Begriff der Informationsgesellschaft[3] zeigt die Bedeutung des inzwischen zum Produktionsfaktor avancierten Gut Information.

Die Weiterentwicklung der "Datenverarbeitung" zur "Informationsverarbeitung" Ende der Achtziger Jahre[4] stellt nicht nur die Verarbeitung von Information in den Mittelpunkt, sondern umfasst neben Daten auch Text, Sprache und Bild.[5] Heinrich/ Lehner/ Roithmayr weisen auch darauf hin, dass Informationsverarbeitung im Gegensatz zur Datenverarbeitung subjekt-bezogen ist, und nur dann vorliegt, wenn der Mensch als Verwender und Interpretierer der Daten am Verarbeitungsprozess beteiligt ist. Ebenso zeigen sie die begriffliche Vermischung von Daten und Information durch Shannons Mathematical Theory of Communication von 1950.[6]

Der Begriff Informationsverarbeitung hat sich inzwischen im deutschen Sprachraum genauso etabliert wie international sein englisches Pendant „information processing".

Im Zuge der immer leistungsstärkeren Hard- und Software können Informationsverarbei-tungssysteme, die auch die ressourcenintensiven Informationsarten Sprache und Bild verar-beiten, auch auf kostengünstigen, dezentralen Rechnern (PC) installiert werden, die im Infor-mationssystem von Organisationen zunehmend an Gewicht gewinnen. In der PC- Welt hat sich in den letzten Jahren für diese Verarbeitungstechnik (insbesondere für Bewegtbilder in Kombination mit Ton) der Begriff Multimedia[7] eingebürgert.[8]

---

[1]  siehe dazu Mülder, 1990, S. 191
[2]  vgl. Wratil; Schwampe, 1992, S. 14
[3]  vgl. dazu Hensel, 1990
[4]  Diese Entwicklung zeigt sich unter anderem auch an einem der Standardwerke der Wirtschaftsinformatik von Mertens, P. und Griese, J. durch die Umbenennung von "Industrielle **Daten**verarbeitung" (Band 1, siebte Auflage, Band 2, fünfte Auflage 1988) in "Integrierte **Informations**verarbeitung" (achte bzw. sechste Aufla-ge 1991).
[5]  vgl. Heinrich; Roithmayr, 1995, S. 266
[6]  Heinrich; Lehner; Roithmayr, 1994, S. 224 f
[7]  Der Begriff Multimedia wird in Kapitel 1 noch ausführlich behandelt und definiert.
[8]  Messina, 1993, S. 1 ff

Seit dem Auftauchen des Begriffs Multimedia in Zusammenhang mit rechnergestützten Systemen Mitte der siebziger Jahre[1] wurden unterschiedliche etymologische und essentialistische Charakteristika für diese Art der Informationsverarbeitung publiziert. Die Palette der Definitionen reicht von eher rechnerorientierten Gesichtspunkten[2] über verarbeitungstechnische Ansätze[3] bis hin zu inhaltlichen Anforderungen.[4] Diese Menge unterschiedlicher Definienta stiftet eher Verwirrung[5] und ist mit auch Ursache für die Kritik von Stahlknecht/ Schnieders an bestehenden Publikationen, dass aus der Sicht des Wirtschaftsinformatikers noch große Mängel im Bereich des Informationsmanagements bestehen.[6]

Zentrales Erkenntnisobjekt dieser Arbeit sind Anwendungen multimedialer Techniken in den Haupteinsatzbereichen bei Lernsystemen und Masseninformationssystemen.

Vor diesem Hintergrund ergibt sich folgender Problemaufriss für diese Arbeit:

a) Der Begriff Multimedia ist inhaltlich noch nicht ausreichend definiert.

b) Die derzeit vorhandenen Ansätze zur betrieblichen Integration der multimedialen Technik sind zu sehr technisch orientiert. Aspekte, wie Benutzerschnittstelle und Navigation, Didaktik, Regie und Bildkomposition digitaler Bild- und Audiosequenzen, Dramaturgie der Anwendung, usw. bleiben in den Methoden des Softwareengineerings unberücksichtigt. Die Produktion von Software (-Modulen) ist darüber hinaus von Paradigmen der Programmierung (strukturierte Programmierung, Information hiding, usw.) geprägt. Diese sind für die Produktion der Bausteine einer multimedialen Anwendung, wie z.B. einer Filmsequenz, jedoch nicht ausreichend.

Benutzerschnittstelle und Navigation sind Themen, die vor allem in der Literatur zur Entwicklung von Hypertext und Hypermediasoftware behandelt werden[7]. Das "look and feel" der Anwendung muss dem Informationsgehalt und den Erwartungen der Benutzer entsprechen um eine intuitive Bedienung des Systems zu ermöglichen.

Digitale Bild- und Audiosequenzen machen zu einem Großteil das „Multimedia" der Anwendungen aus. Die Produktion dieser Sequenzen verlangt neben technischen auch gestalterische Kenntisse. Diese sind vergleichbar mit den Anforderungen einer Film- oder Tonproduktion und beinhalten Kameraführung, Bildkomposition, Schnittechnik für Video und Audio.

Dramaturgie geht über die Gestaltung einer einzelnen Sequenz hinaus und beinhaltet als zentrales Element die Spannung, die einen Benutzer veranlasst, sich weitere Informationen

---

[1] vgl. Mertens, 1995, S. 31
[2] z.B. Adkins, 1986, S. 211/ Akkerhuis et al., 1991, S. 3/ Heinrich; Roithmayr, 1995, S. 359
[3] z.B. Haak; Issing, 1992, S. 24/ Steinmetz, 1993, S. 19/ Förster; Zwerneman, 1993, S. 10
[4] z.B. Helmert, 1992, S. 58; Hoogeveen, 1995, S. 348; Wodaski, 1995, S. 29
[5] vgl. Börner; Schnellhardt, 1992, S. 15
[6] Stahlknecht, 1994, S. 626
[7] vgl. z.B.: Glowalla; Schoop, 1992

mit dem System zu erarbeiten. Die Anwendung und das Umfeld, in dem die Anwendung eingesetzt wird, müssen derart aufeinander abgestimmt sein, dass der Benutzer "Spaß" an der Anwendung empfindet und Informationshunger – im Sinne des Anwenders/ Entwicklers – entwickelt. Die Dramaturgie der Anwendung ist ein zentraler Erfolgsfaktor bezüglich der Akzeptanz.

c) Durch die Vielzahl der Ansätze, die durch die multimediale Technik berührt werden, hat die Forschung in sehr vielen Disziplinen in die Tiefe gearbeitet. Es fehlt jedoch ein integrativer, interdisziplinärer Ansatz, der die Forschungsergebnisse verdichtet und auf einer breiteren Basis zusammenführt um Gestaltungsaussagen zuzulassen.

d) Der Einsatz multimedialer Elemente ist noch zu sehr von technischen Machbarkeiten und Experimenten geprägt. Es fehlt an einem fundierten Konzept, das einen Rahmen für Gestaltungsaussagen zur Verfügung stellt.

e) Organisationen haben in ihrer Informationssystem-Planung multimediale Lern- und Masseninformationssysteme noch nicht in größerem Umfang berücksichtigt, da für diese Systeme kein Modell zur Systemplanung vorhanden ist.


## 1.2 Relevanz und Zielsetzung der Arbeit

Die starke technische Orientierung der bisherigen Multimedia-Entwicklung zeugt von mangelndem theoretischen Unterbau in den Sozial- und Wirtschaftswissenschaften. Die gegenwärtige Diskussion lässt sich mit dem Schlagwort „Multimedia – eine Technik sucht ihre Anwendung!" zusammenfassen. Kerres[1] verweist auf das Fehlen und die Notwendigkeit fundierter theoretischer Konzepte bei der Entwicklung und dem Einsatz multimedialer Technik.

Ansätze für ein neues, noch unreflektiertes, multimediales Paradigma lassen sich in der Literatur bereits erkennen. Hoogeveen[2] sieht darin unter anderem die Chance für eine höhere Qualität der Informationsdarstellung. Brauner/ Bickmann[3] zeigen ein Szenario mit dramatischen gesellschaftlichen Auswirkungen der multimedialen Technik. Die Haupteinsatzbereiche dieser Technik sind Wissensvermittlung und Wissensrepräsentation. Damit berührt Multimedia grundlegende Gebiete der menschlichen Existenz.[4]

Die Intention dieser Arbeit ist das Erkenntnisobjekt „multimediale Lern- und Masseninformationssysteme" aus drei Perspektiven zu betrachten. Die erste Perspektive rückt den Menschen als Benutzer multimedialer Systeme in den Vordergrund. Dabei wird von dem Ansatz ausgegangen, dass durch multimediale Systeme Information transportiert wird. Der Begriff

---

[1]   Kerres, 1990, S. 71 f
[2]   Hoogeveen, 1995, S. 351 f
[3]   Brauner; Bickmann, 1994
[4]   vgl. dazu Habermas, 1973

Information ist allerdings zweideutig. Damit wird einerseits der Vorgang des Informierens bezeichnet, andererseits Information an sich, als Entität. Der Begriff Informationssysteme wird in der Regel eher im ersteren Sinn verwendet. Die Aufgabe eines Informationssystems ist es, Handlungsträger zu informieren.[1] Dazu muss das Informationssystem selbstverständlich Informationen (oder Daten) enthalten, sonst könnte es die Funktion des Informierens nicht wahrnehmen. Die Funktion des Informierens benötigt aber immer den Menschen als Interpreten der Information. Aus der Sicht des Menschen ist die Information letztlich Wissen, das in irgendeiner Form im Menschen gespeichert ist. Die erste Perspektive beschäftigt sich deshalb mit der Art des Wissens, der Art des Wissenserwerbs und letztlich der Art der Förderung des Wissenserwerbs des Menschen durch multimediale Systeme.

Die zweite Perspektive rückt die Gestaltungsmöglichkeiten multimedialer Systeme in den Vordergrund und betrachtet gestalterische und technische Parameter von Informationsdarstellungen und deren Wirkungen auf den Wissenserwerb des Menschen.

Die dritte Perspektive löst sich von theoretischen Betrachtungen und gibt konkrete Handlungsanleitungen zur Gestaltung multimedialer Lern- und Masseninformationssysteme aus systemplanerischer Sicht.

Ziel der Arbeit ist eine interdisziplinäre Zusammenschau zum Erkenntnisobjekt „multimediale Lern- und Masseninformationssysteme" zu bieten und darauf aufbauend ein Vorgehensmodell zur Konstruktion dieser Systeme anzubieten und in ein bestehendes Systemplanungskonzept einzubetten.

## 1.3  Vorgangsweise und Aufbau der Arbeit

Die Arbeit folgt der allgemeinen wissenschaftstheoretischen Konzeption.[2] Zunächst wird die Begriffswelt geklärt, anschließend werden Theorien vorgestellt, die als Grundlage für die technologische Konzeption des zu erarbeitenden Modells dienen.

Unter *Theorien* werden nach allgemeinem, wissenschaftstheoretischen Verständnis in sich konsistene Aussagen mit subjektivem Wahrheitswert und der Erklärung von Ursache-Wirkungszusammenhängen verstanden. Unter *Modelle* werden in sich konsistene technologische Aussagen ohne Wahrheitsanspruch verstanden, die Ziel-Mittel Zusammenhänge repräsentieren.[3]

---

[1]  Titze, 1993, S. 15
[2]  vgl. Chmielewicz, 1979, S. 8 ff
[3]  vgl. Chmielewicz, 1979, S. 119 ff

Das Kapitel 1 beschäftigt sich eingehend mit der Abgrenzung des Begriffs Multimedia und der Begriffe Lernsystem und Masseninformationssystem. Das Erkenntnisobjekt wird dabei anhand allgemeiner Merkmale des Mensch-Maschine-Mensch-Systems spezifiziert.

Darauf aufbauend werden im Kapitel 4 Theorien zum menschlichen Wissenserwerb aus der Sicht der Wissenspsychologie, Philosophie und Pädagogik vorgestellt und diskutiert. Abschließend werden zwei allgemeine Modelle zum Wissenserwerb als Ausgangspunkt für die Konstruktion multimedialer Lern- und Masseninformationssysteme diskutiert.

Im Kapitel 5 erfolgt eine Systematisierung von multimedialen Informationsdarstellungen und Interaktionsmöglichkeiten im Mensch-Maschine-Mensch-System. Darauf aufbauend wird ein Überblick über Gestaltungselemente multimedialer Informationsdarstellungen gegeben und ein Konzept zur Erarbeitung multimedialer Lern- und Masseninformationssysteme entwickelt.

Im Kapitel 6 erfolgt die Einbettung dieses Konzepts in ein bestehendes Phasenschema zur Systemplanung.

Das Kapitel 7 zeigt zusammenfassend die Systemplanung multimedialer Lern- und Masseninformationssysteme in Kurzform auf und bietet einen Ausblick auf künftige Forschungsbereiche.

# 2 BESTIMMUNG DES ERKENNTNISOBJEKTS

## 2.1 Allgemeines

Der Begriff Multimedia unterliegt der Problematik populärer Begriffe: sie werden von vielen Autoren unterschiedlich verwendet, in die Umgangssprache nur unvollständig rückübersetzt und daraus bilden sich wieder neue oder andere Inhalte mit der gleichen Bezeichnung, bis sich schließlich die Frage stellt: „Was ist Multimedia eigentlich?" Da die bestehenden Definitionen durchwegs essentialistischer Natur sind führt diese Frage zu einem essentialistischen Definitionsstreit, der nur schwer entschieden werden kann. Deshalb erscheint auch die etymologische Erklärung zu wenig ausreichend für eine allgemeingültige Bestimmung zu sein. Ebenso scheitert der Versuch, entweder den kleinsten gemeinsamen Nenner oder das kleinste gemeinsame Vielfache der bestehenden Definitionen als allgemeingültig zu erklären, am essentialistischen Wissenschaftsziel.[1] Der von Popper vorgeschlagene Weg einer Nominaldefinition bringt zwar die Unangreifbarkeit eines Begriffes, führt aber, losgelöst von Theorien und bestehenden Aussagen, zu Akzeptanzproblemen bei der Durchsetzung. Die Konsequenz zeigt die Praxis, dass letztlich jeder „sein" Definiens verwendet, so, wie es für seine Anwendung brauchbar ist. Dies führt schließlich dazu, dass die Menge unterschiedlicher Definientia eher Verwirrung stiftet, als dass sie informiert.[2]

Als Ausweg aus dem Dilemma bietet sich eine inhaltliche Analyse mit anschließender Nominaldefinition an. Ein Begriff wird immer auch von den Personen geprägt, die ihn der Alltagssprache entreißen und in die Fachsprache transportieren. Deshalb ist die Rückführung auf Gemeinsamkeiten diverser Autoren durchaus eine Komponente der Begriffsbestimmung. Zudem hat ein Begriff immer eine zeitliche Komponente. Er erlangt Bedeutung innerhalb einer Gesellschaft in einem bestimmten Zeitabschnitt. Aus diesem Grund ist auch die Untersuchung der Wurzeln eines Begriffes relevant. Beide Einflussgrößen sind aber vergänglich und verändern sich. Die dritte Komponente einer Bestimmung ist die Inhaltliche. Für eine dauerhafte Etablierung eines Begriffes ist sowohl eine exakte Intension als auch eine Extension mit der Unterstützung von aussagekräftigen Theorien notwendig.

---

[1] siehe dazu die wissenschaftstheoretischen Ausführungen zur Begriffslehre in Chmielewicz, 1979, S. 49 ff
[2] zu diesem Schluss kommen auch Börner; Schnellhardt, 1992, S. 15

Zur Bestimmung des Begriffs Multimedia und im weiteren dessen Ausprägung als Lern- und Masseninformationssystem wird deshalb in folgenden Schritten vorgegangen:[1]

a) etymologische Untersuchung: Entwicklung des Begriffs Multimedia

b) essentialistische Untersuchung: Merkmale des Begriffs Multimedia

c) Untersuchung der Intension

d) Nominaldefinition basierend auf der Intension

e) Untersuchung der Extension

f) Bildung von Aussagen zur Unterstützung der Nominaldefinition durch Begriffsexplikation

## 2.2 Entwicklung des Begriffes Multimedia

### 2.2.1 Medium

Das Wort Multimedia setzt sich zusammen aus den Worten "Multi" (lat. = "mehrere" i.S. von mehr als eins) und "Media" (Mehrzahl von "Medium", lat. = "Mitte").

Die Verwendung mehrerer Medien wirft zunächst die Forderung nach einer Bestimmung des Begriffs Medium auf.

„Medium" hat mehrere Bedeutungen.[2] Für die hier untersuchte Fragestellung sind folgende relevant:

a) Träger physikalischer oder chemischer Vorgänge (Physik und Chemie)

b) Vermittlungsinstanz für Information (Kommunikationswissenschaft): Einrichtung für die Vermittlung von Meinungen, Informationen oder Kulturgütern insbesondere eines der Massenmedien Film, Funk, Fernsehen, Presse

c) vermittelndes Element (Bildungsbereich): Unterrichtshilfsmittel, das der Vermittlung von Information und Bildung dient

d) für die Werbung benutztes Kommunikationsmittel, Werbeträger

Im Zusammenhang mit „multi" (-media) sind nur mehr die Bedeutungen a) und c) vorhanden. Die Bedeutung c) impliziert eine bestimmte Art von Verwendung und ist für eine allgemeine Definition nur eingeschränkt relevant. In Kombination mit rechnergestützten Systemen bleibt somit die Bedeutung a) für nähere Betrachtungen übrig.

---

[1]  siehe dazu die wissenschaftstheoretischen Ausführungen zur Begriffslehre in Chmielewicz, 1979, S. 59 ff

[2]  vgl. Brockhaus, 1991 und Duden, 1982, S. 480 f

Medium im physischen Sinne bezeichnet eigentlich einen „Vermittler" zwischen zwei oder mehr Kommunikationspartnern.[1] Der Sender einer Nachricht muss sich eines Mediums bedienen, um die Nachricht zu übermitteln. Ein Medium ist damit zunächst ein Nachrichtenträger. Ein Sender erzeugt eine Nachricht, indem er auf ein bestimmtes Medium einwirkt. Beispielsweise ist Schall ein Medium, das durch Einwirkung von einem Sprecher mittels Lauten geformt wird, um von einem Hörer empfangen zu werden. Weitere Medien sind etwa Licht, Flüssigkeiten, Oberflächen, Feststoffkörper usw. Eine ausführliche Aufstellung und Untersuchung von Medien findet sich bei Meyer-Wegener. Er unterscheidet zwischen *konkreten* Medien und *abstrakten* Medien.[2] Konkrete Medien sind Trägermedien, wie etwa Licht, abstrakte Medien benutzen diese Trägermedien zum Informationsaustausch, wie etwa eine reflektierende Oberfläche. Abstrakte Medien formen konkrete Medien so, dass diese eine Information enthalten. Abstrakte Medien (z.B. Grafiken) können wiederum ihrerseits Grundlage für noch abstraktere Medien (z.B. Schrift) sein, also ebenfalls zu einem konkreten Medium werden usw. Diese Zusammenhänge stellt er in einer Benutzungshierarchie der Medien dar. Nach seiner Strukturierung verschiedener Medien mit Sender, Empfänger und Ausdrucksmittel wird klar, dass es beliebig viele Medien geben kann, je nach Detaillierungsgrad und Verwendungszweck. Die Frage, wann von verschiedenen Medien gesprochen werden kann, um mit zwei oder mehreren von „Multi"-Medien zu reden, führt nach dieser Einteilung zu unendlich vielen Lösungen.

Eine weitere Einteilung der Medien berücksichtigt die Zeit. Einige Medien stellen Nachrichten nur durch Veränderung in der Zeit dar, andere sind (relativ) invariant gegenüber der Zeit. Ton und Bewegtbildsequenzen (Filme, Animationen) beispielsweise sind zeitabhängig, während Bilder und Texte zeitinvariant sind, das heißt, hier kontrolliert der Empfänger Zeitpunkt und Dauer des Empfangs. Zeitabhängigkeit liegt immer dann vor, wenn einer der Sender in der Benutzungshierarchie unter Berücksichtigung der Zeit gesteuert werden muss.[3] Zeitabhängige Medien werden als *kontinuierlich*, zeitunabhängige Medien als *diskret* bezeichnet.

Eine alternative Differenzierung wird in einem Papier der ISO (International Standardization Organization) vorgenommen.[4] Hier wird unterschieden zwischen

a) Perzeptionsmedien
   sind jene Medien, die zur Reizaufnahme durch die menschlichen Sinnesorgane dienen (z.B. Licht, Schall, Geruch).

b) Präsentationsmedien
   stehen an der Schnittstelle zwischen Information und Rechner. Der Begriff bezieht sich auf die Hilfsmittel für Ein- und Ausgabe von Informationen (Eingabemedien sind z.B. Papier,

---

[1] siehe Heinrich; Roithmayr, 1995, S. 341
[2] Meyer-Wegener, 1991, S. 20 f
[3] Meyer-Wegener, 1991, S. 27
[4] ISO/ IEC, 1993

Plastikkarten, Magnetkarten, Chipkarten bzw. Ausgabemedien sind z.B. Papier, Bildschirm, Lautsprecher). Geräte, die diese Medien bearbeiten können sind Eingabe- bzw. Ausgabegeräte.

c) Repräsentationsmedien

beziehen sich auf die Informationskodierung und Datendarstellung im Rechner[1] (z.B. ASCII-Code, MPEG-Format).

d) Speichermedien

sind unterschiedliche Datenträger (z.B. Diskette, Festplatte).

e) Übertragungsmedien

sind diverse Informationsträger, die eine kontinuierliche Übertragung von Daten ermöglichen (z.B. Koaxialkabel, Glasfaser, Luft).

f) Informationsaustauschmedien

ist ein Sammelbegriff für alle Speichermedien und Übertragungsmedien innerhalb der Übertragung einer Information.

Im Zuge eines Mensch-Aufgabe-Technik-Prozesses während eines Informationsverarbeitungsvorgangs wird jede dieser Klassen berührt. Insofern erübrigt sich die Bezeichnung „multi"-Medien zwischen den Klassen. Innerhalb einer Klasse von Medien kann allerdings wohl von „multi"-Medien gesprochen werden, nämlich wenn z.B. mehrere Perzeptionskanäle angesprochen oder mehrere Ein- oder Ausgabemedien verwendet werden. Diese Einteilung zeigt eine der Hauptursachen für die unterschiedliche Verwendung des Begriffes Multimedia. Während einige Autoren damit mehrere Perzeptionsmedien meinen, verstehen wiederum andere unterschiedliche Präsentations- oder Repräsentationsmedien.

Dennoch ist diese Klassifizierung nicht homogen. Die Punkte b) bis f) sind rechner- bzw. technikorientiert, während der Punkt a) human orientiert und allgemeiner gehalten ist.

## 2.2.2 Multimedia

Die Wurzeln des Begriffs Multimedia liegen nach der Einteilung der Medien in Punkt 2.2.1 im Bereich der *Perzeptionsmedien*. In den 50er und 60er Jahren wurden auch Präsentationen (Bühnenshows) mit audio-visuellen Techniken damit bezeichnet, die später immer verfeinert eingesetzt wurden.

Unter Multimedia wurden Äußerungsformen, die eine Verbindung mehrerer Kunstbereiche (bildende Kunst, Theater, Tanz, Musik) zu einer neuen Einheit im Sinne eines Gesamtkunstwerks anstreben, verstanden. Dabei kamen verschiedenste technische Medien (Photographie, Film, Tonband, Video, Laser u.a.) zum Einsatz, wobei der besondere Akzent nicht nur auf die

---

[1] siehe dazu auch Heinrich; Lehner; Roithmayr, 1994, S. 174 ff

Aufhebung der Kunstgattungen, sondern auch auf eine Aufhebung der Diskrepanz von Leben und Kunst gelegt wurde.[1]

Auch Diavorträge mit koordinierten Audio-Effekten und Mehrbild- oder Panoramabildprojektionen wurden als Multimedia- oder Multivisions-Shows bzw. Vorträge bezeichnet. „Multi" wurde im Sinne der Kombination von auditiven und visuellen Reizen ("nicht nur Ton und nicht nur Bild") und Medium im Sinne von Präsentations- oder Darstellungs(hilfs)mittel verwendet.[2] Anfang der 70er Jahre wurde unter Multimedia bei englischsprachigen Lehrmittel-Verlagen Lehrmittelpakete verstanden, in denen unterschiedliche Unterrichtsmaterialien zusammengefasst waren: Unterrichtsbücher, Illustrationsmaterialien, Dias, Filme, Tonbänder und Begleithefte für Lehrer.[3] Der multimediale Unterricht bezeichnete hier die Verwendung mehrerer Geräte („Medien") zur Wissensvermittlung. Im Duden findet sich noch die Formulierung: „Multimedia ist die Verwendung verschiedener Medien zum Zwecke des Unterrichts, der Unterhaltung oder des künstlerischen Ausdrucks."[4]

Als der Computer sich mehr und mehr etablierte, wurden die rechnerorientierten Klassifizierungen der Medien relevant. Das Wort „Multimedia" wurde Ende der 70er Jahre im Bereich der *Präsentationsmedien* verwendet. Geräte (z.B. Lesegeräte), die in der Lage waren mehrere Eingabe- oder Ausgabemedien (Plastikkarten, Kartonkarten, Papierstreifen) zu verarbeiten, wurden von der Industrie als „Multimedia"-Geräte vertrieben.

Im Zuge der Vernetzung spielten schließlich auch *Übertragungsmedien* eine Rolle. So kamen in den 80er Jahren Schnittstellengeräte, die die Kommunikation zwischen unterschiedlichen Kabelarten und Übertragungsprotokollen ermöglichten, wie etwa Multimedia-Repeater, auf den Markt.

Die heutige Verbreitung des Wortes Multimedia – vor allem im PC-Bereich – entwickelte sich ab Mitte der 80er Jahre. Medium stand für die verarbeitete Informationsart (Daten, Text, Bild, Ton) – und damit Rückbesinnung auf die Perzeptionsklassifizierung – , "multi" für die Verwendung zweier oder mehrerer Informationsarten. Zwar wurde zur Verarbeitung speicherintensiver Informationsarten wie Ton und Video noch externe, analoge Hardware benötigt (Bildplattenspieler, Videorekorder, Tonbänder usw.), der Kern bestand aber darin, durch ein Anwendungssystem diese Komponenten softwaremäßig anzusteuern. Mit steigender technischer Entwicklung konnte schließlich auf analoge periphere Hilfsgeräte weitgehend verzichtet und eine Multimedia-Anwendung rein digital vertrieben werden.

---

[1] vgl. Brockhaus, 1991
[2] siehe auch Duden, 1982, S. 509
[3] vgl. Steinbrink, 1992, S. 19
[4] Duden, 1982, S. 509

1986 erwähnte bereits Allen Lee Adkins in einem Aufsatz "Multimedia Systeme" und verstand darunter Workstations zur Datenpräparation für Mixed Mode CDs.[1] Eines der ersten Institute, das sich mit den unterschiedlichen Aspekten von Multimedia beschäftigte, war das MIT (Massachusetts Institute of Technology) Media Lab in Boston.[2]

Der Begriff Multimedia wurde Anfang der 90er Jahre im Heimcomputerbereich populär. Multimedia wurde zum Verkaufsschlagwort, wobei unter "Multimedia-Upgrade-Kits" meist nur Soundkarte und CD-ROM-Laufwerk, sowie deren Treibersoftware verstanden wurde. Multimedia hat in den letzten zehn Jahren in der wissenschaftlichen Literatur Eingang gefunden. *Mertens* zeigt in einer breit angelegten Untersuchung der wöchentlichen Zeitschrift Computerwoche, dass der Begriff Multimedia dort erstmals 1975 aufgetreten ist.[3] Dennoch gibt es keine einheitliche Definition und Einordnung des Begriffes.

Die derzeitigen Definitionen reichen von:

> *(Multimedia ist) "Die Eigenschaft einer Anwendung, einer Benutzerausrüstung, einer Teilinformation mit mehreren Informationsarten umgehen zu können."[4]*

bis

> *"Multimedia ist die Integration von verschiedenartigen Medien. Voraussetzung dabei ist, dass die Medien einen inhaltlichen Bezug zueinander haben, der didaktisch begründbar ist. Multimedia ohne sinntragende Inhalte ist nicht möglich."[5]*

Die Literatur zu Multimedia ist breit gestreut über die Disziplinen Wirtschaftsinformatik, Informatik, Virtuelle Realität, Pädagogik, Erziehungswissenschaft, Didaktik, Wissenspsychologie, Medienwissenschaft und Medienpsychologie. Der Begriff ist demgemäß sehr weit gefasst. Weidenmann kommt zum Schluss, dass der Begriff Multimedia ebenso verbreitet, wie für den wissenschaftlichen Diskurs ungeeignet ist.[6]

Er bietet deshalb folgende Strukturierung an:

- Medium: Unterschiedliche Speicher- und Präsentationstechnologien. Medium im physikalisch-technischen Sinne

- Codierung: Art der Symboldarstellung (Text, Bilder, Zahlen)

- Sinnesmodalität: Art des Perzeptionsmediums

---

[1]  Adkins, 1986, S. 211 ff
[2]  vgl. Negroponte, 1995, S. 113 ff
[3]  Mertens, 1995, S. 31
[4]  Messina, 1993, S. 21
[5]  Helmert, 1992, S. 58
[6]  Weidenmann, 1995a, S. 67

So kommt er zu einer Dreiteilung, die in Tabelle 1 dargestellt ist.

| | mono... | multi... |
|---|---|---|
| Medium | Monomedial:<br>• Buch<br>• Videoanlage<br>• PC und Bildschirm | multimedial<br>• PC + CD-ROM-Player<br>• PC + Videorekorder |
| Codierung | monocodal:<br>• nur Text<br>• nur Bilder<br>• nur Zahlen | multicodal<br>• Text mit Bildern<br>• Grafik mit Beschriftung |
| Sinnesmodalität | monomodal:<br>• nur visuell (Text, Bilder)<br>• nur auditiv (Rede, Musik) | multimodal:<br>• audiovisuell (Video, CBT-Programme mit Ton) |

*Tabelle 1: Raster zur differenzierteren Beschreibung medialer Angebote[1]*

Dieses Raster ist eine klare Strukturierung und bietet einen Weg aus dem Multimedia-Dilemma. Allerdings entspricht die Multicodalität in Kombination mit der Multimodalität in etwa dem allgemeinen Multimedia-Verständnis. Zudem sind zusätzliche Eigenschaften wie Interaktivität usw. nicht in dieser Einteilung enthalten.

## 2.3 Merkmale von Multimedia

Bei der Untersuchung der Fülle bestehender Multimedia-Definitionen nach Merkmalen lassen sich drei Dimensionen identifizieren:

a) Kunst/ Unterhaltung

b) Rechnerorientierung

c) Verarbeitungstechnik

Untersucht man bestehende Multimedia-Definitionen auf Hinweise zu *künstlerischen* oder *unterhaltenden* Elementen, so zeigt sich, dass in den Definitionen selbst kaum Anhaltspunkte dazu zu finden sind. Eher bei populärwissenschaftlichen Autoren[2] fallen Begriffe wie Ästhetik, wirkungsvolle Präsentation, Kreativität usw.

In den Ausführungen zu den meisten Definitionen werden allerdings durchaus Gestaltungselemente wie Entertainment, Kunst, Benutzerfreundlichkeit, Spaß usw. genannt.[3] Wodaski versucht sogar den Begriff "Sinnliches Programmieren" als Multimedia-Substitut einzuführen.[4]

---

[1] Weidenmann, 1995a, S. 67
[2] siehe z.B.: Frater; Paulißen, 1994, S 17 oder Förster; Zwerneman, 1993, S. 10 f bzw. Gertler, 1995, S. 8 ff
[3] siehe z.B.: Laurel, 1994a, S. 346 oder Börner; Schnellhardt, 1992, S. 18 bzw. Hoogeveen, 1995, S. 348 oder Phillips, 1992, S. 25 f
[4] Wodaski, 1995, S. 29

Die meisten Multimedia-Anwendungen, die im Zuge der Ausführungen bestehender Definitionen genannt werden, haben eine *gestaltete Benutzeroberfläche* mit *einfach erlernbaren Bedienungselementen*.[1]

In einigen *rechnerorientierten* Multimedia-Definitionen finden sich Verbindungen zu der Medium-Bedeutung im Sinne Träger physikalischer Vorgänge.[2] Manche Autoren[3] beziehen auch die Speicherung der Anwendung explizit in die Multimedia-Definition mit ein, doch ist in den meisten Begriffsbestimmungen keine Aussage über Art und Anzahl von Speichermedien enthalten. Bei Akkerhuis[4] et al. finden sich noch konkrete Informationsaustauschmedien in der Definition, allerdings sind in ihrem EXPRES-Projekt tatsächlich mehrere physikalische Träger mit der speziellen Zielsetzung des Datenaustausches zwischen heterogenen Systemen gemeint. Multmedia wird bei ihnen auch mit Bindestrich geschrieben (Multi-media).

In älteren Multimedia-Definitionen finden sich noch Hinweise auf mehrere ("multi") Abspielgeräte (Präsentationsgeräte für Präsentationsmedien) wie Bildplattenspieler, Videorekorder usw., während in neueren Definitionen auf solche Angaben weitgehend verzichtet wird.

Neuere Multimedia-Definitionen[5] beziehen teilweise Übertragungsmedien wie LAN, Modem, Fax und Internet mit ein.

Einheitlich ist in allen Begriffsbestimmungen explizit oder implizit die *elektronische, rechnergestützte Verarbeitung* enthalten, wobei kaum ein Autor spezifische Hardwareteile nennt. Viele Autoren definieren auch nur ein Multimedia-System, das verschiedene („multi") Re- oder Präsentationsmedien zum Informationsaustausch unterstützt.

Die meisten Autoren[6] beziehen ihre Multimedia-Definition auf die *Verarbeitung mehrerer Informationsarten*. Als Medien werden teilweise die "klassischen" Informationsarten Daten, Text, Bild und Sprache genannt, häufig aber auch Video (Bewegtbild), Animation, Ton, Simulation usw. Der Begriff Medium wird hier meist mit Informationsart gleichgesetzt.

All diesen Definitionen ist entweder explizit oder implizit gemeinsam, dass diese „Medien" *unabhängig* voneinander verarbeitet werden müssen. Ein Videoband beispielsweise würde Ton und Bildinformation starr miteinander gekoppelt auf dem gemeinsamen Band abspeichern und somit würden die beiden Medien Ton und Bild nicht unabhängig voneinander sein.

---

[1] siehe z.B.: Kinnebrock, 1994, S. 102 oder Steinmetz, 1993, S. 359 ff und Nolthuis, 1992, S. 43 bzw. Lundeberg; Yamamoto; Usuki, 1992, S. 135

[2] vgl. die Ausführungen in Punkt 2.2.1

[3] siehe z.B.: Kjelldahl, 1992, S. 3

[4] Akkerhuis et al., 1991, S. 3 ff und S. 9ff

[5] siehe z.B.: Steinmetz, 1993, S. 18 f oder Heinrich; Roithmayr, 1995, S. 359 bzw. der Grundtenor in Datacom, Heft 1/ 1995, Schwerpunkt Multimediale Kommunikation, sowie die Mehrzahl der Beiträge in Maurer, 1995

[6] siehe z.B.: Förster; Zwerneman, 1993, S. 10 oder Steinmetz, 1993, S. 19 bzw. Messina, 1993, S. 19 sowie Heinrich; Roithmayr, 1995, S. 359/ Haak; Issing, 1992, S. 24/ Klingberg, 1993, S. 144 ff/ Ambron; Hooper, 1990, S. xi

Auch im Hinblick auf die Einbindung des Benutzers sind sich die meisten Autoren[1] einig und sprechen dem Begriff Multimedia hohe *Interaktivität* zu.

Soweit in diesen beiden Punkten auch Konsens besteht, so existieren doch Unterschiede in Bezug auf die Anzahl der Informationsarten und den Grad der Interaktivität, um einer Anwendung Multimediacharakter zu attestieren. Zudem werden durchwegs nur *audio-visuelle* Medien genannt.

Steinmetz führt für sein Multimedia-Verständnis Merkmale bzw. Eigenschaften eines Multimedia-Systems an und unterscheidet ein „Multimedia" im engeren und weiteren Sinn. Für „Multimedia im engeren Sinn" identifiziert er folgende wesentliche Eigenschaften:[2]

a) Kombination von Medien (Medium im Sinne von Perzeptionsmedium)

  Verarbeitung von mindestens einem diskreten und einem kontinuierlichen Medium[3]

b) Unabhängigkeit

  Die einzelnen unterstützten Medien müssen unabhängig voneinander verarbeitet werden können.

c) Rechnergestützte Integration

  Die Verarbeitung der Medien muss flexibel mit programmunterstütztem Bezug zwischen den Daten auf einem Rechner erfolgen.

d) Kommunikationsfähige Systeme

  Das System muss mit anderen Rechnern kommunizieren können

Bei „Multimedia im weiteren Sinn" verzichtet Steinmetz auf die Forderung von mindestens einem kontinuierlichem Medium, sowie auf die Kommunikationsfähigkeit.

Diese Merkmale beziehen sich auf ein technisches System („Multimedia-System"), das letztlich nur „Multimedia" unterstützen kann. Die Einbeziehung des Menschen fehlt, deshalb ist diese Merkmalliste unvollständig. Zudem ist die Forderung d) nach Kommunikationsfähigkeit ein Bruch innerhalb der Medien-Definition, da sich die Merkmale a) bis c) auf Perzeptionsmedien beziehen, Merkmal d) aber auf ein Übertragungsmedium. Da ein „Multimedia im weiteren Sinn" für eine tiefere Betrachtung nicht in Frage kommen kann, ist die „engere" Merkmalliste für ein allgemeines multimediales Verständnis nicht hinreichend exakt.

Aufgrund der vorangegangenen essentialistischen Untersuchung lassen sich folgende Merkmale für den Begriff „Multimedia" finden (das kleinste gemeinsame Vielfache bestehender Definitionen):

---

[1]  siehe z.B.: Börner; Schnellhardt, 1992/ Schmenk;  Wätjen, 1993, S. 12 f/ Haak; Issing, 1992, S. 23/ Rieber, 1994 S. 251

[2]  Steinmetz, 1993, S. 16 ff

[3]  eine ähnliche Feststellung findet sich bei Heinrich; Lehner; Roithmayr, 1994, S. 113

Aus der *künstlerisch/ unterhaltenden Dimension:*

a) sehr benutzerfreundliche, einfache Bedienungsoberfläche mit schnell erlernbaren Funktionen

b) koordinierte audio-visuelle Reize zur Erhöhung der Aufmerksamkeit und der Impression

Aus der *Rechnerorientierung:*

a) elektronische, rechnergestützte Verarbeitung

b) Unterstützung audiovisueller Ein- bzw. Ausgabemöglichkeiten

c) Kommunikationsmöglichkeit/ Vernetzung

Aus der *Verarbeitungstechnik:*

a) Verarbeitung von Information, die in Daten vorhanden ist

b) integrierte Verarbeitung der Informationsarten Daten, Text, Bild und Ton unabhängig voneinander

c) hochgradige Interaktivität des Endanwenders

d) Beteiligung des Menschen als Verwender und Interpretierer von Daten am Verarbeitungsprozess

Der größte Konsens bei den Autoren herrscht in der Verarbeitungs-Dimension. Die meisten Nennungen bei Multimedia-Definitionen beziehen sich auf die Verarbeitung von Informationsarten mit hoher Interaktivität des Benutzers.

## 2.4 Untersuchung der Intension

### 2.4.1 Medium

Bei der Präzisierung des Begriffes Multimedia ist es notwendig, wieder auf die Bedeutung des Wortes Medium zurückzukommen.[1]

Die ursprüngliche Einteilung Meyer-Wegeners führte zu keiner Lösung. Er bietet selber als Alternative die Unterscheidung der Medien nach den menschlichen Sinnesorganen an. Demgegenüber steht die Klassifizierung der ISO, in der die Perzeptionsmedien wiederum nur eine Medienart unter insgesamt sechsen ist und viele bestehende Multimedia-Definitionen sich auf eine der fünf anderen Medienarten beziehen.

Wenn nun „Medium" ein Nachrichtenträger zum Informationsaustausch ist, die Information aber nur durch ein Subjekt (den Menschen) aktiviert werden kann (im Gegensatz zur Shannon´schen Auffassung des Informationsbegriffes), so können nur die Perzeptionsmedien für

---

[1]   vgl. Punkt 2.2.1

eine gültige Multimedia-Definition geeignet sein, da nur in ihnen der Mensch mitenthalten ist. Eine Einteilung der Medien nach den menschlichen Sinnesorganen erscheint in der Sozial- und Wirtschaftswissenschaft zudem durchaus brauchbar, da der Mensch hier eine zentrale Stellung einnimmt und er die aus der Umwelt eintreffenden Reize nur durch die Sinnesorgane aufnehmen und zu Informationen über die Veränderungen der Umwelt verarbeiten kann. Tabelle 2 zeigt die menschlichen Sinnesorgane mit dazugehörigen Medien, gegliedert nach der Struktur von Meyer-Wegener in konkret und abstrakt:[1]

| Sinnes- organ | Bezeich- nung | Ausprä- gung | konkretes Medium | abstraktes Medium | |
|---|---|---|---|---|---|
| | | | | *symbolgebunden* | *nicht symbolgebunden* |
| Auge | visuell | hell, dunkel (Intensität); rot, grün, blau (Farbe) | Licht | z.B. Text, Piktogramme, usw. | z.B. Bild, Film (Be- wegtbild), Grafik |
| Ohr | auditiv | laut, leise (Intensität); hoch, tief (Frequenz) | Schall (Ton) | z.B. Sprache, Sire- nen, Phoneme | z.B. Musik, Geräusche |
| Tastsinn | haptisch | rauh, weich, hart, Form | feste, flüssige und viskose Stoffe | z.B. Blindenschrift, Runen | z.B. Kugel, Würfel, Ober- flächen |
| Tempera- tursinn | thermisch | warm, kalt | feste, flüssige, viskose Stoffe und Gase | z.B. Feuer, Eis | |
| Ge- schmacks- sinn | gustorisch | süß, sauer, salzig, bitter | feste, flüssige und viskose Stoffe | z.B. Gewürze, Bakterien | |
| Geruchs- sinn | olfaktorisch | süß, scharf, lieblich usw. | Gase (Luft) | z.B. Parfum, Schweiß | |
| Gleichge- wichtssinn | vestibulär | Ruhe, Bewe- gung | Kräfte (z.B. Gra- vitation, Be- schleunigung) | z.B. Masse, (kinetische) Energie | |

*Tabelle 2: Einteilung der Medien nach den menschlichen Sinnesorganen[2]*

Als funktionelle Erweiterung des menschlichen Sinnesapparats hat der Mensch Maschinen geschaffen, oder wie Weizenbaum es ausdrückt: „Prothesen".[3] Der Computer als universelles Werkzeug ist seiner Ansicht nach die machtvollste dieser Prothesen. Eine Untersuchung, wie funktionsfähig diese Prothesen sind, ist notwendig, um die Verfügbarkeit der Technik für ein multimediales Paradigma festzustellen.

---

[1] siehe Punkt 2.2.1
[2] in Anlehnung an Meyer-Wegener, 1991, S. 26
[3] Weizenbaum, 1990, S. 38

Das primäre Problem zur maschinellen, rechnergestützen Verarbeitung von Sinnesinformationen ist die Einsatzfähigkeit von Ein- und Ausgabegeräten für Perzeptionsmedien. Dabei ist zunächst die Position der Geräte in der Mensch-Maschine- Kommunikation interessant.

### 2.4.2 Die Mensch-Maschine-Kommunikation

Zentraler Bestandteil einer Kommunikation ist eine Nachricht bzw. eine Information. Dazu ist das System Sender-Medium-Empfänger notwendig. Um die Funktionsfähigkeit einer Maschine als Element dieses Systems zu prüfen, ist zunächst zu untersuchen, welchen Teil des ursprünglichen Systems die Maschine übernimmt.

Der Mensch als handelndes Subjekt hat durch die Fähigkeit, durch Handlung gezielt mit anderen Menschen zu kommunizieren, den Prozess der arbeitsteiligen Gesellschaft aufrechterhalten können, oder wie Habermas es ausdrückt:

> *„Das mit seiner Umgebung konfrontierte gesellschaftliche Subjekt verhält sich jeweils zu den vergangenen Produktions- und Reproduktionsprozessen insgesamt so wie jenes mit seinem Nicht-Ich konfrontierte Ich zum Akt des in sich zurückkehrenden Handelns, welches als das absolute Ich durch Entgegensetzung eines Nicht-Ich sich als Ich produziert. "* [1]

Die strukturierte, gezielte Handlung bzw. Kommunikation zwischen Menschen ist die Basis für eine humanoide Gesellschaft. Eine Grundstruktur der Kommunikation zwischen Menschen stellt Abbildung 1 dar.

*Abbildung 1: Mensch-Mensch-Kommunikation*

Der plausibelste Fall ist für das Sinnesorgan Ohr mit dem Perzeptionsmedium Ton konstruierbar. Der Sender verwendet den Mund als Effektor, formt damit das konkrete Medium Schall, dieser wird vom Sinnesorgan Ohr des Empfängers zu einer Information für den Empfänger umgewandelt. Zum Sinnesorgan Ohr gibt es das Pendant Mund. Nicht mehr so einfach ist die Konstruktion für die anderen Sinnesorgane, da der Mensch nicht über entsprechende Komplementärorgane verfügt. Allenfalls lässt sich noch für das Sinnesorgan Auge der Fall des Sendorgans „menschlicher Körper" nachvollziehen, der durch Pantomime oder Zeichensprache Information vermittelt. Allerdings ist hier die Verwendung einer einheitlichen Sym-

---

[1]  Habermas, 1988, S. 55

bolik zwischen Sender und Empfänger Voraussetzung, um die Information zu transportieren. Kommunikationsformen, in denen die Informationen vom Sender zum Empfänger nur durch die Sinnesorgane Tast-, Temperatur-, Geschmacks-, Geruchs- oder Gleichgewichtssinn gelangen, sind nur schwer konstruierbar, da der Sender keine natürlichen Möglichkeiten hat, ein Medium wie beispielsweise Luft gezielt so zu formen, dass der Empfänger durch den Geruchssinn eine Information erhält. Dieses Handicap wirkt sich insbesondere in der Naturerkenntnis aus, wenn das Kommunikationssystem um das Element Realität bzw. Natur erweitert wird, wie Abbildung 2 zeigt.

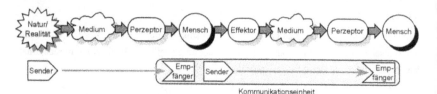

*Abbildung 2: Natur-Mensch-Mensch-Kommunikation*

Der Mensch als Empfänger von Informationen aus der Natur übermittelt diese an einen weiteren Menschen. Die betrachtete Kommunikationseinheit besteht aus Empfänger, Sender und Empfänger.

Informationen, die der Mensch aus der Natur über das Sinnesorgan Ohr aufnimmt, kann er an einen anderen Menschen über den Effektor Mund kommunizieren. Allerdings treten hier bereits Informationsverluste auf, da das Ohr wesentlich mehr Eindrücke in Intensität und Tonhöhe unterscheiden kann, als der Mund wiederzugeben vermag. Noch klarer wird die Situation bei den restlichen Sinnesorganen. Um etwa das Gesehene einem anderen Menschen zu vermitteln, ist Pantomime allein ein nur sehr unzureichendes Mittel mit sehr hohem Informationsverlust. Das Gerochene oder Geschmeckte einem anderen Menschen nur mit Effektoren so mitzuteilen, dass dieser die Information mit dem gleichen Perzeptionsmedium aufnimmt, wie sie der Sender ursprünglich empfangen hat, ist unmöglich.

Um dieses Problem zu lösen wurden Hilfsmittel, Werkzeuge und Maschinen als „Prothesen" geschaffen, damit ein kleiner Ausschnitt der Wirklichkeit direkt konserviert wird. Um Gesehenes zu vermitteln gibt es Zeichnungen, Plastiken, Modelle, Pläne, Fotos usw. Für Gehörtes existieren beispielsweise Tonaufzeichnungen mit Akustikwiedergabe. Doch bei gerochenen, geschmeckten, ertasteten, gefühlten und gespürten Wahrnehmungen versagt auch diese Hilfsmittel- oder indirekte Kommunikation.

Statt dessen bedient sich der Mensch einer Symbolik, um Sinneswahrnehmungen zu vermitteln. Sprache, Schrift, Grafiken und Gesten als Zeichen mit gebundenen Bedeutungsinhalten innerhalb einer Kultur beschreiben die ursprüngliche Wahrnehmung. Damit nimmt der Mensch eine Translation vor. Sinneswahrnehmungen werden nicht mehr in ihrer ursprüngli-

chen Form vermittelt, sondern in einer symbolgebundenen, anderen Form. Ursprünglich Gehörtes wird beispielsweise als Sprache weitergegeben und als symbolgebundenes Gehörtes
vom Empfänger aufgenommen. Der Mensch ist somit fähig eine Sinneswahrnehmung in eine
strukturierte Symbolik zu übersetzen. Diese Übersetzung ist nicht verlustfrei und auch nicht
für alle Empfänger gleich interpretierbar.

Die symbolgebundene Kommunikation innerhalb eines Perzeptionsmediums ist allerdings
noch sehr beschränkt. Gefühltes beispielsweise nur durch haptische Symbole zu vermitteln ist
zweifellos schwierig. Da Symbole strukturierte Systeme sind, ist es aber möglich auch einen
Medienwechsel (Transformation) vorzunehmen. Ursprünglich gefühlte Hitze kann beispielsweise in einer Sprache auf einem Blatt Papier niedergeschrieben werden und als Gesehenes
vom Empfänger aufgenommen und – so er über den richtigen Symbolcode verfügt (er also
diese Sprache lesen kann) – interpretiert.

Die Kommunikation einer Kommunikationseinheit im Natur-Mensch-Mensch-System ist somit in sechs Grundformen (und deren Kombinationen) möglich. Tabelle 3 zeigt diese Grundformen auf.

| | Nicht symbolgebunden | symbolgebunden | |
|---|---|---|---|
| | | Mediengleichheit | Medienwechsel |
| direkt | *I.) Transport*<br>z.B. gehörte Geräu-<br>sche werden durch<br>Lautmalerei vermit-<br>telt | *II.) Translation*<br>z.B. gehörte Geräusche<br>werden durch gesproche-<br>ne Sprache vermittelt | *III.)Translation und*<br>*Transformation*<br>z.B. Gesehenes wird durch<br>gesprochene Sprache ver-<br>mittelt |
| indirekt | *IV.) Konservierung*<br>z.B. Gesehenes wird<br>durch ein Bild ver-<br>mittelt | *V.) Translation und Gene-*<br>*rierung*<br>z.B. Gesehenes wird<br>durch geschriebene Spra-<br>che (Schrift) vermittelt | *VI.)Translation, Transforma-*<br>*tion und Generierung*<br>z.B. gehörte Geräusche wer-<br>den durch geschriebene<br>Sprache vermittelt |

*Tabelle 3: Kommunikationsformen im Natur-Mensch-Mensch-System*

a) Bei *nicht symbolgebundener* Kommunikation kann die Information vom Empfänger sofort
ohne Decodierung aufgenommen werden. Es bedarf keiner Translation. [1]

b) Bei *symbolgebundener* Kommunikation wird die Information in Zeichen mit festgelegten
Bedeutungsinhalten transliert. Die Information kann nur vom Empfänger richtig interpretiert werden, wenn er diese Zeichenvereinbarung zur Decodierung kennt. Symbolgebundene Kommunikation liegt nur dann vor, wenn die Symbole tatsächlich vom Empfänger in-

---

[1] Der Begriff Translation bedeutet wörtlich Übertragung, Übersetzung. Gemeint ist hier damit die Interpretation des Gehalts einer Information (das „Verstehen" der Bedeutung) und dessen Vermittlung durch entsprechende Symbolsysteme (Sprache, Schrift, Zeichen usw.) an andere. Vgl. dazu den semantischen Aspekt des
Impliziten Wissens bei der Kommunikation in Kapitel 3.1.6

terpretiert werden. Der Wechsel von nicht-symbolgebundener Information zu symbolge-bundener Information kann nur durch eine Sinngebung erfolgen. Die neue, symbolgebundene Information muss dann auf der Basis der wahrgenommenen Information erst generiert werden.[1]

c) *Direkte* Kommunikation findet zwischen Menschen ohne Hilfsmittel statt.

d) Bei *indirekter* Kommunikation wird die Information durch Konservierung eines Wirklichkeitsausschnitts mit Hilfsmitteln transportiert.

e) Bei *Mediengleichheit* ist das Perzeptionsmedium des Empfängers gleich dem Perzeptionsmedium, mit dem der Sender die urprüngliche Information aufgenommen hat.

f) Bei *Medienwechsel* transformiert der Sender die Information von seinem Perzeptionsmedium in ein anderes Perzeptionsmedium für den Empfänger. Da diese Transformation notwendigerweise nur mit Symbolen erfolgen kann, gibt es den Medienwechsel nur bei symbolgebundener Kommunikation.

Meist ist die Kommunikation zwischen Menschen nicht auf ein Perzeptionsmedium beschränkt. Für aussagefähige Untersuchungen in einem multimedialen Paradigma muss jedoch jedes Perzeptionsmedium in einem Kommunikationsvorgang isoliert betrachtet werden.

Bei der indirekten Kommunikation werden Hilfsmittel („Prothesen") verwendet. Die Maschine bzw. der Rechner als eine Möglichkeit dieser Hilfsmittel wird entweder zu Beginn der Informationskette zur präziseren Naturwahrnehmung eingesetzt oder als Element zwischen der Mensch-Mensch-Kommunikation verwendet. Abbildung 3 und Abbildung 4 verdeutlichen diesen Einsatz der Maschine.

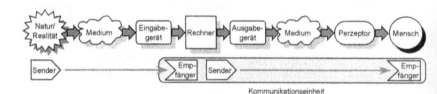

*Abbildung 3: Natur-Maschine-Mensch-Kommunikation*

Bei der Kommunikationsform in Abbildung 3 wird die Maschine bei der Naturerkenntnis zwischengeschaltet. Die Maschine als Element im Natur-Maschine-Mensch-System kann an seiner Schnittstelle zum Menschen nur Ausgabegeräte verwenden, die an die Sinne des Menschen appellieren, das heißt als Ausgabegerät kommen nur solche Schnittstellen in Frage, die Perzeptionsmedien unterstützen.

---

[1]   vgl. dazu den Kommunikationsprozess als „Triade von Triaden" beim semantischen Aspekt des Impliziten Wissens in Punkt 3.1.6

Die Schnittstelle zur Natur bzw. zur Realität kann weiter gefasst sein. Das ist oft auch Sinn einer solchen Konstruktion, um das Wahrnehmungsspektrum des Menschen zu erweitern. Da der Mensch beispielsweise radioaktive Strahlung mit seinen Sinnen nicht wahrnehmen kann, erweitert er durch eine Maschine (z.B. einem Geigerzähler) die Möglichkeiten seiner Wahrnehmung. In diesem Fall genügt die ausschließliche Klassifizierung der Medien in Perzeptionsmedien nicht mehr. Hier muss der Begriff Medium wieder weiter gefasst und als „Träger physikalischer Vorgänge" gesehen werden.

Der Einsatz der Maschine dient aber ebenfalls zur präziseren Erfassung von Phänomenen, die auch mit den Sinnen wahrgenommen werden können. Bei jedem Messvorgang etwa erfolgt diese Art des Natur-Maschine-Mensch-Systems. Als Beispiel dafür können Thermometer dienen, die die unpräzise (und leicht täuschbare) Wahrnehmung „warm" oder „kalt" durch eine metrische Skala ersetzen.

Die Kommunikationsform in der betrachteten Kommunikationseinheit ist bei Maschineneinsatz per Definition indirekt. Somit entfällt die Zeile 1 (Form I, II und III) der Tabelle 3. Die möglichen Formen sind in Tabelle 4 dargestellt.

| symbolfrei | symbolgebunden | |
| --- | --- | --- |
| | Mediengleichheit | Medienwechsel |
| *IV.) Konservierung* | *V.) Translation und Generierung* | *VI.)Translation, Transformation und Generierung* |
| z.B. Fotoapparat | z.B. Maßband | z.B. Thermometer |

*Tabelle 4: Kommunikationsformen im Natur-Maschine-Mensch-System*

Bei einfachen Maschinen (z.B. Fernrohr), die kein manifestes Abbild der Realität liefern, ist der Begriff Konservierung eher verwirrend. Wesentlich ist jedoch die *Möglichkeit* der Speicherung eines Realitätsausschnittes, die bei komplexeren Maschinen (z.B. Fotoapparat) durchwegs gegeben ist.

Bei Informationen, die der Mensch mit seinen Sinnen nicht erfassen kann, muss die Maschine sowohl eine Translation[1] als auch eine Transformation durchführen. Denn wenn der Mensch das Phänomen nicht mit seinen Sinnen wahrnehmen kann, so braucht er als Ersatz dafür eine symbolgebundene Umschreibung des Phänomens. Beispielsweise wird eine Gamma-Strahlung erfasst, deren Stärke mit einer Einheit verglichen und der Skalenwert visuell (Skalenaus-

---

[1]  Steinmetz verwendet für den Wechsel von Medien den Begriff Medienkonversion:Steinmetz, 1993, S. 535. Diese Bezeichnung ist irreführend, da unter Konvertieren allgemein ein einfacher Vorgang zur Anpassung strukturierter Daten an eine andere Umgebung verstanden wird. Mit Translation (im Englischen „translate") kann eher ein komplexer Vorgang assoziiert werden.

schlag) ausgegeben (generiert). Wichtiger Unterschied zur Natur-Mensch-Mensch-Kommunikation ist die Unterscheidung Information und Daten. Die Maschine nimmt von der Natur keine Information in dem in dieser Arbeit vertretenen Sinn auf, da für den Informationsbegriff der Mensch als Interpretierer notwendig ist. Die Maschine kann somit lediglich Daten aufnehmen und diese durch bestimmte Aufbereitung für den Menschen in Information verwandeln. Wesentlich dabei ist die Translation in eine symbolgebundene Information.

Ist die Maschine ein Rechner und ist dieser nicht für spezifische Aufgaben, wie beispielsweise das Ermitteln und Anzeigen von Radioaktivität, ausgelegt, sondern universeller einsetzbar, so ergibt sich nach Tabelle 4 zunächst das Problem der Translation und schließlich der Transformation. Die Translation etwa eines Bildes in eine symbolgebundene Form – wie beispielsweise der akustischen Beschreibung dieses Bildes – stößt mit Bilderkennung, Farb- und Mustererkennung, sowie Sprachausgabe bereits an die Grenzen der Künstlichen Intelligenz. Doch Translation und Transformation sind Verarbeitungsprozesse innerhalb eines Elementes im Kommunikationsprozess. Hier sind nur die Schnittstellen relevant.

Interessant für die untersuchte Fragestellung ist die Verwendung von Maschinen – und insbesondere von Computern – in der indirekten Kommunikationsform. Durch seine universelle Einsetzbarkeit hat sich der Computer als Element in der Mensch-Maschine-Mensch-Kommunikation etabliert. Abbildung 4 zeigt die Konstellation schematisch.

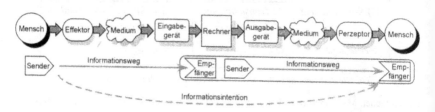

*Abbildung 4: Mensch-Maschine-Mensch-Kommunikation*

Die Rechner-Ausgabeseite ist ident mit der Natur-Maschine-Mensch-Kommunikation: die Ausgabegeräte können nur Perzeptionsmedien unterstützen.

Im Gegensatz zur Natur-Maschine-Mensch-Kommunikation können hier die Eingabegeräte nur Effektoreneingaben verarbeiten, und das nur insoweit sie an die Fähigkeiten der menschlichen Effektoren angepasst sind.

Der wesentliche Unterschied zur Mensch-Mensch-Kommunikation ist, dass der Kommunikationsweg der Information und die Kommunikationsintention unterschiedlich sind. Der Mensch als Sender der Information hat die Absicht den Menschen als Empfänger der Information zu erreichen. Die Nachricht selbst geht aber den Informationsweg über die Zwischenstation Maschine. Wenn nun die Informationsintention aus einer symbolgebundenen Kommunikationsart wie etwa der menschlichen Sprache besteht, so liegt dennoch keine Translation vor, wenn die Maschine lediglich die Schallwellen empfängt und sie als Schall wieder ausgibt, ohne die Information zu interpretieren. Auch wenn bei der Verarbeitung in der Maschine die Toninformation beispielsweise durch Filter verändert wurde, kann nicht von Translation gesprochen werden. Die Maschine dient in diesem Fall nur als Informationskanal.[1] Erst wenn die Nachricht innerhalb der Maschine interpretiert wird, liegt eine Translation vor. Ein Beispiel dafür wäre eine Art „elektronischer Übersetzer", bei der der Rechner einen Satz interpretiert und ihn in eine andere menschliche Sprache übersetzt und akustisch ausgibt. Die künstliche Intelligenz versucht sich seit 1957 mit mäßigem Erfolg an diesem Problem.[2]

Da eine symbolgebundene Kommunikation nur dann vorliegt, wenn der Empfänger den Code zur Decodierung der Symbole kennt und damit die Nachricht sozusagen „entsymbolisieren" kann, muss die Maschine als Element im Kommunikationssystem kommunikationstheoretisch gleichberechtigt mit dem Menschen als Interpretierer angesehen werden, wenn die Maschine auf Aktionen des Menschen reagiert. Somit kann eine Information auch dann vorliegen, wenn der Mensch als Interpretierer der Information fehlt. Nur ist diese Information dann eine Information für die Maschine und wird im allgemeinen als „Befehl" bezeichnet. Diese Verwendung des Informationsbegriffs ist nicht die Rückbesinnung auf den shannon´schen Informationsbegriff, sondern die Feststellung, dass an sich idente Aktionen mit dem gleichen Perzeptionsmedium und der gleichen Ausprägung, wie beispielsweise das gesprochene Wort „Stop", einmal mit der Informationsintention an einen Menschen gerichtet als „Information" und einmal mit der Informationsintention an die Maschine gerichtet mit „Befehl" bezeichnet wird.

Wird eine an sich symbolgebundene Information – wie erwähnt z.B. Sprache – in der Maschine nicht entsymbolisiert, so liegt eben keine Translation vor. Das hat zur Folge, dass im Gegensatz zu Tabelle 3 hier ein Medienwechsel bei symbolfreier Kommunikation erfolgen kann. Die betrachtete Kommunikationseinheit reicht vom Empfänger der Maschine bis zum Menschen als Empfänger. Liegt bei der Eingabeeinheit der Maschine ein anderes Perzeptionsmedium vor, als beim Empfänger Mensch, so handelt es sich um einen Medienwechsel. Da die Maschine die Information nicht interpretieren muss, sondern der Empfänger Mensch, kann sie eine symbolgebundene Information uninterpretiert wieder ausgeben. Ein Beispiel dafür wäre ein geschriebener Text, der durch Schrifterkennung eingelesen wird und als Blindenschrift haptisch ausgegeben wird. Die Information wurde dabei nicht interpretiert.[3] Für die Maschine ist es eine symbolfreie Kommunikation, während für den Empfänger die haptische Interpretation symbolgebunden ist. Tabelle 5 zeigt die Zusammenstellung der möglichen Kommunikationsformen im Mensch-Maschine-Mensch-System.

---

[1]  vgl. dazu den Punkt 2.5.2.6
[2]  vgl. Dreyfus, 1989, S. 41 ff
[3]  vgl. dazu das Gedankenexperiment mit dem Chinesischen Zimmer von Searl, 1986

| | nicht symbolgebunden | symbolgebunden |
|---|---|---|
| Medien-gleichheit | *I.)Konservierung*<br><br>z.B. Sprache wird als Sprache ausgegeben | *II.) Generierung und Translation*<br><br>z.B. Barcode, Videomaut, Expertensysteme, elektronischer Übersetzer, KI, Simulation |
| Medien-wechsel | *III.)Konservierung und Transformation*<br><br>z.B. Geschriebener Text wird in Blindenschrift ausgegeben, Voice-Dictator | *IV.) Generierung, Translation und Transformation*<br><br>z.B. Steuerknüppel in einem Flugsimulator, Sprachsteuerung |

*Tabelle 5: Kommunikationsformen im Mensch-Maschine-Mensch-System*

Bei der Mensch-Maschine-Mensch-Kommunikation entwickelt sich die Raum-Zeit-Dimension durch die Fähigkeit der Maschine zur Konservierung zu einem wesentlichen Faktor der Kommunikation. Der Kommunikationsprozess kann räumlich und zeitlich getrennt erfolgen. Tabelle 6 zeigt eine in der Literatur übliche Einteilung dafür aus dem CSCW (Computer Supported Cooperative Work) Bereich.[1]

| | räumlich zentral | räumlich dezentral |
|---|---|---|
| zeitsynchron | *z.B. Meetingware, Teachware* | *z.B. Videokonferenz* |
| zeitasynchron | *z.B. Workflow-Systeme, Mehrautorensystem* | *z.B. Elektronischer Briefkasten, Computer Based Training* |

*Tabelle 6: Raum-Zeit Dimension im Mensch-Maschine-Mensch-System*

Durch die Möglichkeit der Konservierung (Speicherung) können Informationen im Mensch-Maschine-Mensch-System zeit- und raumversetzt erfolgen. Eine Nachricht wie „Am 15. August gehen wir schwimmen" kann abgespeichert, versandt und vom Empfänger erst eine Woche später an einem anderen Ort abgerufen werden. Durch diese Möglichkeit ist es dem Menschen erst gelungen, Wissen über Generationen hinweg weiterzuvermitteln.

Eine Stärke der Maschine Computer ist es, Informationen auf Knopfdruck zu liefern, insbesondere im dezentralen, zeitasynchronen Bereich. Von Menschen abgespeicherte Informationen sind damit nicht von vorneherein für einen bestimmten anderen Menschen vorgesehen, sondern der Empfänger ist quasi als Variable gesetzt. Erst durch eine symbolgebundene Akti-

---

[1] siehe dazu die Arbeit von Schiestl, 1995, S. 41 ff und diese Einteilung in Petrovic, 1993, S. 87

on des Empfängers, die dem Computer den Befehl gibt, die gespeicherte Nachricht zu senden, wird der Empfänger bestimmt. Mit der Aktion des Empfängers wird der Empfänger zum Sender. Er sendet eine Nachricht an die Maschine, die diese interpretiert und daraufhin die konservierte Information an den Empfänger sendet. Dieser Vorgang ist in Abbildung 5 dargestellt und könnte als reine Mensch-Maschine-Kommunikation gesehen werden.

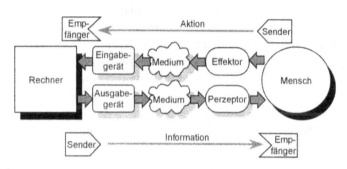

*Abbildung 5: Mensch-Maschine-Kommunikation*

Doch diese Betrachtungsweise ist unvollständig. Die Information, die die Maschine für den Menschen liefert, stammt ja ursprünglich auch von einem Menschen. Somit ist Abbildung 5 eigentlich nur der rechte Teil der Mensch-Maschine-Mensch-Kommunikation von Abbildung 4.

Wenn die Information, die der Rechner liefert, nicht von einem anderen Menschen als Sender erzeugt wurde, sondern die Maschine diese Information erzeugt, so liegt eigentlich eine Natur-Maschine-Mensch-Kommunikation vor, da der Rechner Daten der Realität für den Menschen so aufbereitet, dass sie für ihn Information darstellen (z.B. Bilanzanalyse, statistische Auswertungen usw.). Auch hier ist Abbildung 5 unvollständig.

Wenn nun, wie beispielsweise bei der Textverarbeitung, der sendende und empfangende Mensch ein und dieselbe Person ist, so kann auch nicht von einer reinen Mensch-Maschine-Kommunikation gesprochen werden, da diese Konstellation eigentlich nichts anderes als eine Mensch-Maschine-Mensch-Kommunikation ist, bei der Sender als auch Empfänger die gleiche Person ist.

Diese Überlegungen lassen den Schluss zu, dass es die reine Mensch-Maschine-Kommunikation eigentlich nicht gibt. Sie ist nur ein unvollständiger Ausschnitt anderer Kommunikationsformen.[1] Es sei denn die Maschine ist wie in Weizenbaums Gedankenexpe-

---

[1]  ein Hinweis dazu findet sich in Charwat, 1994, S. 228: Die „...Mensch-Maschine-Interaktion (häufig nicht ganz zutreffend Mensch-Maschine-Kommunikation genannt)...“

riment[1] eine autonome Existenz, die kollektiv mit anderen gleichgearteten Formen zusammenwirkt. Damit wäre diese Maschine auch so etwas wie eine Lebensform und diese Mensch-Maschine-Kommunikation wäre dann eigentlich mit der Mensch-Mensch-Kommunikation gleichzusetzen.

Die Mensch-Maschine-Kommunikationsform kann jedoch für theoretische Überlegungen herangezogen werden. Das wichtigste Merkmal ist die Aktion, die die Maschine veranlasst, Information zu erzeugen. Diese Aktion ist ein symbolgebunder Befehl, der auch aus einer Reihe von Befehlen bestehen kann. Aufgrund dieses Befehls können andere Befehlsketten (Programme) abgerufen werden, die letztlich die Informationssendung veranlassen. Entscheidend ist, dass die Aktion oder der Befehl nichts mit der Information zu tun hat. Der Befehl löst die Information nur aus. Deshalb kann hier nicht von einer Translation oder Transformation gesprochen werden. Diese Befehle sind eine Steuerstruktur und ein eigenständiges Element in der Mensch-Maschine-Mensch-Kommunikation. Sie sind immer symbolgebunden und erfolgen durch die ältesten Eingabeschnittstellen des Menschen zur Maschine. Hebel, Schalter, Taster, Tastatur, Maus, Lichtgriffel usw. sind Beispiele dafür.

Vervollständigt man die Informationskette zur Natur-Mensch-Maschine-Mensch oder sogar zur Natur-Maschine-Mensch-Maschine-Mensch-Kommunikation, so zeigt sich, dass diese Formen nur Additionen der bereits untersuchten Konstellationen sind und keine neuen Erkenntnisse hinsichtlich der Schnittstellen bringen können.

Eine Mensch-Mensch-Kommunikation ist allerdings selten eine Einwegkommunikation, wie in Abbildung 1 dargestellt. Eine Rückkoppelung der Information ist normalerweise fester Bestandteil. Der Sender vergewissert sich durch diese Rückkoppelung dass und wie die Information beim Empfänger angekommen ist. Deshalb müssten alle weiteren untersuchten Kommunikationsformen ebenfalls mit dieser Rückkoppelungskomponente als Zweiwegkommunikation gesehen werden. Für die Schnittstellenuntersuchung ist diese Zweiwegkommunikation allerdings in jedem Fall die gleiche Situation, wie bei der Einwegkommunikation, nur in beiden Richtungen. Darum wird auf diese Darstellung verzichtet.

## 2.4.3  Eingabegeräte

Die Einteilung der Eingabegeräte erfolgt aufgrund der vorherigen Untersuchung in symbolgebundene und nicht-symbolgebundene,[2] sowie in die Klassen der Perzeptionsmedien. Die ge-

---

[1]  vgl. Weizenbaum, 1990, S. 268ff

[2]  Aufgrund der Ausführungen in Punkt 2.4.2 müsste es eigentlich symbolfreie Eingabegeräte heißen. Dieser Begriff ist aber sprachlich verwirrend, da mit „frei" meist andere Bedeutungsinhalte assoziiert werden.

läufigere Bezeichnung für symbolgebunden und nicht-symbolgebunden im Bereich der Eingabemedien ist in der Literatur: Geräte für direkte bzw. indirekte Eingabe. [1]

Die wesentliche Funktionsweise von Eingabegeräten ist Realität in einen maschinell verarbeitbaren Code zu verwandeln. Bei Völz findet sich eine klare Strukturierung dieses Vorgangs, der in Abbildung 6 wiedergegeben ist.

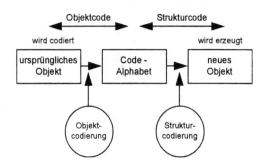

*Abbildung 6: Zusammenhang von Objekt- und Struktur-Codierung bzw. -Code[2]*

Die Realität wird durch eine Objektcodierung in die Maschine übersetzt. Eine Strukturcodierung sorgt für die Rückübersetzung in für den Menschen verwertbare Signale. Strukturcodierung ist immer etwas Bewirkendes, also z.B. ein Programm. Eine Translation oder eine Transformation kann folglich nur durch eine Strukturcodierung entstehen. Als Schnittstelle ist demnach nur der Objektcode relevant.

### 2.4.3.1 Symbolgebundene Eingabegeräte

Die symbolgebundenen Eingabegeräte sind die ursprünglichste Form der Mensch-Maschine Schnittstelle. Mit ihrer Betätigung sind Zeichenvereinbarungen verknüpft, die sowohl der Mensch, als auch die Maschine zu interpretieren vermag.

Die Lochkarten als eine der ersten Eingabemedien der rechnergestützten Verarbeitung gehören hier ebenso dazu wie Tastatur, Touch-Screen, Maus, Joy-Stick, Lichtgriffel, Grafiktablett usw.[3] Sie alle reagieren auf Krafteinwirkung durch den Menschen. In Kombination mit au-

---

[1]  Die Eingabe wird bei Heinrich; Lehner; Roithmayr, 1994, S. 104 als direkt bezeichnet, wenn der Signalaustausch zwischen Mensch und Maschine auf dem unmittelbaren Einsatz der menschlichen Sinnesorgane beruht und keine Eingabemedien verwendet werden. Da sie den Begriff Eingabemedien etwas anders fassen als hier der Begriff Medium verwendet wird, ist diese sprachliche Regelung hier nicht zutreffend. Zudem sind Sinnesorgane im Analogieschluss beim Menschen als Eingabeeinheiten zu sehen. Diese können demgemäß nicht als Ausgabeeinheit für das Mensch-Maschine-System gelten.

[2]  Quelle: Völz, 1994, S. 19

[3]  siehe z.B. Heinrich; Lehner; Roithmayr, 1994, S. 105 ff

diovisuellen Rückmeldungen entstehen genau definierte Bedeutungsinhalte. Aber auch Licht-schranken und sonstige Geber z.B. für Messzwecke sind symbolgebundene Eingabegeräte. Diese symbolgebundenen Eingabegeräte sind durchwegs ausgereifte Geräte.

In den letzten zwei Jahrzehnten gab es durch die Entwicklung der virtuellen Realität neue Eingabegeräte. Der Datenhandschuh, oder dessen Weiterentwicklung der Datenanzug, dienen der symbolgebundenen Eingabe von Körperbewegungen.[1] Auch die 2D/ 6D-Maus oder der Spaceball sind Eingabegeräte mit festgelegten Bedeutungsinhalten.

**2.4.3.2  Nicht-Symbolgebundene Eingabegeräte**

Die Nicht-Symbolgebundenen Eingabegeräte bilden einen Wirklichkeitsausschnitt ohne fest-gelegte Zeichenvereinbarung ab.

Die bekanntesten **visuellen Eingabegeräte** sind alle Arten von Scanner, Leser, Digitalkamera sowie alle anderen Bildaufzeichnungsverfahren, die visuelle Phänomene in Objektcode um-wandeln.

Diese Eingabegeräte sind auch bereits ausgereift. Für die dahinter stehende Technik wird auf einschlägige Fachliteratur verwiesen.[2]

Interessanter ist die Technik der Bewegtbildaufzeichnung, die erst in den letzten Jahren den Schritt zur Objektcodierung gemacht hat, so dass Bewegtbildsequenzen vollständig digital dargestellt werden können.[3]

Die **auditiven Eingabegeräte** beschränken sich weitgehend auf Mikrophone mit anschlie-ßendem Analog/ Digitalwandler zur Erstellung des Objektcodes. Auch diese Technik ist in-zwischen weit fortgeschritten und bietet auf unterschiedlichen Plattformen standardisierte Codes.[4]

**Haptische Eingabegeräte** ertasten Realität. Diese Art von Eingabegerät findet hauptsächlich in der Robotik und in der Industrieanlagensteuerung Einsatz. Auch in Raumfahrtprogrammen der NASA oder in Laboren sind sensorische Eingabegeräte zu finden.

Als Eingabegerät für Kinästhetik, jenen Teil des Tastsinns, mit dessen Hilfe der Mensch die Position seiner Körperteile bestimmt, kann der Polhemus-Sensor an den Monitorhelmen der Virtuellen Realität gesehen werden. Er überträgt die Position des Kopfes in einen Objektcode. Auch der Datenhandschuh oder der Datenanzug liefern Objektcodes für die Position der Glie-der des Menschen.

---

[1]  siehe z.B. Aukstakalnis; Blater, 1994, S. 144 ff
[2]  z.B.: Frater; Paulißen, 1994, S. 252
[3]  siehe dazu z.B. Wratil; Schwampe, 1992
[4]  siehe dazu z.B. Steinbrink, 1992

Haptische Eingabegeräte sind noch selten im kommerziellen Bereich anzutreffen. Die Geräte sind meist sehr spezifisch ausgelegt und kommen eigentlich symbolgebundenen Eingabegeräten schon sehr nahe.

**Thermische Eingabegeräte,** wie etwa Temperaturfühler, gibt es schon sehr lange. Die Kombination mit universellen Rechnern erfolgte kommerziell erst in den letzten zwanzig Jahren. Die Technik ist gelöst und verfügbar. Speziellere Temperaturerfassungstechniken mit Infrarot und Spektralfarbenauswertung werden bei Satellitenaufnahmen eingesetzt.

Thermische Eingabegeräte werden vorwiegend an der Natur-Maschine-Schnittstelle eingesetzt.

**Gustorische Eingabegeräte** scheinen in der Technikwelt vergessen worden zu sein. Es fehlt an geeigneten künstlichen Rezeptoren, die den menschlichen Gaumen nachzubilden vermögen. Vermutlich ist dieses „Loch" auf die fehlende Notwendigkeit der elektronischen Verarbeitung dieses Sinneserlebnisses zurückzuführen. In der Chemie gibt es zwar Ansätze für Messinstrumente, die einfache Klassen wie salzig oder bitter unterscheiden können, aber alles eher im Experimental- oder Laborstadium.[1]

Auf dem Virtual Reality-Symposium in Wien 1993 stellte Morawetz die Frage: „The olfactory dimension-the forgotten part of the virtual world?"[2] und zeigte kurz die Komplexität der **olfaktorischen Eingabegeräte** auf.

Inzwischen wurde von Daimler Benz ein Chip vorgestellt, der Gerüche unterscheiden kann.[3] Allerdings kann der Chip nur begrenzte Gerüche unterscheiden und das vor allem in Bezug auf Umweltbelastungen wie Kohlendioxyd, Schwefelwasserstoffe usw. Er wird für die Regelung der Klimaanlagen in PKWs eingesetzt.

Olfaktorische Eingabegeräte sind sonst noch weit davon entfernt als „Prothesen" gelten zu können. Die elektronische Nase ist noch nicht entwickelt.

Als **vestibuläre Eingabegeräte** können Apparate wie eine kardanische Aufhängung, sowie Seismographen, Flugkompasse oder Kreiselkompasse gelten, die entsprechende Objektcodes in einem Rechner liefern.

Die Technik ist vorhanden und verfügbar. Allerdings wird sie kaum am kommerziellen Arbeitsplatzrechnermarkt angeboten.

### 2.4.4  Ausgabegeräte

Eine Einteilung der Ausgabegeräte in symbolgebunden und nicht-symbolgebunden ist nicht zielführend, da jedes Ausgabegerät symbolgebundene Information als auch nicht-

---

[1]  Sturman, 1993, S. 65
[2]  Morawetz, 1993, S. 20
[3]  Datacom, Februar 1995, S. 63

symbolgebundene Information transportieren kann. Ausgabegeräte übersetzen den Objektcode durch die Strukturcodierung in ein neues Objekt.[1]

Das Bildschirmgerät ist sicher das primäre **visuelle Ausgabegerät**. Aber auch Drucker und
Mikrofilmausgabegeräte sind visuell. Diese Techniken sind weitgehend gelöst und schon weit
entwickelt.

Das Problem der visuellen Ausgabe ist das räumliche Sehen. Der Mensch als Empfänger kann
durch seine beiden Augen aufgrund der Parallaxe räumliche Anordnungen unterscheiden. Um
an der Schnittstelle Maschine-Mensch ebenfalls räumliche Strukturen erkennen zu lassen,
muss das Ausgabegerät ebenfalls über zwei Kanäle verfügen. Mit diversen Methoden, die
teilweise über das Laborstadium nicht hinausgekommen sind, wird versucht, die dritte Dimension darzustellen. Besonders in der Virtuellen Realität sind stereoskopische Bildschirme
entwickelt worden. Die head-mounted displays oder polarisierende Brillen erzeugen ein
räumliches Bild.[2] Die Technik ist inzwischen sehr verfeinert worden und bereits kommerziell
verfügbar.

Lautsprecher und Kopfhörer sind ausgereifte **auditive Ausgabegeräte**. Räumliches Hören ist
schon längst durch Stereoton-Technik teilweise gelöst und in jeder Stereoanlage vorhanden.
Qudadrophone Systeme, die ein verbessertes räumliches Hören ermöglichen, sind ebenfalls
schon lange verfügbar. Auch über Quadrophonie hinausgehende Systeme, die echte räumliche
Hörerlebnisse ermöglichen, sind inzwischen implementiert.[3]

**Haptische Ausgabegeräte** sind Geräte, die auf den menschlichen Tastsinn einwirken. Es gibt
auch schon länger solche Geräte, allerdings wurden die meisten nur für kurze Reize (z.B.
Schläge) konstruiert.

Universeller einsetzbare haptische Ausgabegeräte liefern in der Begriffswelt der Virtuellen
Realität ein „taktile feedback". So gibt es etwa die auf der IFABO 1995 in Wien vorgestellte
Fühlmaus, die an der TU in Wien entwickelt wurde, aber das Experimentalstadium noch nicht
überschritten hat.

Die Medizin arbeitet schon länger mit taktilem Feedback, wie die Arbeiten von Satava zeigen.[4] Am MIT wurde unter anderem auch ein Force-Screen entwickelt. Dieser Bildschirm
stellt sichtbare Muster, auf der gleichen Oberfläche wie die sichtbare Anzeige, fühlbar dar.[5]

Dennoch ist die Stimulation des Tast- oder Gefühlssinnes noch ein ungelöstes Problem.
Sturman[6] zeigt die Problematik der Stimulation des Tastsinnes deutlich auf.

---

[1]  siehe dazu Abbildung 6
[2]  vgl. Aukstakalnis; Blater, 1994, S. 81 ff
[3]  siehe dazu Wenzel, 1992
[4]  vgl. Satava, 1993, S. 24f
[5]  siehe Minsky et al., 1992
[6]  Sturman, 1993, S. 111 ff

**Gustorische Ausgabegeräte** beschränken sich derzeit auf theoretische Überlegungen in VR-Kreisen. Faktisch existieren sie nicht. Auch Sturman kommt zum Schluss, dass es schwierig ist, Mundreize realistisch zu stimulieren.[1]

Auch **olfaktorische Ausgabegeräte** kommen aus der VR (Virtuellen Realität). Morawetz stellte die Konzeption eines solchen Gerätes mit diversen Parfumextrakten, die dem Empfänger durch ein Luftsystem zu- und wieder abgeführt werden, vor.[2] Heilig realisierte in seinem multisensorischen Theater in einer Ein-Personen-Box einen Belüftungsschacht, der dem Betrachter eines Stereofilms unter seiner Nase Aromen von verschiedenen, auf Flaschen gezogenen Geruchsextrakten, in die Nase blies und anschließend die Luft wieder reinigte.[3]

Auch hier befindet sich die Technik noch im Labor- und Experimentalstadium.

Um den Gleichgewichtssinn anzusprechen, muss der Empfänger durch **vestibuläre Ausgabegeräte** bewegt werden. Das wird z.B. bei Flugsimulatoren längst unternommen. Durch die VR-Euphorie werden auch bei Computerspielen oder in VR-Kinos zum Teil ähnliche Konstruktionen eingesetzt. Mittels Hydraulik wird die Stand- oder Sitzfläche des Empfängers bewegt.

Diese Technik ist zwar verfügbar, aber aufgrund der komplizierten mechanischen Teile sehr kostenintensiv.

### 2.4.5 Interaktion und Interaktionsart

Häufiges Kriterium von Multimedia-Definitionen ist die Forderung der Interaktivität.

Interaktion ist die wechselseitige Beeinflussung zweier, voneinander weitgehend unabhängiger, Größen oder Funktionseinheiten.[4] Bei der Mensch-Maschine-Kommunikation[5] ist die eine „Funktionseinheit" der Mensch, die andere die Maschine. Durch Einwirken des Menschen auf die Maschine stellt diese ihm Informationen dar. Diese (neuen) Informationen bewirken wiederum ein erneutes Handeln des Menschen. Bezieht sich das auf die nächste Einwirkung auf die Maschine, so ist der Interaktionskreislauf geschlossen und die wechselseitige Beeinflussung (Interaktion) gegeben. Drückt beispielsweise der Mensch eine Taste auf der Tastatur, so stellt ihm der Computer durch die Anzeige eines Buchstabens eine Information dar (Informationart Text). Dadurch kann der Mensch beispielsweise weitere Tasten zur Texteingabe drücken, den Buchstaben in seiner Darstellungsform verändern oder löschen. Der Mensch kommuniziert mit dem Computer. Er wirkt durch die Interaktionsart auf ihn ein und erhält über eine Informationsart Rückmeldung.

---

[1]  Sturman, 1993, S. 120
[2]  Morawetz, 1993, S. 20
[3]  Sturman, 1993, S. 120
[4]  Charwat, 1994, S. 227
[5]  vgl. Punkt 2.4.2

Da die Kommunikation Mensch-Computer nur eine sehr reduzierte Kommunikationsform darstellt,[1] wurden Schnittstellen geschaffen, die die Nachteile dieser Reduktion mindern sollen. Durch die konsequente Verwendung dieser Schnittstellen wird allerdings die Reduktion der Kommunikation wieder zementiert. Die gegenseitige Beeinflussung Mensch-Maschine führt letztlich dazu, dass der Mensch nur jene Aktionen ausführen kann, die ihm die jeweilige Maschine anbietet. Die prinzipiellen Möglichkeiten dieser Interaktion führt zur folgenden Einteilung der Interaktionsarten.

*Die Interaktionsart wird dabei definiert als die Art, in der der Mensch auf eine Maschine einwirken kann.*

Die Techniken der Mensch-Maschine Schnittstelle haben einen Reifegrad entwickelt, bei dem die Forschungsergebnisse unterschiedlicher Ansätze bereits zu ersten theoretischen Konzepten zusammengefasst werden. Card, Mackinlay und Robertson zeigen die ersten Konzepte von Foley (1984), Buxton (1983) und Baecker (1987) und entwickeln darauf aufbauend ein technisch orientiertes Schema, in dem Eingabeeinheiten wie Maus, Touchscreen, Forcescreen, 3-D Trackball, Datenhandschuh und Datenhelm usw. eingeordnet werden können.[2] Dieses Konzept ist für die Konstruktion multimedialer Anwendungen nur bedingt geeignet, da es vor allem technische Parameter berücksichtigt, nicht jedoch funktionale. Zudem betont es mehr die Einordnung von Bedienelementen von Eingabegeräten aus dem Bereich der virtuellen Realität. Deshalb wird hier eine eigene Einteilung vorgestellt, die einen stärkeren Abstraktionsgrad aufweist und einen Rahmen für die Konstruktion multimedialer Anwendungen vorgibt.

Die Eingabemöglichkeiten des Benutzers lassen sich durch die Art der Geber, die Art der Steuerung und der Aktionsart determinieren. Die Geberart kann entweder ein Koordinatengeber, der räumliche Bezüge herstellt, oder ein Symbolgeber, der vordefinierte geplante Reaktionen auslöst, sein. Die Steuerungsart kann entweder physikalisch oder virtuell sein.[3] Die Aktionsart bezeichnet jene Varianten, die der Benutzer in der Interaktion mit der Maschine hat: entweder das Auswählen vordefinierter Items bzw. das Aufrufen vordefinierter Funktionen (statisch) oder das Verändern bereits vorhandener Objekte bzw. Eingabe neuer Werte (dynamisch). Abbildung 7 zeigt die Zusammenhänge.

Die Varianten in den einzelnen Feldern stellen die Interaktionsmöglichkeiten dar. Die Interaktion mit dem Computer erfolgt zunächst über eine physikalische Schnittstelle. Die kann entweder ein Symbolgeber – wie etwa die Tastatur – oder ein Koordinatengeber, wie beispielsweise die Maus sein. Damit kann entweder sofort eine Aktion ausgelöst werden (wie z.B. das Drücken der Escape-Taste die Beendigung eines Filmes bewirken kann) oder es kön-

---

[1]   vgl. Punkt 3.4.2
[2]   CardEtal, 1992, S. 224 ff
[3]   Diese Unterscheidung trifft auch Kerres in Issing; Klimsa, 1995, S. 32 ff

nen damit virtuelle Symbol- oder Koordinatengeber angesprochen werden. Der häufigste Fall ist dabei das Klicken mit der Maus auf einen – virtuellen – Knopf (Button), und damit das Auslösen bestimmter Aktionen. Aber auch mit der Tastatur kann beispielsweise durch Betätigen der Returntaste ein Knopf gedrückt werden, der in einem Dialogfenster zum Speichern einer Datei auffordert. Diese Wahl kann allerdings auch durch andere Symbolgeber – wie etwa Sprach- oder Gestensteuerung – aufgerufen werden. Das Betätigen eines virtuellen Koordinatengebers wie z.B. eines Drehreglers kann ebenfalls entweder durch physikalische Koordinatengeber (Stellen durch die Maus) oder durch physikalische Symbolgeber (Regeln mit Tastenkombinationen) erfolgen.

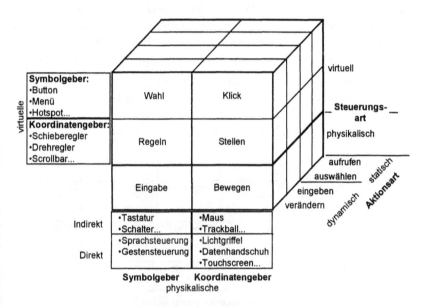

*Abbildung 7: Interaktionsart*

Eine geplante Reaktion kann durch die unterschiedlichen Interaktionsarten ausgelöst werden. Die geplante Reaktion ist dabei ident, wird aber dem Benutzer auf unterschiedlichen Arten zugänglich, die je nach Funktion der geplanten Reaktion unterschiedlich geeignet sind.

Laurel unterscheidet zwei Arten von Erlebnissen, die beim Benutzer durch die Kommunikation mit dem Computer hervorgerufen werden können:[1]

---

[1]  Laurel, 1986 und auch Laurel, 1993, S. 112 ff

- *First Person Experience,*
  bei der der Benutzer das Gefühl hat, unmittelbar eine Handlung auszulösen oder auszuführen. So hat z.B. der Benutzer beim Betätigen eines Buttons auf einem Touch-Screen das Gefühl, den Button direkt und selbst gedrückt zu haben.

- *Second Person Experience,*
  bei der der Benutzer das Gefühl hat, dass durch seine Handlung mittelbar eine Aktion ausgelöst oder ausgeführt wird. Beim Betätigen eines Buttons mit einer Maus hat der Benutzer das Gefühl, dass über das Klicken der Maustaste über den Mauszeiger der Button gedrückt worden ist.

Damit wird deutlich, dass sich die Erlebnisse, die ein Benutzer bei der Verwendung unterschiedlicher Eingabegeräte empfindet, unterscheiden, obwohl das Ergebnis der Aktion identisch ist. Diese Unterscheidung liefert die Einteilung in direkte (Möglichkeit der First Person Experience) und indirekte (Möglichkeit der Second Person Experience) physikalische Geber.

Durch die Interaktionen entstehen Ereignisse, die wiederum entsprechende Ergebnisse liefern. Tabelle 7 zeigt die Zusammenstellung von benutzergesteuerten Ereignissen und deren Ergebnisse.

| | | aktiviert | | nicht aktiviert | |
|---|---|---|---|---|---|
| | | Ereignis | Ergebnis | Ereignis | Ergebnis |
| **Koordinatengeber** | bewegt | Regeln drag & drop Stellen | Bereichscode | Bewegen Eintritt Austritt | Bewegungscode |
| | nicht bewegt | Klick/ Doppelklick down up | Positionscode | timer | Zeitdifferenz |
| **Symbolgeber** | down up | Wahl Eingabe | Tastencode, Symbolcode | timer | Zeitdifferenz |

*Tabelle 7:Interaktionsereignisse und Ergebnisse*

Aktiviert bedeutet, dass der entsprechende Geber ausgelöst wurde. Eine Taste ist beispielsweise aktiviert, wenn sie gedrückt wird. Bei Koordinatengebern bedeutet aktiviert, dass die Position, die der Koordinatengeber liefert, markiert wird. So ist das Drücken der Maustaste an einer bestimmten Stelle die Aktivierung. Koordinatengeber können aktiviert und/ oder bewegt sein.

Ist ein Koordinatengeber aktiviert und wird er gleichzeitig bewegt, so kann damit die Interaktionsart Regeln oder Stellen ausgelöst werden. In manchen Systemen wird dabei auch ein drag-and-drop-Ereignis ausgelöst. Ein Objekt wird markiert, an eine andere Stelle gebracht (drag) und dort abgelegt (drop). Dieses Ereignis liefert einen Bereichscode innerhalb dessen die Bewegung stattgefunden hat.

Wird ein Koordinatengeber nicht aktiviert, sondern nur bewegt, so löst er ein Bewegungsereignis aus. Dieses Ereignis liefert den Bewegungscode, der Position, Positionsveränderungsgeschwindigkeit und -richtung angibt. Nicht alle Koordinatengeber liefern einen Bewegungscode. Touchscreen und Lichtzeiger können keine Ein- und Austrittsereignisse erzeugen, da dies bei ihnen immer ein aktiviertes Ereignis ist. Erreicht der Positionsgeber virtuelle Objekte (z.B. einen Button am Bildschirm), so löst er ein Eintrittsereignis aus. Verlässt er das Objekt, so wird ein Austrittsereignis ausgelöst. So löst beispielsweise der Mauszeiger ein Eintrittsereignis aus, wenn der Mauszeiger einen Button erreicht. Dieses Ereignis bewirkt z.B., dass der Mauszeiger sich in eine Hand mit ausgestrecktem Zeigefinger verwandelt. Bei Verlassen des Buttons bewirkt das Austrittsereignis das Verändern des Mauszeigers von der Hand wieder zu einem Pfeil.

Wird der Koordinatengeber nicht bewegt, sondern nur aktiviert, so löst er die Interaktionsart Klick aus. Das Ereignis down (aktiviert) liefert den Positionscode des Klicks. Durch die Kombination von down und up (down, up, down+up = Klick, Doppelklick, Dreifachklick usw.) können dabei unterschiedliche Funktionen an einer Stelle aufgerufen werden. Wird der Koordinatengeber weder bewegt, noch aktiviert, so kann nur ein zeitliches Ereignis (timer) eintreten, das eine Zeitdifferenz liefern kann.

Wird ein Symbolgeber aktiviert, so löst er die Interaktionsart Wahl oder Eingabe aus. Das Ereignis down (= Drücken der Taste) liefert den Tasten- bzw. Symbolcode, je nach Art des Symbolgebers. Durch Kombination von Tasten können unterschiedliche Funktionen ausgelöst werden (z.B. Großschreibtaste + Taste a = A). Wird der Symbolgeber nicht aktiviert, kann auch wiederum nur ein zeitliches Ereignis timer eine Funktion auslösen und eine Zeitdifferenz als Ergebnis liefern.

Mit den Einteilungen von Abbildung 7 und Tabelle 7 können die Interaktionsvarianten der Benutzer und deren Auswirkungen vollständig beschrieben werden. Damit stellt diese Einteilung die Basis für die Entwicklung multimedialer Anwendungen dar. Entwicklungs- und Anwendungsumgebungen müssen die Interaktionsereignisse und die Verarbeitung von deren Ergebnissen unterstützen.

## 2.4.6 Informationsart

Die Informationsart ist ein Begriff der Wirtschaftsinformatik, vor allem geprägt durch Heinrich/ Roithmayr, und bezeichnet

> *„Die Art, in welcher handlungsbestimmendes Wissen (> Information)*
> *dargestellt und von einem Sender zu einem Empfänger übermittelt wer-*
> *den kann."[1]*

Heinrich gliedert die Informationsarten in Daten, Text, Bild und Sprache.[2] Schwer nachvollziehbar ist dabei allerdings die Informationsart „Daten". Wenn der Informationsbegriff in der Wirtschaftsinformatik nicht im shannon´schen Sinne verstanden wird, sondern subjektbezogen ist, und Daten sich von Information definitionsgemäß durch die fehlende menschliche Zweckorientierung unterscheiden[3], so ist unklar, warum es eine Informationsdarstellung in Form von Daten überhaupt geben kann, da bei der Darstellung von Information ja auf die menschliche Zweckorientierung Rücksicht genommen werden muss. Vermutlich aus diesem Grund werden Daten von anderen Autoren unabhängig von der Informationsdarstellung gesehen. Hansen sieht etwa, dass „...Information im Betrieb in schriftlicher, bildlicher oder akustischer Form verwendet (wird)."[4]

Mertens et al. bezeichnen Daten als maschinell verarbeitbare Grundelemente der Datendarstellung und klassifizieren die Daten nach verschiedenen Kriterien, wobei sie die Erscheinungsform ebenfalls in Sprache, Bild und Text einteilen.[5] So gibt es auch Sprachdaten, Bilddaten und Textdaten. Der Begriff Daten bezeichnet somit eine rechnerinterne, strukturierte Darstellung.

Wird die Darstellung von Information auf Sprache, Bild und Text reduziert, so rückt der Medienbegriff wieder näher: Sprache ist auditive Information, Bild und Text visuelle Information, wobei der Unterschied zwischen Text und Bild bei dieser Betrachtungsweise lediglich in der Symbolgebundenheit der textlichen Zeichen besteht. Der Informationsart-Begriff würde somit nur aus Audio und Video bestehen. Wird die Darstellung von Information auf die Möglichkeiten der Informationsaufnahme des Menschen erweitert, so müssten auch allfällige gustorische, haptische, thermische, vestibuläre und olfaktorische Informationen in den Informationsart-Begriff aufgenommen werden. Dann wäre allerdings der Begriff Informationsart mit den Perzeptionsmedien ident.[6]

---

[1]  Heinrich; Roithmayr, 1995, S. 259
[2]  Heinrich, 1993, S. 107 f
[3]  Heinrich; Roithmayr, 1995, S. 138 f
[4]  Hansen, 1986, S. 104
[5]  Mertens et al., 1991, S. 53 f
[6]  siehe Punkt 2.4.1

Wenn der Begriff Informationsart per Definition die Art der Übermittlung zwischen Sender und Empfänger berücksichtigt, so lässt sich die wesentliche Unterscheidung zwischen kontinuierlichen und diskreten Informationen treffen. Kontinuierliche Informationen sind zeitkritisch oder abhängig von aufeinander folgenden Informationsteilen; die Botschaft erhält erst durch die Einbeziehung des Faktors Zeit Gültigkeit und somit Richtigkeit.[1] Diskrete Informationen sind zeitunkritisch. Der Benutzer kann Zeitpunkt und Dauer der Betrachtung selbst festlegen. Auditive Informationsdarstellungen sind zeitkritisch (kontinuierlich), Bildinformationen sind zeitunkritisch (diskret). Folgen allerdings mehrere Bilder aufeinander (Bewegtbild), so ist diese Folge wieder zeitkritisch. Bewegtbild ist somit eine eigenständige Informationsart.

Neben der menschlichen Sprache gibt es noch weitere (zeitkritische) auditive Informationen, wie beispielsweise Geräusche (Maschinengeräusche, Vogelgezwitscher usw.) oder Musik. Folglich müsste entweder die entsprechende Informationsart als Oberbegriff für Sprache, Geräusche und Musik umfassend als Audio bezeichnet werden oder es gibt eine eigenständige Informationsart für menschliche Sprache und eine weitere für Geräusche und Musik. Da die Sprache für den Menschen sehr bedeutend ist und dementsprechend viel Forschungsarbeit auf dem Bereich der Sprachein- und -ausgabe geleistet wurde (vor allem auf dem Gebiet der Künstlichen Intelligenz), scheint es angebracht, die menschliche Sprache als eigenständige Informationsart zu sehen. Dementsprechend muss Geräusch und Musik zumindest zusammen[2] als weitere Informationsart angesehen werden. Als Oberbegriff kann dafür das Wort „Klang" dienen.

Bei den diskreten visuellen Informationsarten scheint der alphanumerische Text eine besondere Stellung einzunehmen, da er der visuelle Ausdruck der wesentlichsten Kommunikationsform zwischen Menschen – der Sprache – ist. Deshalb kann alphanumerischer Text als eigene Informationsart gesehen werden.

Wenn Text das diskrete Pendant zur Sprache ist, so kann die Partitur als diskretes Pendant zu Musik bzw. Geräusch (Klang) und damit als eigenständige Informationsart verstanden werden. Die Notenwerte einer Partitur sind dabei vergleichbar mit den Buchstaben eines Textes. Die Darstellungsform Partitur erscheint zunächst nicht geeignet, die Information Geräusch (oder besser gesagt: alle anderen auditiven Informationen, die nicht menschliche Sprache und nicht Musik sind) abzubilden. Die bestehenden Möglichkeiten der MIDI- und Synthesizer-Technik erlauben aber die Kodierung einzelner Geräusche als Notenwerte. So wie der Text gegenüber der Sprache an Informationsreichtum verliert (Stichwort Rhetorik/ Betonung), so kann der Informationsverlust der Partitur gegenüber Musik und Geräusch gesehen werden.

---

[1] Steinmetz, 1993, S. 14
[2] Die Grenze zwischen Geräusch und Musik ist ohnehin nicht sehr trennscharf, insbesondere hinsichtlich unterschiedlichem, subjektivem, ästhetischem Empfinden.

Alle anderen diskreten, visuellen Informationsdarstellungen können als Bild bezeichnet werden, wobei in der Literatur zwischen Grafikverarbeitung (bzw. Grafischer Datenverarbeitung) und Bildverarbeitung unterschieden wird.[1] Diese Unterscheidung bezieht sich vor allem auf die unterschiedliche Verarbeitungstechnik: Vektororientierung bei Grafiken und Punktorientierung bei Bildern. Trotz der bereits starken Vermischung beider Verarbeitungstechniken bei entsprechenden Grafikprogrammen wird „Bild" als geordnete Menge von Bildpunkten und „Grafik" als zeichnerische, schematisierende, schaubildliche Darstellung von Informationen beschrieben[2], auch wenn mit vektororientierten Grafiken bereits fotorealistische Bilder erzeugt werden können. Die Beibehaltung der Zweiteilung Bild/ Grafik ist dann sinnvoll, wenn unter Bild eine fotorealistische Darstellung und unter Grafik eine schematische Darstellung verstanden wird, selbst wenn das Bild vektororientiert und die Grafik punktorientiert erstellt wurde. Unter diesem Gesichtspunkt wird eine visuelle, diskrete Information entweder als Informationsart Bild (foto)realistisch oder als Informationsart Grafik schematisch dargestellt.

Das kontinuierliche Pendant zur diskreten Informationsart Bild ist das Bewegtbild. Fotorealistische Bewegtbilder werden im allgemeinen als Film bezeichnet. Bezeichnungen für schematische Bewegtbilder sind Trickfilm oder Animation. Somit kann bei kontinuierlichen Informationsdarstellungen zwischen der (foto)realistischen Informationsart Film und der schematischen Informationsart Animation unterschieden werden, auch wenn der Film vektororientiert und die Animation punktorientiert entstanden ist.

Die zweite wesentliche Unterscheidung bei der Art der Informationsdarstellung ist – neben der zeitlichen Dimension – die räumliche Dimension. Der Mensch nimmt audiovisuelle Informationen durch seine paarweise angeordneten Sinnesorgane Auge und Ohr auch räumlich auf. Traditionelle visuelle Ausgabemedien wie Bildschirm und Papier unterstützen nur zwei Dimensionen. Perspektivische Darstellungen („2 ½-D") versuchen die dritte Dimension zu simulieren. Echte räumliche visuelle Darstellungen sind allerdings nur durch stereoskopische Ausgabegeräte möglich.[3] Analog kann dazu die auditive Informationsaufnahme gesehen werden. Die auditiven Ausgabegeräte erzeugen zunächst auch nur eine zweidimensionale Darstellung. Durch die Stereotontechnik wird ebenfalls versucht, die dritte Dimension zu simulieren. Echte räumliche Hörerlebnisse können jedoch erst durch über Quadrophonie hinausgehende Anlagen erzeugt werden, die links/ rechts, vorne/ hinten und oben/ unten liegende Tonquellen unterstützen.[4] Sowohl visuelle als auch auditive Informationsarten können somit durch die Darstellungsart 2 D, 2 ½ D oder 3 D erfolgen, je nach Ausgabegerät.

---

[1]  Heinrich; Lehner; Roithmayr, 1994, S. 216
[2]  Heinrich; Roithmayr, 1995, S. 102 bzw. S. 238
[3]  Aukstakalnis; Blater, 1994, S. 81ff
[4]  vgl. Wenzel, 1992

Die dritte wesentliche Unterscheidung bei Informationsdarstellungen ist die Einbeziehung des handelnden Menschen. Bei den bisher beschriebenen Informationsarten ist die Darstellung der Information unabhängig von den Aktionen des Menschen. Nur die Betrachtungszeitpunkte, Dauer und Zeitfolgen können vom Menschen bestimmt werden. Diese Informationsarten können als passiv bezeichnet werden.

Ändert sich die Darstellung der Information in Abhängigkeit von Aktionen des Betrachters, so kann von einer aktiven Informationsart gesprochen werden. Diese Form findet sich in multimedialen Anwendungen vor allem bei räumlichen Darstellungen. Wird etwa ein Körper (z.B. ein Zahlenwürfel) dargestellt, so sind maximal drei Flächen gleichzeitig sichtbar. Kann nun der Würfel durch den Betrachter gedreht werden, so wird auch die zwar vorher schon vorhandene, aber verdeckte Information der restlichen drei Seiten für den Betrachter erfahrbar. Diese Informationsdarstellung kann als Objekt bezeichnet werden. Dabei ist der Betrachtungspunkt (Perspektive) des Betrachters fixiert und die Lage des Objekts kann dazu im Verhältnis verändert werden. Diese Informationsart ist als diskret anzusehen, da für die Lageveränderung kein zeit- oder folgenkritisches Kontinuum nötig ist.

Ändert sich nicht die Lage des Objekts bei der Informationsdarstellung, sondern die Perspektive des Betrachters, so liegt eine weitere Informationsart vor. Bei der Darstellung von nur einem Objekt ist mit Ausnahme von Schattenwürfen noch kein wesentlicher Unterschied zur Informationsart Objekt erkennbar. Erst wenn mehrere Objekte gleichzeitig dargestellt werden, spielt die Perspektivenänderung des Betrachters eine Rolle. Die Information wird erst durch eine kontinuierliche Perspektivenänderung des Betrachters für den Betrachter erfahrbar. Diese Informationsart kann als Welt bezeichnet werden und wird insbesondere in der Architektur und auf dem Spielesektor auf leistungsfähigen Systemen verwendet.[1]

Aufgrund der vorangegangenen Überlegungen können nun die multimedialen Informationsarten für audiovisuelle Informationsdarstellungen aufgelistet werden. Abbildung 8 zeigt die Einteilung.

Die (vertikale) Konvertierbarkeit einer Informationsart in eine andere des gleichen Perzeptionsmediums kann als Kriterium für die Trennschärfe dieser Einteilung gesehen werden. Kann eine Informationsart einfach konvertiert werden, so ist die Informationsart nicht eindeutig. Beispielsweise ist die textuelle Beschreibung eines Bildes nur sehr schwer in ein Bild konvertierbar und umgekehrt. In allen Fällen – mit Ausnahme reiner Zahlenwerte der Informationsart Text – der Einteilung in Abbildung 8 ist die Konvertierbarkeit innerhalb eines Perzeptionsmediums nur schwer erreichbar. Zwischen Bild und Grafik scheint noch am ehesten eine Konvertierungsmöglichkeit zu bestehen. Aber auch hier sind die dafür nötigen Mustererken-

---

[1] vgl. z.B. Bauer, 1993 und Loeffler, 1993

nungsprozesse recht komplex, und die vorliegenden Arbeiten dazu liefern erst Ergebnisse an vergleichsweise einfachen Beispielen.[1]

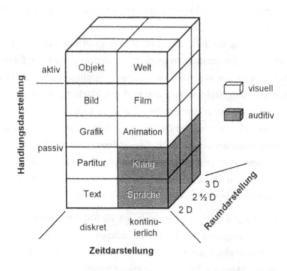

*Abbildung 8: Einteilung audiovisueller Informationsarten*

Die (horizontale) Konvertierbarkeit von Informationsarten von diskret zu kontinuierlich ist zwischen unterschiedlichen Perzeptionsmedien einfacher möglich. Textkonvertierung in Sprache ist ebenso verfügbar wie Spracherkennung.[2] Partiturkonvertierung in Musik oder Geräusch ist durch die Midi-Technik handhabbar[3] und auch Tonerkennung mit automatischer Notation ist für einzelne Instrumente verfügbar.[4] Allerdings beinhalten kontinuierliche Informationsarten auch Informationen, die durch die Konvertierung verloren gehen müssen. Sprache reduziert auf Text verliert die Betonung und Rhetorik, Klang reduziert auf die Partitur verliert den musikalischen Ausdruck.

Die Darstellung von Information erfolgt meist nicht nur in einer Informationsart. Dennoch können alle Informationsdarstellungen auf einzelne Informationsarten oder deren Kombination zurückgeführt werden. Die Klassifizierung ist hierarchisch von unten nach oben aufgebaut. Das bedeutet, dass jede Informationsart die unter ihr liegenden Informationsarten beinhalten kann bzw. aus ihnen aufgebaut ist. Dennoch bietet jede Informationsart eine Darstellung von

---

[1]   z.B. Cakmakov, 1995 und Babu, 1995
[2]   Steinmetz, 1993, S. 39ff und S. 45ff
[3]   Steinmetz, 1993, S. 33ff
[4]   Frater; Paulißen, 1994, S. 232f

Informationen an, die mehr enthält, als die Summe der in ihr enthaltenen Informationsarten. [1] So kann beispielsweise ein Bild auch Grafiken, Partitur und Text enthalten oder ein Film auch Sprache und Klang (z.B. ein Musical).

Die Einteilung der vorgeschlagenen Systematik der Informationsarten ist trennscharf und bringt den Vorteil, dass bei der Konstruktion von multimedialen Informationssystemen klar aufgezeigt werden kann, welche prinzipiellen (Kombinations-) Möglichkeiten zur Darstellung von Information bestehen. Die Strukturierung ersetzt den Medienbegriff bei bisherigen Multimedia-Definitionen durch den Informationsartbegriff. Auf dieser Basis kann ein theoretisch konsistentes Multimedia-Paradigma entwickelt werden, bei dem Aussagen über gegenseitige Wechselwirkungen der einzelnen Informationsarten bei der audiovisuellen Informationsaufnahme des Menschen möglich werden.

Aus methodischer Sicht entspricht die beschriebene Umdeutung des Informationsart-Begriffes dem pagatorischen Kostenbegriff von Koch:[2] Die Extension des Informationsart-Begriffes wird ohne Intensionsänderung erweitert.

### 2.4.7 Multimedia/ Definition

Was unter dem Begriff Multimedia verstanden wird, hängt weitgehend von der Definition des Medien-Begriffs ab. Wie sich in Punkt 2.4.1 bis 2.4.4 zeigte, ist der Medium-Begriff sehr allgemein und bietet nur in seiner Verwendung in Zusammenhang mit den menschlichen Sinnesorganen eine sinnvoll abgrenzbare Entsprechung. Die ein- und ausgabegerätetechnische Unterstützung von Perzeptionsmedien ist durch Entwicklungen aus dem Bereich der Virtuellen Realität zwar vorangeschritten, aber kostengünstige und marktreife Systeme sind nach wie vor nur für die visuelle und auditive Perzeption verfügbar. Die Einengung von Multimedia auf diese beiden Bereiche wäre somit eher ein „Bimedia". Was jedoch „multi" ist, ist die Art der Codierung der Information. Text, Grafik, Bild, Film und Animation sind alles unterschiedliche Codierungen innerhalb des gleichen Perzeptionsmediums.[3] Nur die *Darstellung* der Information ist unterschiedlich. Somit kann Multimedia als Kombination unterschiedlicher Informationsdarstellungen – der Informationsarten – gesehen werden. Obwohl die begrifflich richtige Bezeichnung demnach „Multicodal" wäre, ist die Beibehaltung des Begriffes aufgrund der internationalen Gepflogenheit trotzdem sinnvoll. Da aber gerade dann der Begriff wieder nicht eindeutig ist, bietet sich als Ausweg die Notwendigkeit einer Nominaldefinition für Multimedia an.

---

[1] Die Ähnlichkeit zur Theorie der ontologischen Schichtung ist hier durchaus berechtigt. Auch hier greift die Gestaltphilosophie: Das Ganze ist mehr als die Summe seiner Teile (vgl. Kapitel 3.1.6)

[2] vgl. Chmielewicz, 1979, S. 57f

[3] vgl. Punkt 2.2.2

Multimedia wird deshalb in dieser Arbeit durch folgende Attribute nominal definiert:

1. Multimedia bezieht sich auf ein Mensch-Maschine-Mensch-Kommunikationssystem.

2. Multimedia bezieht sich nur auf den Fall 1 des Mensch-Maschine-Mensch-Kommunikationssystems, der Konservierung.

3. Multimedia bezieht sich ausschließlich auf die vollständig digitale *integrierte und unabhängige* Verarbeitung der Perzeptionsmedien Bild und Ton.

4. Multimedia bedeutet unterschiedliche Informationsdarstellungen mit mindestens einer kontinuierlichen Informationsart.[1]

5. Multimedia bedeutet die interaktive Steuerung der Informationsdarstellungen durch den Benutzer mittels einer oder mehrerer Interaktionsarten.[2]

6. Multimedia berücksichtigt künstlerisch/ unterhaltende Elemente mit hochgradig interaktiver Einbindung des Endanwenders.

In einen Satz gefasst lässt sich das weitere Begriffsverständnis von Multimedia in dieser Arbeit auf folgenden kleinsten gemeinsamen Nenner bringen:

> *Multimedia ist die vollständig digitale, integrierte und unabhängige Verarbeitung unterschiedlicher, audiovisueller Informationsarten mit mindestens einer kontinuierlichen Informationsart, die vom Benutzer interaktiv durch eine oder mehrere Interaktionsarten gesteuert werden können.*

Diese Definition lässt immer noch eine große Bandbreite an Einsatzgebieten zu. Deshalb wird im folgenden Abschnitt eine Eingrenzung des Erkenntnisobjekts vorgenommen.

## 2.5 Untersuchung der Extension

### 2.5.1 Anwendungsbereiche von Multimedia

Mit dem Auftauchen des Schlagwortes Multimedia entstanden erste Szenarien und Einsatzmöglichkeiten dieser Technik. Die Einteilung der Anwendungsgebiete ist bei den meisten Autoren eher klassifikatorisch, unsystematisch und vor allem nicht einheitlich. Ortet Helmert[3] etwa nur die zwei Bereiche Aus-/ Weiterbildung und Präsentations-/ Informationssysteme, so

---

[1] siehe dazu die präziseren Ausführungen in Punkt 2.4.6
[2] siehe dazu die präziseren Ausführungen in Punkt 2.4.5
[3] Helmert, 1992, S. 59

sehen Frater/ Paulißen[1] auch noch Planungshilfe und Simulation als Einsatzmöglichkeit von Multimedia. Messina[2] erkennt zudem noch das Bildungswesen, die Medizin, elektronische Dokumentation, Archivierung, Visualisierung und Kundeninformation als potentiellen multimedialen Bereich. Steinbrink[3] kommt zu einer ähnlichen aber ebenfalls nicht konsistenten Einteilung. Anwendungen werden mit Funktionen, Aufgaben und Techniken bei der Klassifikation vermischt. Die Einteilung der Anwendungsbereiche erfolgt meist frei nach dem Motto: „Multimedia – eine Technik sucht ihre Anwendung".

In Tabelle 8 sind die in der Literatur genannten Multimedia-Anwendungsbereiche bzw. Multimedia-Schlagworte nach deren Hauptfunktionen geclustert aufgelistet.

| *Entertainment* | *Lernen* |
|---|---|
| • Spiele | • CBT |
| • Karaoke | • Edutainment |
| • interaktives Kino | • Courseware |
| • Pay-TV | • Teachware |
| • Pay per View | • Telelearning |
| • Video on demand | • Teleteaching |
| • Near Video on demand | • Simulation |
| *Persönliche Kommunikation* | *Verkaufskommunikation* |
| • Videokonferenz | • Point of Sales-Systeme (POS) |
| • Telekonferenz | • Teleshopping |
| • Voice Mail | • Homeshopping |
| • Video Mail | • elektronische Märkte |
| • CSCW | • Werbung |
| • Bildtelefonie | • Buchungssysteme/ Reservierungssysteme |
| • Kommunikationsforen | • elektronische Einkaufs- und Bestellkataloge |
| *Masseninformation* | *Information Retrieval* |
| • Point of Information-Systeme (POI) | • Archivierung |
| • Präsentationen | • Dokumentation |
| • electronic Publishing/ TV-Publishing | • Expertensysteme |
|   * electronic Books | • Engineeringansätze |
|     -elektronische Reiseführer | |
|     -Lexika, Nachschlagewerke | |
|   * elektronische Zeitung | |
| • Informationssysteme | |
| • Infotainment | |
| • Werbung | |
| • Visualisierung | |

*Tabelle 8: Anwendungsbereiche von Multimedia*

Dieses Cluster ist nicht trennscharf und aufgrund der klassifikatorischen Einteilung nicht ausreichend systematisch für eine klare Abgrenzung des Erkenntnisobjektes. Allerdings bietet diese Aufstellung einen ersten Anhaltspunkt für weitere Untersuchungen.

---

[1] Frater; Paulißen, 1994, S. 20
[2] Messina, 1993, S. 45
[3] Steinbrink, 1992, S. 48 ff

## 2.5.2 Präzisierung des Erkenntnisobjekts

Da sich Multimedia auf das Mensch-Maschine-Mensch-Kommunikationssystem bezieht, lässt sich eine Präzisierung des Erkenntnisobjekts dieser Arbeit aufgrund der Elemente dieses Systems vornehmen. Die Parameter dazu sind

a) Schnittstellen/ Medien

b) Anzahl der Beteiligten

c) Zeit/ Raum

d) Beziehung zwischen den Beteiligten

e) Kommunikationsform

f) Kommunikationsmöglichkeiten

g) Informationsinhalt

h) Maschine

i) Mensch

### 2.5.2.1 Schnittstellen/ Medien

Von den insgesamt sieben Perzeptionsmedien (visuell, auditiv, haptisch, thermisch, gustorisch, olfaktorisch und vestibulär)[1] werden in dieser Arbeit nur zwei (visuell und auditiv) behandelt. Der Grund dafür liegt einerseits in der in dieser Beziehung recht einheitlichen Auffassung in der Literatur[2] und andererseits in der Praktikabilität und Verfügbarkeit der diese beiden Medien unterstützenden Technik.[3] Somit ist das Wort „multimedial" eigentlich irreführend. „Bimedial" oder „duomedial" wäre sicher zutreffender. Da sich jedoch der Begriff „Multimedia" für diese Art der Medienunterstützung eingebürgert hat, wird er weiter in diesem Sinne verwendet. „Multi" ist daran allerdings lediglich die Informationsart.[4]

An symbolgebundenen Eingabegeräten werden dazu die „klassischen" Eingabegeräte Tastatur und Maus, sowie deren Ersatz durch Touchscreen, zusätzliche Tasten, Trackball, Radstellern, Laserpointern und ähnliches betrachtet. Die symbolgebundenen Eingabefunktionen müssen jedoch durch Tastatur und Maus vollständig abdeckbar sein. Ersatzgeräte sind nur für spezielle Anwendungsbereiche sinnvoller, in ihrer Funktion aber durchaus mit Tastatur und Maus ersetzbar. Diese Restriktion ist notwendig, um allgemeine Aussagen über Aktionen des Benutzers machen zu können. Zudem ist diese Bedingung hinreichend für sehr viele Anwendungen. Im Hinblick auf den Universalitätsanspruch des Erkenntnisobjektes ist dadurch eine weitgehende Gültigkeit der Aussagen möglich.

---

[1]  vgl. Tabelle 2
[2]  vgl. Punkt 2.3
[3]  vgl. Punkt 2.4.3 und Punkt 2.4.4
[4]  siehe Punkt 2.4.6

Visuelle und auditive nicht-symbolgebundene Eingabegeräte werden in dieser Arbeit vorwiegend auf der Senderseite (Produzentenseite) behandelt. Dabei sind alle Varianten dieser Eingabegeräte angesprochen.

Als visuelle Ausgabegeräte werden in dieser Arbeit ausschließlich Bildschirm und Drucker gesehen. Diese Einschränkung ist notwendig im Zusammenhang mit der Interaktivitätskomponente. Wenn interaktive Systeme Benutzeraktionen fordern, so soll die Aktion nur von einem Benutzer ausgeführt werden. Der Darstellungsraum reduziert sich auf das vom Benutzer unmittelbar wahrgenommene und aktivierbare Gerät. Wird etwa ein Mikrofilm als Ausgabegerät verwendet, so ist nicht nur die schwer verfügbare Technik sondern auch die schlechte Praktikabilität (Lesbarkeit) ein Hindernis für die Informationsübermittlung. Wird statt des Bildschirms etwa ein Großbildprojektor verwendet, so ändert sich zwar nichts an den Funktionen, die das Erkenntnisobjekt erfüllt, aber zusätzliche Komponenten wie Kinoeffekt usw. verzerren die Aussagen.

Bezüglich der visuellen räumlichen Wahrnehmung wird in dieser Arbeit die These vertreten, dass für die Anwendungsbereiche des Erkenntnisobjektes eine zweidimensionale Darstellung ausreicht, da Multimedia im Gegensatz zur Virtuellen Realität nicht auf das Gefühl „wirklich dort zu sein" abzielt.[1] Da räumliche Sehapparaturen wie Headmounted Displays nur in Kombination mit einer kinästhetischen Simulation sinnvoll sind (Polhemus-Sensor) und in dieser Arbeit auf kinästhetische Medienunterstützung ausdrücklich verzichtet wird, kann auf diese Ausgabegeräte verzichtet werden. Zudem haben die Untersuchungen von Szabó et al.[2] gezeigt, dass Aufgabenlösungsprozesse, die spezielle räumliche Fähigkeiten benötigen, unabhängig von dem Präsentationsmodus sind. Szabó untersuchte in einem Experiment räumliches Vorstellungsvermögen anhand von Würfeln in 2 ½ D-Darstellung (perspektivisch-räumliche Darstellung an einem zweidimensionalen Ausgabegerät) und in echter 3D-Darstellung und kam zum Schluss: „We can not find a special advantage for the stereoscopic presentation of objects."[3]

Als auditive Ausgabegeräte können sowohl Lautsprecher als auch Kopfhörer angesehen werden. Stereoton ist dabei lediglich als ein „nice-to-have"-Feature anzusehen, wenn nicht spezielle räumliche Anwendungen akustisch unterstützt werden sollen.

Kurz umrissen beschränkt sich diese Arbeit in Bezug auf physische Mensch/ Maschine Schnittstellen auf die Eingabegeräte Tastatur, Maus und Mikrophon, sowie die Ausgabegeräte Drucker, Bildschirm und Lautsprecher.

---

[1]   siehe dazu die Abgrenzung zur VR in Punkt 2.5.3.1

[2]   Szabó, 1993

[3]   Szabó, 1993, S. 23

**2.5.2.2 Anzahl der Beteiligten**

Die Möglichkeiten der Anzahl der beteiligten Personen im Mensch-Maschine-Mensch-System sind in Tabelle 9 dargestellt:

Empfänger

|  |  | einer | mehrere |
|---|---|---|---|
| Sender | einer |  |  |
|  | mehrere |  |  |

*Tabelle 9: Beteiligte Personen im Mensch-Maschine-Mensch-System*

Diese Aufstellung ist noch sehr allgemein, insbesondere bei Berücksichtigung der räumlich-zeitlichen und damit parallel möglichen Versetzung. Eine Präzisierung kann durch die Betrachtung des Darstellungsraumes beim Empfänger erfolgen.

Der Darstellungsraum[1] besteht aus den räumlichen und technischen Gegebenheiten beim letzten Sendevorgang im Mensch-Maschine-Mensch-System und bezieht sich bei mehreren zeitlich und räumlich versetzten Sendevorgängen jeweils immer nur auf einen Sendevorgang. Für die Zahl der Empfänger in einem Darstellungsraum kann nun eine Abgrenzung erfolgen:

Da sich Multimedia auf interaktive Systeme bezieht, wird vom Empfänger eine Aktion erwartet. Wenn diese Aktion nicht aufgrund der Entscheidung einer einzelnen Person erfolgt, sondern Gruppenentscheidungsprozesse vorliegen, ist die Gültigkeit von Aussagen in Bezug auf individuelles Verhalten gering. Insbesondere Lernprozesse laufen in Gruppen anders ab als bei Einzelpersonen.

Damit die theoretischen und praktischen Ausführungen in dieser Arbeit präziser sind, wird ausschließlich Spalte 1 von Tabelle 9 berücksichtigt. Es wird somit jeweils nur ein Empfänger im Darstellungsraum betrachtet.

**2.5.2.3 Zeit/ Raum-Dimension**

Die in Tabelle 6 dargestellte Zeit/ Raum Beziehung zeigt die diesbezüglichen Varianten der Mensch-Maschine-Mensch-Kommunikationsform auf.

Da sich das Erkenntnisobjekt auf den Fall der Konservierung bezieht, ist die konsequente Verwendung der Konservierung zeitlich asynchron zu sehen.

---

[1] siehe dazu Steinmetz, 1993, S. 13

Räumlich zentrale Formen der Kommunikation werden im weiteren deshalb nicht berück-sichtigt, da gerade eine Stärke des Maschineneinsatzes die Überwindung räumlicher Barrieren ist. Räumlich zentrale und zeitlich asynchrone Formen finden überwiegend bei Mehrautoren-systemen und Terminmanagementsystemen Verwendung.[1]

Diese Arbeit fokussiert somit räumlich dezentrale und zeitlich asynchrone Kommunikations-formen, wie in Tabelle 10 dargestellt.

Raum

|  |  | zentral | dezentral |
|---|---|---|---|
| Zeit | asynchron |  |  |
|  | synchron |  |  |

*Tabelle 10: Eingrenzung in der Zeit-Raum-Dimension*

Mit dieser Einschränkung ist die Frage der weltweiten Vernetzung von PC-Systemen sekun-där. Ob die Daten über ein Netzwerk (z.B. Internet, ISDN) transportiert werden, oder in Form einer CD-ROM zur Verfügung stehen, ist für die in dieser Arbeit vorliegende Betrachtungs-weise nur insofern relevant, dass die Datenübertragungsrate mit akzeptablen Antwortzeiten für die darzustellende Informationsart ausreichen muss. Derzeitige weltweite Netze bieten nur bedingte Garantien für Mindestübertragungsraten und stellen damit schon für die Informati-onsarten Bild und Grafik Restriktionen dar. Für digitale, kontinuierliche Informationsarten im Echtzeitverhalten sind bestehende Netzwerke noch nicht ausgelegt.

Auch die Diskussion über Distance-Learning relativiert sich unter der hier betrachteten Per-spektive. Ist der Lerner mit dem Lehrer online verbunden, so fällt dieser Fall unter synchron und wird hier nicht weiter behandelt. Ist der Lerner nicht online mit dem Lehrer, sondern nur online mit einem multimedialen System verbunden, so ist die Frage der Vernetzung sekundär und nur ein zu lösendes Detail im Transportsystem. Alle anderen Aufgaben bei der Konstruk-tion mulimedialer Lernsysteme sind nur insofern beeinträchtigt, dass durch die geringen Da-tenraten eben viele multimediale Techniken nicht oder nur bedingt eingesetzt werden können.

---

[1] Heinrich, 1993, S. 269

#### 2.5.2.4 Beziehung zwischen den beteiligten Personen

Eine interessante Einteilung der Beziehungen zwischen Personen kommt aus dem Marketing. Kroeber-Riehl unterscheidet zwischen einer

a) näheren Umwelt
    und einer

b) weiteren Umwelt.[1]

Die nähere Umwelt umfasst jene Personen und Gruppen, mit denen die Person in einem regelmäßigen persönlichen Kontakt steht, wie etwa Freunde, Berufskollegen, Familie usw.

Die weitere Umwelt umfasst alle Personen und sozialen Gruppierungen, zu denen die Person keine regelmäßigen Beziehungen unterhält, wie etwa Kultur, Behörden, Gewerkschaft, Kirche, Partei, Politiker, Schauspieler usw.

Diese Einteilung dient zwar zur Erklärung des Konsumentenverhaltens, ist aber – in Hinblick auf die Informationsaufnahmemetapher des Empfängers – hier analog verwendbar. Abbildung 9 zeigt die Zusammenhänge zwischen den sozialen Variablen und der Kommunikation.

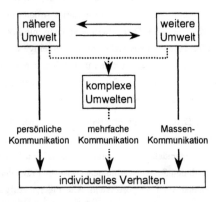

*Abbildung 9: Das System der sozialen Variablen[2]*

Persönliche Kommunikation dient der Verständigung in der näheren sozialen Umwelt, Massenkommunikation bewirkt Einflüsse der weiteren Umwelt. Nähere und weitere Umwelt beeinflussen sich gegenseitig und können parallel oder seriell als komplexe Umwelt auf das Individuum einwirken.

---

[1] vgl. Kroeber-Riel, 1990, S. 444 f
[2] entnommen aus Kroeber-Riel, 1990, S. 445

In dieser Arbeit wird die weitere Umwelt betrachtet. Damit ist nur die Massenkommunikation für das Erkenntnisobjekt relevant. Darunter fallen alle Anwendungsgebiete mit Ausnahme der persönlichen Kommunikation (siehe Tabelle 8).

Eine weitere Unterscheidung lässt sich aufgrund der Bestimmtheit des Empfängers im Mensch-Maschine-Mensch-System treffen. Entweder kann als Empfänger der Nachricht die Person bestimmt sein, wie beispielsweise bei electronic Mail, oder die Person ist unbekannt und quasi variabel gesetzt, wie etwa bei Massenmedien. Unabhängig von der Person kann die Rolle, die ein Empfänger im Kommunikationssystem einnimmt, bestimmt – wie z.B. die klassische Lehrer-Lernsituation – oder unbestimmt sein. Dies lässt sich anhand einer Matrix in Tabelle 11 darstellen:

Rolle des Empfängers

| | | unbestimmt | bestimmt |
|---|---|---|---|
| | Unbestimmt | *Archivierung* | *Mitteilung* |
| Person des Empfängers | Bestimmt | *Meldung* | *Benachrichtigung* |

*Tabelle 11: Bestimmtheit des Empfängers*

Die Rolle des Empfängers bezieht sich auf den Zweck, in dessen Kontext der Empfänger die transportierte Information benötigt. Ist dieser Zweck bei der Informationskonservierung[1] unbekannt, so ist die Rolle des Empfängers unbestimmt. Wenn zusätzlich die Person unbekannt ist, kann dieser Fall als **Archivierung** bezeichnet werden, zu dem Dokumentations- und Ablagesysteme zu zählen sind. Allgemein sind Information Retrieval-Systeme[2] in dieser Kategorie zu finden.

Ist die Person des Empfängers bestimmt, aber der Zweck, in dessen Kontext der Empfänger die Information benötigt, bei der Konservierung unbekannt, so kann dieser Fall als **Meldung** bezeichnet werden. Voice Mail, Video Mail sowie diverse Überwachungssysteme können in diesem Zusammenhang teilweise gesehen werden. Werden beispielsweise unvorhergesehene Vorkommnisse in einem Produktionssystem durch ein Voice Mail-System weitergeleitet, so ist zwar der Empfänger bestimmt (z.B. Produktionsleiter), aber nicht, zu welchem Zweck er diese Information verwendet.

Ist die Rolle des Empfängers bekannt, so kann eigentlich erst von Information im in dieser Arbeit vertretenen Sinne gesprochen werden, da der Zweck der Nachricht für den Interpretierer bereits bei der Konservierung bekannt ist. In diese Einteilung fallen alle Informationssys-

---

[1]  vgl. dazu Tabelle 5
[2]  vgl. dazu Tabelle 8

teme. Ist dabei auch noch die Person bekannt, die diese Nachricht erhält, so kann von **Benachrichtigung** gesprochen werden. Das ist der Bereich der persönlichen Kommunikation wie Videokonferenz, Voice- und Video-Mail, CSCW und Bildtelefonie.

Ist nur die Rolle des Empfängers bekannt, aber nicht die Person, so kann der Empfänger nicht persönlich, sondern nur über Merkmale seiner Rolle angesprochen werden. Da mehrere Personen diese Rolle einnehmen können, teilt der Empfänger die Nachricht mit anderen Personen. Dieser Fall kann als **Mitteilung** bezeichnet werden. Dazu sind die Bereiche Entertainment, Lernen, Masseninformation und Verkaufskommunikation von Tabelle 8 zu zählen.

Die meisten Anwendungsbereiche von Multimedia zählen zum Fall der Mitteilung. Dieser Fall ist auch deshalb interessant, da er eine Zwischenstellung zwischen genauer und ungenauer Adressierung einnimmt. Durch die fehlende Einschränkung auf Personen ist er allgemeingültiger und durch die Beschränkung auf die Rolle ist er präziser erfassbar. Deshalb wird hier nur der Fall der Mitteilung betrachtet.

Diese Arbeit bezieht sich somit bei der Beziehung zwischen den beteiligten Personen auf die weitere Umwelt (und damit auf die Massenkommunikation) sowie auf den Fall der Mitteilung. Informationssysteme, die diese Zielgruppe aufweisen, können als *Masseninformationssysteme* bezeichnet werden.[1]

### 2.5.2.5 Kommunikationsform

Die Einteilung der Kommunikationsform in Einweg- und Zweiwegkommunikation hat im Mensch-Maschine-Mensch-System zwei Ausprägungen. Die erste Ausprägung betrifft den Menschen als Sender. Bekommt der Sender vom Empfänger keine Rückmeldung, so liegt eine Einwegkommunikation vor, erhält er eine Rückmeldung, besteht Zweiwegkommunikation. Die zweite Ausprägung kann auf die Maschine als Sender bezogen werden. Die daraus entstehenden Grundformen der Kommunikation im Mensch-Maschine-Mensch-System sind in Tabelle 12 dargestellt.

| Empfänger-Kommunikation mit | | Mensch als Sender | |
|---|---|---|---|
| | | Einweg | Zweiweg |
| Maschine als Sender | Einweg | *passiv* | *kommunikativ* |
| | Zweiweg | *interaktiv* | *transaktiv* |

*Tabelle 12: Wege der Kommunikation im Mensch-Maschine-Mensch-System*

---

[1] Hansen und Prosser führen diesen Begriff ein in: Hansen; Prosser, 1994

Erhält die Maschine als Sender eine Rückmeldung vom Empfänger, die die Maschine interpretieren kann, so liegt hier eine Zweiwegkommunikation vor. Erhält die Maschine als Sender eine (oder keine) Rückmeldung vom Empfänger, die von der Maschine nicht interpretierbar ist, so besteht eine Einwegkommunikation. Einwegkommunikation kann aus Maschinensicht somit auch dann vorliegen, wenn zwar der Mensch als Sender eine interpretierbare Rückmeldung erhält, aber nicht die Maschine (z.B. Videokonferenz).

Der Fall der reinen Einwegkommunikation kann auch als **passiv** bezeichnet werden, da die Reaktionen des Empfängers nicht beachtet werden. Traditionelles Fernsehen oder Diavorträge sowie automatisierte Produktinformationen können so gesehen werden, da allfällige Rückmeldungen über andere Kanäle erfolgen (z.B.: Einschaltquoten, Applaus, Verkaufszahlen usw.).

Werden Rückmeldungen des Empfängers direkt vom Sender wahrgenommen und interpretiert, so entspricht dies dem Standardfall der Mensch-Mensch-Kommunikation. Dieser Fall kann als **kommunikativ** bezeichnet werden, auch wenn eine Maschine zwischengeschaltet ist, die diese Rückmeldungen nicht interpretiert oder interpretieren kann. Darunter sind im wesentlichen alle Arten der persönlichen Kommunikation zu verstehen.

Erhält die Maschine als Reaktion auf die gesendete Nachricht eine Rückmeldung vom Empfänger, die die Maschine interpretieren kann (in den meisten Fällen eine symbolgebundene Rückmeldung), und gibt die Maschine diese Rückmeldung an den Sender weiter, so kann von **transaktiven** Systemen gesprochen werden, da die Maschine eine Transaktion ausführt.[1] Sowohl Maschine als auch Mensch als Sender erhalten vom Empfänger eine Reaktion auf die gesendete Information. Durch die Zwischenstation Maschine als ersten Interpretierer der Information kann diese Rückmeldung an den Sender nur symbolgebunden erfolgen. Entertainmentbereiche wie Pay-TV, Pay per View, Video on demand, Near Video on demand und viele Bereiche der Verkaufskommunikation wie POS-Systeme, Teleshopping, Homeshopping, Buchungs- und Reservierungssysteme sowie elektronische Einkaufs- und Bestellkataloge sind dem transaktiven Fall zuzuordnen.

Erhält zwar die Maschine eine Rückmeldung vom Empfänger, nicht aber der ursprüngliche Sender, so kann von **interaktiven** Systemen gesprochen werden. Unter dem Begriff Interaktion wird allgemein die wechselseitige Beeinflussung zweier, voneinander weitgehend unabhängiger Größen oder Funktionseinheiten verstanden.[2] Wenn die Rückmeldungen den ursprünglichen Sender nicht erreichen, so betreffen die wechselseitigen Beeinflussungen nur mehr das (theoretische) Mensch-Maschine-System, wobei die Aktionen des Empfängers, bzw. des Menschen, als Handeln bezeichnet werden. Vielfach wird die Interaktion auch als Dialog

---

[1]   vgl. Holfelder, 1995, S. 18
[2]   Charwat, 1994, S. 227

bezeichnet.[1] Wesentlich ist in diesem Zusammenhang auch der Unterschied des Kommunikationsinhaltes. Während die transportierte Information vom Sender via Maschine zum Empfänger den Kommunikationsinhalt darstellt, ist der Kommunikationsinhalt beim Handeln des Empfängers das Auslösen oder Hervorrufen einer Information. Deshalb wird auch konsequenterweise zwischen dem Interaktionsproblem und dem Sachproblem unterschieden,[2] wobei als Sachproblem in der Kommunikationsmetapher durchaus die transportierte Information zu sehen ist.

Spiele, Lernsoftware sowie die Bereiche Masseninformation und Information Retrieval sind als hochgradig interaktive Systeme einzustufen.

Die vier Grundformen passiv, kommunikativ, transaktiv und interaktiv treten in Anwendungssystemen meist nicht isoliert, sondern in Kombinationen auf. Trotzdem lassen sich alle Systeme wieder in diese Fälle aufgliedern und einzeln betrachten. Der interaktive Fall ist deshalb interessant, da die strukturierte Wiedergabe konservierter Nachrichten nur im Dialog sinnvoll und effizient erfolgen kann. Darum beschäftigt sich diese Arbeit nur mit dem interaktiven Szenario.

### 2.5.2.6 Kommunikationsmöglichkeiten

Informationen sind Nachrichten mit einem bestimmten Organisationsmuster, die von einem Informationsgeber passiv oder aktiv an einen ebenfalls passiven oder aktiven Informationsempfänger übertragen werden. Aktiv ist in diesem Zusammenhang als bewusstes Handeln definiert, setzt also Bewusstsein – einen Willen – voraus. Tabelle 13 zeigt die Kommunikationsmöglichkeiten, die sich aus der Kombination dieser Varianten ergeben.

Empfänger

|  | | Passiv | Aktiv |
|---|---|---|---|
| Sender | Passiv | *Zeichen ("Statistik")* | *Semantik* |
| | Aktiv | *Syntax* | *Pragmatik (Apobetik)* |

*Tabelle 13: Kommunikationsmöglichkeiten[3]*

Die von Walpoth[4] verwendeten Begriffe sind zum Teil aus der Semiotik entlehnt, die als allgemeine Zeichentheorie alle sprachlichen und nichtsprachlichen Zeichencodes bzw. Zeichensysteme hinsichtlich der ihnen zugrunde liegenden kommunikativen Strukturen analysiert.

---

[1] Charwat, 1994, S. 228
[2] vgl. z.B. Heinrich, 1993, S. 186 und Streitz, 1985, S. 281 f
[3] siehe Walpoth, 1996
[4] Walpoth, 1996

Die einfachste Form der Information ist in Tabelle 13 mit *Statistik* bezeichnet. Weder der passive Informationsgeber, noch der passive Informationsempfänger verändern das Organisationsmuster der Information, die Information wird dupliziert bzw. kopiert. Die Frage nach dem Sinn der Information (im Sinne von Inhalt) bleibt hier völlig ausgeklammert.

Die Syntaktik ist eine Art Strukturlehre der Zeichenkollektive. Sie beschäftigt sich mit Beziehungen von Zeichen zu anderen Zeichen. Die nach diesen Regeln kombinierten Zeichen bilden die Informationsmuster. Die Sigmatik (Abbildungs- oder Zeichenlehre) untersucht die Beziehungen zwischen den Zeichen und dem jeweiligen Gegenstand (Designata), den diese bezeichnen. Die Kommunikation zwischen aktivem Geber und passivem Empfänger findet auf diesen Ebenen statt. Der Sender muss sich an vereinbarte Symbole (Code) halten, damit eine Interpretation durch den passiven Empfänger möglich ist. Voraussetzung dafür ist ein Zeichensystem (im weitesten Sinn) für die Darstellung der Information. In der Abbildung ist diese Art der Kommunikation mit *Syntax* bezeichnet.

Auf der semantischen Ebene werden die Beziehungen zwischen den Zeichen und ihrer inhaltlichen Bedeutung untersucht. Einem Gegenstand können in der Realität mehrere Sinngehalte zugeordnet werden, damit geht die Semantik deutlich über die Sigmatik hinaus. Mit *Semantik* ist in der oben dargestellten Abbildung die Kommunikation zwischen passivem Geber und aktivem Empfänger charakterisiert. Für den aktiven Empfänger einer Information ist nicht der Code, die Größe, Anzahl oder Form von z. B. Buchstaben von Bedeutung, sondern die darin enthaltene Botschaft, die Aussage, der Sinn, die Bedeutung.

Die *Pragmatik* befasst sich mit den Beziehungen zwischen den Zeichen und den zeichengebrauchenden Verwendern. Im Mittelpunkt steht die Interaktion von Geber und Sender. Letztlich soll hier die Information ein bestimmtes Handeln beim Empfänger auslösen.

Die *Apobetik* (abgeleitet aus der Apodiktik, gr.-lat. der Lehre vom Beweis) beschäftigt sich explizit mit den Zielen die der Information zugrunde liegen. Warum sendet der Sender diese Information, welches Ergebnis möchte er beim Empfänger erreichen? In Ergänzung zur Semantik, die nach der Wirkung fragt, stellt sich im Rahmen der Apobetik die Frage nach den Ursachen für Information. Da auch dieser Aspekt von Information einen aktiven Sender und aktiven Empfänger voraussetzt, ist er hier unter Pragmatik enthalten.

Die Betriebswirtschaftslehre leitet aus der sprachwissenschaftlichen Betrachtung keine Implikationen ab. Sowohl in der Theorie bzw. der Literatur als auch in der Praxis werden die Begriffe weitgehend synonym verwendet.[1] Für die Wirtschaftsinformatik sieht Heinrich das primäre Interesse in der Pragmatik. Die Semantik spielt ebenfalls als Hilfsmittel zur Realisierung

---

[1] Leher; Maier, 1994, S. 11

54

der pragmatischen Ebene eine große Rolle. Die Syntaktik ist nach Heinrich für die Wirtschaftsinformatik ohne Bedeutung.[1]

Die in dieser Arbeit betrachteten Sender und Empfänger sind reale Personen, die sowohl als Sender als auch als Empfänger aktiv sind. Für den aktiven Empfänger einer Information ist nicht der Code, die Größe, Anzahl oder Form von z. B. Buchstaben von Bedeutung, sondern die darin enthaltene *Botschaft*, die Aussage, der Sinn, die Bedeutung. Pragmatik und Apobetik setzen die Interaktion zwischen Sender und Empfänger voraus. Interaktion im Sinne einer freien Entscheidung zwischen Alternativen kann nur durch aktive Sender und aktive Empfänger erfolgen. Deshalb trifft in dieser Arbeit der Fall der *Pragmatik* zu.

### 2.5.2.7 Informationsinhalt

Der Inhalt einer Information ist nicht ident mit dem Popper'schen Begriff Informationsgehalt für F-determinierte Aussagen.[2] Informationsgehalt bezeichnet die informative Aussagekraft in bezug auf die Realität. Unter Informationsinhalt hingegen wird die Nachricht an sich verstanden. Völz liefert hierzu eine plausible Erklärung. Er spricht von Träger und Getragenem:

> *„Information existiert nur im Zusammenwirken von einem komplexen System mit einem stofflich-energetischen Träger. Das Ergebnis dieses Zusammenwirkens ist das vom Träger zum System Getragene. In diesem Getragenen sind folglich auch viele Eigenschaften des Systems enthalten. Informationsaufnahme ist daher überwiegend kein passiver Vorgang. Der Träger von Information löst meist ein recht komplexes Geschehen im Empfangssystem aus."[3]*

Seine plastische Interpretation der Beziehung zwischen Information, Energie und Stoff ist in Abbildung 10 dargestellt.

In diesem Sinne ist der Informationsinhalt als Getragenes zu verstehen, unabhängig von der Interpretation des Empfängers.

---

[1] Heinrich, 1993, S. 105
[2] Chmielewicz, 1979, S. 123 f
[3] Völz, 1994, S. 9

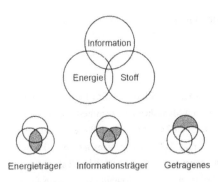

*Abbildung 10: Zusammenhang Information, Energie und Stoff[1]*

Der Inhalt der Information kann entweder eine kleine Einheit sein (oder auch die – shannontheoretische – kleinste Informationseinheit von einem Bit je $3 * 10^{-41}$ kg) oder eine Sammlung größerer Zusammenhänge, wie etwa die gesamte Shannonsche Informationstheorie.[2] Zudem kann der Inhalt klar abgegrenzt oder offen sein. Tabelle 14 zeigt die entsprechende Matrix.

Geschlossenheit des Informationsinhalts

| | | klar abgegrenzt | offen |
|---|---|---|---|
| Volumen des Informationsinhalts | klein | | |
| | groß | | |

*Tabelle 14: Parameter des Informationsinhalts*

Ein System mit offenen Inhalten wäre beispielsweise ein Expertensystem, bei dem sich der Inhalt durch die Lernkomponente laufend verändert
Eine Nachricht mit kleinem Inhalt ist etwa die Botschaft „Morgen gehen wir schwimmen."

Zwischen den Klassen groß und klein existieren genauso schwer quantifizierbare Abstufungen wie zwischen klar abgegrenzt und offen. Dennoch ist die Unterscheidung sinnvoll, da sie eine Tendenz erkennen lässt. Tendentiell große oder größere Informationsinhalte, die eher klar abgegrenzt sind, stellen den Schwerpunkt der Inhalte dar, die in dieser Arbeit betrachtet werden. Größere, zusammenhängende Inhalte benötigen eine stärkere Beachtung kognitiver Lernmodelle des Empfängers, um übermittelt werden zu können. Je klarer der Inhalt abge-

---

[1] aus Völz, 1994, S. 14
[2] vgl. Shannon, 1949

grenzt werden kann, desto präziser können Methoden zur Informationsaufnahme beim Empfänger eingesetzt werden.

### 2.5.2.8 Maschine

Der Maschinenbegriff ist noch sehr allgemein. Er ist eine Sammelbezeichnung für alle technischen Einrichtungen, die von Menschen zu einem bestimmten Zweck eingesetzt werden.[1] Der Computer (oder Rechner) ist die Maschine, die in dieser Arbeit betrachtet wird. Der Computer ist als Maschine ein Automat. Weizenbaum wies als erster konsequent darauf hin, dass die Uhr der vollkommenste Automat ist, da sie nur sich selbst genügt.[2] Durch ein effektives Verfahren (Algorithmus) lassen sich mittels Regeln die nächsten folgenden Zustände und damit auch der Endzustand eines Automaten exakt bestimmen. Die bahnbrechende Arbeit von Turing[3] zeigte die mathematische Machbarkeit einer Maschine, die sowohl ein effektives Verfahren ausführen, als auch die Regeln dieses effektiven Verfahrens als eine Beschreibung von sich selbst verarbeiten und sich selbst imitieren kann. Auf seinen – nach ihm benannten – universellen Turingmaschinen basieren im wesentlichen alle heute verwendeten Computer. Wesentlich ist dabei die Transformation eines Computers durch ein Programm von einer (speziellen) Maschine (z.B. Textverarbeitung) in eine andere (spezielle) Maschine (z.B. Tabellenkalkulation).

Die Bedingung des effektiven Verfahrens trifft auch die von Von Foerster[4] vorgenommene systemtheoretische Einteilung der Maschinen in triviale und nicht triviale Maschinen. Bei trivialen Maschinen ist der Output eine nachvollziehbare Funktion des Inputs, bei nichttrivialen Maschinen entsteht durch einen inneren Zustand eine Beeinflussung des Outputs. Nicht-triviale Maschinen sind zwar synthetisch deterministisch, aber geschichtsabhängig, analytisch unvorhersehbar und unbestimmbar. Durch effektive Verfahren entstehen triviale Maschinen. Das Erkenntnisobjekt bezieht sich somit auf triviale Maschinen.

Die Tatsache, dass Computer mit binären Zuständen digital arbeiten, erlaubt die Ausdehnung der digitalen Anforderung an multimediale Systeme. Da Bild- (insbesondere Bewegtbild) und Tonverarbeitung hohe Anforderungen an Speicher-, Bus- und Prozessorsysteme stellen, wurden viele multimediale Anwendungen anfangs durch Analogtechnik unterstützt.[5] Durch den starken Preisverfall der Hardware bei steigender Prozessorleistung und die Entwicklung leistungsfähiger Kompressionsverfahren ist eine vollständig digitale Unterstützung multimedialer Systeme kostengünstig möglich. Durch die direkte Adressierungsmöglichkeit digitaler Informationsarten entfällt der sequentielle Zugriff und die damit verbundenen langen Warte-

---

[1]   Charwat, 1994, S. 285
[2]   Weizenbaum, 1990, S. 73 ff
[3]   Turing, 1936
[4]   Von Foerster, 1984, S. 11 ff
[5]   siehe z.B. Wiemer et al., 1992 oder Großmann et al., 1992

zeiten. Erst durch die Forderung der vollständig digitalen Verarbeitung ist es möglich, diesen Vorteil voll zu nutzen und in Anwendungssysteme zu integrieren.

Die verfügbare Technik der betrachteten Maschine Computer ändert sich rasant. Bei theoretischen Überlegungen führt eine Technikorientierung nur zu kurzzeitig relevanten Aussagen. Für längerfristig gültige Aussagen muss daher die dafür benötigte Technik vorausgesetzt werden. McMenamin/ Palmer haben aus diesem Grund das Konzept der perfekten Technologieentwickelt, mit dem sie die Essenz eines Systems aufzuspüren versuchen.[1] In ihren Ausführungen verstehen sie unter perfekter Technologie ein theoretisches Konstrukt mit perfekten Prozessoren und perfekten Behältern. Perfekte Prozessoren hätten unendlich große Verarbeitungsleistungen und unbeschränkte Leistungsfähigkeiten, würden nichts kosten, keine Energie verbrauchen, keine Fehler machen und nie ausfallen. Perfekte Behälter würden ebenso nichts kosten, könnten unendlich viele Informationen speichern und jeder Prozessor könnte einfach und unendlich schnell auf diese Informationen zugreifen.

Für diese Arbeit wird zumindest bei theoretischen Überlegungen von einem ähnlichen Konzept ausgegangen. Die Annahmen betreffen allerdings nur die entsprechende Technik, nicht die gesamte Technologie. Perfekte Prozessoren und perfekte Behälter werden vorausgesetzt. Diese Voraussetzung ist allerdings unter dem Gesichtspunkt zu verstehen, dass die benötigten Kapazitäten für konservierende audiovisuelle Informationsverarbeitung bereits ausreichend verfügbar sind. Bild- und Bewegtbilddarstellung in full-motion, full-frame-Qualität ist am Markt in PC-Systemen ebenso verfügbar wie Tonerzeugung.[2] Selbstverständlich hat die praktische nicht-perfekte Technik Auswirkungen auf den Systemplanungsprozess. Für die Theoriephase sind diese Restriktionen allerdings zweitrangig.

Ein weiterer Aspekt ist die Rolle, die der Computer im Mensch-Maschine-Mensch-System einnimmt. Als globale Modelle können drei Ansätze identifiziert werden:[3]

a) Der Computer wird als Werkzeug gesehen, der bei der Ausführung einer Arbeitstätigkeit als Arbeitsmittel eingesetzt wird.

b) Der Computer wird als Partner gesehen, mit dem der Benutzer kommuniziert. Der Rechner wird zum virtuellen Dialogpartner. Die Begriffsbildungen und Befunde aus der Mensch-Mensch-Kommunikation werden auf die Mensch-Maschine-Kommunikation übertragen.

c) Der Computer stellt als Hard- und Softwaregesamtheit ein Medium dar, das dem Austausch von Ideen und Anweisungen zwischen dem Benutzer und dem Programmierer dient.

---

[1]  siehe McMenamin; Palmer, 1988, S. 15 ff
[2]  für nähere technische Informationen dazu siehe z.B. die ausführlichen Arbeiten von Steinbrink, 1992 oder Steinmetz, 1993
[3]  vgl. Streitz, 1985, S. 280 f

Die interaktive, asynchrone und dezentrale Konservierung großer, abgegrenzter Informationsinhalte bedingt eher eine Kommunikationsmetapher. Die Humanisierung der Maschine wie im Ansatz (b) wird jedoch in dieser Arbeit nicht angestrebt. Folglich wird der Computer in dieser Arbeit wie im Ansatz (c) als Austauschmedium verstanden.

Die hier betrachtete Maschine der multimedialen Informationsverarbeitung hat durch vorige Ausführungen folgende Merkmale:

a) Universalmaschine im Turing'schen Sinn

b) Trivialmaschine im Von Foerster'schen Sinn

c) Vollständig digitale Verarbeitung

d) Perfekte Technik in Anlehnung an McMenamin/ Palmer

e) Die Metapher des Computers als Medium zum Austausch von Ideen und Anweisungen zwischen Sender (Produzent, Designer, Programmierer usw.) und Empfänger (Benutzer, Anwender).

## 2.5.2.9 Mensch

Bei der Beschäftigung mit Mensch-Maschine-Mensch-Systemen werden grundsätzliche Aussagen darüber notwendig, wie der Mensch an sich verstanden wird. Im Sender-Empfänger-System trifft dieses Mensch-Verständnis vor allem für den Benutzer einer multimedialen Anwendung, also für den Empfänger, zu. Die naturwissenschaftlichen Erfolge dieses Jahrhunderts und die aufkeimende Euphorie der Künstlichen Intelligenz Anfang der sechziger Jahre führten zu dem Umkehrschluss, dass auch der Mensch mechanistisch gesehen wurde.[1]

Als Antithese kann dazu die von Mayo inspirierte Human-Relations-Bewegung gesehen werden, die vor allem durch die bekannten Studien in den Hawthorne-Werken der Western Electric, die sozialen Beziehungen stark in den Vordergrund rückte.[2]

Das geschichtliche Pendel des Mensch- und Motivationsverständnisses schlug öfters zwischen diesen beiden Grundtendenzen Betonung der Rationalität und Betonung des Menschseins hin und her.

Strukturierte Aussagen über das Menschverständnis liefern die Menschenbilder der Organisationstheorie und -psychologie. Die Menschenbilder von Schein[3] mit „homo oeconomicus", sozialer, selbstaktualisierender und komplexer Mensch beschreiben, so wie deren Erweiterung zur „self organizing (wo)man" oder die Managertypen von Maccoby, „künstliche" Menschen, die in einer konkreten historischen Situation einfach gefordert sind.[4] Neuberger zeigt weitere

[1]   vgl. Dreyfus, 1989, S. 105 ff oder die Darstellung des „Turingschen Menschen" in Bolter, 1990, S. 247 ff
[2]   siehe dazu Neuberger, 1990, S. 23
[3]   vgl. Schein, 1974
[4]   Neuberger, 1990, S. 27

Tendenzen den Menschen als Bild in Management-Ideologien einzubinden. Darunter findet sich auch die Charakteren-Einteilung von Fromm, der sich auf Freuds anale Trias bezieht, oder Maslows Bedürfnispyramide.[1]

Habermas´ Menschenbild entspricht dem eines Mängelwesens, das nur über die Selbstreflexion zu einer Milderung seiner Mängel kommen kann.[2] Er braucht andere Menschen und Kultur, um zu überleben. Habermas unterstellt dem Menschen flexible Lernfreude und Wandlungsfähigkeit.

Brauchbarer als organisationstheoretische und anthropologische Vorstellungen sind für diese Arbeit individualpsychologische Ansätze, da sie den Menschen eher als individuelles, handelndes Subjekt ansehen. Diese Ansätze ermöglichen im Zusammenhang mit der Maschineninteraktion klarere Aussagen. Eine diesbezüglich verbreitete Auffassung ist die des Informationsverarbeiters. Dix et al. betrachten den Menschen „as an information processor, receiving inputs from the world, storing, manipulating and using information, and reacting to the information received."[3]

Die mechanistische Tendenz dieser Auffassung ist allerdings nicht zu leugnen. Deshalb wird in dieser Arbeit Weizenbaums Ansicht vertreten:

> *„Was immer der Mensch sonst noch ist, und die Aufzählung ist lang, er ist auch jemand, der Informationen verarbeitet. "[4]*

### 2.5.3 Abgrenzung zu verwandten Begriffen

#### 2.5.3.1 Virtuelle Realität

Rein etymologisch ist der Begriff Virtuelle Realität (VR) eine Kontradiktion, da eine Realität an sich nicht virtuell (künstlich) sein kann. Dennoch werden durch Computersimulationen mit technischen Einrichtungen den menschlichen Sinnesorganen koordinierte Reize vermittelt, die im Menschen den Eindruck entstehen lassen, in einer realen Umgebung zu sein.

Die Ursprünge der Virtuellen Realität (VR) gehen auf Heilig zurück, der sich 1962 ein multisensorisches 3D-Kino mit der Bezeichnung Sensorama patentieren ließ.[5] Das Sensorama war nicht computerbasiert und somit kein Vorläufer der VR-Systeme im technischen Sinne. Dennoch wird das Sensorama als Beginn der VR-Entwicklung angesehen: Der Betrachter sah in einer Ein-Personen-Box durch einen Sucher einen Stereobildfilm mit Stereoton und bekam je

---

[1]  Neuberger, 1990, S. 30 ff und die Zusammenstellung auf S. 40
[2]  vgl. Habermas, 1973
[3]  Dix, 1993, S. 46
[4]  Weizenbaum, 1990, S. 190
[5]  US Patent Nr. 3.050.870

nach Bildsequenz die entsprechenden Gerüche und Wind vor die Nase geblasen, sowie Vibrationen zu spüren.

Die VR-Pioniere[1] konzentrierten sich in den 60er Jahren vor allem auf die Konstruktion von mobilen Stereosichtgeräten mit kinästhetischen Sensoren, damit die Kopfbewegung mit dem Blickfeld korreliert werden konnte. Auch die ersten Konstruktionen von Datenhandschuhen, die Handbewegungen in für den Computer erfassbare Signale umwandelten, stammen aus dieser Zeit. Doch die für die notwendige Echtzeitverarbeitung erforderliche hohe Verarbeitungsgeschwindigkeit und ansprechende Computergrafik sowie -animation war erst ab Mitte der achtziger Jahre verfügbar. Erst ab 1986 entstanden weitere Fortschritte der Ein- und Ausgabetechnik, insbesondere beim kinästhetischen Stereobild und bei Körperortungen durch Datenhandschuhe, Datenanzüge, Raumortung usw. Die rasche Entwicklung von realitätsnahen Computergrafiken und Animationen führte zu einem VR-Boom.[2] Die Entwicklungen der NASA und im Bereich der Telemedizin brachten erste nutzbare Anwendungen.[3] Weitere VR-Anwendungen, die über das Labor-Stadium hinauskamen, waren die Flugsimulatoren der großen Flugzeughersteller Boeing und später Airbus. Die verfeinerte Technik hielt Anfang der 90er Jahre auch Einzug in kommerzielle Unternehmen, vor allem im Spiele-, Robotik- und CAD-Bereich.[4]

Die Entwicklung von Virtuellen Realitäten wurde speziell auf dem Gebiet der Unterhaltungsindustrie und im militärischem Bereich vorangetrieben. Bricken[5] ortet 28 weitere mögliche Anwendungsfelder von VR. Eine weniger euphorisch-futuristische Auflistung von VR-Einsatzgebieten findet sich bei Steinmüller.[6] Eine vollständige und trennscharfe Auflistung der Einsatzgebiete von VR ist jedoch schwer möglich. Haupttendenzen werden sicherlich die kommerziell nutzbaren Gebiete der Unterhaltungsbranche bleiben, sowie militärisch-technische Anwendungen im Bereich der Robotik, Anwendungen in der (Tele)Medizin, CAD/ Architektur, naturwissenschaftliche Visualisierung und Schulung.

Kritik zu VR-Systemen kommt aus dem Lager der Psychologen und Soziologen, die die Gefährlichkeit einer künstlichen Welt aufgrund deren fehlenden Sanktionsmöglichkeiten für den Menschen anhand deren Extrema wie Teledildonik (Cybersex) oder Kampfroboter aufzeigen.[7]

Trotz aller Publikationen zum Thema VR ist diese Technik noch nicht ausreichend definiert. Viele Definitionen zeigen noch enthusiastische Tendenz. Durch die bekannten, medienwirksamen Bilder wird VR vielfach mit Datenhelm und -handschuh gleichgesetzt. Doch virtuelle

[1]   vor allem Sutherland, I. und Brooks, F.
[2]   Thürmel, 1993, S. 42
[3]   siehe Fisher, 1990, S. 423 ff oder Rheingold, 1995, S. 144 ff
[4]   siehe die Darstellungen von Vince, 1995 S. 166 ff und 210 ff
[5]   Bricken, 1993, S. 282 ff
[6]   Steinmüller, 1993, S. 133
[7]   siehe dazu z.B. Brody; Gathman, 1993, S. 37 oder Zweck, 1993, S. 61

Welten müssen nicht unbedingt stereoskopisch sein. So gibt es beispielsweise eine kommerzielle, rein akustische virtuelle Welt, die per Telefon angewählt werden kann und in der per Tastendruck am Telefon navigiert wird.[1]

Aukstakalnis/ Blater definieren drei Stufen der virtuellen Realität:[2]

- Passive Ebene: Die künstliche Umwelt bewegt sich um den Menschen, sie ist aber nicht steuerbar

- Aktive Ebene: Die künstliche Umwelt ist steuerbar, der Mensch kann in ihr navigieren

- Interaktive[3] Ebene: Die künstliche Umwelt ist veränderbar

Jacobson[4] identifiziert drei Merkmale von VR:

- Experience of beeing there (feeling)
- Interactivity
- Realtime

Steinmüller unterscheidet eine Virtuelle Realität im engeren und im weiteren Sinne:[5]

- Virtuelle Realität im engeren Sinne bezeichnet im Computer erzeugte Modellwelten, die visuell dreidimensional repräsentiert werden und durch geeignete Hilfsmittel begehbar sind.

- Virtuelle Realität im weiteren Sinne bezeichnet die in Computern oder Datennetzen gespeicherten, manipulierbaren und abrufbaren Daten.

Aus diesen Anhaltspunkten lässt sich das in dieser Arbeit vertretene VR-Verständnis konstruieren:

> *Virtuelle Realität ist eine durch Computer erzeugte Modellwelt, in der im Echtzeitverhalten navigiert werden kann, mit dem Anspruch, dem Benutzer durch koordinierte Stimulierung von Sinnesorganen mittels geeigneter Geräte den Eindruck zu vermitteln, sich in dieser Modellwelt zu befinden.*

Diese Definition bedingt somit mindestens die Aktive Ebene von Aukstakalnis/ Blater, schließt aber die interaktive Ebene nicht aus, stützt sich auf Jacobsons Merkmale und versteht sich als VR im engeren Sinne von Steinmüller, allerdings ohne der Einschränkung auf visuelle Dreidimensionalität. Entscheidend ist der Anspruch der „expierience of beeing there".

---

[1] siehe Screen 8/ 95, S. 63 und Sceen 8/ 95, S. 110 f.
[2] vgl. Aukstakalnis; Blater, 1994, S. 32 f
[3] dieses Verständnis von Interaktivität entspricht nicht der allgemeinen Auffassung in der Literatur
[4] Jacobson, 1993
[5] Steinmüller, 1993, S. 9

Die Parameter des Echtzeitverhaltens sind definiert durch eine Systemantwortzeit kleiner als 100 ms, Generation von mindestens 16 Bilder pro Sekunde und Präsentation mit mindestens 50 Hz.[1]

Die klare Abgrenzung zur multimedialen Informationsverarbeitung ist die, dass Virtuelle Realtiät darauf abzielt, dem Benutzer das Gefühl zu vermitteln, in dieser computererzeugten Modellwelt zu sein. Zudem beschränkt sich diese Arbeit auf audiovisuelle Ausgabemedien ohne spezielle Apparaturen wie headmounted Displays usw. und auf die Eingabegeräte Mikrophon, Tastatur und Maus, sowie deren Derivate.

Virtuelle Realität ist ein technisches Konzept und nicht mit den organisatorischen Konzepten der virtuellen Unternehmen zu verwechseln. Virtuelle Unternehmen sind ein zeitlich befristetes Netzwerk von unabhängigen Unternehmen, die sich durch Informations- und Kommuniktationstechnik verbinden um Personal, Kosten und Zugriff zu anderen Märkten zu teilen.[2]

### 2.5.3.2 Hypertext und Hypermedia

Die Begriffe Hypertext und Hypermedia gehen auf Nelson zurück, der bereits in den Sechziger Jahren das XANADU-Projekt konzipiert hat.[3] Nelson verfolgte mit XANADU die Idee eines universalen Wissensverwaltungs- und Informationsbereitstellungssystems, das weltweit realisiert werden sollte. Die Intention lag darin, die physikalische Präsenz relevanter Information am Arbeitsplatz zugunsten der logischen Verknüpfung zu beliebig entfernten Einheiten jeder medialen Art aufzuheben.

Die Grundidee von Hypertext ist, dass informationelle Einheiten, in denen Objekte und Vorgänge des einschlägigen Weltausschnittes auf textuelle Weise dargestellt werden, flexibel über Verknüpfungen manipuliert werden können.[4] Die Manipulation besteht im wesentlichen darin, dass die informationellen Einheiten oder Teile in ihnen als Ausgangspunkt einer Verknüpfung direkt aktiviert werden können, z.B. dadurch, dass über einen Maus-Klick eine weitere Information stimulierende Stelle angewählt wird. Wesentliches Merkmal bei Hypertext ist die nicht-lineare Organisation der Informationseinheiten, die durch (Hyper)links verbunden sind.[5] Die sequentielle Anordnung wird durch modulare Einheiten ersetzt.[6]

---

[1]  Krömker, D.: Computeranimation. In: Mertens, 1990, S. 100
[2]  Hoffmann; Scheer, 1995
[3]  Nelson, 1965
[4]  Kuhlen, 1991, S. 13
[5]  Thomé, 1991, S. 209
[6]  Glowalla; Schoop, 1992, S. 16

Hypermedia ist die Erweiterung des Hypertextgedankens auf andere Medien – oder präziser – Informationsarten.[1] Steinmetz zeigt den Zusammenhang zwischen Multimedia, Hypertext und Hypermedia auf (siehe Abbildung 11):

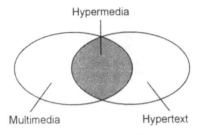

*Abbildung 11: Zusammenhang Hypertext, Multimedia und Hypermedia[2]*

### 2.5.3.3 Cyberspace und Hyperspace

Das Wort Cyberspace wurde vom Science-Fiction-Autor Gibson[3] in seinem Roman „Neuromancer" geprägt. Durch die Wiederbelebung von VR Mitte der achtziger Jahre wurde dieses Wort aufgegriffen und damit der virtuelle Raum bezeichnet, der in der virtuellen Realität erzeugt wird. Jacobson erweitert den Begriff zu

> *„The electronic information space in which we all operate. Anything that is a medium of electronic communication ... could arguably be considered part of cyberspace."[4]*

Der Unterschied zwischen Cyberspace und Hyperspace ist nicht trennscharf. Beide bezeichnen elektronische Handlungsräume. Cyberspace wird jedoch eher für Virtuelle Welten und Hyperspace für Anwendungen von Hypertext und Hypermedia verwendet. In diesem Sinne bewegt sich Multimedia – und damit diese Arbeit – im Hyperspace.

---

[1]   vgl. Steinmetz, 1993, S. 357, ff.
[2]   vgl. Steinmetz, 1993, S. 356
[3]   Gibson, 1984
[4]   Jacobson, 1993, S. 14

## 2.5.4 Extension des Erkenntnisobjekts

Die Eingrenzung des Erkenntnisobjekts durch die Diskussion in den Punkten 2.4.7 bis 2.5.3.3 ist zusammenfassend in Tabelle 15 in einem morphologischen Kasten durch die Ausprägungen und die entsprechenden Abgrenzungen (graue Felder) dargestellt.

| Kommunikationsform | Konservierung: Mediengleich, nicht symbolgebunden | Generierung und Translation: Mediengleich, symbolgebunden | Konservierung und Transformation: Medienwechsel, nicht symbolgebunden | Generierung, Translation und Transformation: Medienwechsel, symbolgebunden |
|---|---|---|---|---|
| Raum-Zeit-Dimension | räumlich zentral, zeitsynchron | räumlich dezentral, zeitasynchron | räumlich dezentral, zeitsynchron | räumlich dezentral, zeitasynchron |
| Beteiligte Personen | ein Sender, ein Empfänger | mehrere Sender, ein Empfänger | ein Sender, mehrere Empfänger | mehrere Sender, mehrere Empfänger |
| Beziehung zwischen Beteiligten | nähere Umwelt: persönliche Kommunikation | | weitere Umwelt: Massenkommunikation | |
| Bestimmtheit des Empfängers | Archivierung: Person unbestimmt, Rolle unbestimmt | Mitteilung: Person unbestimmt, Rolle bestimmt | Meldung: Person bestimmt, Rolle unbestimmt | Benachrichtigung: Person bestimmt, Rolle bestimmt |
| Kommunikationsweg mit Empfänger | Passiv: Maschine Einweg, Sender Einweg | Kommunikativ: Maschine Einweg, Sender Zweiweg | interaktiv: Maschine Zweiweg, Sender Einweg | Transaktiv: Maschine Zweiweg, Sender Zweiweg |
| Informationsinhalt | Volumen groß, klar abgegrenzt | Volumen klein, klar abgegrenzt | Volumen groß, offen | Volumen klein, offen |
| Maschinenmetapher | Werkzeug | Partner | | Medium |
| Kommunikationsmöglichkeiten | Statistik: Sender passiv, Empfänger passiv | Semantik: Sender passiv, Empfänger aktiv | Syntax: Sender aktiv, Empfänger passiv | Aktiv: Sender aktiv, Empfänger aktiv |
| unterstützte Perzeptionsmedien | visuell / auditiv | haptisch / thermisch | gustorisch | olfaktorisch / Vestibulär |

*Tabelle 15: Abgrenzung des Erkenntnisobjekts im morphologischen Kasten*

Eine weitere Präzisierung erfolgt durch die Merkmale der Maschine und deren Ein- und Ausgabegeräte.

Die betrachtete Maschine hat folgende Merkmale:

a) Universalmaschine im Turing'schen Sinn[1]

b) Trivialmaschine im Von Foerster'schen Sinn[2]

c) Vollständig digitale Verarbeitung

d) Konzept der perfekten Technik in Anlehnung an McMenamin/ Palmer[3]

In dieser Arbeit werden für den Anwender nur die Eingabegeräte Mikrofon, Tastatur, Maus und deren Derivate, sowie die Ausgabegeräte Drucker, Bildschirm und Lautsprecher betrachtet.

Aufgrund dieser Präzisierung fallen von den angeführten Anwendungsbereichen von Multimedia in Tabelle 8 für diese Arbeit einige Bereiche weg. Aus dem Entertainment-Bereich kommen nur mehr die Spiele in Frage. Die neueren Fernsehformen scheiden durch ihren eher transaktiven Charakter aus. Der Bereich Lernen ist fast vollständig vertreten. Hier treffen alle Präzisierungsfälle zu. Der Bereich der persönlichen Kommunikation fällt durch den kommunikativen Charakter, sowie der Personenbestimmtheit aus. Der Bereich der Verkaufskommunikation entfällt durch die transaktive Einschränkung. Der Bereich Masseninformation liegt zentral im Untersuchungsfeld, mit Ausnahme von electronic Publishing-Systemen, bei denen die kontinuierliche Informationsart fehlt. Information Retrieval-Systeme scheiden auf Grund der Rollenunbestimmtheit des Empfängers aus.

Gegenstand dieser Arbeit sind somit die Bereiche Lernen und Informierung. Der Spiele-Bereich wird in dieser Arbeit nicht explizit betrachtet, wohl aber die abstrakte Funktion des „spielerischen Lernens" und der „spielerischen Informationsaufnahme". Die künstlerisch-unterhaltende Wurzel des Multimedia-Begriffs wird weiterverfolgt und fließt in die Betrachtung mit ein.

Die begriffliche Bezeichnung Lernsystem ist demnach ein elektronisches Informations- und Kommunikationssystem mit der Aufgabe der gezielten Wissensvermittlung für den Benutzer.

Die begriffliche Bezeichnung Masseninformationssystem ist ein elektronisches Informations- und Kommunikationssystem für eine große Anzahl von Benutzern mit der Aufgabe der Auskunftserteilung bzw. zur Durchführung von (Geschäfts-) Transaktionen in Selbstbedienung.[4]

Mit „multimediale Lernsysteme" (mLS) und „multimediale Masseninformationssysteme" (mMIS) werden in dieser Arbeit Lern- und Masseninformationssysteme mit den allgemeinen

---

[1]  Turing, 1936
[2]  Von Foerster, 1984, S. 11 ff
[3]  siehe McMenamin; Palmer, 1988, S. 15 ff
[4]  vgl. Hansen; Prosser, 1994, S. 234

Merkmalen von Multimedia nach der Nominaldefinition in Punkt 2.4.7 und der Eingrenzung in Tabelle 15 bezeichnet.

Der Unterschied zwischen mLS und mMIS ist nur gering. Bei beiden sind die Abgrenzungsmerkmale ident, lediglich die Aufgabe differiert. Dies wirkt sich erst in Kapitel 5 bei der Systemplanung aus. Deshalb werden auch beide Bereiche weitgehend gemeinsam in dieser Arbeit behandelt. Dabei werden in den weiteren Ausführungen aus Gründen der besseren Lesbarkeit die Ausdrücke „System" und „multimediale(s) System(e)" für beide Begriffe synonym verwendet. Im Unterschied dazu werden im weiteren unter dem Ausdruck „traditionelle Systeme" jene Informations- und Kommunikationssysteme verstanden, die keine mLS oder mMIS sind.

## 2.5.5 Einordnung des Erkenntnisobjekts in die Wirtschaftsinformatik

Multimediale Lern- und Masseninformationssysteme finden sich in den Beziehungen zwischen den Komponenten Mensch-Aufgabe-Technik von Informations- und Kommunikationssystemen. Die Beziehungen, nicht die einzelnen Komponenten, sind Gegenstand der Wirtschaftsinformatik.[1] Mit Multimedia wird die Technik berührt und die Schnittstelle der Technik zum Menschen, sowie zur Aufgabe hergestellt. Durch die Bezeichnung Informationssysteme wird – nach dem subjektbezogenen Informationsbegriff in der Wirtschaftsinformatik – der Mensch berührt und dessen Schnittstelle zur Aufgabe und zur Technik verdeutlicht. Somit liegt Multimedia im Kernbereich der Wirtschaftsinformatik, da sie alle Beziehungsmöglichkeiten umfasst.

Den drei unterschiedlichen Ansätzen der Wirtschaftsinformatik (Sozialer, Technischer und Funktionaler Ansatz) wird in der Wirtschaftsinformatik durch den übergreifenden Systemansatz Rechnung getragen. Die Klammern zwischen den einzelnen Ansätzen bilden „Bindestrich"-Ansätze wie Sozio-Funktionaler, Technisch-Funktionaler und Sozio-Technischer Ansatz. Abbildung 12 zeigt die Zusammenhänge auf.

---

[1]  vgl. Heinrich; Roithmayr, 1995, S. XIII

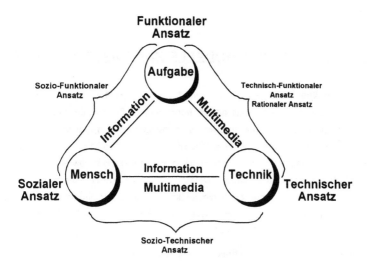

*Abbildung 12: Einordnung des Erkenntnisobjekts in die Wirtschaftsinformatik[1]*

Wenn Multimedia den technischen Bereich der Informationsdarstellung und der Interaktionsmöglichkeiten des Menschen darstellt, so ist die Aufgabe bei multimedialen Lern- und Masseninformationssystemen die Vermittlung der Information zwischen Menschen und kann demnach als Wissensvermittlung gesehen werden.

Den Fragen was menschliches Wissen ist, wie es erworben werden kann („lernen"), welche Förderungsmethoden dazu existieren und welche Rolle die Maschine Computer dabei einnehmen kann, wird in dem nächsten Kapitel nachgegangen.

---

[1] nach der Struktur von Informations- und Kommunikationssystemen, vgl. Heinrich; Roithmayr, 1995, S. XIII

# 3 THEORIEN UND MODELLE ZUM WISSENSERWERB

Bei der Konstruktion multimedialer Lern- und Masseninformationssysteme steht – aus technisch-systemischer Sicht – die transportierte Information im Zentrum des Interesses. In anderen Paradigmen (sozialen, verhaltensorientierten, psychologischen, didaktischen usw.) wird diese Information als *Wissen* bezeichnet. Wissen ist dabei die von Menschen verstandene und gespeicherte Information.[1] Vom lerntheoretischen Standpunkt aus beobachten die Disziplinen Pädagogik, Erziehungswissenschaft und Didaktik – teilweise kritisch – die multimediale Entwicklung. Die Wissenspsychologie liefert konkrete Handlungsanleitungen aus kognitivistischer Sicht.[2] Medienwissenschaft und -psychologie sehen in Multimedia die Verschmelzung von Computer, Fernsehen und Telefon.[3]

Unter diesem Aspekt ergeben sich folgende Fragestellungen:

- Was ist Wissen?
- Wie verändert sich Wissen?
- Wie kann Wissensveränderung gefördert werden?
- Wie kann die Förderung der Wissensveränderung durch Computer erfolgen?
- Welche Art von Wissen kann durch den hier vertretenen Ansatz transportiert werden?
- Welche Art von Wissen soll unter welchen Aspekten wie vermittelt werden?
- Welches didaktische Konzept ist für den hier vertretenen Ansatz geeignet?
- Welche Konsequenzen bestehen für die Konstruktion multimedialer Systeme?

Diesen Fragen wird in den folgenden Abschnitten nachgegangen.

## 3.1 Die Klassifikation von Wissen

### 3.1.1 Überblick über Klassifikationen

Wissenschafter haben zu jeder Zeit versucht, Erklärungsmodelle und Klassifikationen des schwer fassbaren Begriffs Wissen zu geben. Insbesondere die Philosophie fühlte sich dieser

---

[1] vgl. Müller; Merbach, 1992
[2] siehe z.B. die Beiträge in Issing; Klimsa, 1995
[3] siehe z.B. Hickethier; Zielsinski, 1991 oder Brauner; Bickmann, 1994

Aufgabe verpflichtet. Bereits Aristoteles beschäftigte sich intensiv mit diesem Terminus. Auf seiner Feststellung „alles Denken ist entweder praktisch oder herstellend oder theoretisch"[1] basiert heute noch weitgehend die Einteilung der Wissenschaftsdisziplinen. Im 20. Jahrhundert versuchten sich schließlich auch die Wissenspsychologie und die Neurowissenschaften auf diesem Gebiet.[2]

Die Neurowissenschaft geht von dem anatomischen Aufbau des menschlichen Gehirns aus. Die etwa 30 Mrd. Gehirnzellen (Neuronen) sind über ein Netzwerk von Nervenfasern (Axonen und Dendriten) miteinander durch Synapsen verbunden. Jedes Axon unterhält ungefähr 1000 Synapsenverbindungen zu anderen Neuronen, und jede Dendritenverbindung unterhält durchschnittlich 1000 Synapsen-Verbindungen von anderen Neuronen.[3] Die Informationsspeicherung („Lernen") erfolgt in den Synapsen durch Veränderung der DNA- und RNA-Struktur. Da dieser Vorgang Zeit beansprucht, und die Speicherung in unterschiedlicher Qualität erfolgt, können drei Wissensspeicher unterschieden werden:

- Das *Ultrakurzzeitgedächtnis* (sensorisches Gedächtnis): Dieser Wissensspeicher ist nur etwa 20 Sekunden abrufbar. Er fungiert als erster Filter für Sinneswahrnehmungen.

- Das *Kurzzeitgedächtnis*: Dieser Wissensspeicher ist etwa 20 Minuten abrufbar und kann als zweiter Filter für Sinneswahrnehmungen angesehen werden.

- Das *Langzeitgedächtnis*: In diesen Wissensspeicher gelangen Informationen nur über die beiden Filter des Ultrakurzzeitgedächtnisses und des Kurzzeitgedächtnisses.

Diese Klassifizierung ist seit den Siebziger Jahren wissenschaftlich untermauert, unter anderem durch die faszinierenden Aufnahmen von Lewis.[4]

Für die Position des Wissensvermittelns ist letzlich die Art und Qualität der Verankerung der Information im Langzeitgedächtnis wichtig. Wie diese Verankerung durch Ultrakurzzeitgedächtnis (Wahrnehmung) und Kurzzeitgedächtnis beeinflusst wird, wird in Kapitel 4 näher untersucht.

Die philosophische Grundposition, der sich auch die Wissenspsychologie und die Neurowissenschaft anschließt, geht auf Ryle[5] zurück. Er kritisiert in seinem Hauptwerk die sogenannte „intellektualistische Legende" mit der Feststellung, dass es zwischen Intelligenz und Wissen zwar Zusammenhänge gibt, dass beide Begriffe aber nicht ein und dasselbe bezeichnen. Jemand, der intelligent argumentiert, kann ein schlechtes Tatsachengedächtnis haben. Ryle unterscheidet ein *knowing that* und ein *knowing how*. Diese Einteilung wurde in der Kogniti-

---

[1] Aristoteles in: Barnes, 1992, S. 40
[2] zur Entwicklung und den verschiedenen Sichtweisen des Wissensbegriffs siehe die ausführliche Darstellung in Fink, 1994
[3] vgl. Friederici, 1988, S. 470
[4] Lewis; Everhart; Hayes, 1972
[5] Ryle, 1969

onswissenschaft als deklaratives Wissen (Faktenwissen) und prozedurales Wissen (Anwendungswissen) übernommen.[1] Baumgartner zeigt, dass diese Übernahme nicht ohne Inhaltsverlust vor sich ging.[2] Die von Ryle vertretene Position reicht über das theoretische Wissen hinaus. Baumgartner und die Brüder Dreyfus[3] sehen daher noch eine dritte Komponente des Wissens: das Handlungswissen (Können). Das Handlungswissen bezeichnet Fertigkeiten, die erst durch und mit dem menschlichen Körper möglich sind. Die Kognitionswissenschaft (und -technik[4]) sieht Anwendungswissen und körperliche Fähigkeiten praktisch als ident an und verwendet als Gegensatz dazu den Begriff des Meta- oder Kontrollwissens, das die Auswahl von Fakten und/ oder Durchführung von Prozeduren in verschiedenen Situationen ermöglicht.[5]

Der Ansatz dieser Arbeit besteht nicht darin, menschliches Wissen zu simulieren oder zu generieren. Das klassische Paradigma der Künstlichen Intelligenz erweist sich deshalb als wenig hilfreich. Vielmehr stellt die Einbindung des Menschen in ein attraktives Mensch-Aufgabe - Technik-System die Basis dar. Da der Mensch sich nur über und durch seinen Körper äußern kann, ist die Position von Dreyfus und Baumgartner hier interessanter. Eine erste Klassifikation des Wissensbegriffs lässt sich daher in Abbildung 13 darstellen.

*Abbildung 13: Klassifikation von theoretischem und praktischem Wissen[6]*

Die Klassifikation dieser drei Wissensbegriffe ist nach Baumgartner eher hierarchisch zu sehen. Anwendungswissen setzt ein bestimmtes Maß an Faktenwissen voraus. Um beispielswei-

[1]  vgl. Spada, H.; Mandl, H.: Wissenspsychologie: Einführung. In: Mandl; Spada, 1988, S. 2
[2]  Baumgartner, 1993, S. 74ff
[3]  Dreyfus, 1987
[4]  Varela (Varela, 1993) sieht mehrere Wissenschaften diesem Paradigma verbunden: Neurowissenschaften, Künstliche Intelligenz, Linguistik, Epistemologie und Kognitive Psychologie
[5]  vgl. Mandl; Spada, 1988, S. 2f
[6]  nach Baumgartner, 1993, S. 76

se eine Karte lesen zu können, bedarf es des deklarativen Wissens, dass es eine Karte ist, wo die Himmelsrichtungen liegen und was die Zeichen auf der Karte bedeuten. Handlungswissen benötigt ebenfalls die Grundlage eines bestimmten Mindestvorrats an Faktenwissen und zusätzlich ein Mindestmaß von bestimmtem, prozeduralem Wissen, auf das vor, in oder nach der Aktion zurückgegriffen werden kann. Die drei Wissensarten bedingen sich gegenseitig: durch Handlung kann Anwendungswissen erzeugt werden, das sich auf Faktenwissen stützt, aber auch Faktenwissen selbst korrigieren beziehungsweise neu erzeugen kann.

Eine weitere Strukturierung des Wissens, die ebenfalls von der Wissenspsychologie übernommen wurde, hat Polanyi[1] erarbeitet. Polanyi unterscheidet explizites Wissen, das sich verbalisieren und in eindeutiger Sprache mitteilen lässt, und implizites Wissen, das nicht vollständig verbalisierbar ist. Baumgartner untersucht in diesem Zusammenhang den Hintergrund dieses „Stummen Wissens".[2]

Diese zweite Klassifikation ist in Abbildung 14 dargestellt.

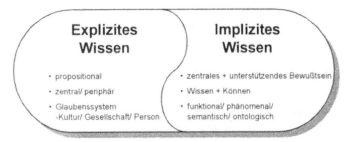

*Abbildung 14: Klassifikation von explizitem und implizitem Wissen[3]*

Neben diesen philosophischen Wissenseinteilungen existieren noch weitere, vor allem aus dem Bereich der Künstlichen Intelligenz. Im Rahmen des ESPRIT-Projektes Nr. 1098 ist beispielsweise ein Vierschichtenmodell zur Klassifizierung von Wissen erarbeitet worden.[4] Dieses Modell dient zur Formalisierung und Organisation des erhobenen Wissens während der Modellierungsphase und beinhaltet Fakten-, Inferenz-, Aufgaben- und Strategiewissen. Solche und ähnliche Einteilungen dienen letztlich bereits einem technologischen Interesse und werden nicht von vielen Wissenschaftsdisziplinen geteilt. Für allgemeine, theoretische Überlegungen ist es deshalb sinnvoll, die dargestellten philosophischen Klassifizierungen als Basis heranzuziehen.

---

[1]  Polanyi, 1985
[2]  Baumgartner, 1993
[3]  Eigene Zusammenstellung und Darstellung nach Polanyi, 1985 und Baumgartner, 1993
[4]  vgl. Wielanga; Bredewey; Breuker, 1989

## 3.1.2 Faktenwissen

Unter Faktenwissen wird die Kenntnis von Sachverhalten oder von Aussagen über einen Sachverhalt verstanden. Dieses Wissen ist z.B. bei Quiz-, Rate- und Rätselspielen gefragt. Das Faktenwissen wird als deklarativ bezeichnet, da damit eine Erklärung über (vermeintliche) Tatsachen abgegeben wird. Es wird als statisch angesehen, da das Faktenwissen zwar – quasi von außen – ergänzt oder sogar ersetzt werden kann, aber aus ihm heraus kein neues Wissen entstehen kann. Mit dem Faktenwissen weiß man, dass etwas der Fall war oder ist. Dieses „wissen, dass" wird von Ryle als „knowing that" bezeichnet. Faktenwissen wäre beispielsweise die Kenntnis der Jahreszahlen des Ersten Weltkrieges, des Namens des römischen Kaisers im Jahre 0 oder des mittleren Durchmessers der Erde.

Wissenschaftstheoretisch kann das deklarative Wissen als Kenntnis von F-determinierten *Aussagen* gesehen werden.[1] Doch in der Form der sprachlichen Aussage besteht bereits das erste Problem. Die Frage wie Faktenwissen im Menschen „kodiert" ist, ist von der Wissenspsychologie und der Neurowissenschaft noch nicht eindeutig geklärt. Beim gegenwärtigen Stand der Forschung scheint es neben der Speicherung von Aussagen in sprachlicher (propositionaler) Form auch andere Formen der Kodierung zu geben. Gerade die bildliche Repräsentation[2] von Wissen wird stark diskutiert.[3] Vor allem die empirischen Befunde über das Verhältnis zwischen visuellem Wahrnehmen und Vorstellen lassen auf eine mentale, bildliche Kodierung von Wissen schließen.[4] Wenn Wissen aber nicht nur in Form abstrakter Sätze gespeichert wird, sondern auch in der analogen Repräsentation des Sehsinns, so ist nicht auszuschließen, dass auch für die weiteren menschlichen Sinne eine Form der analogen Repräsentation des Wissens existiert. Steiner spricht auch diese Möglichkeit an, sieht aber noch keine Forschungen in dieser Richtung.[5]

Dennoch scheint es sehr einleuchtend zu sein, dass das Wissen über die Siebte Symphonie von Beethoven oder das Wissen eines Augenzeugen über einen Verkehrsunfall sich nicht nur bildlich oder abstrakt kodieren lässt und zumindest die Vorstellung von Musik oder quietschenden Autoreifen in irgendeiner analogen, auditiven Form kodiert sein müsste. Die Form, wie geburtsblinde Menschen Wissen über ihren Stock repräsentieren, dürfte auch nicht rein visuell oder abstrakt sein, sondern vielmehr mit kinästhetischer bzw. haptischer Repräsentation zu tun haben.

Vester sieht Wissen über einen erlebten Vorgang überhaupt nicht allein in einer einzigen Form repräsentiert, sondern mit der gesamten Palette der menschlichen Sinneswahrnehmung

---

[1] vgl. die Ausführungen zu L-determinierten und F-determinierten Aussagen bei Chmielewicz, 1979, s. 90 f
[2] Die Kodierung von Wissen im Menschen wird von der Kognitionswissenschaft und Kognitionstechnik als Repräsentation bezeichnet.
[3] vgl. die Inhalte der Arbeit von Hugl, 1995
[4] vgl. Steiner, 1988
[5] Steiner, 1988, S. 99

gemeinsam verbunden.[1] Je nach individueller Ausprägung haben einzelne Personen allerdings eine Neigung, Wissen eher in dieser oder jener Sinnesform zu kodieren. Vester spricht von Denkmustern, die durch Vererbung, Umwelt und Kultur geprägt sind. Diese Art der Strukturierung nach individueller Ausprägung von Denk- und Handlungsmustern wird auch in der Neurolinguistischen Programmierung (NLP) vorgenommen. Bandler/ Grinder,[2] die Mitbegründer dieser Disziplin, sprechen auch z.B. von akustischen und visuellen „Typen".

Trotz divergierender Auffassungen über die Art der Kodierung von deklarativem Wissen stimmen die meisten Kognitionspsychologen überein, dass propositionales Wissen nicht als einzelnes, isoliertes Faktum existiert, sondern in ein Netzwerk interdependenter, sich gegenseitig stützender Fakten eingebunden ist.[3]

### 3.1.3 Anwendungswissen

Anwendungswissen bezeichnet die Kenntnis von Prozeduren zur Lösung eines Problems. Deshalb wird dieses Wissen auch „prozedural" genannt. Es wird als dynamisch angesehen, da durch das Ergebnis der Prozedur neues Wissen entstehen kann. Aus diesem Grund spricht die Wissenspsychologie auch von „generischem Wissen". Mit dem Anwendungswissen weiß man, wie eine Aufgabe zu lösen ist. Dieses „wissen, wie" nennt Ryle[4] „knowing how" und ist für ihn die eigentliche, für unsere Intelligenz zuständige, Geistestätigkeit. Anwendungswissen wäre beispielsweise die Kenntnis des Lösungswegs von zwei mathematischen, linearen Gleichungen mit zwei Variablen, des Verfahrens zur Durchführung und Auswertung einer Fragebogenerhebung oder die Methode zur Ermittlung des mittleren Durchmessers eines Planeten.

Anwendungswissen unterscheidet sich vom Faktenwissen, denn auch wenn sich jede einzelne Anweisung der Prozedur auf deklaratives Wissen zurückführen ließe, ist prozedurales Wissen nicht durch eine Serie von propositionalen Sätzen ersetzbar. In der Prozedur drückt sich nämlich in der Reihenfolge der auszuführenden Anweisungen ein Wissen aus, das in der bloßen – wenn auch vollständigen – Anhäufung der Deklarationen nicht enthalten ist. Anwendungswissen greift also auf Faktenwissen zurück, ist aber in seiner Struktur mehr als die gesammelten deklarativen Aussagen, da Ursache-Wirkungszusammenhänge repräsentiert werden. Die Umkehrung dieser Zusammenhänge zu Mittel-Ziel-Relationen als technologische Position lässt drei charakteristische Merkmale für prozedurale Verfahrensweisen erkennen:[5]

---

[1]  Vester, 1980, S. 35 ff
[2]  Bandler; Grinder, 1981
[3]  vgl. Fortmüller, 1991
[4]  Ryle, 1969
[5]  vgl. Baumgartner; Payr, 1994, S. 22

- Zielgerichtetheit

- Zerlegung des Gesamtzieles in Teilziele

- Wahl und Beschreibung der für die Umsetzung der Teilziele notwendigen Operationen (Handlungen)

Wissenschaftstheoretisch kann das prozedurale Wissen als Kenntnis von L-determinierten Aussagen gesehen werden.[1] In der Wissenspsychologie und der Künstlichen Intelligenz versucht der Ansatz der Produktionssysteme diese prozedurale Form aufzuschlüsseln. Produktionssysteme gehen auf einen in der Automatentheorie zur Darstellung von Prozessen entwickelten Formalismus zurück, der zur Beschreibung von Verhaltensabläufen und mentalen Operationen angewendet wird. Kernpunkt sind im Arbeitsspeicher (deklaratives Gedächtnis) vorliegende WENN-DANN-Produktionsregeln, die von einem Interpreter mit entsprechenden Daten im Arbeitsspeicher verglichen und ausgeführt werden.[2] Diese Darstellungsform wird vor allem im Bereich der Künstlichen Intelligenz verwendet, ist aber als Erklärungsmodell für die Repräsentation von Anwendungswissen im menschlichen Gehirn fraglich, denn auch hier gilt, wie beim Faktenwissen: Nicht alles, was Menschen an Anwendungswissen besitzen, kann in sprachlicher Form (propositional) ausgedrückt werden. In der Wissenspsychologie wird in diesem Zusammenhang von kognitiven Landkarten oder „mental maps" gesprochen.[3] Die gedankliche, bildhafte Vorstellung von Prozeduren ist allerdings schon sehr lange bekannt und wurde auch entsprechend genutzt. So war beispielsweise der griechische Lyriker Simonides berühmt für seine rhetorische Schule, in der das Erzeugen von mentalen Räumen gelehrt wurde. Die Hauptgedanken einer Rede wurden zu bildhaften Vorstellungen ausgestaltet und gedanklich irgendwo in diesem mentalen Raum 'plaziert'. Bei der Rede selbst wurde schließlich der Raum gedanklich abgeschritten und die zuvor plazierten Bilder betrachtet.[4] Postman berichtet über ähnliche mentale Pläne bei den großen, stundenlangen Reden ohne Manuskript von Lincoln und Powell.[5]

Kognitive Landkarten bestehen aus Merkpunkten und Routen (Wegstrecken). Aus dem Routenwissen baut sich unter bestimmten Bedingungen ein Übersichtswissen auf. Die Merkpunkte sind noch eher als Faktenwissen identifizierbar. Diese Merkpunkte führen zu Entscheidungen: zum Beibehalten oder zum bewussten Ändern der Fortbewegungsrichtung. Wenn nahe beieinander gelegene Merkpunkte gedanklich abgeschritten oder abgefahren werden, findet eine räumliche Verknüpfung statt: Sie werden als Anfangs- und Endpunkte von Routen erlebt und repräsentiert. Durch die Abfolge der Merkpunkte in der Repräsentation entwickelt sich das Routenwissen. Das Routenwissen kann auch als Organisierung von Merk-

---

[1]  vgl. die Ausführungen zu L-determinierten und F-determinierten Aussagen bei Chmielewicz, 1979, S. 90 f
[2]  vgl. Opwis, 1988
[3]  vgl. Steiner, 1988, S. 110 f
[4]  vgl. Hugl, 1995, S. 179
[5]  vgl. Postman, 1988, S. 88 ff

punktwissen um Entscheidungsknoten herum verstanden werden. Merkpunktwissen und Routenwissen wird primär visuell repräsentiert.[1] Wenn Routenwissen, ausgehend von gemeinsamen Merkpunkten, die verschiedenen Routen zugehören, koordiniert wird, entstehen umfassendere räumliche Konfigurationen in der Repräsentation. Wie dieser Übergang vom Routenwissen zum Übersichtswissen und damit zur kognitiven Landkarte erfolgt, ist im Detail noch nicht erforscht. Das Übersichtswissen in kognitiven Landkarten hat Ganzheitscharakter. Diese Ganzheiten enthalten aber neben räumlichen eine Fülle weiterer Informationen, die den analog und figural abgebildeten Elementen überlagert sind. In diesem Sinn sind kognitive Landkarten metaphorisch zu sehen. Sie sind letztlich auch Anwendungswissen und nicht auf räumliche Anwendungen beschränkt. Kognitive Landkarten sind Teil des menschlichen Alltags.

Sowohl propositionale als auch visuelle Repräsentationen lassen sich mit dem *schematheoretischen Ansatz* erklären. Eine einheitliche Schematheorie gibt es zwar derzeit noch nicht, es existiert allerdings eine Gruppe von Theorien, deren Gemeinsamkeit darin besteht, dass sie das Schemakonstrukt verwenden. Schemata sind dabei Wissensstrukturen, in denen aufgrund von Erfahrungen typische Zusammenhänge eines Realitätsbereichs repräsentiert sind. Mandl et al. sehen folgende Kennzeichen von Schemata:[2]

- Schemata sind kognitive Strukturen, in denen Wissen über typische Zusammenhänge in einem Realitätsbereich organisiert sind.

- Schemata weisen Leerstellen (Variablen) auf, die unterschiedliche Werte annehmen können.

- Schemata können ineinander eingebettet sein.

- Schemata enthalten sowohl generisches als auch episodisches Wissen, wobei episodisches Wissen die Kenntnis von kurzen, sich bereits ereigneten Abfolgen (Episoden als strukturiertes deklaratives Wissen) ist. Das Zusammenwirken zwischen generischem und episodischem Wissen erfolgt durch das Konzept der Schemainstantiierung: Wird einer Leerstelle eines Schemas ein bestimmter Wert durch eine Information aus der Umgebung zugewiesen, so gilt das Schema als instantiiert.

- Schemata haben nicht nur eine Struktur-, sondern auch eine ausgeprägte Prozesskomponente: Schemata können auch andere Schemata aufrufen.

- Schemata repräsentieren Wissen unterschiedlichster Inhaltsbereiche: von Ideologien und kulturellen Wahrheiten bis zum Wissen über die Bedeutung eines bestimmten Wortes.

---

[1]  Steiner, 1988, S. 111
[2]  Mandl; Friedrich; Hron, 1988, S. 125

Muster, in denen Menschen denken, sind jedem wohl nur allzu vertraut. Wie der Techniker sich beispielsweise auf das Schema des Ohm´schen Gesetzes verlässt, um die Dimension von Kabeldurchmessern zu ermitteln, so verlassen sich (fast) alle Menschen auf das (kulturell verschiedene) Schema der Höflichkeit und Anrede, um mit anderen Menschen zu kommunizieren. Erst durch die Komplexitätsreduktion der Umwelt zu Schemata ist der Mensch überhaupt erst lebensfähig. Die Idee des Schemas findet sich unter anderen Begriffen in der Literatur wieder. Schank[1] verwendet in vergleichbarer Weise etwa Scripts, Schertler[2] sieht musterbildende Kräfte in der Strategie und Vester[3] versteht durchaus vergleichbare Funktionen unter dem Begriff der Assoziationen. Im wesentlichen werden dabei überall propositionale oder visuelle Repräsentationen von Anwendungswissen verstanden.

Inwieweit Anwendungswissen neben propositionaler und visueller Repräsentation auch noch anderen Sinnesorganen entsprechend repräsentiert wird, ist in der Wissenspsychologie noch nicht andiskutiert worden. Dennoch scheint es zumindest vorstellbar, dass etwa Musiker über ein bestimmtes Maß an akustisch repräsentiertem Anwendungswissen verfügen und ihnen bekannt ist, welche Harmonien in welcher Form zusammenpassen und wie neue Melodien so kreiert werden können, dass sie „gut" klingen.

Dörner[4] und Postman[5] weisen auf die Unterschiede zwischen bildlicher und propositionaler Repräsentation hin: Das Bild ist eher eine ganzheitliche, detailreiche Momentaufnahme. Es ist eher statisch und kann zu einer Erstarrung des Denkens führen. So, wie das Bild Zusammenhänge zeigt, so sind sie und nicht anders. Die Sprache ist hier flexibler. Wörter wie „eher", „vielleicht", „scheinbar" usw. lassen Aussagen in diese und jene Richtung als Interpretation zu. Damit erlaubt die Sprache die weitgehend freie Rekombination von Bedeutungsträgern und so die Fähigkeit zur Neu- und Umbildung von Gedanken. Der Spielraum und deshalb auch die Gültigkeit der propositionalen Form ist größer als beim Bild und darum eher geeignet Anwendungswissen, das neues Anwendungswissen erzeugen soll, zu repräsentieren.

### 3.1.4 Handlungswissen

Unter Handlungswissen werden Fertigkeiten verstanden, die durch und mit den Möglichkeiten des menschlichen Körpers verbunden sind. Dieses Wissen äußert sich konkret in ausführenden Tätigkeiten und ist im Gegensatz zu Fakten- und Anwendungswissen kein theoretisches, sondern ein praktisches Wissen und wird auch als „Können" bezeichnet. In der Handlung selbst äußert sich ein Wissen, das weder deklarativ noch prozedural erklärbar ist,

---

[1]  Schank; Abelson, 1977
[2]  Schertler, 1991, S. 249
[3]  Vester, 1980; siehe dazu auch Punkt 3.2.5.2
[4]  Dörner, 1989, S. 278 f
[5]  Postman, 1988, S. 91 ff

oder wie Schön formuliert: „... our knowing is *in* our action."[1] Aus der Handlung lässt sich somit auf ein Wissen zurückschließen. Der ausführende Mensch muss sowohl die (körperliche) Fähigkeit besitzen, dieses Wissen umzusetzen (notwendige Bedingung), als auch die Fertigkeit, mit dieser Fähigkeit die gewünschte Aktion zu erreichen (hinreichende Bedingung). Alle menschlichen Tätigkeiten können in

- Erkennensprozesse

und

- Handlungsprozesse

unterschieden werden. Beides sind Tätigkeiten auf Fertigkeitsebene. Fertigkeit kann nur durch körperliche Erfahrung und durch entsprechende Übung erreicht werden. Um das Handlungswissen aktivieren zu können, muss der handelnde Mensch dieses Wissen bereits einmal durch Handlung erfahren haben. Der Begriff *„gewusst, wie"* drückt diese Vergangenheitsbezogenheit aus, die benötigt wird, um den zukunftsorientierten Handlungsentwurf für ein Agieren in einer Situation zu erstellen.[2] Die körperliche Erfahrung ist es, die das Handlungswissen vom Fakten- und Anwendungswissen unterscheidet, obwohl es sich einerseits auf diese beiden Elemente stützt und andererseits wieder neues Wissen produzieren kann. Handlungswissen ist eine Art Alltagswissen, wie beispielsweise Schwimmen, Rad- und Autofahren, Schachspielen, Klavier spielen oder die ärztliche Diagnostik.

Das Können einer Tätigkeit kann auf unterschiedlichen Fertigkeitstypen basieren. Die Wissenspsychologie liefert dafür folgende Einteilung:[3]

a) *kognitive Fertigkeiten*

Darunter sind intellektuelle Fertigkeiten wie etwa Schachspielen oder Mathematik zu verstehen. Diese Fertigkeiten bezeichnen weitgehend geistiges Können, lediglich die Ausdrucksweise verlangt nach Effektoren.

b) *psychomotorische Fertigkeiten*

Athletisches Können oder auch Geschicklichkeit fällt in diese Kategorie. Jonglieren, Autofahren, Maschinenschreiben oder sonstige sportliche Leistungen sind Beispiele dafür. In den gesteuerten Aktionen des menschlichen Körpers – vorwiegend der Effektoren – zeigt sich Handlungswissen.

c) *affektive Fertigkeiten*

Kreative, künstlerische Leistungen wie Komponieren oder Malen zählen zu den affektiven Fertigkeiten. Handlungswissen drückt sich hier sowohl durch die Ausdrucksmöglichkeiten des Körpers, als auch durch das Vermögen, neue Ideen zu generieren, aus.

---

[1] Schön, 1983, S. 49
[2] vgl. Baumgartner; Payr, 1994, S. 58 f
[3] vgl. Mandl; Spada, 1988

d) *sozial-interaktive Fertigkeiten*

Das Können im Umgang mit anderen Menschen, das Geschick und das Einfühlungsvermögen in sozialen Situationen sind hier zu verstehen. Solche Fertigkeiten spielen beispielsweise bei Verhandlungen oder Konfliktlösungsprozessen eine wichtige Rolle.

Diese Klassifizierung ist nicht allein kennzeichnend für die vielfältigen Formen des Könnens. Baumgartner[1] etwa unterscheidet intellektuelle, athletische, künstlerische und technische Fertigkeiten, wobei die ersten drei durchaus mit der vorigen Einteilung korrelieren und die letzte eine Kombination aus kognitiv und psychomotorisch zu sein scheint. Kombinationen der Fertigkeitsklassifizierung dürften überhaupt erst die Rechtfertigung für eine sogeartete Einteilung liefern, denn meist steht der handelnde Mensch im Alltag keiner Modellsituation gegenüber, sondern er ist mit der gesamten Palette seiner Fertigkeiten gefordert, sich in der Komplexität der Realität zu verhalten.

Mit dieser Charakterisierung ist die Frage der Repräsentation wieder relevant. Da Handlungswissen nicht nur propositionales, sondern überwiegend implizites Wissen beinhaltet, muss die Repräsentation des Handlungswissens auch andere als abstrakte Formen annehmen können. Eine Möglichkeit sieht die Wissenspsychologie im Konzept der mentalen Modelle. Darunter wird das Bestreben des Menschen, sich verschiedenartige Zusammenhänge (z.B. kausal-mechanischer, aber etwa auch ökonomisch-organisatorischer Art) klar zu machen, indem die wesentlichen Elemente und die Relationen zwischen ihnen in einem geistigen Modell repräsentiert werden. Sehr interessante, empirisch fundierte Aussagen über die Art der mentalen Modelle, die Versuchspersonen in einem Simulationsspiel hatten, liefert Dörner.[2] Er zeigt, dass die Personen aufgrund von Erfahrungen in einer komplexen Situation Zusammenhänge konstruierten und schließlich nach diesen mentalen Modellen auch handelten. Interessant dabei ist, dass bei gleichen Bedingungen die Versuchspersonen unterschiedliche mentale Modelle erzeugten. Gründe dafür sind:[3]

- *Prototypeneffekte*
  Menschen fassen Elemente von Kategorien nicht als gleichartig auf. Kategorien sind nicht unbedingt durch gemeinsame Merkmale definiert. Die meisten Arten von Kategorien haben verschiedene Arten interner Strukturen.

- *Basiskategorien*
  Menschen bilden die Ebenen der Kategorisierung nicht gleichförmig vom Allgemeinen zum Speziellen. Es gibt eine individuell kognitiv bevorzugte Ebene der Basiskategorien.

Nicht jedes Modell – oder wohl besser: vermutlich kaum ein Modell – wird den realen Zusammenhängen in komplexen Situationen gerecht. Doch hier gibt es eine Graduierung. Man-

---

[1] Baumgartner, 1993, S. 283ff
[2] Dörner, 1989, S. 107 ff
[3] vgl. Baumgartner, 1993, S. 263 ff

che Modelle sind „praxisgerechter" als andere. Mentale Modelle von Anfängern auf einem Gebiet sind aus wissenschaftlicher Sicht oft fehlerbehaftet oder falsch, aus der Alltagsperspektive jedoch durchaus sinnvoll. Die berühmte Untersuchung von Kempton[1] zeigt, dass nahezu die Hälfte der Befragten nicht wusste, wie eine thermostatgeregelte Heizung tatsächlich funktioniert. Viele Personen glaubten, dass es dasselbe sei, den Thermostat auf eine höhere Temperatur einzustellen, wie ein Ventil aufzudrehen (Ventilmodell). Das besondere dieses Modells aber ist, dass die objektiv falsche Alltagstheorie unter den Bedingungen des Alltags ihren Benutzern genausoviel nützliche Vorhersagen erlaubt, wie die (korrekte) Rückkoppelungstheorie, da darin auch Wärmeverluste usw. mit abgedeckt werden.

Wesentlich ist allerdings die Tatsache des mentalen Modells selbst. Menschen handeln *nach* (in doppeltem Sinne) den von ihnen konstruierten mentalen Modellen. Je besser die Modelle – oder die Fertigkeit zur Modellbildung – desto besser die Fertigkeit in der Handlung selbst. Deshalb erscheint im Können – zum Unterschied vom theoretischen Wissen – bereits immanent ein Maßstab eingebaut zu sein. Wenn jemand etwas kann, dann kann er es gut, besser, am besten. Im Können selbst zeigt sich ein gradueller Prozess. Auch wenn jemand eine Sache perfekt kann, kann ihm dennoch einmal etwas auf diesem Gebiet misslingen, denn zur Fertigkeit gehört der Fehler untrennbar dazu: selbst der beste Bogenschütze trifft manchmal nicht ins Schwarze.[2] Dennoch: Personen, mit großer Handlungserfahrung (auch im Danebenschießen) erreichen in Summe in komplexen Situationen bessere Ergebnisse, als Personen ohne großer Handlungserfahrung.[3] In der Wissenspsychologie, aber auch in der Didaktik und Pädagogik werden unterschiedliche Fertigkeitsklassen zu Lernstufen zusammengefasst, die unterschiedliche Grade des Handlungswissens darstellen und in sequentieller Folge durchlaufen werden. Baumgartner/ Payr führen eine weit verbreitete Klassifizierung auf:[4]

- Stufe 1: *Neuling*
  Neulinge werden sowohl mit einer Reihe feststehender Fakten und kontextunabhängigen Regeln konfrontiert, es ist aber für sie noch nicht klar welche Fakten sich verändern und welche Regeln nur Faustregeln sind und nicht immer gelten.

- Stufe 2: *Anfängertum*
  Anfänger machen die ersten eigenen Handlungserfahrungen, bauen ihr erstes handlungsrelevantes Wissen auf einem bestimmten Gebiet auf. Fakten und kontextfreie Regeln werden angewandt.

---

[1] Kempton, 1986
[2] vgl. Baumgartner, 1993, S. 78
[3] siehe dazu Dörner, 1989, S. 295 ff
[4] Baumgartner; Payr, 1994, S. 83 ff

- Stufe 3: *Kompetenz*

  Die erworbenen eigenen Erfahrungen werden mit den Fakten und kontextfreien Regeln bei der Anwendung einbezogen. Die Handlungsentscheidungen erfolgen bewusst auf der Basis einer selbst erstellten Zielhierarchie. Der kompetent Handelnde fühlt sich deshalb auch gefühlsmäßig am Ergebnis seiner Handlung beteiligt.[1]

- Stufe 4: *Gewandtheit*

  Diese Stufe ist eine Art Zwischenstufe auf dem Weg zum Experten. Die Handlung ergibt sich aus einem holistischen Erkennen von Ähnlichkeiten. Handlungsrelevantes Wissen ist bereits implizit[2] durch Erfahrung vorhanden und wird teils analytisch, teils intuitiv aufgrund ähnlich erlebter Situationen nach durch Erlebnisse entstandenen („geronnenen") Mustern angewandt.

- Stufe 5: Experten

  Bei Experten ist das Handlungswissen bereits implizit so tief im Körper verankert, dass sie „sich dessen nicht bewusster sind als des Körpers selbst."[3] Experten handeln intuitiv aufgrund automatischer Prozesse, die kaum noch Aufmerksamkeit benötigen. Sie sind an der Handlung gefühlsmäßig beteiligt und tragen eine persönliche Verantwortung für deren Ergebnisse. Das Handlungswissen ist durch die körperliche Verankerung nicht mehr vollständig explizierbar.[4]

Tabelle 16 zeigt einen Überblick über die einzelnen Lernstufen.

Das Handlungswissen, über das gewandte Personen oder Experten verfügen, wird auch als Know-how bezeichnet. Roithmayr charakterisiert Know-how im Zuge eines Engineering-Ansatzes folgendermaßen:

- „Know-how kann nur in einem Übungs- und Lernprozess erworben werden.

- Know-how ist handlungsorientiert, d.h. eine Person weiß nicht nur, wie etwas funktioniert, sondern kann dieses Wissen in eine Handlung umsetzen. Ein Know-how-Träger hat die Fertigkeit des Könnens.

- Know-how-Träger sind Experten bzw. gewandte Menschen im Falle, dass der Know-how-Träger eine physische Person ist.

- Know-how-Personen reagieren intuitiv aufgrund ihrer früher erworbenen Erfahrungen, an die sie sich erinnern. Intuition beinhaltet aber nicht etwas Okkultes, sondern meint eine spontane oder automatische Handlung.

---

[1] vgl. Dreyfus, 1987, S. 49. Das entspricht ungefähr dem, was in der psychologischen Literatur unter der „assoziativen Phase" diskutiert wird (vgl. Anderson, 1989, S. 219)

[2] siehe Abschnitt 3.1.6

[3] Dreyfus, 1987, S. 54

[4] vgl. Dreyfus, 1987, S. 68. Ähnliche Aussagen trifft auch die Wissenspsychologie, die das Expertentum als „autonome Phase" bezeichnet (vgl. Anderson, 1989, S. 220)

- Können ist gekennzeichnet durch automatische Handlungsabläufe. Dieser Prozess besteht nicht nur aus zwei Teilen-Theorie und Praxis -, sondern ist im Sinne von Ryle eine Disposition.

- Können beinhaltet ein implizites Wissen, da wir mehr wissen, als wir zu sagen wissen."[1]

| Stufe | Lernelemente | Perspektive | Entscheidung | Einstellung | Gefahr |
|---|---|---|---|---|---|
| Neuling | Fakten u. kontextfreie Regeln | keine | keine, passive Rezeption | distanziert | Übergeneralisierung |
| Anfängertum | Anwenden v. Fakten/ kontextfreien Regeln in Situationen; Sammeln erster Erfahrungen | keine | keine, Nachahmung und Imitation | distanziert | Übergeneralisierung eigener Erfahrung bzw. gelernter Regeln |
| Kompetenz | Anwendung v. Fakten und kontextfreien Regeln; Einbeziehung eigener Erfahrungen | bewusst gewählt | Analytisch | distanziertes Verstehen u. Entscheiden; an Ergebnissen gefühlsmäßig beteiligt. | Überschätzung eigener Fähigkeiten, erhöhte Unfallgefahr |
| Gewandtheit | Gestaltwahrnehmung, holistisches Erkennen von Ähnlichkeiten | implizit durch Erfahrung vorhanden | Analytisch/ intuitiv | teilnehmendes Verstehen; distanziertes Entscheiden | Tunnelperspektive |
| Expertentum | Gestaltwahrnehmung, holistisches Erkennen von Ähnlichkeiten | implizit durch Erfahrung vorhanden, in Körper integriert | Intuitiv | gefühlsmäßig beteiligt, persönliche Verantwortung | Tunnelperspektive |

*Tabelle 16: Lernstufen zum Fertigkeitserwerb des Handlungswissens*[2]

Die Aspekte des know-how, des Handlungswissens von gewandten Personen oder Experten, greift Schön[3] auf. Schöns Bezeichnung für jene Personen mit „professionals" wird in deutschen Übersetzungen mit „Praktiker" oder „Experten" ersetzt. Mit beiden Worten sind hier Personen der Lernstufen 4 und 5 des Fertigkeitserwerbs auf einem Fachgebiet gemeint. Schön geht der Frage nach, welche Charakteristika professionelle Tätigkeiten beinhalten. Das Ergebnis seiner Analysen aus Fallstudien professioneller Tätigkeiten in unterschiedlichen Be-

---

[1] Roithmayr, 1996
[2] aus Baumgartner; Payr, 1994, S. 85
[3] Schön, 1983

rufsfeldern ist, dass die Mehrzahl der Praxissituationen komplex, unsicher, einzigartig und durch Wert- und Interessenskonflikte gekennzeichnet sind, und dass Praktiker nicht nur in der Schule gelerntes Wissen in diesen Situationen anwenden, sondern dass sie in der Handlung Wissen über die Handlung erzeugen. Praktiker verwenden dazu oft zwei Arten von Handlungstheorien: die bevorzugten, favorisierten Theorien und die real in der Handlung verwendeten Theorien, die sich von den favorisierten unterscheiden. Schön beschreibt den Zusammenhang von Wissen und Handlung in Praxissituationen in Form von drei Handlungstypen, in denen Wissen und Handlung in drei unterschiedlichen Verbindungen auftreten:

- *Routine: Implizites Wissen in der Handlung* (tacit knowing-in-action)
  Routinehandlungen ermöglichen es erst eine bestimmte Aufgabe zu bewältigen. Wissen ist implizit in der Handlung integriert.[1] Routine ist dabei nicht das Fehlen von Wissen, sondern eine besondere Organisation von Wissen. Routine zeigt sich nicht nur bei Handlungsprozessen, sondern auch bei Erkennungsprozessen. Praktiker haben eine geschärfte Wahrnehmungsfähigkeit – ein „geübtes Auge" – zur Erkennung des richtigen Problems. Altrichter et al.[2] sprechen von „Verdichtungen aufgabenrelevanten Wissens".

- *Kompetente Improvisation: Reflexion in der Handlung* (reflection-in-action)
  Wenn es innerhalb von Routinehandlungen zu unerwarteten Ergebnissen oder Ereignissen kommt, die Überraschungen in sich bergen, beginnt für den handelnden Praktiker eine reflektierende Konversation mit auffallenden Merkmalen der Situation („the situation talk back"). Der Handlungslauf wird nicht unterbrochen und der Praktiker versucht das Zurücksprechen der Situation in einer ersten Problemdefinition zu benennen und einzugrenzen. Diesen Vorgang nennt Schön „naming and framing". Der Praktiker erzeugt so ein „lokales Wissen", das erst durch und in der einzigartigen Situation entsteht. Die erste Problemdefinition liefert eine Idee für die nächste Handlung, die auf die Konsequenzen, die sich daraus ergeben, durchdacht wird und so zu weiteren Problemdefinitionen und zum Eingrenzen des Problems führt. Dieser Vorgang hat Prozesscharakter.

- *Information: Reflexion über die Handlung* (reflection-on-action)
  Dabei distanziert sich der Praktiker zeitweise von seiner Handlung, um über sie zu reflektieren und das Wissen, das hinter der eigenen Handlung steht, explizit zu formulieren. Die Handlung wird unterbrochen – oder aus der Metaebene betrachtet – und durch die Explikation analysierbar, darstellbar, mitteilbar und (re)organisierbar gemacht, mit dem Ziel sie auf eine überdauernde Weise zu speichern. Aus dem „lokalen Wissen" der kompetenten Improvisation wird öffentlich zugängliche Information. Das hinter der professionellen Handlung stehende Wissen kann Lernenden, Kollegen und Klienten transparent gemacht werden.

---

[1]    vgl. Punkt 3.1.6
[2]    Altrichter et al., 1992

Die Theorie der mentalen Modelle reicht hier allerdings nicht mehr aus, um alle nicht sprachlich formulierbaren Repräsentationen menschlichen Könnens (insbesondere des Know-Hows, der Routine und der reflection-in-action) hinreichend zu erklären. Wie sollen etwa diese Modelle beim Klavierspielen, beim Maschinenschreiben oder ähnlichen psychomotorischen Fertigkeiten aussehen? Vester[1] liefert hier einen Erklärungsansatz: Auch Köperzellen enthalten – wie die Gehirnzellen – eine Art Gedächtnis. Dieses Gedächtnis ist die in den Genen gespeicherte Erbinformation. Ein Reservoir von Befehlen, Programmen und Erinnerungen in jeder Zelle, das die zahlreichen Lebensvorgänge im menschlichen Körper steuert. Durch Übung kann eine Information auch in einer Körperzelle gespeichert sein. Somit könnte Handlungswissen auch unmittelbar im Körper selbst – also unbewusst – repräsentiert sein.

### 3.1.5 Explizites Wissen

Explizites Wissen ist Wissen, das in einer abstrakten Form – z.B. eine natürliche oder künstliche Sprache – vorhanden ist. Da explizites Wissen durch Sätze (Propositionen) beschrieben werden kann, wird es auch propositionales Wissen genannt. Die Frage, wie diese Sätze im menschlichen Wissen gefunden werden könnten, und von welcher Art sie sein müssten, hat die Kognitionswissenschaft und Kognitionstechnik bis heute beschäftigt. Ausgehend vom aristotelischen Syllogismus wurde versucht, ein Netzwerk von zusammenhängenden Sätzen zu bilden, um damit Wissensstrukturen abzubilden. Diese Ansätze wurden unter dem Begriff Produktionssysteme[2] bekannt. Ein eigener Wissenschaftszweig, die Linguistik und die darauf aufbauende Psycholinguistik, mit ihren Hauptvertretern Chomsky, Miller und Searle, beschäftigt sich mit den Facetten der Sprache vom Aufbau über die Aussprache bis hin zum Erwerb.[3]

Da die Sprachform die Basis für menschliche Kommunikation ist, stellt das propositionale Wissen die primär erforschte Ausdrucksweise dar. Nur durch die abstrakte, sprachliche Form war Wissenskonservierung und Wissensvermittlung über Generationen und Ländergrenzen hinweg möglich. Die Wissenschaftstheorie befasst sich explizit mit dem Aufbau von Begriffen, Sätzen und aus Sätzen zusammengesetzten Theorien. Menschliches Wissen, das explizit gemacht werden kann, kann auch hinterfragt, diskutiert und transportiert werden. Die Sprache besteht aus disjunkten Bedeutungsträgern, den Wörtern, und aus Kombinationsregeln dafür, der Syntax. Damit erlaubt Sprache die weitgehend freie Rekombination von Bedeutungsträgern und so erst die Fähigkeit des Menschen zur Neu- und Umbildung von Gedanken.[4]

---

[1]  vgl. Vester, 1980, S. 56 ff
[2]  vgl. Opwis, 1988
[3]  vgl. Leuninger; Miller; Müller, 1972
[4]  Dörner, 1989, S. 279

Baumgartner zeigt anhand von Bemerkungen vom späten Wittgenstein, dass das menschliche Wissen eingebettet ist in zentrale und periphere Erfahrungssätze.[1] Die peripheren Sätze sind an die zentralen lose gebunden und können leicht ausgetauscht oder modifiziert werden. Eine Korrektur peripherer Sätze zieht keine grundlegenden, sondern nur graduelle Änderungen der Wissensstruktur nach sich und ist unproblematisch. Die zentralen Sätze – oder Sätze, die zumindest starke und vielseitige Bindungen mit dem Zentrum unterhalten – sind hingegen grundlegende Aussagen. Eine Korrektur dieser Sätze ist schwer begrenzbar. Entweder sie führen zum Zusammenbruch des Systems oder sie ziehen revolutionäre, strukturelle Änderungen nach sich. In einer Analogie vergleicht Neurath[2] das menschliche Wissen mit einem Schiff, das auf hoher See treibt. Danach können zwar Teile des Schiffes (Wissen) ergänzt, erneuert oder ausgewechselt werden, es muss dabei gleichzeitig aber – um nicht unterzugehen – immer auf andere Teile gestützt werden. Durch ständiges Umarbeiten kann schließlich sogar ein komplett neues Schiff entstehen, indem nach und nach alle Teile ausgewechselt beziehungsweise erneuert werden. Dies kann aber nur schrittweise und unter Verwendung alter Schiffs- (Wissens-) Teile erreicht werden.

Die zentralen Sätze sind deshalb auch schwer widerlegbar, da das zentrale an ihnen schlichtweg nur geglaubt, nicht aber hinterfragt werden kann. So wie in der Wissenschaftstheorie die Definitionskette von Wörtern irgendwann abgebrochen werden muss und Basiswörter einfach akzeptiert werden müssen, so finden zentrale Sätze ihre Legitimation nur mehr in einem Glaubenssystem. Dieses Glaubenssystem entspricht einer Art „Weltbild", das eine einheitliche Struktur bildet. Das Glaubenssystem wird durch persönliche Erlebnisse und Erfahrung gebildet. Es entsteht in einer Lebenswelt und ist damit Bestandteil der Trias Kultur-Gesellschaft-Persönlichkeit, die Habermas[3] in seiner Theorie des kommunikativen Handelns als Komponenten anführt. Von der Kultur bestimmte Werte und Normen werden durch gesellschaftliche Sanktionen transportiert und durch die jeweilige individuelle Persönlichkeit antizipiert.

Propositionales Wissen lässt sich somit in periphäre und zentrale Sätze strukturieren, wobei diese Sätze eingebettet sind in ein durch Kultur, Gesellschaft und Persönlichkeit geprägtes Glaubenssystem. Explizites Wissen ist ein expliziertes Wissen, kann jedoch durch Routinehandlungen impliziert werden. Der Wechsel zwischen explizitem und implizitem Wissen ist gerade der Bereich, den Schön mit seiner Dreiteilung bei Experten anspricht.

---

[1] Baumgartner, 1993, S. 29 ff
[2] Neurath, 1933
[3] Habermas, 1981

### 3.1.6 Implizites Wissen

Das implizite Wissen ist im Gegensatz zum formulierbaren, propositionalen Wissen nicht explizit (verbalisiert). Dass „wir mehr wissen, als wir zu sagen wissen"[1] drückt sich beispielsweise beim Erkennen von Gesichtern, beim Radfahren oder Schwimmen aus und bildet einen notwendigen Bestandteil des menschlichen Erkennens und Verstehens. So genau auch der Vorgang des Erkennens von Gesichtern oder des Radfahrens beschrieben wird, es bleibt immer ein ungeklärter, nicht explizierbarer Rest, der auch durch andere als sprachliche Ausdrucksformen (z.b. bildliche) nicht formalisierbar ist. Implizites Wissen ist aber nicht statisch, sondern dynamisch. Manche Teile können explizit gemacht werden, sind aber dann nur aktuell explizit und können durch z.b. Routinehandlungen bei Experten wieder implizit integriert werden.

Die Hauptthese Polanyis bezüglich der inneren Struktur des menschlichen Wissens ist, dass das implizite Wissen aus zwei Gliedern besteht: Aus dem zentralen Bewusstsein und dem unterstützenden Bewusstsein. Das zentrale Bewusstsein ist das Wissen, auf das die Aufmerksamkeit gelenkt wird. Beim Einschlagen eines Nagels mit einem Hammer beispielsweise richtet sich das zentrale Bewusstsein auf den Nagel. Polanyi nennt dies das zweite Glied oder den distalen Term. Der Hammer hingegen wird nur als Mittel zum Zweck verwendet. Das Gefühl des Stiels in der Hand, das Gewicht des Hammers oder die Kenntnisse über physikalische Druck- und Keilwirkungsgesetze dienen als unterstützendes Bewusstsein, als Wissen, auf das verlassen wird. Polanyi bezeichnet dies als erstes Glied oder proximalen Term. Dieser Teil des Wissens liegt meist körperlich näher. Dieses latente Wissen, das nicht zentral bewusst ist, ist das Hintergrundwissen, das sich Menschen durch aktive Lebensbewältigung aneignen.[2] Diese Bipolarität des impliziten Wissens ist bei allen Aktionen vorhanden. Wenn das implizite Wissen direkt betrachtet wird, so wirkt es nicht mehr als unterstützendes Bewusstsein. Es wird zum distalen Term und kann die unterstützende Funktion nicht mehr ausführen. Wenn etwa beim Maschinenschreiben die Aufmerksamkeit auf die Finger und die Tastatur gelenkt wird, so werden die Anschläge langsamer und die Fehlerrate größer.

Die zweigliedrige Grundstruktur des impliziten Wissens gilt sowohl für kognitive als auch für körperliche Fertigkeiten. Sie integriert nicht nur kognitive Elemente im proximalen Term, sondern auch das kognitive Wissen mit den praktischen Fertigkeiten. Wissen und Können treten ja in der Realität meist gemeinsam auf und lassen sich normalerweise nicht exakt trennen. So verlangt die geschickte Ausübung einer komplexen Fertigkeit immer Wissen, auf das dabei gestützt werden kann. Umgekehrt kann Wissen nur generiert werden, wenn bekannte

---

[1] Polanyi, 1985, S. 14
[2] vgl. Baumgartner, 1993, S. 163ff

Fakten geschickt zu neuer Erkenntnis integriert werden. Das implizite Wissen integriert nicht nur proximalen mit distalem Term, sondern auch intellektuelles mit praktischem Wissen.[1]

Implizites Wissen ist also sowohl Wissen als auch Können. Das bedeutet, dass der Körper eine sehr wesentliche Rolle dabei spielt. Die im Körper ablaufenden somatischen Vorgänge (z.B. Erregung der Netzhaut oder feuern von Neuronen) werden bei Wahrnehmungsprozessen als Hintergrundwahrnehmung empfunden. Die in der Wahrnehmung enthaltene Grundstruktur des impliziten Wissens dient als Brücke zwischen den somatischen Prozessen und den schöpferischen Fähigkeiten der Menschen. Abbildung 15 zeigt diese hierarchischen Integrationsformen des impliziten Wissens nach Baumgartner.

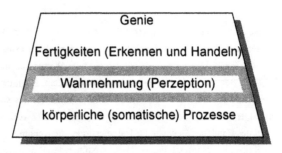

*Abbildung 15: Hierarchische Integrationsformen des impliziten Wissens[2]*

Die Wahrnehmung wird in Kapitel 4 für visuelle und auditive Perzeption noch näher behandelt.

Das Implizite Wissen hat nach Polanyi vier Aspekte:[3]

a) Funktionaler Aspekt

Die menschliche Tätigkeit kann in Erkennen und Handeln unterschieden werden. Beides sind Tätigkeiten auf Fertigkeitsebene. Im Rahmen von Erkennungs- und Handlungsprozessen haben beide Formen des Bewusstseins (unterstützendes und zentrales Bewusstsein) unterschiedliche Funktionen. Das unterstützende Bewusstsein teilt sich nicht selbständig mit, sondern in seiner Funktion, die es für den distalen Term erfüllt. Die „Aufgabenteilung" zwischen zentralem und unterstützendem Bewusstsein erfolgt je nach Funktion, die gerade gefordert ist.

b) Phänomenaler Aspekt

Das unterstützende und das zentrale Bewusstsein treten in einer Situation nur gemeinsam auf. Wird jedes für sich allein betrachtet, so wird das Gesamtphänomen verändert. Diese

---

[1]  Baumgartner, Payr, 1994, S. 37
[2]  nach Baumgartner, 1993, S. 231
[3]  Polanyi, 1985, S. 67 ff

Veränderung ist dauerhaft und wird von Polanyi destruktive Analyse genannt. Um die Gesamtsicht wieder herzustellen, gibt es zwei Möglichkeiten: Entweder werden die Beziehungen zwischen den Einzelheiten explizit festgestellt (explizite Integration) und so das Gesamtphänomen wieder vertieft oder die einzelnen Elemente werden nach analytischer Betrachtung bewusst wieder zusammengesetzt (implizite Integration). In jedem Fall ist das Ursprungsphänomen nicht wieder herstellbar. Zudem wird bei der Analyse der Einzelteile ja wieder (auf andere) proximale und distale Terme gestützt. Baumgartner nennt diese Verschachtelung die zwei Ebenen der impliziten Integration: die große implizite Integration, die sich auf die Gegenwart bezieht, und die kleine implizite Integration, die auf Vergangenes gerichtet ist, das ja bereits einmal durch eine große implizite Integration entstanden ist. Die große implizite Integration nennt Baumgartner „Erkennen" und für die kleine implizite Integration schlägt er den Begriff des „Wissens" vor.[1]

c) Semantischer Aspekt

Aktionen werden vom zentralen Bewusstsein aufgrund ihrer Wirkung registriert. Der Druck des Hammers gegen die Hand beim Treffen des Nagels ist beispeilsweise diese Wirkung. Die Wirkung hat eine Bedeutung für den agierenden Menschen. Diese Bedeutung nennt Polanyi den semantischen Aspekt. Nur der distale Term hat diesen semantischen Aspekt, der proximale Term unterstützt nur diese Bedeutung. Durch Übung und Erfahrung werden die Bedeutungen allerdings verinnerlicht und somit zum proximalen Term, zum unterstützenden Bewusstsein, das für andere Aktionen wieder unterstützend wirken kann. Polanyi nennt diese Überführung vom zentralen zum unterstützenden Bewusstsein *Sinngebung*. So wird etwa dem Druck des Hammers gegen die Hand der Sinn des Treffens des Nagels gegeben. Somit wird durch Übung ein „Gefühl" für den Hammerkopf entwickkelt. Das Werkzeug Hammer wird durch ständiges Training angeeignet und einverleibt (implizit integriert). Das Werkzeug wird Teil des Körpers. Die Kognitionspsychologie nennt diesen Vorgang kompiliertes Wissen. Kompiliertes Wissen ist ehemals sprachlich vorhandenes Wissen, das (z.B. durch Übung oder Training) ins Unterbewusste abgesunken ist. Kompiliertes Wissen ist wieder formulierbar.[2] Diese Position entspricht nicht exakt der Sinngebung von Polanyi, da die Sinngebung meist nicht bewusst erfolgt, sondern unbewusst und sich somit nicht eindeutig formulieren lässt. So wissen etwa viele Menschen, die schwimmen können, nicht, wie Schwimmen genau funktioniert. Soll nun das kompilierte, also sinngegebene Wissen anderen Personen kommuniziert (gelehrt) werden, so muss zunächst der Sinn der Aktion verstanden werden, das bedeutet beispielsweise, dass ein Zusammenhang zwischen Arm- und Beinbewegung, Auftrieb und Trägheitsmoment hergestellt und in Zusammenhang gebracht werden muss. Dieses *Sinnverstehen* ist für Polanyi ein rein kognitiver, aktiver Prozess, der Voraussetzung für die erneute Sinngebung ist, in

[1] Baumgartner, 1993, S. 179
[2] vgl. Mandl; Spada, 1988, S. 128

der die ursprüngliche Sinngebung rekonstruiert wird. Wird das sinngegebene Wissen anderen Personen kommuniziert, so müssen diese erst wieder darin einen Sinn erkennen (Sinnverstehen als aktiver Prozess), bis sie es selbst wieder als Schema integrieren können (Sinngebung). Für Polanyi ist der Kommunikationsprozess dadurch eine Triade von Sinnverstehen über Sinngebung zum erneuten Sinnverstehen.

d) Ontologischer Aspekt

Für den Zusammenhang zwischen zentralem und unterstützendem Bewusstsein nimmt Polanyi eine Anleihe aus der Gestaltpsychologie: das Ganze ist mehr als die Summe seiner Teile. Er nennt dies die Theorie der ontologischen Schichtung. Die obere Schicht (das zentrale Bewusstsein) stützt sich auf Gesetzmäßigkeiten, die die untere Schicht (unterstützendes Bewusstsein) reguliert. Jene Prinzipien, die den Zusammenhang einer komplexen Einheit regeln, müssen sich auf diejenigen Gesetze stützen, die bereits für die einzelnen Merkmale gelten. Gleichzeitig lassen sich aber Organisationsprinzipien der oberen Ebene nicht aus den Gesetzen der unteren Ebene ableiten.[1] Dieses schichtenförmige Modell, das Polanyi auf das gesamte Universum ausdehnt, versteht die Welt aus verschiedenen Realitätsebenen – den Schichten – bestehend, die sich jeweils paarweise zueinander als obere und untere Ebenen sinnvoll strukturieren lassen. Jede Ebene unterliegt damit erstens jenen Gesetzen, die für ihre eigenen Elemente gelten, und untersteht zweitens der Kontrolle jener Gesetze, denen die aus ihren Elementen gebildete höhere, komplexere Ebene unterworfen ist.[2] Implizites Wissen als zweigliedriger Term von zentralem und unterstützendem Bewusstsein enthält somit ein Wissen, das nur durch die Kombination der beiden Teile vorhanden ist.

### 3.1.7 Synthese der Wissensklassifikation

Die philosophische Position der Dreiteilung des menschlichen Wissens in Fakten-, Anwendungs- und Handlungswissen, sowie die Zweiteilung in explizites und implizites Wissen lassen aufgrund der Betrachtungen in den vorherigen Kapiteln folgende Synthese zu: jede Art von Wissen ist nicht vollständig explizierbar. Jedes explizite Wissen braucht eine Basis, in der es verwurzelt ist, von der es ausgehen kann. Es gibt kein – wie auch immer geartetes, geringfügiges oder kleines – explizites Wissen, das nicht auf implizitem Wissen aufbaut. Nicht das Implizite ist eine besondere Form von Wissen, sondern umgekehrt: Explizites Wissen ist eine (und im wirklichen Leben sogar nicht einmal besonders wichtige) Sonderform des Wis-

---

[1] Diese Position findet sich auch in dem Unentscheidbarkeitstheorem des Mathematikers Gödel, das besagt, dass sich kein System selbst voll erklären oder beweisen kann, ohne dazu Begriffe heranziehen zu müssen, die es nicht aus sich selbst abzuleiten imstande ist, sondern für die es sozusagen Anleihen bei einem umfassenderen Erklärungs- und Beweissystem machen und damit auf seine eigene Geschlossenheit und Beweisbarkeit verzichten muss (Gödel, 1931).

[2] Ein Vergleich zur objektorientierten Konzepten der Wirtschaftsinformatik mit entsprechenden Ebenen- und Vererbungsprinzipien drängt sich hier förmlich auf (vgl. z.B. Dums, 1994).

sens.[1] Dabei ist es unerheblich, ob das Wissen propositional oder in anderen Formen der Abstraktion expliziert wird. Faktenwissen scheint dabei allerdings mehr explizierbar zu sein als Anwendungswissen. Handlungswissen ist wiederum nur schwer explizierbar und hat einen großen Anteil impliziten Wissens. Handlungswissen stützt sich auf Anwendungswissen und dieses wiederum auf Faktenwissen. Somit lässt sich der Zusammenhang in Abbildung 16 konstruieren.

*Abbildung 16: Synthese der Wissensklassifikationen*

Der trapezförmige Aufbau soll das Prinzip der ontologischen Schichtung symbolisieren. Damit ist jede Wissensstufe mehr als die Summe seiner Teile. Der Übergang von Weiß (explizites Wissen) zu Schwarz (implizites Wissen) ist so angesetzt, dass sowohl jedes Faktenwissen einen bestimmten Teil an implizitem Wissen, an vorausgesetztem Hintergrund benötigt, als auch jedes Handlungswissen zu einem bestimmten, wenn auch nur geringen Teil, explizierbar ist. Der schattierte Übergang von Weiß über Grau zu Schwarz soll die unscharfe Grenze zwischen gerade explizitem und gerade implizitem Wissen veranschaulichen. Hier entsteht die Verästelung des gerade expliziten Wissens in den Hintergrund. In diesem Graubereich erfolgt der Wechsel von explizitem zu implizitem Wissen und umgekehrt. Implizites Wissen kann durch Reflexion expliziert werden, explizites Wissen kann durch Routinehandlungen implizit integriert werden.

Die wesentliche Aussage dabei ist, dass jedes Wissen durch die implizite Komponente körperlich und somit subjektiv bedingt ist. Es gibt kein „reines", objektives Wissen per se, das in irgendeiner Form als pure Information verfügbar und transportierbar ist. Wissen ist somit immer an eine Person gebunden. Die Person kann dieses Wissen zwar versuchen mitzuteilen, aber gerade die Mitteilung (Kommunikation) ist ein aktiver Prozess der empfangenden Per-

---

[1]  vgl. dazu auch Baumgartner; Payr, 1994, S. 38

son, die dann nicht das gleiche Wissen, sondern ein eigenes, selbständig auf der Basis ihrer Trias Kultur-Gesellschaft-Persönlichkeit-erzeugtes Wissen hat.[1]

Jedes menschliche Wissen ist somit persönlich und eigentlich durch die aktive Tätigkeit der Erkenntnis entstanden. Wissen ist damit aber nicht rein subjektiv oder rein objektiv: nicht rein subjektiv, da das Wissen weder willkürlich noch nur für eine Person alleine gültig ist, und nicht rein objektiv, da das Wissen (noch) nicht allgemein akzeptiert worden ist und daher seine Allgemeinheit noch nicht erwiesen ist.[2]

## 3.2 Theorien und Modelle zum Wissenserwerb

Wissen ist nicht von Beginn an in einer Person vorhanden, noch ist es je vollständig und abgeschlossen. Persönliches Wissen jeder Art verändert sich ständig, sowohl in aufbauender als auch in abbauender Richtung. Die Wissensveränderung in abbauender Richtung wird im allgemeinen mit „Vergessen" umschrieben. Vester und Dörner zeigen die Bedeutung des Vergessens für das menschliche Handeln: es schützt vor einem Übermaß an unwichtiger Information und hilft das psychische Gleichgewicht aufrechtzuerhalten.[3] Die Wissensveränderung in aufbauender Richtung wird im allgemeinen als „Lernen" bezeichnet. Beim Kommunikationsvorgang in multimedialen Masseninformations- und Lernsystemen geht es hauptsächlich um diesen Wissensaufbau. Die Wissensveränderung in abbauende Richtung (Vergessen) wird daher hier nicht weiter behandelt.

Der Aufbau von neuem Wissen (oder die Veränderung von bestehendem Wissen) ist als Lernprozess zu verstehen. Auch bei Masseninformationssystemen oder bei der Kommunikationspolitik im Marketing-Mix eines Unternehmens (Stichwort Werbung) geht es letztlich um den Transfer einer Information, die schließlich als persönliches Wissen[4] einer Person repräsentiert werden soll. Dieser Informations- oder Wissenstransfer ist in letzter Konsequenz ein Lernprozess.

Strukturierte Erklärungsmodelle zum Phänomen Lernen liefert die Psychologie. Die von den zwanziger Jahren bis Anfang der sechziger Jahre vertretenen Reifungs- und Phasenmodelle[5] wurden letztlich als falsifiziert angesehen.[6] Die klassische behavioristische Lerntheorie[7] der dreißiger und vierziger Jahre unterliegt der Kritik, dass auf den Menschen übertragene Ergebnisse von Tierversuchen das Bewusstsein außer Acht lassen und die vom Bewusstsein ge-

---

[1]  vgl. dazu insbesondere die Ausführungen zum semantischen Aspekt des impliziten Wissens in Kapitel 3.1.6
[2]  vgl. Polanyi, 1962, S. 300
[3]  vgl. Vester, 1980, S. 67 und Dörner, 1989, S. 294
[4]  Jedes menschliche Wissen ist ein persönliches Wissen (vgl. Kapitel 3.1.7)
[5]  vgl. hierzu: Bühler, 1928; Busemann, 1950; Tumlirz, 1927; Gesell, 1958
[6]  siehe die Ausführungen in Schmidt, 1972, S. 397ff
[7]  vgl. deren Vertreter Thorndike, Watson, Skinner und Hull

trennte Tätigkeit auf Reflexe und Reaktionen verkürzt wird.[1] Die teilweise heute noch vertretene neobehavioristische Lerntheorie versucht diese vernachlässigten Bedingungen im Nachhinein zu berücksichtigen und erweitert das Stimulus-Response-Modell um intervenierende Variablen.[2] Faktoren wie Wahrnehmung, Denken, bewusstes (kognitives) Handeln usw. werden als intervenierende Variablen in das Modell übernommen. Der „Programmierte Unterricht"[3] der siebziger Jahre ist ein Beispiel dafür. Dadurch animiert entwickelte sich die Kognitive Psychologie[4], die das generische Lernen als Auseinandersetzung mit der Umwelt versteht. Ende der siebziger Jahre und Anfang der achtziger Jahre entstanden die ersten konstruktivistischen Ansätze,[5] deren zentraler Gedanke der ist, dass die Realität (und somit auch Wissen über die Realität) das Ergebnis zwischenmenschlicher Kommunikation und deshalb ein konstruktiver Prozess in jedem Mensch ist.

Parallel zu den rein psychologischen Lerntheorien entwickelte sich in den Jahren 1940 bis 1956 der Ansatz der Kognitionswissenschaft und Kognitionstechnik als interdisziplinäre Kybernetik mit den wesentlichen Wissenschaftsdisziplinen Kognitive Psychologie, Neurowissenschaften, Künstliche Intelligenz, Linguistik und Epistemologie.[6] Ab 1956 konstituierte sich diese Wissenschaft als Forschungsprogramm mit entsprechenden Institutionen, Zeitschriften und international tätigen kommerziellen Unternehmen.[7] Entscheidende Grundannahme ist der Konnektionismus,[8] basierend auf der Hebbschen Regel, dass Lernen auf Veränderungen im Gehirn beruht, die sich aus dem Grad der korrelierten Aktivität von Neuronen ergeben.

Als Ergebnis der bisherigen Forschung von Wissenspsychologie, Pädagogik und Neurowissenschaft über den Vorgang des Lernens lassen sich fünf Dimensionen des Lernens strukturieren[9]

• Grundmetaphern der Lerntheorien: Abbilden versus Konstruieren

• Systemniveau: Einschleifiges, doppelschleifiges und Lernen lernen

• Bewusstheit: Implizites und explizites Lernen

• Intensität: Kognitives Erfassen bis verinnerlichte Erkenntnis

• Gehirnaktivität: Aktivierungszustände, links- und rechtshälftig, Lerntypen

Diese Theorien über den Vorgang des Lernens sind wissenschaftstheoretisch gesehen tatsächlich Theorien in der Form von Ursache-Wirkungszusammenhängen. Sie untersuchen jene

---

[1]   siehe Wilhelmer, 1979, S. 91
[2]   vgl. Bandura, 1979
[3]   siehe z.B. Mertens; Plötzeneder, 1975
[4]   siehe vor allem Piaget, 1973 und Bruner, 1971
[5]   siehe dazu u. a. Watzlawick, 1995 und Schön, 1983
[6]   siehe die Ausführungen dazu in Varela, 1993, S. 27 f und 30 ff
[7]   vgl. Gardner, 1993, Kapitel 5
[8]   Der Begriff wird eingeführt in: Feldman; Ballard, 1982
[9]   vgl. Schneider, 1994, S. 24

Ursachen, die zur Wirkung „gelernt" führen. Im Umkehrschluss dazu werden diese Theorien zu einem technologischen Konzept in der Form von Mittel-Ziel-Zusammenhängen umgewandelt: Welche Mittel müssen eingesetzt werden, um das Ziel „gelernt" zu erreichen. Diese Ansätze werden als Instruktionstheorien bezeichnet, sind aber – wissenschaftstheoretisch gesehen – eher Instruktionstechnologien.

### 3.2.1 Grundmetaphern der Lerntheorien

Die grundlegende Unterscheidung der Lerntheorien lässt sich auf die gegensätzlichen Annahmen des Objektivismus und des Subjektivismus reduzieren. Lernen als Abbilden versteht den (objektiven) Lerner als unbeschriebenes Blatt, das es zu füllen gilt. Lernen als Konstruieren sieht den (subjektiven) Lerner als Kerze, die entzündet werden kann. [1]

Objektivismus und Subjektivismus werden meistens als zwei Extreme eines Kontinuums beschrieben, um die Unterschiede deutlich sichtbar werden zu lassen. Abbildung 17 zeigt einen Überblick über die Grundmetaphern (Paradigmen [2]) des Lernens.

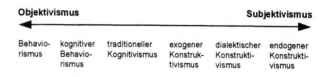

*Abbildung 17: Paradigmen der Lerntheorien [3]*

Das objektivistische Paradigma geht von einem objektiven Wissen aus, mit dem sich die Welt und das Geschehen in ihr weitgehend erklären lässt. Dieses Wissen ist relativ stabil und lässt sich gut strukturieren. Personen übernehmen dieses Wissen in einem Lernprozess quasi 1:1, da es ein Abbild der Realität ist. Aber auch die Lernprozesse selbst beinhalten die Übernahme und die Verinnerlichung der Realität.

Das subjektivistische Paradigma nimmt die gegenteilige Position ein: objektives Wissen gibt es nicht, jeder Mensch konstruiert oder interpretiert die Wirklichkeit aufgrund seiner eigenen Erfahrungen zu einer eigenständigen Bedeutung, also einem einzigartigen Wissen. Deshalb versteht jeder Mensch die Realität etwas anders, nämlich so, wie er sie aus seinen Erfahrungen und aus dem Dialog mit der Umwelt und anderen Menschen aufbaut (konstruiert). Wissen kann deshalb nicht passiv übernommen werden, weil es einerseits nicht beschreibbar ist, und

---

[1] vgl. Rieber, 1994, S. 119
[2] Der Begriff Paradigma wurde von Kuhn eingeführt (vgl. Kuhn, 1970). Er bezeichnet damit eine kohärente Menge wissenschaftlicher Vorstellungen, die für die Erklärung eines Phänomenbereichs Gültigkeit haben.
[3] aus Dubs, 1995, S. 22

andererseits bei einer passiven Übernahme träges (an- oder auswendiggelerntes) Wissen ist.[1] Die einzelnen Paradigmen sind eher als idealtypisch anzusehen. Tatsächlich gibt es sehr viele Überschneidungen und Unschärfen zwischen ihnen.

## Behaviorismus

Der Behaviorismus geht auf die amerikanischen Psychologen Thorndike und Skinner zurück.[2] Die Grundposition sieht Lernen als einfachen, isoliert ablaufenden Prozess, in dem durch kleine Lernschritte nach und nach komplexe Zusammenhänge verstanden werden. Durch Rückschlüsse aus dem Probierverhalten (trial and error) gefangener Tiere entstand die Grundregel des Lernens am Erfolg, das Effektgesetz:

- Verhaltensweisen, denen befriedigende Zustände folgen, werden wiederholt

- Verhaltensweisen, denen unerwünschte Zustände folgen, werden vermieden

Der Behaviorismus ist nicht an den im Gehirn ablaufenden spezifischen Prozessen interessiert. Das Gehirn wird als black box aufgefasst, die einen Input (Reiz) erhält und darauf deterministisch reagiert. Das Modell dieser Lerntheorie ist das Gehirn als passiver Behälter, der gefüllt werden muss. Der Behaviorismus ist nicht an kognitiven Steuerungsprozessen, sondern vor allem an Verhaltenssteuerung interessiert. Abbildung 18 zeigt das schematische Lernmodell des Behaviorismus.

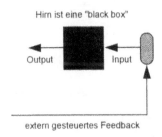

*Abbildung 18: Schematisches Lernmodell des Behaviorismus[3]*

## Kognitiver Behaviorismus

Der kognitive Behaviorismus[4] wird auch als Neobehaviorismus bezeichnet und hält an den Aussagen des Behaviorismus fest, ergänzt diese aber durch Erkenntnisse aus der Kognitionspsychologie. Lernen erfolgt demnach durch die zwei Grundprinzipien „Elementares Lernen"

---

[1]   vgl. Dubs, 1995, S. 22 f

[2]   Thorndike, 1932 und Skinner, 1953

[3]   nach Baumgartner; Payr, 1994, S. 102

[4]   als Vertreter gelten u. a. Becker, 1986 und Wiswede, 1985

und „Komplexes Lernen". Beim Elementaren Lernen gelten die Regeln des Behaviorismus, wonach das Verhalten durch seine Konsequenzen gesteuert wird. Jene Zusammenhänge, die durch das atomisierte Lernen nicht gesehen werden, werden durch bewusste (kognitive), rückblickende Betrachtung der eigenen Handlungen (Reflexion) im Komplexen Lernen gelernt. Wiswede teilt die beiden Grundprinzipien jeweils in mehrere Unterprinzipien (wie z.B. Prinzip der Verstärkung, Generalisierung, Vergleichslernen usw.) ein und weist darauf hin, dass bei Lernprozessen beide Grundprinzipien nicht streng getrennt voneinander ablaufen, sondern ineinanderfließen bzw. einander überlagern. [1]

Der kognitive Behaviorismus ist nur insofern an den im Gehirn ablaufenden spezifischen Prozessen interessiert, als sie das Verhalten beeinflussen. Das Gehirn wird als black box aufgefasst, die einen Input (Reiz) erhält und durch eine intervenierende Variable darauf reagiert. Das Modell dieser Lerntheorie ist ebenfalls das Gehirn als passiver Behälter, der gefüllt werden muss. Der kognitive Behaviorismus geht über Verhaltenssteuerung hinaus und untersucht auch kognitive Steuerungsprozesse, sofern sie das Verhalten betreffen. Abbildung 19 zeigt das schematische Lernmodell des kognitiven Behaviorismus.

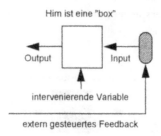

*Abbildung 19: Schematisches Lernmodell des kognitiven Behaviorismus[2]*

**Traditioneller Kognitivismus**

Der traditionelle Kognitivismus ist noch der Position des Objektivismus verpflichtet und orientiert sich am Denkprozess (Kognition) des Menschen. Grundaussage ist, dass Lernen auf biologischen Prozessen im Gehirn beruht, und dass dabei die reale Welt (objektives Wissen) gelernt wird. In diesen Ansatz wurden die Erkenntnisse der Neurowissenschaft übernommen. [3] Die dabei ablaufenden mentalen Operationen sind vierschichtig:[4]

---

[1]  vgl. Wiswede, 1985, S. 558 ff
[2]  vgl. Baumgartner; Payr, 1994, S. 102
[3]  vgl. Kapitel 3.1.1 und 3.2.5
[4]  vgl. Dubs, 1995, S. 26

- Identifizieren, Analysieren und Systematisieren von Ereignissen, Sachverhalten und Erscheinungen

- Erinnern von bereits gelerntem Wissen

- Lösen von Problemen

- Entwickeln, Formulieren und Organisieren von neuen Ideen

Wesentlicher Unterschied zu behavioristischen Theorien ist, dass durch das selbständige, bewusste Denken, das sich auf Vergangenes stützt und Neues damit kombiniert, Lernen nicht mehr in kleinen Lernschritten erfolgt, sondern durch Fragestellungen der Lerner. Diese Fragestellungen lösen einen Suchprozess aus, der zu Können und Einsichten führt, welche auf andere Situationen übertragbar sind und als Basis für künftige Lernprozesse dienen.

Der Kognitivismus betont die inneren Prozesse des menschlichen Gehirns und versucht die verschiedenen Prozesse zu unterscheiden, zu untersuchen und miteinander in ihrer jeweiligen Funktion in Beziehung zu setzen. Das menschliche Gehirn ist keine black-box mehr, bei der nur mehr Input und Output interessieren, sondern es wird versucht, für die dazwischenliegenden geistigen Prozesse ein theoretisches Modell zu entwickeln. Dem Gehirn wird eine eigene Verarbeitungs- und Transformationskapazität zugestanden. Die Sichtweise des Hirns als ein informationsverarbeitendes Gerät, in etwa wie es der Computer ist, wird als wichtige heuristische Metapher betrachtet. Abbildung 20 zeigt das schematische Lernmodell des traditionellen Kognitivismus.

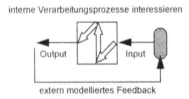

*Abbildung 20: Schematisches Lernmodell des traditionellen Kognitivismus[1]*

**Konstruktivismus**

Der Konstruktivismus[2] negiert das Vorhandensein eines objektiven Wissens. Zentrale Aussage ist, dass Wissen als Prozess und Produkt von jedem Menschen persönlich individuell – vor allem durch Kommunikation mit anderen Personen – konstruiert wird. Menschen erarbeiten sich das Wissen zwar teilweise nach kognitiven Mustern, aber sie geben diesem Wissen einen

---

1   vgl. Baumgartner; Payr, 1994, S. 105
2   zu den Merkmalen vom Konstruktivismus vgl. Duffy; Jonassen, 1992

eigenen, persönlichen Sinn. Darauf aufbauend entwickeln Menschen durch neue Wissensaneignungsprozesse ein selbsterarbeitetes Weltbild. Verständnis wird erst durch die Konfrontation mit komplexen, unstrukturierten Problemen erreicht, denn nur dadurch lässt sich im Gesamtzusammenhang zunächst ein Einzelproblem überhaupt erfassen. Dieses Einzelproblem wird dann vertieft und schließlich wieder in den Gesamtzusammenhang integriert. Dieser Vorgang der Betrachtung, Vertiefung und Integration von Handlungskonsequenzen wird als Reflexion bezeichnet. Fehler sind dabei sehr bedeutsam, denn die Auseinandersetzung mit Fehlüberlegungen wirkt verständnisfördernd und trägt zur besseren Konstruktion des Wissens bei. Der Konstruktivismus beschränkt sich nicht bloß auf die kognitiven Aspekte des Lehrens und Lernens. Gefühle sowie persönliche Identifikation sind beim Wissenserwerb wesentlich.

Für den Konstruktivismus ist der menschliche Organismus ein informationell geschlossenens System, welches auf zirkulärer Kausalität und Selbstreferentialität beruht und autonom strukturdeterminiert ist. Dieses System hat keinen informationellen Input und Output. Es steht in einer energetischen Austauschbeziehung mit seiner Umwelt, nicht aber in einer informationellen. Das bedeutet, dass das System selbst diejenigen Informationen erzeugt, die es im Prozess der eigenen Kognition verarbeitet. Abbildung 21 zeigt das schematische Lernmodell des Konstruktivismus.

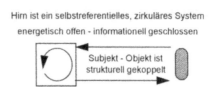

*Abbildung 21: Schematisches Lernmodell des Konstruktivismus[1]*

Die drei Grundauffassungen des Konstruktivismus (endogener, dialektischer und exogener Konstruktivismus) unterscheiden sich nicht wesentlich hinsichtlich ihrer Lern*theorie*, sondern vor allem durch die unterschiedliche (oft gesellschaftspolitische) Interpretation der konstruktivistischen Erkenntnisse und der darauf aufbauenden Instruktionstechnologie.

Vergleicht man die Palette der Lerntheorien mit den philosophischen Ausführungen zum Wissensbegriff,[2] so scheint der Konstruktivismus am ehesten geeignet, die Veränderung des Wissens (Lernen) zu erklären. Gerade der Begriff des impliziten Wissens kommt dem konstruktivistischen Ansatz nahe.

---

[1]  Baumgartner; Payr, 1994, S. 108
[2]  vgl. Kapitel 3.1.7

## 3.2.2 Systemniveau des Lernens

Argyris/ Schön[1] unterscheiden zwischen

- *einschleifigem Lernen,*
  bei dem Umorientierungen innerhalb eines gegebenen, gedanklichen Konzeptionsrahmens erfolgen,

- *doppelschleifigem Lernen,*
  bei dem auch der Denkrahmen aus Prämissen und Hintergrundannahmen verändert wird, und

- *Lernen lernen (auch Deutero-Lernen),*
  bei dem die Fähigkeit ausgebildet wird, aus Selbstbeobachtung ein flexibles Modell zu entwickeln, wie und unter welchen Umständen von einschleifigem auf doppelschleifiges Lernen umgeschalten werden sollte.

Das einschleifige Lernen berührt nicht den Hintergrund des Wissens. Es werden nur periphäre Sätze[2] des expliziten Glaubenssystems verändert, die zentralen bleiben unangetastet. Nur die große implizite Integration[3] des impliziten Wissens („Erkennen") wird aufgebrochen, nicht aber die kleine implizite Integration („Wissen"). Durch einschleifiges Lernen können aber bis auf diese Ausnahmen alle Wissenskategorien (Fakten-, Anwendungs- und Handlungswissen) verändert werden. Einschleifiges Lernen ist tendentiell unproblematisch für die menschliche Existenz.

Doppelschleifiges Lernen bedeutet Veränderung auch zentraler Sätze des expliziten Wissens und Aufbrechen der kleinen impliziten Integration des impliziten Wissens. Faktenwissen wird aufgrund neuer Einsichten anders interpretiert, der semantische Aspekt des impliziten Anteils wird somit verändert. Es kommt zu einer anderen Sinngebung. Anwendungs- und Handlungswissen verändert sich durch den neuen Denkrahmen innerhalb des funktionalen Aspekts des impliziten Anteils. Der Hintergrund des Wissens, der überwiegend aus impliziten Wissensteilen besteht, wird verändert. Diese Veränderung der „Weltsicht" bedroht das menschliche Grundbedürfnis nach Ordnung und Orientierung. Beim Übergang von einem Denkrahmen zum anderen kommt es zu einer Krisenphase, in der kein fester Bezug mehr gegeben ist. Der Mensch empfindet fundamentale Unsicherheitsgefühle. Dadurch ist er oft versucht sich der Veränderung zu widersetzen und einen Veränderungswiderstand zu erzeugen, der meist mehr Zeit und Intensität des Handelns verlangt, als die Veränderung selbst benötigen würde.[4] Watzlawick spricht in diesem Zusammenhang von Konfusion, die er als Störung der Wirk-

---

[1] Argyris; Schön, 1978
[2] vgl. Kapitel 3.1.5
[3] siehe dazu den phänomenalen Aspekt in Kapitel 3.1.6
[4] Schneider, 1994, S. 27

98

lichkeitsanpassung bezeichnet und bei Menschen Zustände von leichter Verwirrung bis akuter Angst erzeugt.[1]

Lernen lernen bedeutet die Entwicklung eines mentalen Modells,[2] das in realen Situationen eine Handlungsgrundlage für die Entscheidung für doppelschleifiges Lernen bildet. Das Erlernen eines mentalen Modells kann nur innerhalb einer Person erfolgen, hat somit konstruktiven Charakter und ist eher ein Erarbeiten als ein Aneignen. Es betrifft vor allem das Handlungswissen, sowohl expliziter (Glaubenssystem) als auch impliziter Art (Hintergrundwissen). Diese Art des Lernens sieht Schneider als selbstverständliche und lebensbegleitend reflexive Wissensveränderung an.[3]

Lewin hat den Prozess des Übergangs zum doppelschleifigen Lernen in einem Drei-Stufen-Modell der Verhaltensänderung beschrieben. Abbildung 22 zeigt den Verlauf.

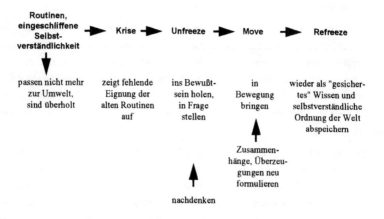

*Abbildung 22: Drei-Stufen-Modell der Verhaltensänderung[4]*

Das Modell zeigt den Übergang von einschleifigem zu doppelschleifigem Lernen als einfachen, rationalen Prozess. Damit wird jedoch übersehen, dass mit dem Übergang ja persönliche Einstellungen, Glaubenswerte und Normen hinterfragt, aufgelöst und neu gefunden werden müssen. Der Hintergrund des Wissens wird dabei aufgebrochen. In der Neurath´schen Analogie[5] kommt dies einem Radikalumbau des Schiffes gleich. Der Übergang ist damit alles andere als rational, sondern stark von emotionalen Zweifeln, Unsicherheit und Orientierungslosi-

---

[1]  vgl. Watzlawick, 1995, S. 13 ff
[2]  zu mentalen Modellen siehe Kapitel 3.1.4
[3]  Schneider, 1994, S. 28
[4]  nach Lewin, 1935
[5]  siehe Punkt 3.1.5

keit geprägt. Der Übergang von einschleifigem zu doppelschleifigem Lernen ist meist ein krisengeschüttelter, oft schmerzhafter Prozess.

### 3.2.3 Bewusstheit des Lernens

Wissensveränderung kann entlang eines Kontinuums von unbewusstem (Alltagslernen) oder systematisch-bewusstem Lernen erfolgen.[1] Zwischen den Extrema „rein unbewusst" und „rein bewusst" gibt es den weiten Bereich des Erfahrungslernens, der eine Kombination beider Positionen darstellt. Unbewusstes Lernen erzeugt oder verändert implizites Wissen, bewusstes Lernen (auch) explizites Wissen.

*Unbewusstes Lernen* erfolgt quasi nebenbei, spielerisch beziehungsweise durch Trial and Error. Es entsteht als Ergebnis von Erfahrung. Zeitgeschmack, gesellschaftliche Konventionen und Vorurteile werden genauso unbewusst gelernt wie diverse psychomotorische Fertigkeiten wie Ballwerfen oder Radfahren.

Wenn unbewusstes Lernen implizites Wissen erzeugt, so ist davon Handlungswissen stärker betroffen als Anwendungswissen und dieses wieder stärker als Faktenwissen, da der Anteil des impliziten Wissens in diesen drei Kategorien unterschiedlich groß ist.[2] Dementsprechend enthalten Schöns Begriffe des „tacit knowing-in-action" und „reflection-in-action"[3] viele Lernelemente des Unbewussten. Folgt man seinen Analysen, so erfolgt unbewusstes Lernen erst durch, mit und in der Handlung selbst.

Unbewusstes Lernen kann aber auch explizites Wissen erzeugen. Zumindest sind viele unbewusst gelernte Dinge bis zu einem gewissen Grad explizierbar, wie etwa die Beschreibung gesellschaftlicher Konventionen oder Ideologien.

*Bewusstes Lernen* ist hingegen systematisch im Sinne gedanklicher Strukturierung, Konsistenzprüfung und Reflexion und ist deshalb auch intersubjektiv zugänglich. Bewusstes Lernen ist der angestrebte Standardfall der schulischen Bildung.[4] Probleme ergeben sich dann, wenn durch bewusstes Lernen Wissen vermittelt werden soll, das handlungsrelevant werden soll, aber im Widerspruch zu einem unbewusst gelernten Wissen steht. Die impliziten Wissensbestände müssten dann „verlernt" werden. Löschen von Wissen ist allerdings beim Menschen nicht möglich, wenn Verhaltensänderung angestrebt wird. Deshalb muss in diesem Fall das Unbewusste zuerst bewusst gemacht werden, um dann für eine Auseinandersetzung mit dem bewusst gelernten, neuen Wissen zur Verfügung zu stehen. Schneider skizziert den betriebli-

---

[1]   Schneider, 1994
[2]   vgl. Punkt 3.1.7
[3]   vgl. Punkt 3.1.4
[4]   zumindest im offiziellen Lehrplan. In Zinnecker, 1975 zeigt sich, dass mit dem Konzept des „heimlichen Lehrplans" durchaus auch unbewusstes Lernen im schulischen Unterricht angestrebt wird.

chen Fall der durch Bevormundungserfahrung unbewusst erlernten Initiativlosigkeit, die zu einer bewussten Schulung der Selbständigkeit im Widerspruch steht.[1]

Da bewusstes Lernen vorwiegend explizites Wissen betrifft, wird tendentiell eher Fakten- und Anwendungswissen bewusst erlernt, da deren expliziter Anteil größer ist als der des Handlungswissens. Schön zeigt aber mit dem Begriff des „reflection-on-action"[2], dass durch bewusstes Lernen nicht nur schulisch-theoretisches Fakten- und Anwendungswissen, sondern auch durch Reflexion auf bereits erfolgte Handlungen, ein bewusst entstehendes Handlungswissen erzeugt werden kann.

Der Frage, ob bewusstes oder unbewusstes Lernen zu besseren Behaltensleistungen führt, ist Paivio[3] nachgegangen. In seiner empirischen Untersuchung zeigte er, dass bewusstes Lernen eher abstrakte Substantive, also sprachliche Codierungen bevorzugt, während unbewusstes Lernen eher Bilder, also ganzheitliche Muster unterstützt. Damit lässt sich auch die von Dörner festgestellte Zunahme der „Verbalmacht" an Universitäten erklären.[4]

### 3.2.4  Intensität des Lernens

Schneider[5] sieht die Intensität des Lernens auf drei Ebenen:

a) *Reproduktionsniveau*,
   das sich auf lexikalisches Wissen bezieht,

b) *Anwendungsniveau*,
   bei dem das erworbene Wissen angewandt werden kann und

c) *Problemlösungsniveau*,
   bei dem Analogien zwischen Problemfeldern gebildet, aber auch in Handlung umgesetzt werden können.

Varela[6] polarisiert in äquivalentem Sinne die Stufen Emergenz, Welterzeugung und Handlungsvollzug quer durch alle fünf Wissenschaftsdisziplinen der Kognitionswissenschaft und -technik.

Diese beiden Dreiteilungen erinnern stark an die philosophische Dreiteilung des Wissens in Fakten-, Anwendungs- und Handlungswissen.[7] Das *Reproduktionsniveau* kann mit dem Erwerb von Faktenwissen gleichgesetzt werden, obwohl bei Schneider dazu auch die Fähigkeit und Fertigkeit des Wiedergebens, also einer bestimmten Können-Dimension, gehört. Der Be-

---

[1]  Schneider, 1994, S. 30
[2]  vgl. Punkt 3.1.4
[3]  Paivio, 1971
[4]  vgl. Dörner, 1989
[5]  Schneider, 1994, S. 32
[6]  Varela, 1993, S. 119 f
[7]  vgl. Kapitel 3.1.1 bis 3.1.7

griff der Emergenz, den Varela aus neuronal-konnektionistischer Sicht verwendet, meint das Zusammenführen der vielen netzwerkartigen Neuroneninformationen im Hirn zu einem übergreifenden Zusammenwirken, einer Art Basiswissen.[1] Dieses Basiswissen ist durchaus vergleichbar mit dem Begriff des Faktenwissens. Die Emergenz wäre also das Herstellen von Faktenwissen.

Das *Anwendungsniveau* scheint den Erwerb von Anwendungswissen zu bezeichnen, obwohl Schneider das Anwendungsniveau etwas weiter fasst und auch das „Anwenden können" meint. Varela versteht unter seiner „Welterzeugung" die Aneignung von Wissen zur (Re-) Konstruktion der (Lebens)welt durch Kommunikation, also eine konstruktivistische Annahme.[2] Die Grundfrage ist, wie die Welt in einem intelligenten System (Mensch, Tier, Maschine) abgebildet (erzeugt) wird. Dieses Wissen – oder besser gesagt der „gesunde Menschenverstand" als Wissenshintergrund – ist dem Anwendungswissen sehr verwandt, obwohl Varela auch einen Anteil praktischen Wissens dabei voraussetzt.[3]

Dem *Problemlösungsniveau* ist man versucht das Handlungswissen gleichzusetzen. Schneider meint mit dem Problemlösungsniveau die Fähigkeit zur Analogiebildung, also einen kreativen, eigenständigen Prozess. Folgt man Polanyis Einteilung der menschlichen Tätigkeiten (und damit Fertigkeiten) unter dem funktionalen Aspekt in Erkennen und Handeln,[4] ist dieser kreative Prozess durchaus als Handlungswissen („Können") anzusehen. Allerdings ist der Begriff des Handlungswissens umfassender und beschränkt sich nicht auf die kreativen Fähigkeiten. Schneider beschreibt jedoch das Problemlösungsniveau in den Erläuterungen auch mit dem Übergehen des Wissens in „Fleisch und Blut"[5] und spricht damit eine starke Komponente impliziten Wissens, das ja beim Handlungswissen vorherrschend ist, an. Deshalb dürfte der Unterschied zwischen Problemlösungsniveau und Handlungswissen geringer sein, als die sprachliche Definition vermuten lässt. Varela bezeichnet mit der Dimension des Handlungsvollzugs schon im Wort die Handlung, da ja letztlich Handlungswissen zur Handlung benötigt wird, doch unterscheidet er nicht explizit zwischen einem Handlungs- und einem Anwendungswissen. Gerade das ist aber die von der philosophischen Perspektive kritisierte traditionelle Position der Kognitionswissenschaft und -technik (KWT).[6]

Beim Vergleich der drei Dreiteilungen aus didaktischer (Schneider), kognitiv-konstruktivistischer (Varela) und philosophischer (Dreyfuß/ Baumgartner) Sicht ergeben sich erhebliche Übereinstimmungen mit geringen Abweichungen, die im jeweiligen Paradigma begründet sind. Durch die Wahl der philosophischen Perspektive in Bezug auf die Wissens-

---

[1]  Varela, 1993, S. 61 f
[2]  vgl. dazu die Ausführungen zum semantischen Aspekt des Impliziten Wissens in Kapitel 3.1.6
[3]  Varela, 1993, S 92 ff
[4]  vgl. Kapitel 3.1.6
[5]  Schneider, 1994, S. 31 f
[6]  siehe dazu Baumgartner, 1993, S. 76

strukturierung in dieser Arbeit[1] ist es nur konsequent, auch hier die philosophische Position zu präferieren. Daraus entsteht folgende Konklusion:

a) Die *Intensität des Lernens auf Reproduktionsniveau* entspricht der Emergenz in der KWT und meint den Erwerb von *Faktenwissen*.

b) Die *Intensität des Lernens auf Anwendungsniveau* entspricht der Welterzeugung in der KWT und meint den Erwerb von *Anwendungswissen*.

c) Die *Intensität des Lernens auf Problemlösungsniveau* entspricht dem Handlungsvollzug in der KWT und meint den Erwerb von *Handlungswissen*.

Durch den ontologischen Aspekt,[2] der auch hier Geltung hat, wird beim realen Lernprozess nicht jede Ebene für sich angesprochen, sondern alle mit unterschiedlichen Schwerpunkten.

Der *Erwerb von Faktenwissen* erfolgt über die Repräsentation von erlebten Ereignissen. Die Kybernetik liefert ein Erklärungsmodell, wie Faktenwissen erworben wird.[3] Kernaussage ist, dass der Übergang vom Ultrakurzzeitgedächtnis über das Kurzzeitgedächtnis in das Langzeitgedächtnis sowohl durch eine mehrfache Sinnesreizung, die entsprechende Assoziationen bewirken, als auch durch häufiges Abrufen dieser Information (wiederholen) determiniert ist. Je mehr Eingangskanäle angesprochen werden und je öfter dieses Wissen abgerufen wird, desto besser ist das Wissen verankert. Aber auch besonders bedeutsame Ereignisse (wie z.B. der Tod der Mutter), finden eine starke Verankerung. Eine mögliche Erklärung dafür ist, dass bedeutsame Ereignisse häufig rekapituliert werden. Die Möglichkeiten der Verankerung – oder Repräsentation – wurden bereits in Punkt 3.1.2 erörtert: neben abstrakten (propositionalen) und visuellen Repräsentationen sind auch auditive, haptische und kinästhetische sowie generell allen Perzeptoren entsprechende Codierungen zumindest vorstellbar.

Eine sehr wichtige Funktion für den Wissenserwerb von Faktenwissen kommt dabei den Assoziationen zu. Die Wissenspsychologie spricht dabei von der aufmerksamkeitssteuernden Funktion von Schemata[4] und bestätigt dabei das Konzept von Vester. Die Hypothese der selektiven Aufmerksamkeitszuwendung[5] besagt, dass schemarelevante Information mehr Aufmerksamkeit erfährt als nicht schemarelevante Infomation: einmal aktivierte Schemata lösen Erwartungen aus, die dazu führen, dass gezielt nach jenen Informationen gesucht wird, die die eröffneten Leerstellen ausfüllen. Die schemabezogene Information erfährt dadurch mehr Aufmerksamkeit und wird so auch besser behalten.

Der *Erwerb von Anwendungswissen* lässt sich in ähnlicher Form wie der des Faktenwissens erklären, da beides Formen des theoretischen Wissens sind. Die Forschungsergebnisse der

---

[1]   vgl. Kapitel 3.1.1
[2]   vgl. Punkt 3.1.6
[3]   detailliertere Ausführungen dazu siehe Punkt 3.2.5.2
[4]   siehe dazu Punkt 3.1.3
[5]   vgl. Anderson, 1989

Kybernetik und der Neurowissenschaft treffen auch auf die Repräsentation von propositionalen Regeln zu.[1] Die Bildung kognitiver Landkarten[2] erfolgt ebenso durch die Art der Codierung wie durch häufiges Abrufen von Faktenwissen in einer bestimmten Reihenfolge. Wesentlich sind die Forschungsergebnisse der Schematheorie[3] für den Erwerb von Anwendungswissen (Schemata). Schemata sind dabei sowohl Voraussetzungen, als auch Ergebnis des Wissenserwerbs. Durch Schemata kann erst der Erwerb von neuem Wissen erfolgen, welches wiederum als Schema repräsentiert sein kann. Rumelhart und Norman nehmen drei schematheoretisch begründete Modi des Lernens an:[4]

- Wissenszuwachs

  ist ein Prozess, bei dem das Schema, unter das neue Information subsumiert wird, selbst nicht verändert wird. Dabei wird kein Anwendungswissen erworben, sondern Faktenwissen.

- Umstrukturierung

  ist ein Prozess, der zu grundlegenden Veränderungen oder zum Neuaufbau eines Schemas führt. Anwendungswissen wird dabei entweder durch Schemainduktion oder durch Mustervergleich erzeugt. Schemainduktion ist eine Form des Lernens, bei dem die Wahrnehmung von Sachverhalten oder Ereignisfolgen, die häufig zusammen auftreten, entweder bestehende Schemata umstrukturiert oder völlig neue Schemata erzeugt. Beim Mustervergleich wird neue Information auf ein bereits bestehendes Schema abgebildet. In den übereinstimmenden Teilen wird das alte Schema beibehalten, in den nicht übereinstimmenden wird es modifiziert.

- Feinabstimmung

  ist jene Lernform, bei der ein Schema kleinere Änderungen erfährt, um seine Anwendbarkeit zu optimieren. Dabei werden Leerstellen (Variablen) in dem betreffenden Schema feste Werte zugewiesen. Dadurch kann entweder eine Generalisierung oder eine Differenzierung stattfinden. Metaphorische Erweiterungen von Schemata (Metaphernbildung) und Analogiebildung sind dementsprechend Formen der Feinabstimmung, bei denen bestehende Schemata auf neue Sachverhalte generalisiert werden. So wird etwa in der Künstlichen Intelligenz die Computermetapher verwendet, um die Prozesse im menschlichen Gehirn zu nachzuvollziehen.

  Wird der Wertebereich einer Leerstelle eingeschränkt, so erfolgt eine Feinabstimmung durch Differenzierung. So kann etwa das Computerschema durch Einsetzen bestimmter

---

[1]  vgl. Produktionssysteme in Punkt 3.1.3
[2]  siehe Punkt 3.1.3
[3]  Mit dem Schemabegriff lassen sich sowohl propositionale (Produktionssysteme) als auch visuelle Repräsentationen (kognitive Landkarten) von Anwendungswissen erklären. Siehe dazu Punkt 3.1.3
[4]  Rumelhart; Norman, 1978

Merkmale sehr leicht zum (eingeschränkten, feinabgestimmten) Schema „Personal Computer" modifiziert werden.

Der Erwerb von neuem Anwendungswissen (als Schema) erfolgt in Stufen. Schank und Abelson unterscheiden dabei drei Stufen:[1]

a) episodische Repräsentation

Eine bestimmte Ereignisfolge wird zum ersten Mal wahrgenommen und als Episode repräsentiert. Beispielsweise kann beim Schach ein Damentausch als Episode gesehen werden.

b) kategorische Repräsentation

Die wiederholte Wahrnehmung mit ähnlichen Episoden führt zu einer zunehmenden Verallgemeinerung, bei der die episodischen Konzepte durch allgemeine, kategorische Konzepte ersetzt werden. Der Damentausch beim Schach könnte beispielsweise kategorisch so repräsentiert werden, dass in ähnlichen Situationen auch andere Figuren vom Gegner ausgetauscht werden.

c) hypothetische Repräsentation

Anwendungswissen ist dabei als eine komplexe kausale Struktur mit vielen hypothetischen Wenn/ Dann-Beziehungen repräsentiert. Beim Schach könnte die hypothetische Repräsentation etwa lauten, dass der Gegner dann einen Figurentausch vornimmt, wenn es ihm einen Figurenvorteil aufgrund unzureichender Deckung bringt. Wenn allerdings ausreichend gedeckt ist, so wird der Gegner einen Figurenaustausch vornehmen, wenn es ihm einen Stellungsvorteil für künftige Operationen bringt.

Da der *Erwerb von Handlungswissen* auf Fakten- und Anwendungswissen aufbaut,[2] treffen sowohl die kybernetischen als auch die schematheoretischen Lernkonzepte zu. Insbesondere der Erwerb kognitiver Modelle ähnelt stark dem Erwerb von Schemata. Forbus und Gentner beschreiben nach empirischen Untersuchungen in einem Stufenmodell den Erwerb physikalischer Sachverhalte in vier aufeinander aufbauenden Modellen:[3]

a) Prototypische Erfahrungen

sind einfache mentale Modelle. Wahrgenommene tatsächliche Ähnlichkeiten werden in Klassen eingeteilt und Zusammenhänge zwischen ihnen abstrahiert. Nicht nur die Summe von gemeinsamen Merkmalen ist für den Prototyp ausschlaggebend, sondern auch deren Anordnung.

b) Ursachen-Annahmen

Auf der Grundlage von prototypischen Erfahrungen werden Ursachen-Annahmen gebildet. Ursachen drücken dabei die Ansicht aus, dass irgendein Mechanismus existiert, der durch eine Theorie erklärt wird. Die meisten Ursachen-Annahmen sind binäre Beziehungen zwi-

---

[1] Schank; Abelson, 1977
[2] siehe Abschnitt 3.1.4 und 3.1.7
[3] Forbus; Gentner, 1986

schen zwei Variablen und meist noch sehr einfach. Die angenommenen Kausalbeziehungen müssen weder explizit noch in sich schlüssig sein. In diesem Stadium sind viele Ursachen-Annahmen noch falsch, da Anfänger oft korrelative Beziehungen als Ursachen-Annahmen annehmen. Die Bildung von Ursachen-Annahmen dient drei Zwecken. Erstens reduziert sie das vorhandene Datenmaterial. Zweitens sorgt sie für heuristische Kriterien, mit denen direkte Schlüsse gezogen werden können. Drittens kann eine Sammlung von Ursachen-Annahmen dazu benutzt werden, nach umfassenden Theorien eines Teilgebiets zu suchen.

Zur Ausbildung und Korrektur von Ursachen-Annahmen nennen Forbus und Gentner drei Modi:

- Der erste Modus besteht darin, Kausaltiät aus einem gemeinsamen Auftreten zu schließen, z.B.: „Wenn immer A vor B, dann Annahme: Ursache (A, B)"

- Der zweite Modus besteht darin, diese Ursachen-Annahmen auf ihre Widerspruchsfreiheit zu überprüfen.

- Der dritte Modus umfasst Analogien und zielt auf die Erweiterung der Ursachen-Annahmen ab. Die Ursachen-Beziehungen eines Gegenstandsbereiches lassen sich auf einen anderen übertragen, in dem die Ursache den Rang einer einschränkenden Beziehung besitzt

c) Naive physikalische Theorien

Ursachen-Annahmen werden durch Theorien über Mechanismen von Veränderungen ersetzt. Die Auffassung über einen Sachverhalt wird durch das Einbeziehen von Prozessen zur Beschreibung beobachteter Veränderungen erweitert. Unwichtige Aussagen aus dem Bereich prototypischer Erfahrungen und Ursachen-Annahmen müssen ausgeschlossen werden. Zusätzlich muss teilweise die Existenz von Gegenständen, Zuständen oder Eigenschaften angenommen werden, die nicht direkt beobachtbar sind.

d) Expertenwissen

Gegenstandsunabhängige Generalisierungen werden gegenüber den vorigen Modi entwickelt. Bestehende qualitative Repräsentationen werden in quantitative Aussagen überführt.

Obwohl das Modell von Forbus und Gentner sehr an physikalischen Ereignissen und zur computergerechten Modellierung orientiert ist, weist es doch starke Übereinstimmung mit den Untersuchungen von Dörner[1] über die mentale Modellbildung von handelnden Personen in komplexen Situationen auf. Mentale Modelle entstehen aufgrund von Handlungen und der Rückbesinnung auf Auswirkungen von gesetzten Aktionen.

---

[1] Dörner, 1989

Auch Schön liefert mit dem Konzept des „naming and framing" fundierte Analysen in ähnlicher Richtung.[1] Seinen Aussagen nach erarbeiten sich Praktiker aufgrund früherer Erfahrungen in einer Problemsituation eine vorläufige Problemdefinition, die eine Idee für die nächste Handlung liefert. Die Funktion des Wissens ist neue Problemdefinitionen einzuleiten, die durch die nächste Handlung bestätigt oder falsifiziert werden, um damit wiederum eine (verbesserte) Problemdefinition zu schaffen. Praktiker erzeugen in diesem reflection-in-action-Prozess ein „lokales Wissen", das weitgehend durch Analogiebildung erfolgt und dessen Entstehung einer Art Stegreif-Forschungsprozess gleichkommt. Erst durch die Reflexion auf die Handlung (reflection-on-action) entsteht explizites Wissen, das kommuniziert werden kann. Die typischen Muster in diesem dynamisch ablaufenden reflection-in-action-Prozess fasst Salzgeber zusammen:[2]

a) Die Schwierigkeit, der der Praktiker begegnet, ist einzigartig.

b) Die erste Problemdefinition erfolgt als „naming and framing".

c) Die Problemdefinition ist als Rahmenexperiment anzusehen.

d) Praktiker verfolgen in dem Rahmenexperiment eine Zeit lang zwei Strategien gleichzeitig („Double Vision"), indem sie einerseits konsequent für ihre Situationsdefinition eintreten und andererseits diese kritisch erforschen.

e) Der Prozess wird durch eine Evaluation der Rahmenexperimente in Form einer ganzheitlichen Bewertung der erzielten Situation durch die Frage des Praktikers an sich selbst: „Bin ich mit dem Ergebnis einverstanden, kann ich damit leben?" abgeschlossen.

Kern der Modelle von Forbus und Gentner, Dörner und Schön ist, dass Handlungswissen durch

• Handlung an sich

• Reflexion in der Handlung aufgrund besonders bedeutsamer oder einer großen Anzahl ähnlicher, bereits ausgeführter Handlungen

• Reflexion über bereits erfolgte Handlungen

entsteht bzw. sich verändert.

### 3.2.5  Gehirnaktivität beim Lernen

Beim Lernen laufen im menschlichen Gehirn Prozesse ab. Die Forschungsergebnisse der Neurowissenschaft geben Aufschluss darüber, wo (links- oder rechtshälftig), wie (nach welchen Grundmustern) und wann (Aktivierungszustand des Gehirns) diese Prozesse ablaufen.

---

[1]  Schön, 1983, vgl. dazu auch Punkt 3.1.4

[2]  Salzgeber, 1996, S. 73 ff

### 3.2.5.1 Beim Lernen beteiligte Bereiche des Gehirns

Das menschliche Gehirn ist in fünf Abschnitte unterteilt:[1]

- Verlängertes Rückenmark (Medulla oblongata)

- Kleinhirn (Cerebellum)

- Mittelhirn

- Zwischenhirn (Thalamus, Hypothalamus und limbisches System)

- Großhirn (Neokortex)

Im verlängerten Rückenmark erfolgt die Steuerung von Atmung, Stoffwechsel und Blutzirkulation. Das Kleinhirn koordiniert alle automatischen und willkürlichen menschlichen Bewegungsabläufe und regelt auch das Gleichgewicht. Das Mittelhirn ist eine Durchgangs- und Schaltstelle für ab- und aufsteigende Nervenbahnen, die die aufgenommenen Informationen im Körper verteilt. Das Zwischenhirn besteht aus dem Thalamus, der Reize vom Körper aufnimmt, verarbeitet und an das Großhirn weiterleitet, und aus dem Hypothalamus, der alle menschlichen Grundbedürfnisse wie Schlaf, Durst, Wärme, Kälte oder Hunger regelt und den Hormonhaushalt über die Hypophyse steuert. Das limbische System kontrolliert den Hypothalamus und die menschlichen Gefühle. Das Großhirn besteht aus zwei Hälften – den Hemisphären –, die durch eine breite Nervenfaserplatte von 200 Millionen Nervenfasern, dem Balken (Corpus callosum), miteinander verbunden sind. Der Orientierung am Großhirn dient die Gliederung in fünf Lappen (Lobi): Stirn-, Scheitel-, Hinterhaupts-, Schläfen-, und Insellappen, und innerhalb der Lappen in Windungen (Gyri). Spezielle Funktionen sind an die Integrität bestimmter Gehirnbereiche (Gehirnwindungen) gebunden: die willkürliche Motorik z.B. an die vordere Zentralwindung, das psychische Zentrum an den Stirnlappen, die Sinnesempfindungen an den Scheitellappen, das Sehzentrum an den Hinterhauptslappen, das Hörzentrum an den Schläfenlappen. Die rechte Hemisphäre steuert im wesentlichen die motorischen und sensorischen Funktionen der linken Körperseite, die linke Hemisphäre die der rechten.[2]

Obwohl das Gehirn erst in Summe seine volle Funktion ausübt, ist vor allem das Großhirn für Denk- und Lernprozesse zuständig. Die beiden Hemisphären sind dabei tendentiell für unterschiedliche Aufgaben ausgelegt. Tabelle 17 zeigt die Spezialisierung der beiden Hemisphären bei Rechtshändern.

---

[1]  für tiefere Ausführungen zur Anatomie des Gehirns siehe Maillot, 1985
[2]  Diese Symmetrie ist nicht in allen Funktionen vorhanden. So ist etwa der Hör- und der Sehsinn teilweise asymmetrisch auf die Hemisphären verteilt.

| Linke Hemisphäre | Rechte Hemisphäre |
|---|---|
| analytisch | ganzheitlich |
| sprachlich | bildlich |
| rational | emotional |
| zeitlich | räumlich |
| logisch | musisch |

*Tabelle 17: Spezialisierung der Gehirnhälften bei Rechtshändern*

Bei Rechtshändern ist die linke Hemisphäre eher für sprachlich-analytische, rationale und zeitorientierte Aufgaben zuständig, während die rechte Hemisphäre eher bildlich-ganzheitlich, emotional und räumlich spezialisiert ist. Diese Aufgabenteilung ist kein Alles-oder-Nichts-Phänomen, sondern eher auf einem Kontinuum angesiedelt. Neuere Arbeiten zeigen, dass jede Gehirnhälfte fähig ist, viele Arten von Aufgaben zu lösen, dass sie sich aber in Vorgehensweise wie auch Leistungsfähigkeit von der anderen Hemisphäre unterscheidet. Bei Störungen einer Hälfte kann sogar die andere Teile der früheren Aufgaben der gestörten übernehmen. [1] Nicht alle Gehirnaktivitäten lassen sich aber eindeutig einer bestimmten Region im Gehirn zuordnen, insbesondere Aktivitäten des Planens, Denkens, Erkennens, Entwerfens und Entscheidens.

Wesentlich interessanter als was wo genau abläuft ist die Tatsache, *dass* es eine derartige Spezialisierung gibt, und dass erst das Zusammenspiel der beiden Teile die kreativ-schöpferische Art des Denkens und Handelns von Menschen ermöglicht.

### 3.2.5.2  Vorgänge bei der Informationsaufnahme (Lernen) im Gehirn

Lernprozesse lassen sich im Gehirn nicht genau lokalisieren, denn die Informationen, die über die diversen Eingangskanäle in bestimmten Regionen eintreffen, werden weitergeleitet. Die Speicherung (Wissen) erfolgt schließlich verstreut durch vielfache Verknüpfung über das ganze Gehirn. Das Gehirn besteht aus Nervenzellen (Neuronen), die über Schaltstellen (Synapsen) mit anderen Neuronen durch Nervenfasern verbunden sind. Diese Verbindungen der Neuronen können als „Hardware-Struktur" gesehen werden. Diese Struktur ist nicht fix, sondern veränderbar:

- Die „Verdrahtung" der Neuronen entsteht im wesentlichen in den ersten drei Monaten des Menschen nach der Geburt. Entscheidend für die Ausprägung der Vernetzung ist die

---

[1]  Friederici, 1988, S. 474 f

Umwelt, der der Mensch in dieser Zeit ausgesetzt ist.[1] Damit ist der Mensch anpassungs-fähig an die Lebenswelt, in die er hineingeboren wurde.

- Die Verbindung der Neuronen wird auch nach den ersten drei Lebensmonaten durch Lernprozesse verändert. Je öfter eine Verbindung zwischen zwei Neuronen (durch Informationsaufnahme) „aktiviert" (durch bioelektrische Impulse angeregt) wird, desto stabiler wird diese Verbindung.[2] Diese Veränderung ist jedoch nicht mehr so gravierend, wie in den ersten drei Monaten. Die bestehenden Strukturen werden nur mehr geringfügig weiterentwickelt.

Neues Wissen entsteht im Detail durch einen dreistufigen biochemischen Prozess in den Nervenzellen:[3]

a) Wahrnehmungsimpulse entstehen durch Reizeinwirkung auf Sinnesorgane und werden in entsprechenden Gehirnpartien aufgefangen. Hier steht die Information als Ultrakurzzeitgedächtnis (sensorisches Gedächtnis) etwa zwanzig Sekunden zur Verfügung und wird nach einer ersten Filterung in Form bioelektrischer Impulse an bestimmte Nervenzellen weitergeleitet.

b) Durch diese Wahrnehmungsimpulse faltet sich die DNA-Doppelspirale, die im Kern jeder Nervenzelle lagert, an bestimmten Stellen auseinander. Diese Stellen der DNA dienen als Matrize, an der sich Abdrucke (RNA) bilden. Damit ist die Information im Kurzzeit-Gedächtnis, das etwa zwanzig Minuten abrufbar ist und als zweite Filterung dient.

c) Der RNA-Abdruck löst sich von der Matrize, während weitere Abdrucke an der Matrize gebildet werden. Die Abdrucke wandern aus dem Zellkern zu einem Ribosom, in dem Transportstoffe Aminosäuremoleküle heranschaffen und auf dem RNA-Streifen, seinem Code entsprechend, anordnen. Beim Durchgang durch das Ribosom werden die aufgereihten Aminosäuremoleküle zu einem langen Proteinmolekül verknüpft. Die neuen Proteinketten trennen sich nach der Wanderung durch das Ribosom von ihrer RNA-Matrize und falten sich zu einem Knäuel zusammen. So werden sie als ruhende Informationsspeicher eingelagert, wobei sie die Zellmembran und damit auch die spätere Impulsweitergabe verändern. Der ursprüngliche Wahrnehmungsimpuls ist so im Langzeitgedächtnis verankert. Aus Information ist Materie geworden.

Die Veränderung von Wissen (Lernen) hat somit zwei Wirkungen: sowohl die Verbindung der Nervenzellen wird verändert, als auch die DNA- und RNA-Struktur in den Nervenzellen selbst.

---

[1]  erste Forschungsergebnisse dazu, die später bestätigt wurden, lieferte Conel (Conel, 1970)

[2]  Die ersten wissenschaftlichen Ergebnisse dazu lieferte Hebb mit dem nach ihm benannten Veränderungsgesetz, der Hebbschen Regel: Wenn das Axon eines Neurons x zur Aktivierung eines Neurons y beiträgt, dann findet irgendeine Veränderung statt, die bewirkt, dass x in Zukunft y stärker erregt. (Hebb, 1949)

[3]  eine ausführliche Darstellung diese Prozesses findet sich bei Vester, 1980, S. 43 ff

Vester liefert einen kybernetischen Ansatz dazu, welche Informationen bei einem Lernprozess letzlich abgespeichert werden und wie es zu dieser Speicherung kommt. Abbildung 23 zeigt den Gesamtzusammenhang.

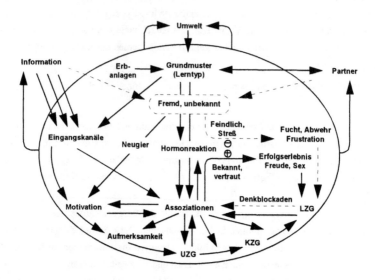

*Abbildung 23: Netzwerk des Lernens nach Vester[1]*

Ausgangspunkt ist das Grundmuster des Lernens und Denkens, das durch die unterschiedliche Verbindung der Neuronen (vor allem in den ersten drei Lebensmonaten) entstanden und von Mensch zu Mensch unterschiedlich ist. Das Grundmuster wird beeinflusst von den Erbanlagen, Kontaktpartnern und der Umwelt. Dieses Grundmuster bezeichnet Vester als „Lerntyp", wobei er primär vier Klassen unterscheidet:

a) Intellektueller Typ

Dieser Typ lernt aufgrund abstrakter Formen, wie etwa geschriebene Sätze oder mathematische Formeln. Er bevorzugt den intellektuellen Eingangskanal.

b) Visueller Typ

Dieser Typ orientiert sich an bildlichen Vorstellungen und Wahrnehmungen. Er präferiert den visuellen Eingangskanal.

c) Haptischer Typ

Dieser Typ lernt über Anfassen, Be-Greifen, also durch „fühlen" von Objekten. Er zieht den haptischen Eingangskanal vor.

---

[1] Vester, 1980, S. 135

d) Auditiver Typ

Dieser Typ orientiert sich an Klängen, Tönen und Lautmalereien. Er neigt zum auditiven Eingangskanal.

Diese unterschiedlichen Denkmuster der Lerntypen sind stark idealisiert. Vester spricht selber davon, dass auch noch weitere Lerntypen und vor allem die Kombination von Lerntypen möglich sind. Logische Weiterentwicklung wären dementsprechend Typen je nach Perzeptoren. Insbesondere olfaktorische Einflüsse sind bei (Wieder-) Erkennungsprozessen stark beteiligt.[1] Durch die eingeschränkten Ausdrucksmöglichkeiten des Menschen auf kinästhetisch-haptische, visuelle, auditive und abstrakte Möglichkeiten ist die Reduktion von Vester zwar verständlich aber für die Wahrnehmung eigentlich nicht zulässig.

Die über die Perzeptoren ankommenden Informationen werden je nach Lerntyp in unterschiedlicher Ausprägung über die entsprechenden Eingangskanäle codiert. Ist die Information fremd oder unbekannt, so führt dies zuerst zu einer Hormonreaktion und dann zum Reiz der Neugier. Der Schlüssel zum Übergang ins Langzeitgedächtnis führt über Assoziationen. Assoziationen entstehen durch das „Mitschwingen" anderer Netzwerkknoten bei der Neuronenaktivierung, also dem Suchen nach bereits vorhandenen, ähnlichen Strukturen (bereits gebahnten Netzwerkverbindungen) im Gehirn. Wird das Fremde aufgrund von Assoziationen als feindlich interpretiert, so werden Stresshormone ausgeschüttet, die die Synapsenverbindungen blockieren und ein Flucht- und Abwehrverhalten oder Frustration als reflexartige Schemata aufrufen. Dieser Vorgang führt zu Denkblockaden, die als Schutzfunktion dienen (z.B. langes Nachdenken bei Gefahr würde die Möglichkeiten zur Handlung und damit zum Überleben einschränken). Wird das Neue aber als Bekanntes oder Vertrautes assoziiert, so wird es durch die Hormonlage positiv verstärkt und führt zu Erfolgserlebnissen und Freude. Beide Reaktionen, sowohl die der positiven als auch die der negativen Hormonlage beeinflussen über den Speicher des Langzeitgedächtnisses die Assoziationen. Die durch das Neue erzeugte Neugier führt zur Entdeckerlust und verstärkt die Motivation, dass der Mensch sich intensiver mit der ankommenden Information beschäftigt. Die Aufmerksamkeit wird erhöht. Die Information gelangt über die inzwischen aufgerufenen (hormonell positiv oder negativ verstärkten) Assoziationen und der entsprechenden Aufmerksamkeit in das Ultrakurzzeitgedächtnis (UZG). Die hier ankommenden Wahrnehmungen klingen nach wenigen Sekunden ab, wenn sie nicht mit bereits vorhandenen, im Gehirn kreisenden Gedanken verknüpft (assoziiert) werden. Die Wahrnehmungen im UZG werden laufend durch das Kurzzeitgedächtnis (KZG) abgerufen, welches dann im Laufe der weiteren Verarbeitung seinen Inhalt an das Langzeitgedächtnis (LZG) abgibt.

Je mehr Arten der Erklärung (Eingangskanäle) angeboten werden, desto besser die Chance auf entsprechende Assoziationen und desto fester wird das Wissen im Langzeitgedächtnis

---

[1]  mit dieser Tatsache arbeitet u.a. die Werbepsychologie (vgl. Kroeber-Riel, 1990, S. 117.

gespeichert. Schlüsselstelle sind die Assoziationen, die auf bereits bestehenden Mustern aufbauen. Diese Muster werden in der Wissenspsychologie auch Schemata genannt und aufgrund ihrer Schlüsselfunktion entsprechend intensiv untersucht.[1]

Grundgedanke der Untersuchungen über Schemata ist, dass sich der Mensch durch unterschiedliche Wahrnehmungen entsprechende Zusammenhänge (ein „Schema") konstruiert. Künftige Wahrnehmungen werden mit diesen Schemata verglichen und führen entweder zu einem Einordnen in ein bestehendes Schema (Wissenszuwachs), zum Aufbau eines neuen Schemas (Umstrukturierung) oder zur Veränderung eines bestehenden Schemas (Feinabstimmung).

### 3.2.5.3 Aktivierungszustand des Gehirns beim Lernen

Die Gehirnaktivität befindet sich je nach Wellenlänge der Gehirnströme entweder im Wachzustand, im Zustand tiefer Entspannung oder auf Stufen zwischen diesen beiden Extrema.

Untersuchungen von Losanow[2] ergaben, dass bei „gehirnfreundlichen" Lern-Taktfrequenzen die Behaltensleistungen größer waren als ohne. Die Gehirnaktivität befand sich dabei im Zustand der Entspannung. Musik des Barock, vor allem die Largosätze, und Rhythmen von ungefähr 60 Schlägen pro Minute, die etwa dem menschlichen Herzrhythmus entsprechen, erkannte er als lernfördernd. Losanow spricht von einer „Tiefenstruktur" der Musik, die biologisch im Gehirn verankert ist.

Wenn sich das Gehirn im Wachzustand befindet, kann erst kognitiv Information aufgenommen und gespeichert werden. Die Wissensveränderung erfolgt bewusst. Befindet sich das Gehirn im Entspannungszustand, so werden auch Eingangskanäle angesprochen, die nicht abstrakte Formen darstellen. Ein eher unbewusstes Lernen entsteht im Zustand der Entspannung. Auditive, haptische, auch visuelle und olfaktorische Eingangskanäle werden dabei angesprochen.

## 3.3 Modelle zur Förderung des Wissenserwerbs

Die Umkehrung der Ursache-Wirkungszusammenhänge von Lerntheorien führt zu entsprechenden Konzeptionen, die den Erwerb bzw. die Veränderung von Wissen fördern sollen. Die daraus entstehenden Methoden des Unterrichtens werden als Didaktik bezeichnet. Dem Begriffspaar Wissen/ Didaktik ist das aggregierte Begriffspaar Bildung/ Pädagogik übergeordnet. Bildung ist eine gesellschaftlich relevante und von einer Gesellschaft bestimmte Vorstellung von agglomerierten Kompetenzen. So zeigen beispielsweise Posch und Altrichter, dass

---

[1]  vgl. Mandl; Friedrich; Hron, 1988, S. 124 ff; siehe auch Punkt 3.1.3
[2]  Ostrander, 1987

die Zweiteilung der Bildung in Allgemein- und Berufsbildung in Österreich stark mit der gesellschaftlichen Entwicklung verbunden ist, wobei Allgemeinbildung traditionell ein Merkmal von sozial privilegierten Schichten und Berufsbildung die „Bildung der anderen" war und teilweise noch immer ist.[1] Pädagogik oder Erziehungswissenschaft ist die Theorie und Praxis der Erziehung und Bildung und hat somit eine gesellschaftspolitische Komponente. Didaktik bezeichnet daher die Förderung des Erwerbs von Persönlichem Wissen und Pädagogik die Förderung des Erwerbs gesellschaftlich relevanten Wissens. Je nach Sichtweise kommen unterschiedliche Aspekte zwischen beiden Begriffen zum Ausdruck: aus kognitionspsychologischer Sicht ist Bildung nur ein Teil des menschlichen, persönlichen Wissens, aus gesellschaftspolitischer Sicht ist Wissen nur ein Teil der Bildung einer Person.

Als Oberbegriff über beide Positionen hat sich in der Kognitionswissenschaft und -technik der Begriff „Instruktion" etabliert. Darunter wird die Bereitstellung von Lernmöglichkeiten verstanden, die bestimmten Personen die Erreichung mehr oder weniger festgelegter Ziele ermöglicht.[2] Schott, Kemter und Seidl verwenden den Begriff „Instruktion" als Sammelbegriff für Bezeichnungen wie „Unterricht", „Bildung", „Lehre", „Training", „Unterweisung", „Fortbildung", „Weiterbildung", „Persönlichkeitsförderung" oder „Personalentwicklung".[3] Diese Pauschalierung ist durchaus kritisch zu sehen, da die einzelnen Begriffe eben nicht nur Worte sind, sondern teilweise sogar einzelne pädagogische Richtungen und Forschungsfelder bezeichnen. Da aber für die weiteren Ausführungen ein geeigneter Oberbegriff nötig ist, wird – im Bewusstsein der nicht unproblematischen Verwendung – dennoch „Instruktion" als Synonym für alle gezielten Förderungsmaßnahmen verwendet. Obwohl das Wort „Instruktion" stark an den computerunterstützten Unterricht der siebziger Jahre erinnert und damit eher starre Abläufe in behavioristischen Paradigmen assoziiert werden, ist es sinngemäß auf alle (technologischen) Konzepte zur Förderung des Wissenserwerbs anwendbar, auch wenn deren Position im extremen Subjektivismus liegt. Modelle zur Instruktion werden als Instruktionstheorien[4] bezeichnet.

Grundelemente aller Instruktionstheorien sind die Eckpunkte des traditionellen Dreiecks

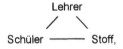

die je nach Blickwinkel variiert werden.

---

[1]   Posch; Altrichter, 1992, S. 26 ff
[2]   Schott; Kemter; Seidl, 1995, S. 179
[3]   siehe Schott; Kemter; Seidl, 1995, S. 180
[4]   wie bereits mehrfach erwähnt ist diese Bezeichnung wissenschaftstheoretisch eigentlich nicht korrekt, da es sich eher um Technologien handelt. Dennoch hat sich der Begriff der Instruktionstheorie durchgesetzt und wird auch hier entsprechend verwendet.

Der Lehrer steht dabei als Vermittler zwischen dem Schüler und dem Stoff. Die Unterstützung, die der Lehrer dem Schüler vermittelt, um eine Brücke zwischen dem vorhandenen Wissen und neuen Lernzielen zu schlagen, wird in der Didaktik Scaffolding genannt. [1]

Das wissenschaftliche Feld des Scaffolding wird auf breitester Ebene diskutiert. Sowohl eigenständige Wissenschaften mit diesem Erkenntnisobjekt, als auch nahezu jede Fachdisziplin beschäftigt sich in ihrem Gebiet (auch) damit. Entsprechend unüberschaubar zahlreich sind die Publikationen darüber wie, unter welchen Umständen und mit welcher Methodik das Scaffolding erreicht werden kann. Im Rahmen dieser Arbeit kann und möchte ich mir nicht anmaßen, den Forschungsergebnissen der Didaktik, Erziehungswissenschaft und Pädagogik, (Wissens-) Psychologie, Neuro- und Kognitionswissenschaft auch nur einigermaßen gerecht zu werden. Dennoch ist es für die Konstruktion multimedialer Lern- und Masseninformationssysteme notwendig, einen groben Überblick über die Ansatzpunkte zur Verwertung der lerntheoretischen Aussagen zu geben. Einleitend werden Strategien zur Förderung der (Lern-) Motivation aufgezeigt.

### 3.3.1 Motivationsstrategien

Grundlegend für alle Instruktionstheorien ist die Frage, warum sich eine Person (der Schüler) dem geförderten Wissensaneignungsprozess unterziehen soll. Diese Frage wird je nach Paradigma und Kultur unterschiedlich beantwortet und ist letztlich die Frage der Motivation. Auch hier können die Antworten auf einer Skala zwischen den zwei Extrema extrinsische Motivation (Behaviorismus, Belohnung/ Bestrafung) oder intrinsische Motivation (endogener Konstruktivismus, Selbstverwirklichung) liegen.

Motivationstheorien versuchen die Motivation von Personen zu erklären. Der Kern aller Motivationstheorien betrifft das Wollen eines Menschen, etwas zu tun (zu lernen). Motivation lässt sich auch als theoretisches Konstrukt verstehen, das den Antrieb von zielgerichtetem Verhalten, seiner Richtung, Stärke und Beharrlichkeit erklärt. Hinter diesem Antrieb stehen Motive, die angeben, warum Personen das tun, was sie tun. Alle Motive haben ein bestimmtes Ziel und die Menschen verfügen über Strategien, um diese Ziele zu erreichen. Damit reagieren sie auf die Motive und versuchen, die dahinter stehenden Bedürfnisse zu befriedigen.

Motivationstheorien entstammen überwiegend aus der Psychologie. In die Betriebswirtschaft übernommene Theorien sind:

- Anreiz-Beitrags-Theorie (Barnard, 1937, March; Simon, 1958)

- Dynamische Motivationstheorie (Maslow, 1943 und 1954)

- Zweifaktoren-Theorie der Arbeitszufriedenheit (Herzberg, 1959 und 1966)

---

[1]  vgl. Dubs, 1995, S. 138 und die Übersicht über den Zweck des Scaffolding auf S. 143

- Erwartungs-Valenz-Theorien (Atkinson, 1964, Vroom 1964; Porter; Lawler, 1968 und Neuberger, 1976)

Diese Theorien erklären mehr oder weniger das Verhalten von Personen in Organisationen. Für lerntheoretische Aspekte eignen sich die Erwartung-Valenz-Theorien, da sie praktikable, in ihren Grundannahmen empirisch gut abgesicherte Vorschläge für die Wissensvermittlung bringen.[1]

Tabelle 18 stellt stellvertretend für Erwartungs-Valenz-Theorien den Kern der Erwartungs-Wert-Theorie dar, die auf Feather[2] zurückgeht.

| **Erwartung** | **x** | **Wert** | **=** | **Motivation** |
|---|---|---|---|---|
| Stärke der Erwartung, fähig zu sein, eine Aufgabe erfolgreich zu erfüllen (und damit die Stärke der Erwartung, dass die erfüllte Aufgabe zu irgendeiner Belohnung führt). | | Wert, der der Aufgabenerfüllung beigemessen wird (und damit Wert, der der Belohnung beigemessen wird) | | |

*Tabelle 18: Erwartungs-Wert-Theorie*

Der zentrale Theoriesatz der Erwartungs-Valenz-Theorien lautet, dass die Motivationsstärke abhängt von dem Produkt aus Valenz (Wert) und der Erwartung, das angestrebte Ergebnis erreichen zu können. Unter Valenz wird eine positive (ggf. auch negative) Einstellung zu bestimmten Ergebnissen von Verhalten bzw. Entscheidungen verstanden. Mit steigender Attraktivität eines Ergebnisses steigt auch seine Valenz. Die Erwartung, das angestrebte Ziel zu erreichen, kann als Erfolgs- Wahrscheinlichkeit dargestellt werden. Personen wählen jene Alternative, bei der die Motivationsstärke maximal ist.

Der Informationsgehalt dieser Theorien ist einerseits hoch, da deutlich wird, dass sowohl der Wert von Handlungsergebnissen, als auch die Wahrscheinlichkeit, das angestrebte Ziel zu erreichen, für motiviertes Verhalten wichtig ist: Geht einer der beiden Werte gegen Null, ist motiviertes Handeln nicht zu erwarten. Andererseits ist der Informationsgehalt niedrig, da die Variablen der Theorie beliebig operationalisiert werden können.

Porter und Lawler[3] verfeinerten das Modell in Bezug auf die Valenz. Die Valenz eines Ergebnisses wird in eine intrinsische und eine extrinsische Komponente aufgespalten. Intrinsisch motiviertes Verhalten hat seinen Wert aus sich selbst heraus (Autonomie, gutes Gewissen), während extrinsische Belohnungen durch Dritte gewährt werden.

---

[1]  vgl. die Konzeption von Dubs, 1995, S. 378 ff
[2]  vgl. Feather, 1982
[3]  Porter; Lawler, 1968

Dubs begründet die Bedeutung der Erwartungs-Wert-Theorie für den Unterricht damit, dass von zwei Seiten her angesetzt werden kann:[1]

- Einerseits ist der Unterricht so zu gestalten, dass die Lernenden mit einem vernünftigen Einsatz Lernerfolge erzielen (Lernaufgaben erfolgreich erfüllen).

- Andererseits müssen die Lernenden lernen, den Wert aller schulischen Aktivitäten positiv zu bewerten.

Dubs sieht deshalb zwei Gruppen von Motivationsstrategien:

- Strategien zur Förderung der Erfolgserwartungen

- Strategien zur Wertgebung schulischer Lerninhalte

Abbildung 24 zeigt den Überblick über die von Dubs verwendete Gliederung von Motivationsstrategien.

*Abbildung 24: Übersicht über Motivationsstrategien[2]*

Die Gliederung und Aussagen sind für Wissensvermittlungssituationen allgemein generalisierbar. Ein Benutzer eines elektronischen Lern- oder Masseninformationssystems hat ebenfalls bestimmte Erwartungen, die er an das System stellt und bestimmte, ex- oder intrinsische Werte, die er der Information beimisst. Die Strategien zur Motivation der Benutzer sind deshalb adaptierbar.

Dubs stellt 16 Motivationsstrategien für den Unterricht in Schulen vor:[3]

- Strategien zur Erfolgserwartung

- Unterrichtsgestaltung, die auf Lernerfolge ausgerichtet ist
  Dies gelingt nur mit genügend herausfordernden Lernaufgaben, die eine echte Anstrengung verlangen.

---

[1] Dubs, 1995, S. 381 f
[2] aus Dubs, 1995, S. 382
[3] vgl. Dubs, 1995, S. 382 ff

- Zielsetzung, Lernerfolgskontrolle und Selbstverstärkung
  Lernerfolge setzen Lernziele voraus, die transparent sein sollen und dadurch dem Lerner
  die Möglichkeit zur Lernerfolgskontrolle zu geben, die positiv selbstverstärkend wirkt

- Erkennen des Verhältnisses zwischen persönlichem Einsatz und Lernerfolg
  Die Ursachen für den Lernerfolg kann so der Lerner sich selbst zuschreiben.

- Strategien zur extrinsischen Motivation

- Belohnung für gute oder individuell verbesserte Leistungen
  Verstärkungsfunktion im Rahmen von Grenzen je nach Lerner und Inhalt

- Verweis auf den unmittelbaren Nutzen eines Lerngegenstandes

- Wettbewerbe im Unterricht
  mit spielerischem, entspannendem Charakter und mit Rücksicht auf Gewinnchancen für
  alle Lernenden und ohne Konsequenzen (Lob, Tadel)

- Strategien zur Verstärkung der intrinsischen Motivation

- Schaffen von Möglichkeiten zu verschiedenartigen Schüleraktivitäten

- Bearbeiten von intellektuell anspruchsvolleren Lernzielen in größeren und lebensnäheren
  Themenbereichen.
  Einbetten von Grundlagen in größere Zusammenhänge mit problemorientierten Einführungen

- Dafür sorgen, dass fertige Lernprodukte entstehen
  Entwicklung von sinnvollen Lernresultaten im Rahmen des Lernprozesses

- Strategien, die die Motivation zum Lernen anregen

- Modellieren durch die Lehrkraft
  Durch die Entwicklung des persönlichen Zugangs der Lehrkraft zum Lehrinhalt dem Lerner den Einblick in das Lernen und Denken der Lehrkraft geben

- Den Lernenden die eigenen Erwartungen an sie deutlich machen
  Den Lernenden zeigen, dass die Lehrkraft an den Lernwillen und die Lernfähigkeit der
  Lerner glaubt.

- Vermeiden von Schul- und Leistungsängsten aller Art
  Erzeugen einer entspannten, angstfreien Atmosphäre

- Motivationsfördernde Verhaltensweisen der Lehrkräfte
  Variation der Intensität des Unterrichtens durch Hervorheben besonders wichtiger Inhalte, Enthusiasmus am Inhalt und Hinweise auf die Bedeutung und Wichtigkeits des Lerngegenstandes

- Herbeiführen von kognitiven Konflikten

  durch Präsentation des Stoffes in unerwarteter, widersprüchlicher oder paradoxer Form

- Selbständiges Aufbauen der Motivation zum Lernen

  durch Festhalten des Vorwissens und Umschreibung des interessierenden Gebiets durch die Lerner

- Herbeiführen des metakognitiven Bewusstseins von Lernstrategien

  durch reflexives transparent machen der verwendeten Motivationsstrategien für den Lerner

Diese Motivationsstrategien sind in elektronischen Systemen nur teilweise verwendbar.[1]

## 3.3.2 Grundmetaphern

Innerhalb subjektiver und objektiver Paradigmen des Lernens erfolgt die Trennung in Theorie und Technologie bei den meisten Autoren nicht explizit. Tabelle 19 gibt einen Überblick über die zentralen theoretischen und technologischen Aussagen von Grundmetaphern des Lernens.[2]

Im *behavioristischen Paradigma* wurde aus dem Probierverhalten (trial and error) gefangener Tiere das klassische Reiz-Reaktions-Schema entwickelt. Daraus entstand in einem Drill-and-Practise-Ansatz die Grundregel des instrumentellen Lernens, das Effektgesetz: Stimulus-Response-Control: Verhaltensweisen, denen befriedigende Zustände folgen, werden gefördert bzw. belohnt während Verhaltensweisen, denen unerwünschte Zustände folgen, behindert bzw. bestraft werden. Die Portionierung des Lernstoffes erfolgt in kleine, überschaubare Einheiten, die durch Wiederholung eingeübt werden. Die Instruktion wird auf spezifische, beobachtbare Verhaltensweisen ausgerichtet. Der Lehrer bestimmt das konkrete Verhalten, das gelehrt wird, und führt es durch seine Interventionen herbei. Auf der Annahme des objektiven Wissens werden Lernziele definiert, die der Schüler erreichen soll. Der Schüler wird entpersonifiziert und als leeres Blatt gesehen, das es zu füllen gilt. Die Lehrerschaft steuert und überwacht den Lernprozess laufend, um den Lernfortschritt zu kontrollieren und um Fehler sofort zu korrigieren. Der Lehrer ist Sanktionär.

Beim Paradigma des *kognitiven Behaviorismus* wird versucht an den Prinzipien des Behaviorismus festzuhalten, sie aber durch Erkenntnisse aus der Kognitionspsychologie zu ergänzen. Der Lernstoff wird ebenfalls in kleine Einheiten portioniert, die allerdings so strukturiert sind, dass sie systematisch aufeinander aufbauen. Das intensive Einüben von Grundfertigkeiten ist bedeutsam, wobei einfache Grundfertigkeiten fortlaufend stärker zu kombinieren sind, damit

---

[1]  vgl. Punkt 3.4

[2]  die zentralen Aussagen sind von einleitenden Ausführungen von Dubs entnommen und in theoretische und technologische Aussagen unterteilt. (vgl. Dubs, 1995). Die Ausführungen von Baumgartner/ Payr wurden dabei ergänzend eingearbeitet (vgl. Baumgartner; Payr, 1994, S. 101 ff

auch anspruchsvollere Aufgaben und Probleme gelöst werden können. Das Erkennen der Zusammenhänge wird dadurch gefördert, dass die Lerner aufgefordert werden, die einzelnen Verhaltensschritte bei der Bearbeitung von Problemen immer wieder zu beschreiben, damit sie sich der Konsequenzen ihres Tuns bewusst werden. Das regelmäßige Feedback bleibt bedeutsam, der Unterricht ist stark lehrerzentriert. Der Lehrer wird zur Autorität.

| | Behaviorismus | Kognitiver Behaviorismus | Traditioneller Kognitivismus | Konstruktivismus |
|---|---|---|---|---|
| Zentrale theoretische Aussagen | • Wissen = objektiv<br>• Hirn ist ein passiver Behälter<br>• Wissen wird abgelagert<br>• Lernen durch kleine Schritte<br>• Trial & Error<br>• extern vorgegebenes Feedback | • Wissen = objektiv<br>• Hirn ist ein passiver Behälter<br>• Wissen wird eingearbeitet<br>• Lernen durch kleine Schritte + Reflexion<br>• Extern vorgegebenes Feedback | • Wissen = objektiv<br>• Hirn ist ein informationsverarbeitendes Gerät<br>• Wissen wird verarbeitet<br>• selbständiges, bewusstes Lernen durch Fragestellungen<br>• extern modelliertes Feedback | • Wissen = subjektiv<br>• Hirn ist ein informationell geschlossenes System<br>• Wissen wird konstruiert<br>• Selbständiges Lernen bei komplexen, unstrukturierten Problemen als aktiver Prozess<br>• Intern modelliertes Feedback |
| Zentrale technologische Folgerungen (Instruktionsgrundsätze) | • Portionierung des Lernstoffes in kleine Einheiten<br>• Definition von Lernzielen<br>• Belohnung und Bestrafung<br>• Lehrer ist Sanktionär | • Portionierung des Lernstoffes in kleine Einheiten, die systematisch aufeinander aufbauen<br>• Definition von Lernzielen<br>• Bewusster Rückblick auf Handlungskonsequenzen (feedback)<br>• Belohnung und Bestrafung<br>• Starke Lehrerzentrierung<br>• Lehrer ist Autorität | • Schaffung einer günstigen, komplexen Lernumgebung<br>• Definition von Lernzielen in Hinblick auf gewünschte Lern- und Denkprozesse<br>• Gestaltung von Wiederholungsfragen<br>• Entwurf von Lernstrategien<br>• Lernen in Gruppen<br>• Lehrer ist Tutor | • Lernen in der (unstrukturierten) Realität<br>• Schaffung von Lernaufgaben nach den Interessen des Lerners<br>• Zulassen und diskutieren von Fehlern<br>• Reflexion in und auf Handlungen<br>• Lernen in Gruppen<br>• Starke Lernerzentrierung<br>• Lehrer ist Coach |

*Tabelle 19: Zentrale theoretische und technologische Aussagen von Grundmetaphern des Lernens*

Im Paradigma des *traditionellen Kognitivismus* ist das Ziel des Unterrichtens eine Möglichkeit zu schaffen, dass die Lernenden die reale Welt verstehen. Aufgrund der objektiven Wissensauffassung werden kognitive Lernziele definiert, die zu erreichen sind, bei denen aber nicht nur das Lernergebnis, sondern auch der Lern- und Denkprozess bedeutsam ist. Die zu schaffende Lernumgebung muss ausreichend komplex sein, dass die Lernenden die Gelegenheit zum aktiven Handeln und Denken erhalten. Strukturierte Hilfestellungen sollen den Lerner dabei unterstützen. Komplexe Lernarrangements sollen bei den Lernenden eine Fragehaltung und einen Suchprozess auslösen, der zu Können und Einsichten führt, die auf andere Situationen übertragbar sind. Lernstrategien als systematische Vorgehensweisen beim Lernen werden entworfen und Wiederholungsfragen produziert, die zum selbständigen, bewussten Lernen durch Fragestellungen führen sollen. Besonders bedeutsam ist das Lernen in Gruppen, weil es nicht nur zur gegenseitigen Anregung und als Korrektiv in den Lernprozessen dient, sondern auch die sozialen Fähigkeiten stärkt. Über das Ausmaß und die Gewichtung der Intervention der Lehrkräfte sind die Auffassungen in der Literatur noch unterschiedlich. Einigkeit besteht darin, dass eine Balance zwischen dem, was die Lehrkraft vermittelt und dem, was die Lernenden selbst erarbeiten, hergestellt werden soll. Die Lehrerrolle entspricht mehr der eines Tutors, der kollegial-beratend, je nach anstehendem Problem, dem Lerner aktuelle Hilfestellungen anbietet.

Im *Paradigma des Konstruktivismus* soll sich der Unterricht an komplexen, lebens- und berufsnahen, ganzheitlich zu betrachtenden Erlebnis- und Problembereichen orientieren. Die unstrukturierte Realität soll die Lernumgebung darstellen. Durch Lernen in Gruppen soll der Konstruktionsvorgang des Wissens im Lerner gefördert werden. Fehler sind dabei sehr bedeutsam, denn Diskussionen in Lerngruppen sind nur sinnvoll, wenn Fehler geschehen und diese diskutiert und korrigiert werden. Die Auseinandersetzung mit Fehlüberlegungen wirkt verständnisfördernd und trägt zur besseren Konstruktion des Wissens bei. Aufgrund der subjektiven Wissensauffassung werden keine Lernziele mehr definiert, sondern Lernaufgaben nach den Interessen des Lerners. Die erzeugte Reflexion auf eigene Handlungen soll den Lernprozess fördern und der Lernerfolg ist nur an den Fortschritten bei den Lernprozessen durch Evaluierung überprüfbar. Die Rolle des Lehrers entspricht mehr dem eines Coaches, eines Trainers, der damit seine Unfehlbarkeit verliert. Die Rolle orientiert sich an dem Trainermodell im Spitzensport, wo der Schüler (Sportler) den Trainer leistungsmäßig übertrifft, der Trainer allerdings die Lehrerrolle durch seine große Erfahrung und das Erkennen der richtigen Probleme wahrnimmt.

Innerhalb des Konstruktivismus gibt es drei Auffassungen, die sich einerseits darin unterscheiden, wie viele Informationen den Lernenden vermittelt werden sollen bzw. wieviele Informationen sie sich selbst beschaffen sollen und andererseits, wie sehr die Lehrkräfte das Lernen unterstützen. Die Uneinigkeit in der Literatur lassen sich in drei Positionen zusammenfassen lässt:

Der *endogene Konstruktivismus* geht am weitesten in Richtung Lernersteuerung. Ausschließlich die Lernvoraussetzungen sollen geschaffen werden, damit die Lernenden im Wechselspiel von neuen Erfahrungen sowie bisherigem Wissen und Können ohne wesentliche Hilfe der Lehrkraft in der Lerngruppe ihr Verständnis ausweiten und neu konstruieren.

Die *exogenen Konstruktivisten* befürworten eine stärkere Einwirkung der Lehrkräfte. Die Lehrkraft hat Vorbildfunktion. Die Lernenden beobachten die Lehrkraft bei ihrem Handeln und Denken und versuchen, es zu adoptieren. Durch diese Adoptionsversuche werden bisherige Erfahrungen und Neues integriert und auf das eigene Verständnis ausgerichtet.

Der *dialektische Konstruktivismus* liegt zwischen dem endogenen und exogenen. Die Lehrkräfte bieten zwar anleitende Hilfen, aber auf die Vermittlung von fertigen Strukturen und Strategien sowie auf Modellernen wird verzichtet. Die Hilfen werden nur soweit gegeben, als sie von den Lernenden zum Lernfortschritt benötigt werden. Ziel ist es, den Lernenden immer unabhängiger zu machen.

### 3.3.3 Systemniveau

Je nach Situation ist es für eine Person oft erforderlich, von einschleifigem Lernen auf doppelschleifiges Lernen umzuschalten. Die Unterstützung des Lernen Lernens, wann und unter welchen Umständen der Wechsel erfolgen soll, und wann nicht, ist Aufgabe der Förderung des Wissenserwerbs auf Systemniveau. Mit dem Übergang ist allerdings immer eine Art Krise verbunden.[1] Um vom Modell des schockartigen, krisenbegleiteten, diskontinuierlichen Lernens beim Übergang von einschleifigem zu doppelschleifigem Lernen wegzukommen, werden Formen wie Qualitätszirkel, Assessment Center und Selbstentwicklungsgruppen diskutiert. Ziel ist dabei doppelschleifiges Lernen schon vor der Katastrophe zu ermöglichen, in welche das Festhalten an inadäquaten Annahmen und Prämissen führen kann.[2]

Wenn Lernen Lernen die Fähigkeit zwischen ein- und doppelschleifigem Lernen je nach Umständen umzuschalten bedeutet, und die Entwicklung eines mentalen Modells Bedingung dafür ist,[3] dann kann zur Förderung des nicht-schockartigen Lernen Lernens die Entwicklung mentaler Modelle unterstützt werden. Die Untersuchungen von Dörner[4] zeigen Ansätze dazu auf. Operative Möglichkeiten dazu wären

- Das Aufzeigen alternativer Möglichkeiten

- häufiges Hineinversetzen in andere, oft unverständliche Perspektiven

- Das Durcharbeiten diverser Varianten auf ihre Konsequenzen um „ballistische Entscheidungen"[5] zu verhindern ((Selbst)reflexion).

- Verhinderung von „reduktiver Hypothesenbildung", die alles Geschehen auf eine einzige Variable reduziert, durch Aufzeigen der Vernetzung und Komplexität der Situation.

Da für das doppelschleifige Lernen nicht nur das Aufbrechen propositionaler, zentraler Sätze des Glaubenssystems, sondern auch das Aufbrechen der kleinen impliziten Integration des impliziten Wissens nötig ist, kann doppelschleifiges Lernen alle Wissensklassen betreffen und daher nur im Sinne des Persönlichen Wissens in einem individuellen, konstruktiven Prozess

---

[1]  vgl. Punkt 3.2.2
[2]  Schneider, 1986, S. 29
[3]  vgl. Punkt 3.2.2
[4]  Dörner, 1989, S. 295 ff
[5]  Dörner versteht darunter Handlungsaktionen, deren Auswirkungen nicht verfolgt werden.

erfolgen. Damit sind die zentralen technologischen Folgerungen des konstruktivistischen Paradigmas Ansatzpunkte für die Förderung des Systemniveaus des Lernen Lernens:[1]

- Gruppenlernen

- Zulassen und Diskutieren von Fehlern

- Reflexion in und auf Handlungen.

Doch das Hineinversetzen und das Andenken alternativer Szenarios – auch in Gruppen – ist oft ein menschliches Problem. Ein geschichtliches Beispiel ist der Klerus im 17. Jahrhundert, der sich nicht mit der alternativen Hypothese von Galilei, dass sich nicht die Sonne um die Erde dreht, sondern umgekehrt, auseinandersetzen wollte. Abbot zeigt ein weiteres Beispiel mit seiner Geschichte von „Flachland – Eine phantastische Geschichte in vielen Dimensionen".[2] Flachland ist die Erzählung eines Bewohners einer zweidimensionalen Welt, die nur von Linien, Dreiecken, Quadraten usw. bevölkert ist. Der Bewohner von Flachland – ein Quadrat – hat einen Traum: es findet sich in Strichland, einer eindimensionalen Welt, in der alle Bewohner nur Punkte oder Striche sind, und die sich ein zweidimensionales Quadrat nicht vorstellen können. Vergeblich versucht das Quadrat den Punkten und Strichen seine Zweidimensionalität zu erklären. Aus dem Traum erwacht wird es zunächst mit der Idee und dann auch mit der Realität von Raumland, einer dreidimensionalen Welt, in der die Bewohner Kugeln, Würfel, Quader usw. sind, konfrontiert. Das zweidimensionale Quadrat kann sich dabei eine dritte Dimension ebensowenig vorstellen, wie es dem eindimensionalen Strichland seine eigene Zweidimensionalität nicht erklären konnte. Dabei bemerkt das Quadrat die Analogie der jeweiligen Gegenargumente nicht. Als letztlich eine Kugel das Quadrat nach Raumland mitnimmt, erlebt das Quadrat folgendes:

> *„Ein unbeschreibliches Grauen packte mich. Da war Finsternis; dann eine schwindelerregende, schreckliche Sicht, die nichts mit Sehen zu tun hatte; ich sah eine Linie, die keine Linie war; Raum, der kein Raum war: ich war ich selbst und nicht ich selbst. Als ich meiner Stimme wieder mächtig war, schrie ich in Todesangst: Dies ist entweder Wahnsinn, oder es ist die Hölle."[3]*

Ein sehr anschauliches Beispiel einer Krisensituation des Lewin'schen Modells. Durch das überwältigende Erlebnis animiert, möchte das Quadrat nun die Geheimnisse immer höherer Welten erforschen, Reiche von vier, fünf und sechs Dimensionen. Doch davon will die Kugel nichts wissen: absolut unsinnig, eine Welt mit vier oder mehr Dimensionen ist völlig undenkbar...

---

[1] vgl. Punkt 3.3.2
[2] Abbot, 1982
[3] Abbot, 1982, S. 80

Vielleicht liegt in solchen Geschichten der Schlüssel zum Lernen Lernen, zum kurzfristigen, übungsweisen (phantastischen) Hineinversetzen in andere, unverständliche Perspektiven: Parabeln, die die Relativität der eigenen Realität zeigen, als Denkanstöße für Undenkbares.

### 3.3.4  Bewusstheit

Kognitive Prozesse fördern das *bewusste Lernen*. Durch Herbeiführen von Reflexion auf eigene Handlungen und Erzeugung einer fragenden Grundhaltung wird versucht, bewusste Lernprozesse zu unterstützen. In der Regel dienen die meisten institutionalisierten Bildungsaktivitäten der Förderung des bewussten Lernens. Da dabei vorwiegend propositionales Wissen erzeugt wird, ist primär Fakten- und Anwendungswissen für bewusstes Lernen geeignet. Der fragenden Grundhaltung und dem expliziten Wissensbegriff entspricht am ehesten das Paradigma des traditionellen Kognitivismus und des kognitiven Behaviorismus. Zentrale Förderungstechniken bewussten Lernens betreffen die Aufmerksamkeit und Konzentration. Dazu werden entsprechende denkfördernde Übungen vorgeschlagen.[1]

Aktivitäten zur Unterstützung von *unbewusstem Lernen* finden sich im konstruktivistischen Paradigma. Da unbewusstes Lernen vor allem implizites Wissen fördert, wird dadurch vorwiegend handlungsrelevantes Wissen erzeugt. Da handlungsrelevantes Wissen vor allem durch, mit und in der Handlung entsteht, ist die Anleitung zur Handlung die wesentliche Unterstützung für unbewusstes Lernen. Weil allerdings nicht alle handlungsrelevanten Wissensinhalte direkt in Handlungen erfahrbar sind und vor allem nicht alle Handlungen als training-on-the-job realisierbar sind, wird als geeignete Fördertechnik das (Simulations-) Spiel angesehen. Das spielerische Element hat Malone[2] bei der Nutzung von Computerspielen durch Kinder empirisch untersucht und die zentralen Gesichtspunkte herausgearbeitet:

a) Herausforderung (im Sinn der Ungewissheit über Handlungsergebnisse)

b) Phantasieanregung durch Plazierung des Spielgeschehens im emotionalen Kontext

c) Erzeugung von Neugier durch einen optimalen Grad an informationeller Komplexität. (Langeweile bei zu einfachen Informationen und Überforderung bei zu komplexen Informationen sind Folgen einer falsch dosierten Komplexität)

Diese motivationalen Elemente sind auch die Grundbausteine der Unterhaltung, der „Kunst" des Entertainments.

Ein weiteres Instrument zur Förderung unbewussten Lernens ist der Ton. Akustischen Reizen kann sich der Mensch nicht verschließen. Musik und einprägsame Sprüche erzeugen – oft wiederholt – letztlich starke Assoziationen und damit in Folge unbewusstes Erinnern. Ein Phänomen, das jedem Fernsehzuseher und Radiohörer durch die Werbeeinschaltungen nur

---

[1]  siehe dazu Dubs, 1995, S. 191 ff
[2]  Malone, 1981

allzu bekannt ist. Medienkritiker wie Postman[1] kritisieren diese Wirkung der elektronischen Medien, eben weil das Nebenbeivermittelte die kritische Instanz des Verstandes nie passiert und gerade deshalb im Untergrund umso wirksamer ist.

Die Werbepsychologie arbeitet stark mit zeitlich verteilten Wiederholungen von Werbebotschaften. Je regelmäßiger dabei die Intervalle über einen längeren Zeitraum (z.B. ein Jahr) verteilt sind, desto besser die Erinnerung an diese Botschaft im Vergleich zur gleichen Anzahl aber kurzfristiger, massiv eingesetzer Wiederholung.[2]

### 3.3.5 Intensität

Dem *Erwerb von Faktenwissen* wurde in unserem Kulturkreis historisch die größte Bedeutung zugesprochen. Dementsprechend existieren viele Techniken zur Förderung des Erwerbs deklarativen Wissens. Das klassische, institutionalisierte Modell dazu ist der Unterricht mit dem Lehrer als vermittelnde Autorität. Das entsprechende bevorzugte Paradigma ist das des Behaviorismus und des kognitiven Behaviorismus.

Die Parameter zur Förderung des deklarativen Wissenserwerbs ergeben sich aus den theoretischen Lernkonzepten für deklaratives Wissen:[3]

- Mehrfachcodierung der Information
  Ein Faktum wird dann nicht nur abstrakt verbal, sondern auch in anderen Kanälen präsentiert (visuell, akustisch betont usw.). Eselsbrücken oder Reime („333 bei Knossos große Keilerei") sind nur ein Beispiel für diese Möglichkeiten. Je nach Lerner wird diese oder jene Codierung bevorzugt. Vor allem das „Erleben" bzw. das Handeln in einer Situation führt zu mehrfacher Sinnesreizung (Geruch, Gefühl, Auswirkungen usw.) und damit zu einer Mehrfachcodierung des deklarativen Wissens.

- Wiederholung der Information
  Durch oftmaliges Aufrufen der Information im Gedächtnis wird die Assoziationsverknüpfung stabiler

- Anknüpfen an bestehende Schemata
  Durch Anbieten der Information in vertrauten, relevanten Schemata oder in Analogien zu vertrauten, relevanten Schemata kann neues deklaratives Wissen besser in bestehende Schemata integriert werden. Dubs baut seine Methodenpalette auf einem Dialogkonzept des Lehrers mit dem Schüler auf.[4]

---

[1] vgl. Postman, 1988
[2] siehe Kroeber-Riel, 1990, S. 371 f
[3] vgl. Kapitel 3.3.5
[4] vgl. Dubs, 1995, S. 133 ff

125

Der *Erwerb von Anwendungswissen* entspricht dem Verstehen von Zusammenhängen. Da dieses Verstehen einer vom Lerner erarbeiteten Kognition bedarf, ist das entsprechende Paradigma dazu der traditionelle Kognitivismus mit dem dazugehörigen Modell des Lehrers als kooperativem Tutor. Durch den Theoriecharakter des Anwendungswissens sind die selben Förderungsparameter wie beim Erwerb von Faktenwissen relevant. Vor allem die Wiederholung – das Üben bzw. Anwenden – des prozeduralen Wissens in unterschiedlichen Episoden unterstützt die Bildung kategorischer und hypothetischer Repräsentationen. Zusätzlich ist noch Scaffolding bei den beiden schematheoretisch begründeten Modi der Umstrukturierung und der Feinabstimmung möglich. Eine Umstrukturierung ist allerdings nur schwer erreichbar. In einer empirischen Untersuchung zeigten Versuchspersonen wenig Neigung, ihre Schemata gundlegend umzustrukturieren, auch dann, wenn die vermittelten Informationen in deutlichem Gegensatz zu ihren Alltagstheorien über die betreffenden Gegenstände standen.[1] Mögliche Ansätze zur Umstrukturierung der Schemata sind das Aufzeigen von Zusammenhängen aus unterschiedlichen Perspektiven und schließlich die Anwendung des Wissens in unterschiedlichen Zusammenhängen. Die Umstrukturierung hat starke Affinität zum doppelschleifigen Lernen, wenn auch nicht so radikale Krisen entstehen, da das „Involvement" der Lerner beim Erwerb von Anwendungswissen, wie etwa mathematischen Operationen zur Gleichungsumformung, wesentlich geringer ist.

Methoden zur Förderung der Feinabstimmung sind entweder Verallgemeinerungen bestehender Schemata (Metaphernbildung, Generalisierung) oder Analogiebildung zu bestehenden Schemata (Differenzierung). Je treffender die Analogie in ihren Kernaussagen bereits beim Lerner verankerte Schemata aufrufen kann und je exakter die in beiden verankerten Kernregeln einander gleichen, desto besser der Transfer. So erreicht die Analogie des ohmschen Gesetzes des elektrischen Stroms mit den Gesetzen fließenden Wassers nur dann eine fördernde Bedeutung, wenn der Lerner Wissen über die Gesetze des fließenden Wassers bereits besitzt.

Beim *Erwerb von Handlungswissen* setzen Förderungsmaßnahmen schon vorher bei der Auswahl des dafür notwendigen Anwendungswissens ein. Die Erarbeitung von Ursachen-Annahmen und der Weiterentwicklung der kognitiven Modelle kann durch die konsequente Aufforderung zur (Selbst-)Reflexion (reflection on action) unterstützt werden. Nach dem Resumeé von Dörner und der von ihm propagierten Förderung des „gesunden Menschenverstands" können dafür folgende Möglichkeiten in Betracht kommen:[2]

• Klarmachen der Handlungsziele

• Kompromissbildung zwischen verschiedenen (tw. konkurrierenden) Zielen

• Bildung und Wechsel von Handlungsschwerpunkten

---

[1] vgl. Mandl; Friedrich; Hron, 1988, S. 128
[2] vgl. Dörner, 1989, S. 305 f

- Bewusste Modellbildung durch Antizipation von Neben- und Fernwirkungen unterstützen

- Unterstützung bei der Informationssuche mit dem richtigen Auflösungsgrad durch Aufzeigen (ir-)relevanter Informationen

- Warnung vor allzuschneller reduktiver Hypothesenbildung durch Aufzeigen von Beispielen

- Aufzeigen der Grenzen der Informationssammlung

- Aufzeigen von vertikalen und horizontalen Fluchtbewegungen und der bestehenden Kontrollmöglichkeiten

- Analyse der Fehler und Aufforderung, daraus Schlüsse für die Umorganisation des Denkens und Verhaltens zu ziehen

Da die Erarbeitung kognitiver Modelle Handlung selbst voraussetzt und die kognitiven Modelle nicht vorgegeben, sondern selbst erarbeitet (konstruiert) werden müssen, trifft das Paradigma des Konstruktivismus hier am besten zu. Das entsprechende Lehrermodell ist der Coach bzw. Trainer, der Anleitungen bzw. Tips zur (Re-) Konstruktion von Handlungen durch Wiederholung wichtiger Handlungsteile gibt.

### 3.3.6 Gehirnaktivität

Die Spezialisierung der beiden Hirnhälften lässt zur Förderung des Zusammenspiels der logisch-analytischen und der musisch-ganzheitlichen Hälften unterschiedliche Interpretationen zu. Hugl[1] hat mit dem Konzept des Mind-Mapping eine mögliche Variante aufgezeigt. Mind-Mapping ist dabei ein „Denkmuster, mit dessen Hilfe ein abgeschlossener Themenkreis klarer definiert, Inhaltliches übersichtlich zu Papier gebracht werden kann. Der große Vorteil ist, auch umfangreiche Informationen visuell übersichtlich strukturieren und Zusammenhänge festhalten zu können."[2] Kern ist eine Art kognitive Landkarte, die auf Papier erstellt wird, und in der Zusammenhänge zwischen einzelnen Elementen durch eine baumartige Struktur dargestellt wird.

Daneben gibt es noch diverse körperliche Techniken, die darauf beruhen, die Arbeitsteilung zwischen linker und rechter Körperhälfte zu koordinieren (z.B. Jonglieren). Dennison/ Dennison[3] entwickelten auf dieser These die Methode der Edu-Kinestetik (Edu-K). Brain-Gym ist dabei eine Art Gehirngymnastik zur Verbesserung der Koordination der zwei Gehirnhälften, die Bewegungsmuster im Gehirn neu bahnt und damit beispielsweise eine Verbesserung der Aufnahme- und Konzentrationsfähigkeit bei Kindern und Erwachsenen erzielt. Brain-Gym

---

[1]  Hugl, 1995
[2]  Hugl, 1995, S. 181
[3]  Dennison, 1988

beschäftigt sich im Speziellen etwa mit der Bestimmung und Verankerung von Zielen, sowie Aktionsbalancen für positive Einstellungen, das Hören, Sehen, Schreiben und die Körperbewegung. Der Schwerpunkt kinestetischer Bewegungsabläufe liegt bei einer Überkreuzung der (Körper-)Mittellinie (Bilateralität) zur Förderung des Informationsaustausches im corpus callosum.

Eine Lehrmethode auf der These des Aktivierungszustands des Gehirns entwickelte Losanow [1] mit dem Konzept der Suggestopädie. Darauf basierend wurde weltweit der Lernansatz des Superlearning bekannt. Die Suggestopädie basiert auf einem ganzheitlich didaktischen Ansatz, der schwerpunktmäßig Lernen im Zustand tiefer Entspannung forciert. Techniken dazu sind „gehirnfreundliche" Lern-Taktfrequenzen, Lernkarteien, unterschiedliche schriftliche Verarbeitungen des Lernstoffs, Umgang mit Farben, bildhaften Assoziationen zur Hebung des Erinnerungsvermögens, Überwindung sprachlicher Monotonie u.v.m. [2]

Vester leitet aufgrund der Vorgänge bei der Informationsaufnahme im Gehirn 13 konkrete Regeln ab:

- „Lernziele kennen
  Dem Lernenden müssen zu jedem Zeitpunkt Wert und Bedeutung eines Lernstoffs persönlich einsichtig sein, damit Antrieb und Aufmerksamkeit geweckt und die Schüler zum Lernen motiviert werden.

- Sinnvolles Curriculum
  Lernstoff, dessen Nutzanwendung nicht einsehbar ist, wird bereits schlechter im Gehirn verankert. Zudem ist er später wertlos, da er isoliert gespeichert und für weitere Gedankenverbindungen nicht verfügbar ist. Reihenfolge und Aufbau eines Themas oder Unterrichtsgebiets sind daher nach realen Lernzielen und nach ihrer Verständnisfolge zu gliedern.

- Neugierde kompensiert „Fremdeln"
  Lernbereitschaft wird geweckt durch Neugier, Faszination und Erwartung. Der Stresseffekt bei Konfrontation mit dem Ungewohnten wird dadurch kompensiert.

- Neues alt verpacken
  Vertraute Verpackungen mildern die Abwehr gegen das Unbekannte und vermittelt darüber hinaus durch das Gefühl des Wiedererkennens ein kleines Erfolgserlebnis, das eine lernpositive Hormonlage bewirkt.

- Skelett vor Detail
  Größere Zusammenhänge hängen immer irgendwie mit der alltäglichen Erlebniswelt – dem Vertrauten – zusammen. Daher sind sie im Gegensatz zu Details nie allzu fremd und

---

[1]  Ostrander, 1987 und vgl. auch Punkt 3.2.5.3
[2]  vgl. Ostrander, 1987

können sich eher auf vielen Ebenen im Gehirn verankern und ein empfangsbereites Netz für später angebotene Details bieten.

- Interferenz vermeiden
  Zusatzwahrnehmungen ähnlichen Inhalts stören das Abrufen der innerhalb des UZG kreisenden Erstinformation, lassen diese ohne feste Speicherung abklingen und verhindern so das Behalten. Besser ist es, die Erstinformation zunächst ins KZG abzurufen – sozusagen an bekannten Gedankeninhalten zu verankern – und dann erst „Variationen über das Thema" anzubieten.

- Erklärung vor Begriff
  Durch eine Erklärung von Tatsachen oder Zusammenhängen (ohne noch den zu erklärenden Begriff zu nennen) werden bereits bekannte Assoziationsmuster geweckt, an denen dann der eigentliche, neue Begriff fest verankert werden kann.

- Zusätzliche Assoziationen
  Durch veranschaulichende Begleitinformation und Beispiele erhält eine neue Information ein Erkennungssignal für das Gehirn. Eine anschauliche Darstellung lässt weitere Eingangskanäle und sonst nicht benutzte haptische und motorische Gehirnregionen mitschwingen. Das garantiert bessere Übergänge ins KZG und LZG und bietet vielseitigere Möglichkeiten, die Information später abzurufen.

- Lernspaß
  Spaß und Erfolgserlebnisse sorgen für eine lernpositive Hormonlage und damit für ein reibungsloses Funktionieren der Synapsen und des Kontaktes zwischen den Gehirnzellen. Daher werden mit positiven Erlebnissen verknüpfte Informationen besonders gut verarbeitet und verstanden und ebenfalls wieder vielseitig (und somit „anwendungsbereiter") im Gedächtnis verankert.

- Viele Eingangskanäle
  Je mehr Wahrnehmungsfelder im Gehirn beteiligt sind, desto mehr Assoziationsmöglichkeiten für das tiefere Verständnis werden vorgefunden, desto größer werden Aufmerksamkeit und Lernmotivation, und desto eher findet der Lerner die gelernte Information wieder, wenn er sie braucht.

- Verknüpfung mit der Realität
  Den Lerninhalt möglichst mit realen Begebenheiten verbinden, so dass er „vernetzt" verankert wird. Werden reale Erlebnisse angesprochen, so wird der Lerninhalt trotz zusätzlicher Information eingängiger. Bei der anschließenden Verfestigung des Gelernten bringt dann die reale Umwelt das Gelernte zum Mitschwingen.

- Wiederholung neuer Information
  Jeden Lernstoff in Abständen wiederholt aufnehmen. Wenn eine Information wiederholt über das UZG und länger als die Zeitspanne des UZG aufgenommen wird, kann sie mit

mehreren vorhandenen Gedächtnisinhalten assoziiert werden. Vorstellungen und Bilder werden geweckt, die die vielen Wahrnehmungskanäle eines echten Erlebnisses teilweise ersetzen und eine Einkanal-Information wenigstens innerlich zur Mehrkanal-Information machen, quasi zu einem inneren Erlebnis.

- Dichte Verknüpfung
  Eine dichte Verknüpfung aller Fakten eines Unterrichts, eines Buches oder einer Aufgabe miteinander stärkt die Regeln IV, V, VIII, X und XII, vermittelt Erfolgserlebnisse und fördert das Behalten wie auch das kreative Kombinieren ohne zusätzlichen Aufwand. Die Verknüpfung und Abstimmung sollte für jeden praktischen Fall abgewogen und mit dem jeweiligen Lerntyp in Einklang gebracht werden."[1]

Diese Regeln sind – auch wenn sie schon länger bekannt sind – fundierte Anhaltspunkte zur Gestaltung von Maßnahmen zur Förderung des Wissenserwerbs.

### 3.3.7 Zusammenfassendes Modell zur Förderung des Wissenserwerbs

Menschliches Wissen ist komplex und vielschichtig. Die Klassifizierung in Fakten-, Anwendungs- und Handlungswissen ist dabei eine Reduktion auf Konstrukte, die immer unter dem Blickwinkel des jeweiligen Paradigmas und dem jeweiligen erkenntnisleitenden, technologischen Interesse gesehen werden müssen. Der dispositive Charakter des Wissens zwischen explizit und implizit unterstützt die These Polanyis, dass menschliches Wissen immer ein Persönliches Wissen ist, das in jedem Menschen einmalig vorhanden ist, und das sich jeder Mensch selbst erarbeiten muss. Die Erarbeitung von Wissen entspricht einer Wissensveränderung. Dieser Lernvorgang ist ein Prozess, der in die fünf Schneider'schen Dimensionen strukturiert werden kann. Diese Strukturierung ist allerdings wieder ein Konstrukt, das letztlich unter den jeweiligen technologischen Interessen gesehen werden muss. Auch wenn sich brauchbare Anleitungen durch die einzelnen Klassifizierungen ergeben, darf keinesfalls darüber hinweggesehen werden, dass die Realität eben doch anders ist (bzw. sein kann) und die Einteilung eben nur pragmatische Interessen stützt.[2] Die Vermittlung von Wissen, bzw. die Förderung des Lernvorgangs unterliegt dieser Problematik. Der semantische Aspekt des impliziten Wissens bedingt, dass die Kommunikation beim Scaffolding zwischen Sender und Empfänger ein aktiver Prozess ist, bei dem sowohl Sender als auch Empfänger aktiv beteiligt sind.

---

[1]  Vester, 1980, S. 141 ff. Siehe dazu auch Punkt 3.2.5.2
[2]  In einer Gesellschaft innerhalb eines bestimmten Zeitrahmens gibt es ein bestimmbares, explizierbares Wissen, das bis zu einem bestimmten Grad gesellschaftlich relevant ist. Wissen, das über Generationen hinweg erarbeitet wurde, und das folgenden Generationen als Startkapital zur Verfügung gestellt wird, damit sie es weiterentwickeln. Ein (technologisches) Interesse und damit verbunden eine bestimmte Ansicht zur Förderung des Lernprozesses ist dadurch nur legitim.

Sowohl in der Informationstheorie als auch in der Pädagogik hat sich deshalb folgende Grundauffassung etabliert:

Lehren ≠ Lernen[1]

„Lehren" ist nicht gleich „Lernen". Beides sind eigentlich getrennt voneinander ablaufende Prozesse. Wissen kann damit zwischen Menschen nicht einfach „transportiert" werden. Darin liegt letztlich die Begründung der Aktionsforschung, denn die Verbindung zwischen diesen beiden Prozessen müssen laufend reflektiert werden.[2]

Die informationstheoretische Seite zeigt Walpoth in seinen Ausführungen zu Know-how-Einheiten: Bei aktivem Sender und aktivem Empfänger (Fall der Pragmatik, der dieser Arbeit zugrunde liegt – siehe Kapitel 2.5.2.5) ist kein direkter Zusammenhang zwischen Information und Handlung ersichtlich.[3]

Die pädagogische Seite entwickelt Altrichter als Kritik an dem Modell der technischen Rationalität anhand der Ergebnisse der Untersuchungen von Schön: Praktiker wenden nicht die gelernten Theorien an, sondern zeigen in ihren Handlungen ein Wissen, von dem sie sich nicht unbedingt bewusst sind, wie sie es gelernt haben.[4] Auch Dubs zeigt ähnliche Überlegungen in seinem Zweifel an der Prozess-Produkt-Forschung, in der die Beziehung zwischen Lehrerverhalten (Prozess) und Lernerfolg (Produkt) untersucht wird.[5]

Die diversen Modelle zur Förderung des Wissenserwerbs stellen deshalb auch nur bedingt generalisierbare Zusammenhänge dar, die je nach Art des Wissens und nach Situation mehr oder weniger Erfolg versprechen. Der Prozess der Kommunikation zwischen Sender und Empfänger benötigt eben zunächst ein Sinnverstehen des Senders über einen Zusammenhang, dann der Sinngebung dessen im Sender und letztlich des erneuten Sinnverstehens des Empfängers. Der Vorgang der Wissensvermittlung ist durch diesen semantischen Aspekt des impliziten Wissens eine Triade von Triaden.[6]

Wenn Lehren tatsächlich dem Lernen entspricht, so ist dies eher auf zufällige Übereinstimmung der jeweiligen Grundmuster der handelnden Personen zurückzuführen als auf eine technologische Gesetzmäßigkeit. Dennoch gibt es eher „gute" und eher „schlechte" Methoden des Vermittelns von Wissen. Dubs bezeichnet den Vorgang des Lehrens als eine Kunst.[7] Er gibt allerdings in seinem Modell Anleitungen, diese Kunst zu erlernen. Kernaussage ist: es kommt darauf an! „Der Verfasser ist der Auffassung, dass jedes Paradigma in einer jeweils zutreffen-

---

[1]  diese Einsicht verdanke ich den persönlichen Hinweisen von Herbert Altrichter.
[2]  auch diese Einsicht verdanke ich Herbert Altrichter.
[3]  Walpoth, 1996, Abbildung 4
[4]  vgl. Posch; Altrichter, 1992, S. 33 f
[5]  vgl. Dubs, 1995, S. 33 ff
[6]  siehe Kapitel 3.1.6 und Baumgartner, 1993, S. 184 f
[7]  Dubs, 1995, S. 39

den Situation und jeder Forschungsansatz, wenn er sinnvoll angewendet wird, ihre Bedeutung haben können, sofern zugleich auch deren Grenzen gesehen werden."[1]

Schott et al. untermauern diese Position systematisch mit der UCIT, der Universal Constructive Instructional Theory.[2] Sie zeigen einen universellen Ansatz einer Instruktionstheorie, die sie als instruktionales Design der zweiten Generation zwischen Kognitivismus und Konstruktivismus ansiedeln. Tabelle 20 zeigt die Elemente der UCIT.

Die UCIT stellt einen Ansatz dar, den gesamten Prozess der Wissensvermittlung (Instruktion) hinsichtlich Planung und Durchführung zu strukturieren. Dazu werden konzeptuelle Elemente bereitgestellt, die als Werkzeuge zur Analyse und Synthese von Instruktion dienen. Die analytischen Elemente betreffen die Analyse eines Instruktionsvorhabens, die synthetischen Elemente die Konstruktion aufgrund der Analyse.[3] Damit ist die UCIT eher ein Modell, als eine Theorie.

| Analytische Elemente | Synthetische Elemente |
|---|---|
| Vier Komponenten<br>• Lernende<br>• Lernaufgaben<br>• Lernumgebungen<br>• Bezugsrahmen<br>Drei Prozesse<br>• Wissensnutzung (Handlungen)<br>• Wissenserwerb<br>• Wissensspeicherung<br>SPC-Systeme (situated possibilities-constraints-systems) | • rekonstruierte situationsbezogene Lernaufgabe (RLT = reconstructed, situated learning task)<br><br>• rekonstruierte, situationsbezogene Lernumgebung (RLE = reconstructed, situated learning environment) |

*Tabelle 20: Elemente der Universal Constructive Instructional Theory[4]*

**Die analytischen Elemente der UCIT**

untersuchen das „Setting", die Situation, in der das Scaffolding erfolgen soll. Sie dienen zur Analyse und Beschreibung jeder Form von Instruktion. Die vollständige Beschreibung ist im Regelfall weder möglich noch notwendig. Das Problem bei der Instruktionsplanung besteht gerade darin, die jeweils wichtigen, erwähnenswerten, zielführenden Aspekte herauszuarbeiten.

---

[1]   Dubs, 1995, S. 40

[2]   Schott; Kemter; Seidl, 1995

[3]   interessant ist der Vergleich der UCIT mit bereits bestehenden Methoden des Unterrichtens. So zeigen etwa Posch; Schneider; Mann, 1989 ein Konzept für den Unterricht, das ähnliche Elemente beinhaltet wie die UCIT, nur sind diese nicht so plakativ aufgeführt und die Ausführungen dazu weniger für computerunterstützten Unterricht geeignet.

[4]   nach Schott; Kemter; Seidl, 1995, S. 191

Die *vier Komponenten*

(Lernende, Lernaufgaben, Lernumgebungen, Bezugsrahmen) modifizieren das didaktische Dreieck Lehrer-Schüler-Stoff und erweitern es um die Komponente Bezugsrahmen. Aus den (mehr oder weniger) passiv konsumierenden Schülern werden aktive *Lernende*. Damit wird den Erkenntnissen aus der kognitiven Psychologie, aber auch dem philosophischen Konzept des Personal Knowledge Rechnung getragen. Der Lernende ist durch einen aktiven Lernprozess am Unterricht beteiligt. Dies entspricht einer eher konstruktivistischen Position. Das Abgehen vom Schüler-Begriff unterstützt die Anwendung auch in außerschulischen Bereichen und umfasst damit auch Erwachsene in der Aus- und Weiterbildung im Sinne des lebenslangen Lernens.

Der Stoff wird zu *Lernaufgaben*, die adressatengerecht für den spezifischen Instruktionszweck „sorgsam" aufbereitet werden. Der Verzicht auf den Begriff der Lernziele unterstreicht die Position, dass Lehren nicht gleich Lernen ist, und deutet das subjektive Wissensverständnis an.

Aus dem Lehrer wird die gestaltete *Lernumgebung*, die nicht nur gedrucktes Material und die Wandtafel zur Verfügung stellt, sondern alles, was für den Lernenden zum Zweck der Instruktion planvoll gestaltet wird, beinhaltet: Lehrer, Lernpartner, Lehrmaterialien und -medien, Räume, Zeitpläne. Diese Verallgemeinerung macht die UCIT für multimediale Systeme brauchbar.

Der *Bezugsrahmen* betrifft jene Aspekte, die im Gegensatz zu Lernenden, Lernaufgaben und Lernumgebung zum Zweck einer bestimmten Instruktion nicht beeinflusst werden können, die aber dennoch zu beachten sind, wie etwa gesellschaftliche Wertvorstellungen und Tabus oder sachliche und personelle Ressourcen.

Die *drei Prozesse*

(Wissensnutzung, Wissenserwerb, Wissensspeicherung) stellen die Zerlegung des Lernprozesses in einen Handlungsprozess, einen Lernprozess und einen Codierungsprozess dar. Mit dem Prozess der *Wissensnutzung* wird Schön´s Konzept des Reflection-in-action berücksichtigt. Wissensnutzung bedeutet das angemessene Agieren einer Person in einer Problemsituation durch effektive Nutzung ihres Wissens. Durch Analyse der Problemsituationen wird die Art des Wissens, das zur Lösung nötig ist, bestimmt (Nettolehrstoff).

Fehlt dieses, so ist *Wissenserwerb* nötig, der als Lernaufgabe konzipiert wird. Der Zweck der Instruktion ist das Scaffolding, die Vermittlung der Lernaufgabe an den Lernenden durch Kommunikation zwischen Lernenden und Lernumgebung in einem bestimmten Bezugsrahmen. Hier erfolgt die Untersuchung der Dimensionen des Lernens. [1]

Die *Wissensspeicherung* untersucht die Art der Verankerung des Wissens zur langfristigen Verfügbarkeit. Wissen wird dabei sehr weit gefasst und beinhaltet alle Informationen und

---

[1] vgl. Punkt 3.2

Reaktionen, die sich eine Person zu eigen gemacht hat bzw. besitzt. Die Wissensspeicherung ist als Frage der Codierung zu sehen und kann damit mit neurobiologischen Erkenntnissen in Einklang gebracht werden.

Die *situativen Möglichkeiten-Grenzen-Systeme*
(SPC-Systeme; situated possibilities-constraints-systems) untersuchen die Möglichkeiten und Grenzen der drei UCIT-Prozesse in der jeweiligen Instruktionssituation. Die Grenzen sind durch die jeweiligen Ausprägungen der vier UCIT-Komponenten determiniert. So wird etwa der Prozess des Wissenserwerbs seitens des Lernenden qualitativ durch sein Vorwissen und quantitativ durch seine Informationsverarbeitungsgeschwindigkeit begrenzt. Durch die Grenzen können Qualität und Quantität einer jeden Instruktion im Prinzip vollständig beschrieben werden. Dadurch ergeben sich aber auch die entsprechenden Möglichkeiten je nach Situation. Die Möglichkeiten und Grenzen hängen mehr oder weniger zusammen und bilden eine Einheit (SPC-Systeme).[1] Möglichkeiten sollten genutzt und Grenzen dabei erkannt werden. Diese analytische Komponente ist vor allem für computerunterstützte Lernsysteme wesentlich.

**Die synthetischen Elemente der UCIT**
bauen auf der Beschreibung der Instruktionssituation durch die analytischen Elemente auf. Die Ergebnissse der Beschreibung werden zur Gestaltung einer bestimmten Instruktionsvariante herangezogen. Die Gestaltung betrifft die Lernaufgabe und die Lernumgebung. Das Ergebnis der Gestaltung sind die zwei synthetischen Elemente der UCIT: die rekonstruierte, situationsbezogene Lernaufgabe und die rekonstruierte, situationsbezogene Lernumgebung.

Die *rekonstruierte, situationsbezogene Lernaufgabe*
(RLT = reconstructed, situated learning task) ist das Ergebnis der Konstruktion einer Lernaufgabe, die im Rahmen des SPC-Systems das Ziel situations- und adressatengerecht erreicht. Dabei geht es um das situationsgerechte Nutzen der vorhandenen Spielräume bei der Gestaltung der Lernaufgabe. Als Anhaltspunkt dienen die entsprechenden Techniken zur Förderung der Lerndimensionen des Systemniveaus, der Bewusstheit, der Inensität und der Gehirnaktivität.[2]

Die *rekonstruierte, situationsbezogene Lernumgebung*
(RLE = reconstructed, situated learning environment) ist das Ergebnis der Konstruktion einer Lernumgebung, die im Rahmen des SPC-Systems die RLT situations- und adressatengerecht vermittelt. Auch hier werden die Möglichkeiten innerhalb der Grenzen der Lernumgebung ausgenützt. Basis dafür stellt die Lerndimension der situationsangepassten Grundmetapher und der entsprechenden Motivationsstrategie dar.[3]

---

[1]    auch Dubs spricht von Möglichkeiten und Grenzen (vgl. Dubs, 1995, S. 40)
[2]    siehe Punkt 3.3.3 bis 3.3.6
[3]    siehe Punkt 3.3.2 und 3.3.1

Die UCIT bietet einen systematischen, umfassenden Rahmen für die Gestaltung von Förderungsmaßnahmen zum Wissenserwerb. Sie ist allgemein und flexibel genug, um sowohl die Wissensklassen, als auch die diversen Förderungstechniken der Dimensionen des Lernens zu integrieren. Insbesondere für die Konstruktion computerunterstüzter Systeme zur Förderung des Wissenserwerbs bietet sie systematische Anhaltspunkte. Sie ist sowohl für Lern- als auch für Masseninformationssysteme einsetzbar, da die Grundannahme der Situationsorientierung auf beide Systeme zutrifft.

## 3.4 Computerunterstützte Förderung des Wissenserwerbs mit multimedialen Elementen

### 3.4.1 Computerunterstütztes Lernen zwischen Geschichte und Aktualität

Die inzwischen relativ kostengünstig verfügbare Technik koordinierter, nonlinearer audiovisueller Informationsdarstellung hat das alte Interesse an maschinellen Lehrsystemen und die damit einhergehende Frage nach deren Effektivität wieder geweckt. [1] Damit verbunden ist das Aufgreifen von das Interesse unterstützenden – also ebenso effektiven? – Lerntheorien.

Computerunterstütztes Lernen (CUL) entstand als Methodenkonzeption vor einem spezifischen historischen Hintergrund. Anfang der 60er Jahre erfuhr das Bildungswesen in den USA und später in Europa – nicht zuletzt als Folge des sogenannten „Sputnik-Schocks" – eine enorme Aufwertung. [2] Ausgebildete Lehrer waren knapp, und so erhielten die Argumente für eine Steigerung des Bildungsniveaus durch die Nutzung der sich rasant entwickelnden Computertechnologie Aufwind. Computer sollten als Medium des Lehrens und Lernens die Versäumnisse der vorangegangenen Bildungspolitik ausgleichen und das ramponierte Image des öffentlichen Schulwesens aufhellen. In der Folge entstand Lernsoftware für nahezu alle Fachgebiete, Zielgruppen und Schulformen. Der Computer hielt nicht nur Einzug in Universitäten und Colleges, sondern ebenso in Elementar- und Vorschulen.

Mit Hilfe von öffentlichen und privaten Geldern wurden Schulen mit Hardware ausgestattet und Projekte zur Forschung und Entwicklung von CUL initiiert. Die Aktivitäten führten zu einer unübersehbaren Zahl an Veröffentlichungen – teils subjektiv geprägten Erfahrungsberichten, teils systematisch angelegten Untersuchungen. Selden und Schulz berichten 1982 von einer Datenbank-Recherche, die mehr als 4500 Artikel mit Bezug auf Forschungen über CUL zum Vorschein brachte. [3] CUL entwickelte sich zu einem neuen Markt, der schnell überschwemmt war mit eintönigen und pädagogisch unbrauchbaren Programmen, die den grund-

---

[1] vgl. Hoogeveen, 1995
[2] vgl. Euler, 1987, S. 115 ff
[3] Selden; Schultz, 1982

legendsten Entwicklungsprinzipien nicht genügten. Es war daher nicht erstaunlich, dass die anfängliche Euphorie schnell einer begründeten Skepsis wich und der Ansatz schon einige Jahre später als weithin gescheitert galt.[1]

Informationstechnisch erforderten die Systeme der 60er Jahre den Anschluss an einen Großrechner. Mit der Entwicklung der Mikrocomputer Ende der 70er Jahre bekam CUL neuen Auftrieb. Die Technik wurde immer leistungsfähiger und preiswerter, ihre Verfügbarkeit für größere Benutzerkreise stieg zunehmend an. Die Diskussionen in den USA besaßen viele Parallelen zu jenen Anfang der 60er Jahre: Der „Sputnik-Schock" war nun die „japanische Herausforderung", das öffentliche Bildungswesen stand unverändert in geringem öffentlichen Ansehen, und wieder versprach die Technik neue Lösungen für alte Probleme.[2] Das Angebot an mehr oder weniger benutzerfreundlichen Computern, dazu eine Autorensoftware, die kein Eindringen in die Tiefen der Systemprogrammierung erfordert, führen inzwischen zu einer Renaissance des CUL. Die technischen Komponenten wurden weiterentwickelt, so dass sich zwangsläufig die Frage stellt, ob den technischen Innovationen ebenso bahnbrechende didaktische Neuerungen folgen können. Dennoch scheint es sinnvoll zu sein, die informationstechnologischen Möglichkeiten für die wachsenden Qualifikationserfordernisse in irgendeiner Form zu nutzen.

In größeren Unternehmungen wird davon ausgegangen, dass die Qualifikationsanforderungen einem intensiven Wandel unterliegen. Die immer kürzeren Innovationszyklen führen zu der Notwendigkeit, immer mehr Mitarbeiter in immer kürzerer Zeit weiterbilden zu müssen. In vielen Unternehmen hat sich daher die Erkenntnis durchgesetzt, Bildungskonzepte im Bereich der beruflichen Aus- und Weiterbildung als integralen Bestandteil jeglicher Innovationsgestaltung zu verstehen. CUL wird in diesem Kontext als eine pädagogische Variante diskutiert, den erhöhten Bildungsbedarf kostengünstig zu befriedigen.

Bei der Suche nach Legitimatoren, die in dem „weichen" Feld der didaktisch zu bewirkenden Verhaltensänderung einige vermeintlich „harte" Kriterien einführen sollen, spielen Medien eine wesentliche Rolle. Wenn die Frage nach dem Erfolg eines „personalintensiven" Seminars schnell in den Wolken von bedachtsam-vage formulierten Vermutungen über Verhaltensänderungen bei den Teilnehmern verschwindet und an Konturen verliert, dann wird der Rückgriff auf Medien schnell zu einem Indikator für die Bemühungen der Qualifizierungsträger. Diese Tendenzen sind nicht neu, sie erhalten lediglich im Rahmen von CUL einen neue Aktualität. Der medial gestylte Seminarraum mit Overhead, Flip-Chart, Metaplan-Koffer, magnet- oder korkbeschichteten Hafttafeln, Video-Kamera und Projektoren für Computer-Präsentationen zählt schon fast zum Minimum an Ausstattung einer sich fortschrittlich verstehenden Bildungseinrichtung, damit sie zeigen kann, dass hier Lernen „auf dem neuesten Stand der Tech-

---

[1]  Euler, 1992, S. 16
[2]  Gagné, 1987, S. 15

nologie" betrieben wird. Sobald neue Lehrpläne oder Ausbildungsordnungen in Kraft treten oder neue Themen aktuell werden, erklingt der Ruf nach „Materialien". Der Griff nach der fertigen Mappe mit den methodisch „perfekt" aufbereiteten und den jeweils neuesten Erkenntnissen entsprechenden Lehrinhalten scheint eine weitverbreitete Sehnsucht zu sein, der die Angebote eines differenzierten Bildungsmarktes zu entsprechen versuchen.

Immer neue Schlagworte erschweren häufig die Einschätzung darüber, ob sich hinter einem neuen Begriff mehr als nur eine Marketing-Konzeption verbirgt. Schließlich war schon so manche Variante der „Neuen Medien" als revolutionär angekündigt, wurde dann aber schon kurze Zeit später als archaisches Relikt aus den frühen Jahren des Computerzeitalters verlacht.[1] Große Worte sind schnell bei der Hand („Demokratisierung der Information", „Bilderzeitalter", „Multimediale Gesellschaft" u. a.) – hinter den Sprachfassaden geht es dann oft viel bescheidener zu. Ein gutes Beispiel ist die aktuelle Diskussion über „Multimedia". Der Wunsch nach Multimedia, nach vollständiger Simulation von Realität, nach medialer Abbildung einer nicht-linearen Ordnung, hat viele Vorläufer.[2] Im didaktischen Zusammenhang war Multimedia bislang immer eine Materialschlacht mit Großprojektoren, synchronisierten Apparaturen für Bild, Ton und Effekten. Im Unterricht bezeichnete Multimedia den oft bemühten Versuch der Lehrer, mit Medien den Unterricht aufzulockern: Diashows mit vertauschten Dias; Kassettenrecorder mit Fremdsprachenaufnahmen, die unter dem Rauschen kaum zu verstehen waren; Videorecorder oder Filmprojektoren, die dann nicht funktionierten. Multimedia bedeutete oft einen großen organisatorischen Aufwand mit unzähligen Pannen. Neu ist daher auch hier nicht die Idee oder das Konzept, neu sind die Möglichkeiten der technischen Realisation. Multimedia also „alter Wein in neuen Schläuchen", wie es Sabine Payr anlässlich des Workshops über Wissenserwerb und Wissensvermittlung im informationstechnischen Zeitalter im Oktober 1995 in Innsbruck skizzierte?

### 3.4.2 Grundstruktur computerunterstützter Lern- und Masseninformationssysteme

Wird in das klassische Dreieck Lehrer-Schüler-Stoff zur Förderung des Wissenserwerbs die Maschine Computer eingefügt, so kann dies auf zwei Arten erfolgen:

a) Vollständiger Ersatz des Lehrers durch die Maschine

b) Einbindung der Maschine als ein zusätzliches didaktisches Mittel im Lehrer-Schüler-Dialog

---

[1] vgl. etwa die Diskussion um den Bildschirmtext
[2] z.B. die Filmprojektionen in den Theaterstücken bei Sergej Eisenstein und Bertold Brecht

Beide Arten werden als Teachware bezeichnet.[1] Zwischen beiden Positionen gibt es eine Graduierung, denn beide Positionen bieten entsprechende Möglichkeiten, haben aber auch bestimmte Grenzen. Diese Möglichkeiten und Grenzen sind nicht generell festlegbar, sondern weisen im jeweiligen Instruktionsvorhaben individuelle Verläufe auf. Wo die Möglichkeiten ausschöpfbar und wo die Grenzen zu ziehen sind, ist von Fall zu Fall Aufgabe des daran arbeitenden Teams.

Ziel vieler Entwicklungen des CUL war und ist wohl der erste Fall. Wo diese Systeme allerdings auf ihre Grenzen stoßen, liegt der Schluss nahe, diese Grenzen durch Einbindung einer Person (Lehrer) zu überschreiten, um damit die Möglichkeiten beider Fälle zu verbinden und die gegenseitigen Grenzen zu überwinden. In dieser Arbeit soll primär der erste Fall betrachtet werden. Damit wird der vollständige Ersatz des Menschen durch die Maschine nicht als der beste und erstrebenswerteste Zustand angesehen, sondern die entsprechenden Möglichkeiten, aber vor allem auch die wesentlichen Grenzen dieser Konstellation sollen so aufgezeigt werden. Damit können die Ansatzpunkte für die sinnvolle Einbindung eines multimedialen, computerunterstützten Systems in einen größeren Verwendungszusammenhang gefunden werden.

Euler hat die zentralen Varianten im computerunterstützten Unterricht (hypermediale, tutorielle Unterweisung, Übungsprogramme und Simulationen) untersucht und eine Grundstruktur gefunden. Abbildung 25 zeigt diese Grundstruktur:[2]

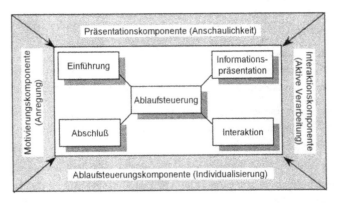

*Abbildung 25: Grundstruktur computerunterstützter Lern- und Masseninformationssysteme[3]*

---

[1]  darunter fallen Begriffe wie CUL (computerunterstütztes Lernen), CAI (Computer Assisted Instruction), CAL (Computer Aided/ Assisted Learning), CBI (Computer Based Instruction), CBL (Computer Based Learning), CBT (Computer Based Training), CMI (Computer Managed Instruction). Vgl. dazu die Ausführungen bei Witte, 1995, S. 6

[2]  vgl. Euler, 1992, S. 17 ff und S. 32 f

[3]  aus Euler, 1992, S. 33

Jedes System besitzt eine Einführungsphase, die in die Thematik einführt, und eine Abschlussphase, die entweder abschließende Statements bringt, oder einen Abschlusstest vorsieht. Die Phase der Informationspräsentation stellt Informationen für den Benutzer in einer Informationsart dar. Die Interaktionsphasen sind Benutzereinwirkungen, die entweder die Ablaufsteuerung betreffen oder Frage-Antwort-Rückmeldungen-Strukturen mit entsprechenden Hilfestellungen aufweisen. Eine zentrale Phase jeder Variante ist die Ausprägung der Ablaufsteuerung, die zwischen den beiden Polen Fremdsteuerung durch das Programm und Selbststeuerung durch den Lerner gestaltet ist.

Euler stellt den fünf Phasen vier didaktische Komponenten als Thesen gegenüber, auf denen er seine Untersuchung über computergestützten Unterricht aufbaut. Diese vier Komponenten beschreiben didaktische Prinzipien, die auf die Gestaltung der Phasen bezogen werden können. „Phasen und Prinzipien sind jedoch nicht deckungsgleich, weil die Prinzipien der Aktivierung und Anschaulichkeit in die Gestaltung aller Phasen einregieren."[1] Die *Präsentationskomponente* fördert die Anschaulichkeit durch die Möglichkeiten der Informationsarten.[2] Die *Motivierungskomponente* zielt auf die Motivstruktur des Lerners ab. Hier treffen die Annahmen aus der Erwartungs-Wert-Theorie zu: Wenn das System sowohl die Erwartungen, als auch die den Ergebnissen beigemessenen Werten des Lerners erfüllt, so ist die Motivation als hoch einzuschätzen.[3] Die *Ablaufsteuerungskomponente* ermöglicht eine dem Benutzer individuell angepasste Konzeption von Elementen. Hier wird auch unterschieden in[4]

- inadaptive (konventionelle) Systeme
  bei diesen wird auf unterschiedliche Ablaufsteuerungen je nach Lernertyp nicht Rücksicht genommen

- adaptierbare (lernergesteuerte) Systeme
  können vom Benutzer aktiv an seine Bedürfnisse (Eigenschaften, Fähigkeiten) und an seine Arbeitssituation (Arbeitsaufgabe, Arbeitsumgebung) angepasst werden.

- adaptive (systemgesteuerte oder intelligente) Systeme
  diese Systeme erheben den Anspruch, sich automatisch an den Benutzer und seine Arbeitssituation (Arbeitsaufgabe, Arbeitsumgebung) anzupassen

Die *Interaktionskomponente* fördert durch die Dialogmöglichkeit des Benutzers mit dem System die aktive Verarbeitung der Lerninhalte. Der Dialog mit einer Maschine unterliegt allerdings bestimmten Grenzen. Meist reduziert sich die Interaktionsmöglichkeit auf die Auswahl bestimmter Ereignisse. Eine semantische Interaktion ist meist nur durch sehr aufwendige Sys-

---

[1]  Euler, 1992, S. 33
[2]  siehe dazu Kapitel 4.5
[3]  siehe dazu Kapitel 3.3.1
[4]  Friedrich, 1990, S. 181 ff. Vgl. dazu auch Punkt 4.6.6.1

teme und auch hier nur in sehr eingeschränktem Umfang möglich.[1] Das Hauptproblem besteht dabei darin, dass der Benutzer keine Rückfragen oder Verständnisfragen an das System stellen kann und das System deshalb auch nur Entscheidungsfragen an den Benutzer stellen kann. Ein Frage-Antwort-Dialog mit dem Lerner ist deshalb von vornherein nur in Form von Entscheidungsfragen bzw. Auswahloptionen möglich.

Ansätze zur Ausweitung der Grenzen von computerunterstützten Systemen werden in Expertensystemen – gekoppelt mit neuronalen Netzen – gesehen. Ziel ist damit einerseits das Informationsangebot mit der Informationsnachfrage weitgehend aktuell zu korrelieren, andererseits durch diese „intelligenten" Systeme die Ablaufsteuerungskomponente adaptiv zu gestalten und einen natürlichsprachlichen Dialog zu ermöglichen. Es gibt dafür auch bereits Entwicklungen, die im wesentlichen durch einen vom Lerner auszufüllenden, computergestützten, interaktiven Fragebogen zu Beginn der Sitzung ein Benutzerprofil entwerfen und darauf die Art der Informationspräsentation und der Navigation abstimmen.[2] Witte[3] fand bei einer breit angelegten Untersuchung im deutschen Sprachraum insgesamt sechs solche Systeme (ca. 8%), von denen vier intelligente Tutorsysteme und zwei intelligente Simulationssysteme waren, die jedoch nur begrenzte Natürlichsprachlichkeit zulassen. Euler reiht diese Systeme deshalb noch unter Zukunftsvisionen, da sie ein „Lernen" des Systems nötig machen, was wiederum in den Bereich der Künstlichen Intelligenz fällt. Die Probleme der KI zeigen, dass dieses systemisch-automatische Lernen komplex und nach wie vor ungelöst ist.[4] Es kann davon ausgegangen werden, dass adaptive Systeme mit natürlichsprachlichem Dialog, die Marktreife erlangen und im PC-Bereich eingesetzt werden können, mittelfristig nicht verfügbar sind.

Der Einsatz von CUL-Software ist somit an die beschränkten Interaktionsmöglichkeiten mit dem System gebunden. Euler stellt deshalb sieben Thesen auf, die die reduzierte Kommunikation mit dem System betreffen. Die Kommunikation ist[5]

a) *anonym*
  durch die Auflösung der dem direkten sozial-kommunikativen Handeln eigene Einheit von Raum und Zeit. Der Kommunikationspartner ist der anonyme Autor (oder die Autorengruppe) des Systems.[6]

---

[1]  vgl. dazu die Ausführungen in Punkt 2.4.2
[2]  siehe z.B. die intelligenten Tutoren-Systeme ANATOM-Tutor und ISIS-Tutor des Fraunhofer-Instituts IBMT (Beaumont; Brusilovsky, 1995)
[3]  Witte, 1995, S. 129
[4]  Euler, 1992, S. 31f
[5]  vgl. Euler, 1992, S. 41 ff
[6]  Das extreme Gegenstück besteht darin, dass der Benutzer des Systems nicht mehr den anonymen Autor sieht, sondern den Computer als Bezugspunkt identifiziert und zu ihm eine psychologische Beziehung aufbaut. Weizenbaum berichtet etwa, dass seine Mitarbeiter dem von ihm entwickelten Sprachanalyse-System ELIZA ihre intimsten Gedanken anvertrauten (Weizenbaum, 1990, S. 22).

b) *direktiv*

durch die in der Diktion des Imperativs abgefassten Mitteilungen des Lernsystems, die für den Lerner die kommunikativen Anschlussmöglichkeiten bieten. Der Lerner wird vom Programm nur aufgefordert Optionen zu wählen, Entscheidungen zu treffen oder an eine andere Stelle zu verzweigen.

c) *erfahrungsreduziert*

durch den im Vergleich zur sozialen Kommunikation enorm reduzierten Kommunikationskontext, der den Verständigungsbereich der Kommunikation auf eine relativ überschaubare Zahl an Informationen und darauf bezogenen Lernereingaben beschränkt.

d) *sprachreduziert*

durch den Wegfall der nicht- bzw. halbsprachlichen Kommunikationsebenen. Die Kommunikation mit dem System reduziert sich auf das ausdrücklich (explizit) Artikulierte, das wiederum durch die beschränkten Dialogformen (keine natürlichsprachlichen Dialoge) stark reduziert ist.

e) *gefühlsreduziert*

durch das Fehlen gefühlsbetonter Ausdrucksformen wie etwa Ironie oder Sarkasmus. Affektive Dimensionen menschlichen Handelns werden in der Lerner-Computer-Kommunikation nicht gefordert.

f) *statisch*

durch das fehlende Lernmoment des Kommunikationspartners Computer. Die Dialoge aktualisieren lediglich vorgeplante Kommunikationsmuster. Die Kommunikation mit dem Computer schreitet nicht dynamisch fort, sondern vorgezeichnete Wege ab.

g) *ohne Verantwortung*

durch die fehlende Verantwortlichkeit des Lerners für sein Handeln. Der Benutzer des Systems kann Aktionen rückgängig machen und braucht seine Aktionen nicht zu begründen, noch sie auf ihre moralische Basis hin zu legitimieren.

Diese Thesen haben ihre Berechtigung im Umgang mit der Maschine Computer im Allgemeinen, egal ob bei multimedialen Lern- und Masseninformationssystemen oder bei sonstigen Informations- und Kommunikationssystemen. Da der Einsatz einer computerunterstützten Lösung allerdings neben der technischen Komponente immer auch eine organisatorische Komponente hat, die die Rahmenbedingungen regelt, können unter Berücksichtigung dieser Thesen den Extrema entsprechende Maßnahmen entgegengesetzt werden. Es kann und soll nicht darum gehen den Computer mit dem Menschen zu vergleichen, sondern deren jeweilige Stärken und Schwächen aufeinander abzustimmen und in einem sinnvollen Kontext zu verwenden. „In diesem Sinne ist CUL nur bei solchen Pädagogen gut aufgehoben, die auch ohne Computer gute Pädagogen sind!"[1]

### 3.4.3 Grundmetaphern

Der traditionelle Standpunkt maschinell unterstützten Lernens liegt klar auf der objektivistischen Seite. Hier lassen sich einfach Lernsysteme konstruieren, die eine klar umrissene Lehrer-, Lern- und Inhalte-Strategie zeigen. Konstruktives Lernen ist maschinell schwieriger zu unterstützen, da die Lerninhalte auf die individuellen Präferenzen und Fragen des Lerners abgestimmt werden müssen. Die Maschine müsste dem Lerner die Komplexität eines humanen Lehrers entgegensetzen können. Eine mögliche Konstruktion mit Expertensystemen findet sich bei Posthoff/ Schubert.[2] Ohne den Einsatz künstlicher Intelligenz kann nur versucht werden, die behavioristische Tendenz aufzuweichen. Dies kann durch eine nonlineare Navigationsstruktur hypermedialer Systeme erfolgen.

Abbildung 26 zeigt die Einordnung diverser Systeme in die Paradigmen des Lernens im Kontinuum zwischen Programmgesteuert und Lernergesteuert.

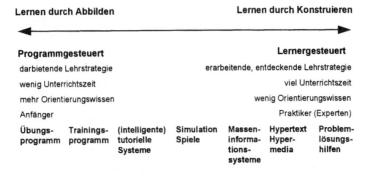

*Abbildung 26: Technologische Konzepte in den Paradigmen des Lernens*

Die beiden Pole des Objektivismus und des Subjektivismus bedingen unterschiedliche Konzeptionen. Dem objektivistischen Abbilden sind programmgesteuerte Konzepte verhaftet, während dem Konstruktivismus lernergesteuerte Abläufe entsprechen. In der Literatur hat sich dafür das Begriffspaar lineare und nonlineare Navigation etabliert.[3] Lineare Navigation (oder guided navigation) bedeutet, dass der Benutzer auf die Abfolge der Informationsprä-

---

[1] Euler, 1992, S. 44

[2] Posthoff; Schubert, 1993

[3] vgl. die Beiträge von Henderson/ Arger sowie Ralph und auch Morgado in Maurer, 1995 oder Reed; Oughton, 1995

sentation keinen Einfluss hat. Nonlineare Navigation (oder open consultation) entspricht dem Konzept des Hypertexts und Hypermedia,[1] bei dem die Abfolge der Informationspräsentation durch den Benutzer bestimmt wird.

Nach empirischen Studien von Depover und Quintin haben folgende Faktoren positiven Einfluss auf die Effektivität der nonlinearen Steuerungsart:

- Alter des Lerners

- Niveau des Vorwissens des Lerners auf dem Lerngebiet

- Fortschritt während des Kurses

- Niveau der Komplexität des Stoffes

- Vertrautheit mit dem Inhalt

„Based on this data, particularly data concerning the characteristics of the learner, it is difficult to continue to accept the idea that learner control, whatever the circumstances, is a solution to the difficulties encountered in the recognition of individual particularities in a multimedia instructional system."[2]

Reines nonlineares Navigieren ist somit problembehaftet, so dass meist ein Mittelweg zwischen open consultation und guided navigation beschritten wird. Erfolgversprechend sind Varianten, die den Lerner mit einer konstruktiven Aufgabe betrauen, z.B. die *Erstellung* von nonlinearer Navigation zwischen den Inhalten als konstruktiven Lernprozess. Jonassen[3] verglich in einer Studie vier unterschiedliche Formen von Lerntechniken mit Hypertextverzweigungen. Drei Techniken beinhalteten unterschiedliche, hypertextorientierte, nonlineare Navigation. Bei der vierten Technik mussten die Versuchspersonen nach dem normalen, sequentiellen Lesen eines Textes selbst eine nonlineare Netzwerkstruktur mit Hyperlinks zwischen Textstellen erstellen. Nur diese Technik half nachhaltig beim Verstehen. Dieses Ergebnis ist nicht allzu überraschend, denn auch der verzweigteste Hypertext kann letztlich nur sequentiell oder linear gelesen werden: Die Lerner beginnen mit einer Übersicht und wählen dann nach und nach weitere aus. Linearer und nonlinearer Text unterscheiden sich demnach nur darin, dass es für die Lernenden mehr oder weniger deutlich ist, was sie als nächstes lesen können.

Ein weiterer Ansatzpunkt in Richtung Konstruktivismus ist die Puzzle-Technik, bei der der Lerner Bildelemente zusammensetzt, bis das erstellte Bild „funktioniert" (z.B. Zusammenset-

---

[1]  vgl. Punkt 2.5.3.2

[2]  Depover; Quintin, 1991, S. 237

[3]  Jonassen; Beissner; Yacci, 1993

zung eines Ottomotors aus einzelnen Bauteilen). Dem Ausbau dieser „trial and error"-Konzepte sind jedoch in nicht-technischen Gebieten Grenzen gesetzt.

Dubs zeigt in seinem Modell, dass für die objektivistische Seite eher weniger Unterrichtszeit und für die konstruktivistische Seite eher viel Unterrichtszeit benötigt wird. Dem entsprechen eher mehr Orientierungswissen im Sinne des Überblicks über ein Themengebiet für objektivistische Ziele, und weniger nötiges Orientierungswissen für konstruktivistische Ziele. Dubs zeigt damit auch die unterschiedliche Eignung der Paradigmen auf: objektivistische Paradigmen für Anfänger auf einem Gebiet, konstruktivistische Paradigmen für Fortgeschrittene bzw. Experten.[1]

Dementsprechend sind auch bestimmte Klassen von Software innerhalb dieser Polarisierung angesiedelt.[2] Eng dem Behaviorismus verbunden sind *Übungsprogramme*, die stark zergliederte Lerneinheiten vorsehen, die sequentiell durchlaufen werden müssen.

*Trainingsprogramme* werden auch als „Drill & Practice"-Systeme bezeichnet. Mit ihnen lässt sich bereits vorhandenes Wissen üben und festigen. Der schematisch aufgebaute Dialogablauf zwischen Lerner und Trainingssystem besteht im wesentlichen aus der Fragestellung, der Aufnahme und Analyse der Antwort sowie der Rückantwort (Feedback). Die Auswahlreihenfolge der einzelnen Fragen aus einem umfangreichen Fragenvorrat basiert im allgemeinen auf einer Zufallsauswahl, auf Warteschlangentechnik oder auf dem Anwenden von Intervallmethoden. Die Lernerorientierung erfolgt durch eine Aufgabenselektion auf Grundlage von Antwortauswertungen.

*(Intelligente) Tutorsysteme* werden auch als „instructional sessions" bezeichnet. Durch eine dialogartige Interaktion zwischen System und Lerner kann der Lerner einzelne Abfolgen direkt anspringen. Diese werden dann sequentiell durchlaufen. Durch Sprungpunkte (links) kann der Lerner zwischen einzelnen Lerneinheiten wechseln. Das Paradigma des kognitiven Behaviorismus liegt diesen Systemen zu Grunde.

*Simulationen und Spiele* sind schon stärker lernergesteuert. Dazu werden komplexe reale Objekte oder Prozesse in einem Modell abgebildet. Das System reagiert dabei auf Benutzeraktionen und stellt andere Informationsinhalte je nach Aktion dar. Da diese Aktionen interpretiert werden müssen, liegt kommunikationstechnisch der Fall der Generierung und Translation vor.[3] Der Traditionelle Kognitivismus ist dabei das fundamentale Paradigma.

*Masseninformationssysteme* stellen generell eher Umgebungen dar, in denen der Benutzer die ihn interessierenden Aspekte abruft. Nicht die Gesamtheit der Zusammenhänge soll unterstützt werden, sondern die umfassende Abdeckung eines Gebiets. Das System unterstützt da-

[1]   Dubs, 1995, S. 42 ff
[2]   siehe dazu die Klassifizierung in Witte, 1995, S. 6 ff
[3]   vgl. Punkt 2.4.7. Dieser Fall ist in dieser Arbeit explizit ausgeschlossen.

bei den Benutzer bei der Informationssuche. Das Paradigma des exogenen Konstruktivismus ist damit am ehesten vergleichbar.

*Hypertext und Hypermedia* sind Techniken, die in mehreren Systemen Anwendung finden (z.B. in tutoriellen Systemen, Fallstudien, Masseninformationssystemen usw.). Als Ansatz sind diese Techniken stark lernerzentriert, da besonders die Verbindungen zwischen diversen Informationsinhalten unterstützt werden. Damit lässt sich ein dialektischer Konstruktivismus als Paradigma unterstellen.

*Problemlösungshilfen* sind sehr stark lernerzentriert. Sie zeichnen sich durch nur geringe Programmsteuerung aus. Der Lerner ist darauf angewiesen, die ihn interessierenden Informationen aus dem Kontext der Hilfen herauszufinden. Programmierungs- oder Anwendungshilfen – wie etwa die standardisierten Hilfefunktionen von Microsoft – bieten dem Paradigma des endogenen Konstruktivismus entsprechend nur wenig didaktische Lernerunterstützung.

Kaum ein Softwareprodukt ist idealtypisch und lässt sich exakt dieser oder jener Klasse zuordnen. Die meisten Produkte kombinieren diverse Techniken. In diesem Sinne ist diese Einteilung eher als Orientierung zu verstehen. Es zeigt sich aber bereits hier, dass sich Lernsysteme und Masseninformationssysteme von ihrem Ansatz her nur gering unterscheiden. Lediglich der Zugang, die Art der Steuerung ist zunächst verschieden. Deshalb ist die Konzeption dieser Arbeit durchaus geeignet für beide Systeme Aussagen zu treffen.

### 3.4.4 Systemniveau

Computerunterstütztes multimediales Lernen liegt klar auf der Stufe des einschleifigen Lernens.

Für doppelschleifiges Lernen und Lernen-Lernen ergeben sich wenig Anhaltspunkte für eine Unterstützung durch multimediale Technik, müsste diese Technik dabei doch selbst reflektiert werden. Lediglich Simulationen können Ansätze dazu liefern, indem das Erkenntnisobjekt aus unterschiedlichen Paradigmen gezeigt wird, aber auch das nur bei klar umrissenen Alternativen. Durch photorealistische audiovisuelle Techniken wird Lerninhalten bei einschleifigem Lernen oft große Glaubhaftigkeit zugeschrieben. Deshalb wird ein doppelschleifiges oder Deutero-Lernen durch multimediale Technik sogar noch erschwert. Hier fehlt eindeutig die menschliche Gruppe, in der Denkanstöße für doppelschleifiges Lernen diskutiert und reflektiert werden können.

Lernen im Systemniveau des doppelschleifigen und Lernen Lernens ist tendentiell schwer für computerunterstützte Situationen geeignet. Es sei denn, das Lernumfeld wird mit einbezogen und das Lernsystem dient nur als Anschauungsobjekt, als Denkanstoß, als Mittel zum Transport von Parabeln. Die Bildung eines flexiblen Modells zur Förderung des Lernen Lernens kann nur mit und durch andere Menschen erfolgen, da dazu keine reduzierte Kommunikation vorhanden sein darf.[1]

## 3.4.5 Bewusstheit

Mit multimedialen Techniken können sowohl systematisch-bewusstes Lernen, als auch implizites Lernen unterstützt werden. Da zum bewussten Lernen Aufmerksamkeit und Konzentration gefordert wird, kann die Unterstützung bewussten Lernens durch den gezielten Einsatz der Motivationskomponente der Euler'schen Systematik erfolgen.[2] Durch multimediale Technik ist besonders der Einsatz unterschiedlicher Darstellungsvarianten mit einem dramaturgischen Aufbau, der das Interesse (Neugier) weckt und Spannung erzeugt, dafür geeignet. Die entsprechende Lernersteuerung und die diversen Interaktionsmöglichkeiten stellen eine Herausforderung für den Lerner dar und unterstützen somit die Motivation.

Das kognitive Paradigma fordert geradezu das bewusste Lernen. Den dazu nötigen komplexen Anforderungen, wie der fragenden Grundhaltung des Lerners, kann durch das entsprechende didaktische „Setting" Rechnung getragen werden. Doch auch hier gibt es Grenzen durch die eingeschränkte Kommunikation des Lerners mit dem System. Natürlichsprachliche Dialoge wären dazu genauso nötig, wie ein sich selbst fortbildendes (lernendes) System.

Unbewusstes Lernen kann durch den Einsatz von wiederholten Darstellungen gesteuert werden, von deren Inhalten gezielt abgelenkt wird. Paivio arbeitete etwa mit diesem Ansatz für seine Untersuchung.[3] Die „Ablenkung" kann durch Aufforderungen und Anweisungen für diverse Aktivitäten erfolgen. Insbesondere Handlungswissen, das einen hohen Anteil an implizitem Wissen hat, kann nur durch Handlungen erarbeitet werden. Implizit gelerntes Faktenwissen ist jedoch durch multimediale Lernsysteme einfacher steuerbar als implizit gelerntes Handlungswissen, da durch und mit dem Computer nur jene Handlungen ausgeführt werden können, die im Computer simuliert werden können. Dabei werden andere Sinneswahrnehmungen, wie etwa taktile, vestibuläre oder olfaktorische Wahrnehmungen nicht berücksichtigt.

Die Gefahr des unbewussten Lernens mit dem Computer zeigt die Diskussion über den Umgang mit der Virtuellen Realität: Durch die fehlenden Sanktionsmechanismen des Computers fühlten sich Versuchspersonen nach der VR-Sitzung teilweise nicht mehr den gesellschaftlichen, moralischen und ethischen Konventionen verpflichtet.[4]

---

[1]  vgl. Punkt 3.4.2
[2]  vgl. Punkt 3.4.2 und die Motivationsstrategien in Punkt 3.3.1
[3]  Paivio, 1971. Vgl. dazu auch die Ausführungen in Punkt 3.3.4
[4]  Brody; Gathman, 1993

### 3.4.6 Intensität

Multimediale Technik unterstützt Lernen primär im Reproduktionsniveau. Grundwissen kann relativ einfach vermittelt werden. Durch Lernen in virtuellen Realitäten kann auch das Anwendungsniveau erreicht werden, wenn die virtuelle Umgebung die Anwendung des Wissens ausreichend ermöglicht. Zum computerunterstützten Lernen auf Problemlösungsniveau müssten chaotische Bedingungen geschaffen werden, die der Komplexität des Lerners eine systemische Komplexität gegenüberstellt. Potentiell gefährlich ist die Blockade des Problemlösungsniveaus durch das institutionalisierte Lernen mit multimedialen Techniken.

Anwendungs- und Handlungswissen kann durch den ausschließlichen Einsatz von CUL-Systemen nur schwer erreicht werden, es sei denn dieses Anwendungs- und Handlungswissen betrifft den Computer wieder selbst (Programmierung, Anwendung von Programmen usw.) oder andere formal sehr klar strukturierte Probleme. Förderung von Handlungswissen mit komplexerem Kontext ist nur durch die Einbindung des Lernsystems in einen größeren Zusammenhang möglich. Dazu liefert die UCIT brauchbare Ansätze.[1] Wenn computerunterstützte Lernsysteme als ein Baustein in der Förderung handlungsrelevanten Wissens gesehen werden, und im Rahmen einer Ausbildungssituation auch das Feedback anderer Personen (Lehrer, Gruppenmitglieder) eingebaut wird, kann so dem Lernen eine entsprechende Umgebung zur Verfügung gestellt werden, die dem dazu nötigen kognitiv-konstruktivistischen Paradigma entgegen kommt.

Ein Beispiel für den integrierten Einsatz multimedialer Lernsysteme für den Bereich des Anwendungs- und Handlungswissens in ein größeres Lehr-/ Lernkonzept stellt die „Tyrolean-Fallstudie" dar, die ich gemeinsam mit Kainz und Walpoth entwickelt habe.[2] Ausgangssituation war die Vertiefungsrichtung Wirtschaftsinformatik, die am Institut für Wirtschaftsinformatik (IWI) der Universität Innsbruck im Rahmen des zweiten Studienabschnitts für Betriebswirtschaftslehre, Internationale Wirtschaftswissenschaften und Wirtschaftspädagogik angeboten wird. Die Anforderungen der Ausbildung ergeben sich aus dem Gegenstand der Wirtschaftsinformatik: Informationssysteme und Informationsinfrastrukturen als reale, komplexe, vernetzte Systeme und der Tatsache, dass sich die Absolventen dieser Vertiefungsrichtung in der Praxis mit diesen Systemen in vielfältiger Weise "beschäftigen" müssen.[3]

Unter diesem Aspekt bestehen Probleme praxisorientierter Lehrmethoden im Bereich der Wirtschaftsinformatik darin, dass Informations- und Kommunikationssysteme (IKS) zwar als Hilfsmittel benutzt werden (z.B. im Fall virtueller Unternehmen), der Entwurf solcher Systeme aber schwer zu simulieren ist. Ein Training-on-the-job ist, abgesehen von den hohen Studentenzahlen, ebenfalls kaum zu realisieren. Die Komplexität moderner IKS erlaubt es nur

---

[1] vgl. Punkt 3.3.7
[2] Jarz; Kainz; Walpoth, 1996
[3] Heinrich, 1993, S. 47

selten, einzelne Bereiche isoliert herauszugreifen und Lösungen zu erarbeiten, welche umsetzbar sind.

Aus didaktischer Sicht ist eine Fallstudie wirkungsvoll, weil sie Lernen durch verpflichtendes und verantwortungsvolles Lösen konkreter Aufgaben unterstützt. Aus lerntheoretischer Sicht erlaubt die Fallstudie die ständige Rückkopplung zwischen Lehrenden und Lernenden im Problemlösungsprozess. Motivationspsychologisch erfüllt die Fallstudie die geforderten Eigenschaften einer zur Leistung motivierenden Handlungssituation.

Im Rahmen der Beschäftigung mit Fallstudien hat sich sehr bald herausgestellt, dass anspruchsvollere Studien mit einem gravierenden Darstellungsproblem kämpfen. Werden die Informationen zur Lösung eines Problems bereits strukturiert zur Verfügung gestellt, ist dieser Teil der Aufgabenstellung (Systemanalyse, Einsatz von Methoden und Werkzeugen der Systemplanung) bereits vorweggenommen. Die unstrukturierte Vorgabe von Informationen führt aber bereits bei kleineren Aufgabenstellungen zu umfangreichen Texten, welche nicht zur Motivation der Studenten beitragen und darüberhinaus die reelle Situation nur unzureichend wiedergeben. Daraus ergeben sich Konsequenzen für die Repräsentation der Informationen. Das menschliche Gehirn arbeitet überwiegend visuell, assoziativ und sprunghaft im Sinne spontaner Reaktion auf Umgebungseinflüsse.[1] Für die Beurteilung einer Situation sind daher nicht nur schriftliche Fakten von Interesse, sondern auch der gesamte Kontext der Informationsgewinnung. So wird sich ein Berater oder EDV-Mitarbeiter, der die Anforderungen eines Fachbereichs erheben will, nicht nur auf einen schriftlichen Anforderungsbericht stützen, sondern sich z.B. durch Interviews ein genaueres Bild machen.

Resultat der vorigen Überlegungen war die Entwicklung einer Multimedia-Fallstudie. Informationen über die Aufbau- und Ablauforganisation des Unternehmens, welches der Fallstudie zu Grunde liegt, werden dabei mit Hilfe multimedialer Technik digitalisiert. Damit kann eine tatsächliche Untersuchungssituation möglichst realitätsnah simuliert werden, ohne dass dabei Restriktionen wie Studentenzahlen oder Belastung eines Unternehmens auftreten.

Ein weiterer Vorteil der multimedialen Darstellung ist eine bessere Steuerung der Komplexität. Je nach Anforderung an die Bearbeiter der Fallstudie kann durch mehr oder weniger Navigationshilfen ein unterschiedlicher "Übersichtsgrad" über das Gesamtproblem hergestellt werden.

Schließlich sind durch den Multimedia Einsatz die Voraussetzungen für sogenannte "Databases of Learning Materials"[2] geschaffen, die es dem Benutzer erlauben, den Lernstoff auf eigenen Wegen zu "entdecken" und somit einem Learning-by-Doing möglichst nahe zu

---

[1]  vgl. Schoop, 1989, S. 164 und auch die Ausführungen in Punkt 3.2.5.2
[2]  Yazdani; Pollard, 1993, S. 14.

kommen. Der Student soll – wie in der Realität – Probleme zuerst anhand eines (virtuellen) sozialen Gefüges orten und so die relevanten Informationen herausfiltern.

In der Fallstudie wird eine Tiroler Firma (Tyrolean Airways) in Form von Interviews (Videos), Formularen und Dokumenten abgebildet. Der Inhalt der Interviews wird weitgehend – ausgehend von einem dort bereits tatsächlich abgewickelten Projekt auf dem Sektor der Wirtschaftsinformatik – vorgegeben. Die Videointerviews wurden alle mit Personen der Tyrolean Airways gedreht, die Informationen sind somit authentisch und sehr praxisnahe. Bestehende Geschäftsprozesse wurden leicht für die Fallstudie modifiziert und in einzelne Informations-Bausteine zerlegt. Die Aufteilung der Informationen (Daten und Prozesse) in kleine Einheiten kommt der Situation in der Praxis nahe: Die Informationen sind meist nicht nur an einer Stelle in der Realität zu finden. Vielmehr ist die Konstruktion der relevanten Information ein Puzzle, das Bausteine aus vielen Bereichen benötigt. Der Endanwender findet somit eine realitätsnahe Situation vor: Er muss sich aus mehreren Stellen in der Fallstudie die Puzzle-Steine (Informations-Bausteine) für die Lösung zusammensuchen.

Dem Benutzer der Fallstudie wird für jeden von ihm abgerufenen Informationsbaustein in der Fallstudie eine bestimmte Punkteanzahl berechnet. Zunächst wird ihm eine allgemeine Präsentation der Firma vorgeführt, in der – versteckt – die Hinweise auf die entsprechenden Ansprechpartner enthalten sind. Dann wird ihm die Problemstellung in Form von Video-Interviews mit diversen Personen bekanntgegeben. Anschließend kann der Benutzer das Projekt bearbeiten, wobei er über das Organigramm zu diversen Gesprächspartnern und den zu diesen Gesprächspartnern gehörenden Dokumenten navigieren kann. Jeder Gesprächspartner liefert ihm – multimedial – Aussagen zu unterschiedlichen, vorgegebenen Fragestellungen, die sein Punktekonto belasten.

Die Fallstudie wurde im Rahmen einer Lehrveranstaltung zu Systemplanung II im Sommersemester 1995 am Institut für Wirtschaftsinformatik eingesetzt. In den ersten Terminen der LV wurden die Methoden und Werkzeuge zur Systemplanung (unter anderem die Erstellung von Datenflussdiagrammen) erarbeitet. Gegen Ende der Lehrveranstaltung wurde die Multimedia-Fallstudie eingesetzt, bei der die Studenten die Gelegenheit hatten, ihr theoretisch erworbenes Wissen umzusetzen. Dazu wurden 12 Gruppen zu je drei Studenten gebildet, die jeweils drei Stunden an dem Multimedia-PC mit der Fallstudie arbeiten konnten. Jede Gruppe hatte nach der ersten Bearbeitung (ca. eine Woche später) noch die Möglichkeit eine weitere Stunde mit der Multimedia-Fallstudie zu arbeiten, um noch fehlende Informationen gezielt in der Fallstudie nachzufragen.

Die Aufgabenstellung war, die Geschäftsprozesse in dem Unternehmen Tyrolean Airways zu untersuchen, und mittels Datenflussdiagrammen darzustellen.

Zum Abschluss der Veranstaltung präsentierten die einzelnen Gruppen ihre Lösungen. Die Gruppe mit der besten Lösung zu den geringsten "Informationskosten" (= Summe aller abgebuchten Punkte jeder nachgefragten Informationseinheit in der Fallstudie) wurde prämiert.

Die Verwendung der Multimedia-Fallstudie wurde nach Abschluss der Fallstudie mit einem elektronischen Fragebogen evaluiert. Die Studenten beurteilten die Fallstudie nach Gesamteindruck, Schwierigkeitsgrad und einer Reihe anderer quantitativer und vor allem qualitativer Faktoren. Der Gesamteindruck wurde im Durchschnit mit 1,97 auf der fünfteiligen Skala bewertet. Wichtiger jedoch als die quantitativen Durchschnittswerte[1] waren die qualitativen Aussagen der Studenten, sowie die Rückmeldungen aus persönlichen Gesprächen über diese Fallstudie.

Allgemein stieß diese Art der Fallstudie auf hohe Zustimmung der Studenten. Vor allem die praxisgerechte Ausbildungsmöglichkeit wurde positiv gesehen. Gut gefallen hat durchwegs die audiovisuelle Informationsaufbereitung und das spielerische Lernen. Die Praxisnähe und das eigenständige "Herausfiltern" von relevanten Informationen, sowie das Denken in Strukturen und Prozessen wurde als Begründung für den guten Gesamteindruck und den praktischen Nutzen der Veranstaltung genannt.

Die Lehrveranstaltung wurde im Wintersemester 1994/ 95 mit einer Papier-Fallstudie abgehalten. Im Unterschied dazu haben wir den Eindruck gewonnen, dass die Studenten bei der Multimedia-Fallstudie stärker engagiert waren und vor allem eine andere (praxisgerechtere) Art der Informationsstrukturierung gelernt haben. Die Multimedia-Fallstudie war so praxisnahe, dass die Studenten sogar mit einem Diktiergerät vor der Fallstudie saßen, um die Aussagen der Personen festzuhalten.

### 3.4.7 Gehirnaktivität

Der Einsatz multimedialer Technik fördert das Lernen durch unterschiedliche Eingangskanäle. Vesters[2] Vierteilung in Grundmuster des Denkens mit intellektuellen, visuellen, haptischen und auditiven Kanälen kann durch interaktive, audiovisuelle Informationsdarstellung besonders berücksichtigt werden. Das fehlende haptische Element kann erst durch Erweiterungen mit taktilem Feedback realisiert werden. Diese Technik ist aber noch im Laborstadium. Ein eventueller Ersatz kann in den kinästhetischen Zusammenhängen bei Touchscreen-Eingaben oder bei Puzzle-Techniken gesehen werden.

Gerade durch die Möglichkeit, kontinuierliche Informationsdarstellungen wie Filme und Töne nonlinear anzusprechen und jederzeit zu wiederholen, können unterschiedliche Lerntypen besser angesprochen und die Lernzeiten individuell angepasst werden. Multimediale Lernprogramme können etwa den Lerntyp zu Beginn einer Sitzung erheben und die entsprechenden Informationsdarstellungen darauf abstimmen. Das ist der Ansatzpunkt adaptiver oder adaptierbarer Lernsysteme.[3]

---

[1]  Details dazu in Jarz; Kainz; Walpoth, 1996
[2]  Vester, 1980, S. 41
[3]  vgl. Punkt 3.4.2 und Punkt 4.6.6.1

Durch Assoziationsbilder und -töne können Ankerpunkte zur besseren Übernahme des Ultra-kurzzeitgedächtnisses in das Kurzzeitgedächtnis und damit auch in das Langzeitgedächtnis geschaffen werden. Animationen können Analogien zu Bekanntem herstellen und so auch schwerer einsehbare Zusammenhänge veranschaulichen.[1]

Der Einsatz multimedialer Technik unterstützt in starkem Maß die Gehirnaktivität. Dennoch ist die Mehrfachcodierung („dual coding theory"[2]) nicht unumstritten. Die Aussagen aus empirischen Forschungen über den Einsatz unterschiedlicher Medien konvergieren dabei zu folgenden Statements:[3]

- Lernen wird nicht wesentlich durch den Einsatz von unterschiedlichen Medien – inklusive Videotechnik – beeinflusst

- Festgestellte Lerneffekte beim Einsatz multimedialer Systeme lassen sich auf die Instruktionsmethode (Interaktivität usw.) zurückführen

- Die Aspekte der Dual Coding Theory, die die Basis früherer Multimedia-Untersuchungen darstellten, konnten durch die Forschungen nicht bestätigt werden

- Künftige Multimedia-Entwicklungen sollen sich an den ökonomischen Vorteilen (Kosten- und Lernzeitvorteile) der multimedialen Techniken orientieren

Diese Aussagen stützen auch Effekte, die Thomé beobachtet hat, als er seine traditionelle Vorlesung über Grundlagen der Informatik zu einem multimedial voll ausgebauten Vortrag umwandelte. Die Studenten schnitten bei der Prüfung wesentlich schlechter ab als vorherige Semester. Thomé führt dies darauf zurück, dass die Studenten keine Gelegenheit hatten, den Vortrag selbst zu steuern oder sich Notizen über die multimedial angebotenen Informationen zu machen, da sie die „Show" zu sehr in Beschlag genommen hat.[4] Dieser Effekt ist in der Didaktik als „Dr. Fox-Effekt" bekannt. Thomé schlägt als Lösung dafür Interaktivität vor, die er in seinem multimedialen Lernkomplex HERMES verwirklicht sieht.[5]

Weidenmann kommt zum Thema Mehrfachcodierung zu dem Schluss, dass die Instruktionsmethode Vorrang vor der Präsentationsweise hat.[6] Dieser Position schließe ich mich an.

---

[1] vgl. etwa Rieber, 1994
[2] In der dualen Kodierungstheorie von Paivio (Paivio, 1971) wird ein verbales System zur Verarbeitung sprachlicher Information und ein imaginales System zur Verarbeitung bildhafter Information angenommen. Sätze oder Texte werden dieser Theorie zufolge meist nur im verbalen System enkodiert, während Bilder grundsätzlich imaginal und verbal enkodiert werden. Das gute Behalten von Bildern führt Paivio auf die Vorzüge einer doppelten gegenüber einer einfachen Kodierung zurück. Ähnliche Aussagen trifft auch Vester (Vester, 1980): mehrfachcodierte (im Sinne unterschiedlicher Eingangskanäle) Informationen werden besser behalten (vgl. dazu die Ausführungen in Kapitel 3.2.5.2).
[3] vgl. Clark; Craig, 1992
[4] Thomé, 1994
[5] vgl. Thomé, 1991
[6] Weidenmann, 1995a, S. 72

### 3.4.8 Modell zur computergestützten Förderung des Wissenserwerbs

Die unterschiedlichen Dimensionen des Lernens und deren technologische Umsetzung sind tendentiell für unterschiedliche Arten des Wissenserwerbs sinnvoll. Diesem Umstand versucht die situierte Instruktionstheorie Rechnung zu tragen, indem sie unterschiedliche Situationen berücksichtigt. Die UCIT ist dafür ein zentraler Ausgangspunkt.[1] Allgemeinere Modelle für die Entwicklung von Teachware sind noch rar.

Baumgartner und Payr[2] haben für die Evaluation von Teachware-Systemen ein heuristisches Würfelmodell entwickelt, dem die unterschiedlichen Könnensausprägungen vom Anfänger bis zum Experten zugrunde liegen. Dieses Modell ist im Umkehrschluss zur Konstruktion von multimedialen Lern- und Masseninformationssystemen verwendbar. Abbildung 27 zeigt dieses Modell.

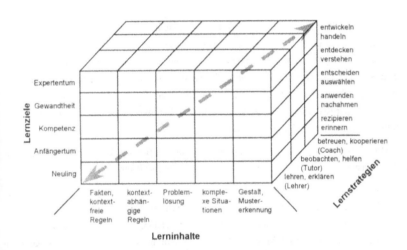

*Abbildung 27: Heuristisches Lernmodell nach Baumgartner/ Payr[3]*

Ausgangspunkt ist der prozesshafte Charakter des Lernens vom Neuling zum Experten auf einem Gebiet. Diese unterschiedlichen Lernziele werden durch unterschiedliche Lerninhalte geprägt. Dazu existieren unterschiedliche Lernstrategien. Die Lernziele entsprechen den unterschiedlichen Fertigkeitsklassen des Handlungswissens.[4] Die Lerninhalte entsprechen einer Graduierung von Fakten- zu Handlungswissen. Die Lernstrategien sind mit den Paradigmen des Lernens vergleichbar. Lehrerkonzeption im kognitiven Behaviorismus, Tutorkonzept im

---

[1]   vgl. Punkt 3.3.7
[2]   Baumgartner; Payr. 1994
[3]   nach Baumgartner; Payr. 1994, S. 96
[4]   vgl. Punkt 3.1.4

traditionellen Kognitivismus und Coachmodell für den Konstruktivismus.[1] Anhand dieser drei Variablen konstruieren sie ein Modell, bei dem die Raumdiagonale des Würfels die Idealkombination darstellt. Neulinge werden eher Faktenwissen benötigen, das am besten im Lehrermodell vermittelt wird. Der Sprung zum Experten wird eher durch zusätzliches Handlungswissen in Form von Gestalt- und Mustererkennung erreicht, wofür das Coachmodell am geeignetsten erscheint.

Für das Modell bauen sie auf der Annahme der ontologischen Schichtung[2] von Polanyi auf, bei dem es auch im Lernprozess verschiedene Komplexitätsstufen gibt, die hierarchisch – oder schichtenförmig – geordnet sind. Da die Eigenschaften der oberen Ebene nicht durch die Gesetzmäßigkeiten der unteren determiniert sind, bedeutet die Theorie der ontologischen Schichtung keineswegs ein starres Lernmodell, das Stufe für Stufe durchlaufen werden muss. Das Würfelmodell besagt vielmehr, dass es drei gleichrangige Faktoren gibt, die als Metakriterien herangezogen werden können.[3]

Das Würfelmodell zeigt einen holistischen Blick und stellt auch einen sinnvollen Zusammenhang zwischen den Dimensionen des Lernens dar. So macht es etwa keinen Sinn, ein einfaches Präsentationsprogramm (Vermittlung von Faktenwissen) wegen des Fehlens von komplexen Simulationen und Interaktionen zu kritisieren. Damit begründen sie den sinnvollen Einsatz unterschiedlicher Paradigmen, je nach Anforderung. Eine „ideale Lernsoftware" sollte entsprechend der Raumdiagonale des Würfels, je nach Fertigkeitsstufe des Anwenders, andere Inhalte und Strategien zur Verfügung stellen.

Das Modell gibt einen guten Anhaltspunkt für die Konstruktion von Lernsystemen, da sowohl Instruktionsweise (Lehrstrategie) als auch Präsentationsweise (Lerninhalte) darin Platz finden.

Im Rahmen einer ausschließlichen Verwendung einer Lernsoftware erscheint es dabei aufgrund der Ausführungen in Punkt 3.4.3 bis 3.4.7 nur schwer möglich, die rechte, hintere, obere Ecke des Würfels zu erreichen. Erwerb von Anwendungs- und Handlungswissen ausschließlich über ein Mensch-Maschine-Mensch-System in den hier betrachteten Grenzen erscheint ebenso begrenzt zu sein, wie die Verwirklichung eines kognitiven oder konstruktivistischen Paradigmas. Das Beispiel der Tyrolean-Fallstudie zeigt jedoch, dass durch den integrierten Einsatz eines Lernsystems in eine soziale Umgebung (Lehrveranstaltung mit Rückmeldungen) dennoch Anwendungs- und teilweise Handlungswissen erworben werden kann.[4] Damit ist die Fallstudie im Würfelmodell in der Mitte positioniert: Lernziel ist Kompetenz und Lerninhalt ist Problemlösung mit einer tutoriellen Lernstrategie.

---

[1] vgl. Punkt 3.3.2
[2] vgl. Punkt 3.1.6
[3] Baumgartner; Payr, 1994, S. 98 f
[4] vgl. Punkt 3.4.6 und Jarz; Kainz; Walpoth, 1996

Die Einbindung in weiterreichende Konzepte ist vermutlich der Schlüssel zum Erfolg beim Einsatz multimedialer Lern- und auch Masseninformationssysteme. Erst wenn Lernumgebung, Lernende, Lernaufgaben und Bezugsrahmen durchdacht sind, können im sinnvollen Umgang mit den entsprechenden Techniken die jeweiligen Möglichkeiten und Grenzen abgewogen und ausgenützt werden. Dafür stellt die Universal Constructive Instructional Theory (UCIT)[1] einen brauchbaren und fundierten Ansatz dar, in den das Würfelmodell und damit die lerntheoretischen Aussagen integriert werden können. Kein Lernsystem und auch kein Masseninformationssystem kann akzeptiert werden, wenn nicht auf diese Elemente Bedacht genommen wird.

In diesem Sinne sollten bei der Konstruktion solcher Systeme von Beginn an auch die künftigen Benutzer des Systems (Lehrer bzw. Informationsanbieter und Lerner bzw. Benutzer) miteinbezogen werden.[2]

---

[1] vgl. Punkt 3.3.7
[2] vgl. auch die sehr ähnliche Argumentation von Klimsa, 1995, S. 21

# 4 GESTALTUNGSELEMENTE MULTIMEDIALER SYSTEME

Aus der Instruktionstheorie gehen zwei prinzipielle Gestaltungsdimensionen hervor: Elemente für das Instruktionsdesign und Elemente für die Präsentationsweise. Elemente für das Instruktionsdesign sind jene Objekte, die dem Benutzer zur Navigation durch das System dienen, bzw. die ihm erst die Interaktion mit der Maschine erlauben. Die Art, wie diese Interaktion stattfindet, ist die Interaktionsart. Elemente der Präsentationsweise sind jene, die die Maschine als Output bzw. als Information für den Empfänger liefert. Die Art, wie die Information übermittelt wird, ist die Informationsart.

Da bei der Informationsart Informationen dargestellt werden und diese mit den menschlichen Sinnesorganen wahrgenommen werden, ist eine Beschäftigung mit den wahrnehmungspsychologischen Grundlagen des in dieser Arbeit behandelten Seh- und Hörsinns notwendig.

Gestaltungsaussagen sind wissenschaftstheoretisch erst auf Basis einer fundierten Theorie möglich. Da es weder eine einheitliche noch übergreifende „multimediale Theorie" gibt, noch in den einzelnen Bereichen der Darstellungs- und Interaktionsformen eindeutige theoretische Konstrukte vorliegen, greifen viele Autoren auf Heuristiken und Faustregeln zurück, die noch keine genügenden Anhaltspunkte für einen höheren Abstraktionsgrad in Form einer Theorie aufweisen. Die Frage, ob es je eine fundierte und umfassende Theorie über Mensch-Maschine-Interaktionsformen geben wird, ist durchaus berechtigt. Zu unterschiedlich sind die dabei beteiligten Disziplinen: (Wahrnehmungs- und Kognitions)psychologie, Soziologie, Didaktik/ Pädagogik, Kunst, (Wirtschafts)Informatik und mehr. So kann in dieser Arbeit ebenfalls nicht von einer starken Basistheorie ausgegangen werden. Gestaltungsaussagen können sich somit nur an bestehenden empirischen Befunden und deren erste Aggregationen zu halbwegs tragfähigen Teilhypothesen orientieren. Wo empirische Befunde völlig fehlen, müssen Heuristiken diverser Experten auf dem entsprechenden Gebiet herangezogen werden. In diesem Sinn sollen die folgenden Kapitel weniger dogmatische Aussagen treffen, sondern mehr die Parameter aufzeigen, die bei der Gestaltungsaufgabe eine Rolle spielen. Über die Wahl der Anwendung der einzelnen Parameter zu entscheiden ist letztlich die Aufgabe des jeweiligen Konstruktionsteams einer multimedialen Anwendung.

Die Ausführungen zu Informationsart, Interaktionsart und zur Entwicklung des Storyboards basieren weitgehend auf persönlichen Erkenntnissen aus meiner Tätigkeit am Institut für Wirtschaftsinformatik an der Universität Innsbruck. Dabei war ich in fünfzehn multimedialen Projekten involviert. Jedes dieser Projekte lieferte Bausteine zu der vorgestellten Methodik, die quasi retrograd als übergreifender gemeinsamer Nenner dieser Projekte entstanden ist.

# 4.1 Wahrnehmungspsychologische Fundamente

## 4.1.1 visuelle Wahrnehmung

Im Zeitalter des Barock stellte sich Descartes das menschliche Auge als eine Art Fotokamera vor, die ein Bild von der äußeren Welt ins Innere des Gehirns transportiert.[1] Descartes hatte keine Zweifel daran, dass das, was Menschen sehen, auch die Wirklichkeit ist. Umso interessanter für die Naturwissenschaft und die Philosophie waren und sind optische Täuschungen,[2] die durch Descartes Geisteshaltung nur schwer erklärbar sind. Optische Täuschungen lassen darauf schließen, dass die Wirklichkeit erst durch die Verarbeitungsleistung des Gehirns im Menschen konstruiert wird. Somit spiegelt sich auch hier der grundlegende Paradigmenansatz Objektivismus versus Subjektivismus wider.[3] Die Ergebnisse aus zahlreichen wahrnehmungspsychologischen Experimenten stärken sowohl die objektivistische Linie, dass Wahrnehmung unabhängig von Wissen ist, als auch die konstruktivistische Richtung, dass Wissen Wahrnehmung bestimmt.[4] Die bekanntesten Beispiele als Argumente für die in der Wahrnehmungspsychologie als „direkte Theorie" bezeichnete Position des Objektivismus sind die Mondtäuschung, die Müller-Lyer-Täuschung, die unmöglichen Objekte[5], die Kaniszas-Dreiecke und amodale Ergänzungen. Als Paradeargumente für die konstruktivistische Position der „indirekten Theorie" gelten Konstanzphänomene, Kipp-Bilder wie z.B. der Necker-Würfel, degradierte Bilder, Größen-Gewichts-Täuschung und die Kopfermann-Würfel. Diesen Illusionen ist gemeinsam, dass das, was Menschen sehen, immer mit der (kognitiven) Interpretation des Gehirns zusammenhängt.

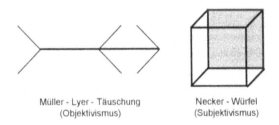

Müller - Lyer - Täuschung          Necker - Würfel
(Objektivismus)                    (Subjektivismus)

*Abbildung 28: Optische Täuschungen*

---

[1]  vgl. Hasebrook, 1995, S. 19 f
[2]  Baumgartner hat vier berühmte Täuschungen (Ponzo-, Vertikalen-, Poggendorff- und Müller-Lyer-Täuschung) in einer Alltagssituation zusammengefasst (Baumgartner, 1993, S. 200 f).
[3]  siehe dazu die Ausführungen in Punkt 3.2.1
[4]  siehe dazu die überblicksartige Darstellung der empirischen Befunde in Wilkening, 1988, S. 204 ff
[5]  siehe dazu etwa die bekannten Zeichnungen von Escher in Hofstadter, 1991

Abbildung 28 zeigt stellvertretend die Müller-Lyer-Täuschung für die objektivistische und den Necker-Würfel für die konstruktivistische Position.

Bei der Müller-Lyer-Täuschung erscheint die rechte Strecke immer kürzer, auch wenn die Gleichheit der Längen beider Strecken bekannt ist. Beim Necker-Würfel erscheint hingegen die graue Seite manchmal vorne, manchmal hinten, je nach räumlicher Interpretation.

Wenn Augen und Gehirn nur ein einfaches Abbild der Umwelt erstellen würden, dann müssten alle Szenen, die unter konstanten Umweltbedingungen wahrgenommen werden, stets gleich aussehen, während alle Szenen, die unter unterschiedlichen Umweltbedingungen wahrgenommen werden, auch unterschiedlich aussehen müssten. Da die alltägliche Erfahrung zeigt, dass dies nicht so ist, wird deutlich, dass die visuelle Wahrnehmung ein komplexes Wechselspiel zwischen Perzeptor und Gehirn ist. Die Gestaltbildung von Wahrnehmungen im Gehirn und die physiologischen Prozesse auf der Netzhaut wirken zusammen.

Hasebrook stellt die Zusammenhänge auf Basis neurobiologischer und wahrnehmungspsychologischer Erkenntnisse zusammen:[1]

Die von einem Objekt ausgehenden Lichtstrahlen reizen die Sehzellen der Netzhaut. Eine Reaktion auf Reizung mit Licht ist die Ermüdung, die bereits nach 10 bis 15 Sekunden gleicher Einwirkung auftritt und zu Nachleuchtphänomenen führt. Die Sehzellen sind auf bestimmte Erkennungsmerkmale spezialisiert. Solche Spezialisierungen sind etwa Neigungswinkel, Hell-Dunkel-Kontraste, Abstände, Geschwindigkeit und Farbverläufe. Spezialisierte Sehzellen, die für das Entdecken ganz bestimmter Merkmale zuständig sind, werden als Merkmalsdetektoren bezeichnet. Gruppen von unterschiedlichen Merkmalsdetektoren, die für einen Bereich der Netzhaut zusammengeschaltet sind, werden Hypersäulen genannt. Die Hypersäulen liefern für eine ganz bestimmte Stelle auf der Netzhaut beider Augen eine erste Formbeschreibung im visuellen Cortex. In einem weiteren Verarbeitungsschritt kommen weitere Beschreibungsmerkmale für Farbe, Bewegung und räumliches Sehen hinzu. Am Ende steht die Objektwahrnehmung, das eigentliche Erkennen eines Objektes, das zur bewussten Weiterverarbeitung herangezogen werden kann. Damit bildet das visuelle System Umgebungseindrücke nicht einfach ab, sondern verarbeitet und interpretiert Informationen bereits in der Netzhaut.

Durch diesen hochgradig parallel ablaufenden aktiven Verarbeitungsprozess bei der Wahrnehmung kommt es zu Konstanzphänomenen. Konstanzphänomene sind vom menschlichen Wahrnehmungssystem vorgenommene Korrekturen der Wahrnehmung. Eine Reihe solcher Phänomene sind in der Wahrnehmungspsychologie bekannt:[2]

---

[1]  vgl. Hasebrook, 1995, S. 32 und 36 f.
[2]  vgl. Hasebrook, 1995, S. 21 f

- Farbkonstanz

  Die Farbe eines Objektes wird immer relativ zu seiner Umwelt bestimmt. Jede Farbe wird durch die Komplementärfarbe der Nachbarfarbe beeinflusst. So gibt eine gelbe Farbe den anderen Farben, die dieses Gelb umgeben, einen Schimmer von Blau mit, das die Komplementärfarbe zu Gelb ist.

- Helligkeitskonstanz

  Die Helligkeit eines Objektes wird immer relativ zu seiner Umwelt bestimmt. So wirkt ein Stück Kohle im gleißenden Sonnenlicht schwarz, ein weißes Papier im Halbdunkel weiß, obwohl das Kohlenstück im Sonnenlicht erheblich mehr Lichtenergie abgibt als das Papier.

- Formkonstanz

  Objekte werden als konstant erlebt, auch wenn sich ihr Abbild auf der Netzhaut stark ändert, wie etwa bei einer stehenden und einer liegenden Münze.

- Bewegungskonstanz

  Ist ein bewegtes Objekt teilweise von einem Hindernis verdeckt, so wird die Bewegung hinter dem Hindernis in möglichst „natürlicher Weise", also ohne scharfe Kurven und Ecken, ergänzt.

Für die Konstruktion multimedialer Systeme liefern die Konstanzphänomene grundlegende Aussagen über die visuelle Perzeption, die als gestalterische Grundsätze gelten können.

Die Interpretationen der Situationsbeschreibungen, wie sie die Merkmalsdetektoren liefern, lassen Menschen bestimmte Kombinationen von Wahrnehmungsreizen als Gestalt erkennen. Die Suche nach den zugrundeliegenden Prinzipien dieser Effekten führte zu Gestaltgesetzen, die beim Wahrnehmen gruppierter Elemente entdeckt wurden. Charwat fasst die wichtigsten Ergebnisse der Gestaltpsychologen Wertheimer, Koffka, Köhler und Metzger zusammen:[1]

- Gesetz der Nähe

  Elemente, die räumlich oder zeitlich benachbart sind, werden als zusammengehörend erlebt.

- Gesetz der Gleichheit bzw. Ähnlichkeit

  Ähnliche Elemente werden eher als zusammengehörig aufgefasst als einander unähnliche.

- Gesetz der Geschlossenheit

  Zu einer unvollständigen Figur angeordnete Elemente werden in der Wahrnehmung komplettiert. So wird beispielsweise ein Kreis auch wahrgenommen, wenn er nicht geschlossen ist.

---

[1] Charwat, 1994, S. 195 f

- Gesetz der guten Fortsetzung

  Verläufe werden so fortgesetzt, dass aus den bisherigen Werten ein erwarteter neuer Wert harmonisch interpretiert wird. Das ermöglicht z.b. einem Betrachter den Verlauf einer bestimmten Linie selbst in einem Liniengewirr zu folgen.

- Gesetz des gemeinsamen Schicksals

  Elementen, die dieselbe Bewegung ausführen, wird ein Zusammenhang zugeschrieben.

Diese Gestaltgesetze gelten – im Gegensatz zu allen anderen, Menschen betreffende Gesetze und Größen – für alle Individuen. Sie variieren weder interindividuell noch intraindividuell.

Gestaltgesetze lassen sich in multimedialen Systemen nutzbringend anwenden, um die Wahrnehmung zusammengehörender Informationen in Bildern oder die zu einer Kategorie gehörenden Symbole als Gestalt sichtbar zu machen. Dadurch wird bessere und schnellere Orientierung mit dem Effekt geringerer Fehler erzielt. Kommen bei einer Anordnung gleichzeitig mehrere Gestaltgesetze vor, lässt sich das Ergebnis der konkurrierenden Wirkungen nicht vorhersagen.[1]

## 4.1.2  auditive Wahrnehmung

Zum Unterschied von der visuellen Perzeption kann sich der Mensch der auditiven Sinneswahrnehmung nur schwer verschließen. Der Ton ist allgegenwärtig, der Mensch kann nicht bewusst „nicht hören". Dieser Unterschied ist für die Konstruktion multimedialer Systeme wesentlich, da beim Einsatz auditiver Informationsarten die jeweiligen Umgebungsbedingungen berücksichtigt werden müssen.

Hören ist ein psychoakustischer Prozess, bei dem der Hörsinn drei wesentliche Transformationen vornimmt:[2]

1. Der Schalldruckpegel des ankommenden Schalls (Amplitude) wird als Lautstärke übersetzt.

2. Die Frequenz des ankommenden Schalls wird als Tonhöhe ausgewertet.

3. Die Oberschwingungen und Oberwellen bzw. das gesamte Frequenzspektrum einer Schallquelle werden als Klangfarbe (Timbre) empfunden.

Der Frequenzbereich des Schalls, der vom menschlichen Gehör wahrnehmbar ist, ist der Hörbereich. Er erstreckt sich normalerweise von ca. 16 Hz bis 16 kHz. Das Hörfeld ist die Summe aller Reize in der Ausprägung der Schallintensität (Schallpegel), die das menschliche Ge-

---

[1]  Charwat, 1994, S. 196
[2]  detaillierte Ausführungen zu diesem interessanten Prozess finden sich ihn Roederer, 1977, S. 21 ff

hör wahrnehmen kann.[1] Abbildung 29 zeigt das Hörfeld in Abhängigkeit der Frequenz (Hz) und des Schalldruckpegels (dB).

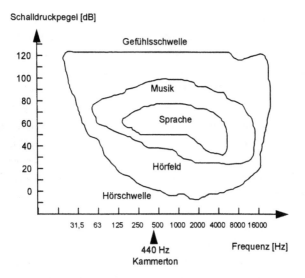

*Abbildung 29: Hörfeld der menschlichen auditiven Perzeption[2]*

Innerhalb der Hörfläche liegen nach Frequenz- und Intensitätsbereich begrenzte Felder, in denen die Sprach- bzw. die Musikwahrnehmung erfolgt.

Der Schalldruckpegel ist definiert mit $L = 20 * \lg {}^{\Delta p}/ \Delta p0$ wobei $\Delta p$ die effektive Druckänderung und $\Delta p_0$ die durchschnittliche Druckänderung des kleinsten noch wahrnehmbaren Schalldrucks ist.[3] Die Einheit ist Dezibel (dB). Das menschliche Ohr arbeitet allerdings nicht linear: Töne mit dem gleichen Schalldruckpegel, aber anderer Frequenz werden nicht als gleich laut wahrgenommen. So wird ein Schalldruckpegel von 50 dB bei einer Frequenz von 1.000 Hz als „piano" empfunden, derselbe Schalldruckpegel ist jedoch bei 60 Hz kaum hörbar.[4] Zwischen etwa 800 und 7.000 Hz ist das menschliche Ohr am empfindlichsten. Die Lautstärkeempfindung ist zudem noch abhängig von der Dauer eines Tones. Unter 10 bis 15 Millisekunden (oder mindestens zwei bis drei Schwingungsperioden, wenn die Frequenz unter 50 Hz liegt) wird ein reiner Ton nur in Form eines „Klick" und nicht als Ton wahrgenom-

---

[1] Charwat, 1994, S. 218
[2] aus Charwat, 1994, S. 217
[3] Roederer, 1977, S. 90
[4] Das ist der Grund warum für eine HiFi-Anlage (vor allem für die Lautsprecher) so viel mehr bezahlt werden muss, wenn man gut ausgewogene Bässe haben will!

men. Klänge, die länger als 15 Millisekunden dauern, können als Töne von bestimmter Lautstärke und Höhe erkannt werden. Erst ab etwa einer Sekunde werden Töne als so laut empfunden, wie sie auch nach längerem Hören klingen. [1]

Ein Ton ist ein durch eine harmonische (Sinus-) Schwingung hervorgerufener Schall. Ein Ton ist sozusagen der Grundbaustein des Klangs, denn er besteht aus einer einzigen Frequenz. Allerdings klingen reine Töne „hohl", da in der Natur keine reinen Töne vorkommen, sondern immer in Kombination mit Oberwellen. Selbst wenn aus einem Lautsprecher in einem Raum ein reiner Ton ausgestrahlt wird, kommt es durch die Reflexion der Schallwellen an den Wänden und der Decke zu Oberwellen. Der Ton „schwebt", er hat eine Klangfarbe (Timbre).

Die Wahrnehmung der Tonhöhe hängt ebenfalls von Dauer und Lautstärke ab. Das menschliche Ohr arbeitet dabei referentiell, das heißt die Wahrnehmung einer Tonhöhe erfolgt durch Vergleich mit einer anderen. Nur wenige Menschen besitzen ein „absolutes Gehör", mit dem sie Töne auch ohne Referenzton eindeutig zuordnen können. Es gibt eine bestimmte Grenze, ab der die Differenz zweier Töne nicht mehr wahrnehmar ist und beide als gleich hoch empfunden werden. Diese Grenze ist von Mensch zu Mensch unterschiedlich und zeigt sich oft beim Stimmen von Instrumenten. Im empfindlichen Frequenzbereich (um 2.000 Hz) können solche Frequenzdifferenzen bereits ab 0,5% Abweichung (10 Hz) erkannt werden. Werden zwei reine, gleich laute Töne mit geringfügiger Frequenzdifferenz gleichzeitig ausgestrahlt, so kommt es im Schall zu **einer** resultierenden Schallschwingung mit sich verändernder Amplitude. In der Gehörschnecke erregt dieses Schwingungsmuster zwei Resonanzbereiche. Wenn der Abstand der Frequenzen der beiden Ursprungstöne groß genug ist, liegen die entsprechenden Resonanzbereiche genügend weit voneinander entfernt; beide schwingen mit einer Frequenz, die dem jeweiligen Teilton entspricht. Das Gehör nimmt somit wieder zwei Töne wahr. Diese Eigenschaft der Gehörschnecke heißt Frequenzselektion. Wenn allerdings die Frequenzdifferenz einen bestimmten Betrag unterschreitet, überlappen sich die Resonanzbereiche, so dass der Mensch einen Ton in dazwischenliegender Höhe und schwankender oder „schwebender" Lautstärke hört. Bei bestimmten Frequenzverhältnissen zwischen beiden Tönen entsteht ein gleichbleibendes resultierendes Frequenzmuster, auf das das menschliche Hörsystem positiv anspricht. Diese bestimmten Frequenzverhältnisse sind die Grundlage der harmonischen Töne und werden mit

| | |
|---|---|
| 3:2 | Quinte |
| 4:3 | Quarte |
| 5:4 | große Terz |
| 6:5 | kleine Terz |
| 2:1 | Oktave |

bezeichnet. [2]

---

[1]   Roederer, 1977; S. 98
[2]   Roederer, 1977, S. 46

Neben der Tonhöhe ist noch der Rhythmus eines Klanges von wesentlicher Bedeutung. Der Rhythmus ist die Wiederholung von bestimmten Klängen oder Klangmustern in einem bestimmten Zeitabschnitt. Durch die rhythmischen Klangmuster ausgelöst, breiten sich zyklisch verändernde Flüsse neuronaler Signale im Hirngewebe aus.[1] Diese Ströme verursachen Neuronenausschüttungen im cerebralen Zentrum und im Sympathicus-Nervensystem und können so starke Gefühle auslösen. Der Rhythmus eines Klanges ist oft so prägnant, dass er leichter erinnerbar ist als der Klang an sich.[2] Die Verarbeitung von nichtsprachlichen Klängen (Musik, Geräusch) erfolgt dabei im Gegensatz zur Sprache weitgehend mit der kreativen, holistischen linken Gehirnhälfte.

Hasebrook zeigt anhand einer Reihe von empirischen Forschungsarbeiten, dass beim Hören ähnlich wie beim Sehen Interpretationen des Gehörten eine Rolle spielen. Wie beim Necker-Würfel interpretiert das auditive System aktiv die Umweltreize und bildet sie nicht einfach ab. So spielten etwa Dowling und Harwood Versuchspersonen eine Melodie vor, die aus zwei Liedern zusammengesetzt war, indem immer eine Note des einen, dann eine Note des anderen Liedes gespielt wurde. Die Versuchsteilnehmer berichteten, dass sie nur eine sinnlose Tonfolge wahrnähmen. Als sie jedoch den Titel eines der beiden Lieder mitgeteilt bekamen, konnten sie die Melodie sehr gut verfolgen. Dabei erkannten sie immer nur das Lied, dessen Titel ihnen mitgeteilt worden war.[3] Hasebrook führt aufgrund weiterer wahrnehmungspsychologischer Experimente aus, dass auch beim Hören verschiedene Gestaltprinzipien, wie etwa das Prinzip der guten Fortsetzung, gelten. Er kommt zum Schluss, dass das auditive System ähnlich wie das visuelle unmittelbar nach der Aufnahme von Reizen mit der Weiterverarbeitung dieser Informationen beginnt, um daraus nicht Abbilder, sondern Interpretationen der Umwelt zu formen, wobei sich beide Sinnessysteme analoger Prinzipien bedienen. Aus den Umgebungsinformationen können somit nur ausgewählte Teile weiterverarbeitet werden.[4]

Die aktive Verarbeitungsleistung beim Hören zeigt sich besonders beim „Cocktailparty-Effekt". Durch die paarweise Anordnung der Ohren (binaural) ist es dem Menschen möglich räumlich zu hören und durch konzentriertes Zuhören die Worte einer bestimmten Stimme aus einem Stimmengewirr (Party-Unterhaltung) zu verfolgen und gleich darauf wieder eine andere Stimme herauszufiltern.[5] Dieser Effekt ist bei multimedialen Anwendungen nur dann möglich, wenn eine echte dreidimensionale Tonausgabe vorhanden ist, die über Stereo- oder Quadrophonie hinausgeht.[6]

---

[1]   Roederer, 1977, S. 183
[2]   Blattner; Dannenberg, 1992, S. 138
[3]   vgl. Hasebrook, 1995, S. 45
[4]   Hasebrook, 1995, S. 46. Zu dieser Erkenntnis kommt Roederer schon 1977 in seinem interessanten Werk über Psychoakustik (Roederer, 1977).
[5]   Charwat, 1994, S. 104
[6]   vgl. Punkt 2.4.4 oder das virtuelle, dreidimensionale akustische Display der NASA in Blattner; Dannenberg, 1992, S. 257 ff

| | Eigenschaften | |
|---|---|---|
| **Kriterium** | **Visueller Kanal** | **Auditiver Kanal** |
| Wecken, unter- brechen | Geringe Aufmerksamkeitserregung durch optische Signale | Hohe Aufmerksamkeitssteuerung durch akustische Signale |
| | starke räumliche Einengung auf Gesichtsfeld. Darüber hinaus Erkundungsbewegungen erforderlich | keine Abhängigkeit von der räumlichen Beziehung Signalquelle: Hörer, so dass Wahrnehmen ohne Erkundung möglich ist. |
| Entdecken | Gleichzeitiges Wahrnehmen optischer Reize, die parallel im Gesichtsfeld dargeboten werden. Das Wahrnehmen optischer Reize, die außerhalb des Gesichtsfeldes liegen, erfordert Erkundung (bewusstes Hinschauen gekoppelt mit Körper- und Kopfbewegung) | Sequentielles Wahrnehmen akustischer Reize aus beliebigen räumlichen Richtungen. Flüchtig zu sein ist eine Eigenschaft des gesprochenen Wortes. Konsequenz: Belastung des Kurzzeitgedächtnisses bei Aufgaben, die die Kombination gehörter Elemente erfordern. |
| Orientieren | Einfaches, präzises Orten einer bestimmten optisch dargebotenen Information auch aus mehreren, zugleich angezeigten Informationen, selbst bei gleichartiger Codierung (d.h. Form, Farbe, u. a.) | Nur näherungsweises Feststellen der Position einer Schallquelle möglich. Unmögliches Orten einer bestimmten Quelle aus mehreren parallel vorhandenen, wenn diese gleiche Codierung haben (Klang, Pegel u.a.) |
| Erkennen (Identifizieren) | Schnelles Identifizieren, insbesondere von symbolisch dargebotener Information (1 Wort mit einem Blick) Bestens geeignet zum Erkennen komplexer Zusammenhänge (z.B. Schaltpläne mit logisch funktionellen Explosionszeichnungen mit räumlich funktionellen Abhängigkeiten) | Langsameres (wegen serieller Übertragung) Erkennen bei Sprache. Ungeeignet zur verständlichen Darstellung komplexer Zusammenhänge und wechselseitiger Abhängigkeiten |
| Suchen | Schnelles, zuverlässiges Suchen (kaum Belastung des Kurzzeitgedächtnisses) in der gesamten, optisch parallel dargebotenen Information | Langwieriger und für das Kurzzeitgedächtnis strapaziöser, demzufolge unzuverlässiger Vorgang |
| Codierung | Form, Farbe, Blinken sind geeignet um die Klassenzugehörigkeit einer bestimmten Information auszudrücken Großes Alphabet von Zeichen | Lautstärke, Tonhöhe und Sprechgeschwindigkeit erscheinen für das Klassieren gesprochener Texte geeignet Kleineres Alphabet von Klängen |
| Erreichen (der Empfänger) | Gleichzeitige Informationsübergabe ohne technische Hilfsmittel nur an wenige Personen möglich, insbesondere, wenn die Sehobjekte klein sind. | Gleichzeitiges Erreichen großer Personengruppen möglich |
| Zeitliche Auflösung | Niedriger als auditiv | höher als visuell |
| Kanal-Kapazität | ca. $10^7$ Bit/ s | ca. $3,5 * 10^4$ Bit/ s |
| Bewegungs-freiheit | Stark eingeschränkte Bewegungsmöglichkeit (Sehabstand, Betrachtungswinkel) des Benutzers gegenüber der Anzeige | Große Bewegungsfreiheit (z.B. innerhalb eines Raumes beliebig) |
| Störgrößen | Blendung (direkt wie indirekt) stört die Benutzer. Unbeteiligte bleiben durch Anzeigen unbehelligt (sie können wegsehen) | Störgeräusche hindern das Hören. Unbeteiligte werden durch Ansagen gestört. Sie gelangen unverlangt an deren Ohr, ohne dass sie weghören könnten. Benutzer, an die sich Ansagen richten, werden gestört, wenn diese zum unpassenden Zeitpunkt ertönen |

*Tabelle 21: Eigenschaften des visuellen und des auditiven Sinneskanals[1]*

---

[1] aus: Charwat, 1994, S. 397

Die unterschiedlichen Eigenschaften des visuellen und des auditiven Sinneskanals sind für das Gestalten von Benutzeroberflächen maßgeblich.

Tabelle 21 gibt einen Überblick über die Eigenschaften der beiden Sinneskanäle unter Berücksichtigung unterschiedlicher Kriterien. Diese Übersicht erlaubt erste Anhaltspunkte für die unterschiedliche Eignung der visuellen und auditiven Sinnesorgane in Bezug auf Informationsdarstellungen.[1]

## 4.2 Allgemeine Visuelle Gestaltungselemente

### 4.2.1 Bildschirmaufteilung – Screendesign

Aussagen zur Bildschirmaufteilung sind nur begrenzt gültig, da sie meist nur innerhalb eines Kulturraums – und hier auch ziemlich unterschiedlich – zutreffen. Da z.B. Mitteleuropäer von links nach rechts schreiben, haben sie ein anderes Bezugsverhältnis zur Raumaufteilung als etwa Araber, die von rechts nach links schreiben, oder Chinesen (von oben nach unten). So veröffentlichte beispielsweise 1970 eine US-Seifenfirma in der saudiarabischen Presse eine Anzeige, mit der für ein neues Seifenpulver geworben werden sollte. Links sah man einen Haufen schmutziger Wäsche, in der Mitte einen Waschbottich von Seifenschaum überkrönt, rechts einen Haufen strahlend weiße Wäsche. Da Araber von rechts nach links lesen, hatte die Anzeige keinen Erfolg.[2]

Die Ergebnisse u.a. aus der Werbepsychologie, aufgrund von Blickaufzeichnungsverfahren,[3] lassen für die Bildschirmaufteilung folgende Aussage zu:

Elemente, die oben rechts liegen, erhalten vom Betrachter eine höhere Aufmerksamkeit, als jene, die unten und links liegen. Abbildung 30 zeigt die – geschätzte – Aufmerksamkeitsverteilung auf die vier Bildschirmteile

Diese Aufmerksamkeitsverteilung ist direkt für die Gestaltung von Benutzeroberflächen verwendbar. Wesentliche Teile der visuellen Informationsdarstellung wie etwa Filmsequenzen oder Grafiken, Bilder usw. werden eher im oberen, rechten Bereich wirksam eingesetzt, unwesentliche Teile wie beispielsweise Navigations- und Funktionselemente eher im unteren, linken Bereich. Bei der von mir mitentwickelten multimedialen CD-ROM der SOWI-Fakultät haben wir diese Erkenntnisse umgesetzt.[4] Die Navigation wurde durch zwei Funktionseinheiten unterstützt. Die Statuszeile zur Orientierung und zum hierarchischen Navigieren lag am

---

[1]  vgl. dazu Kapitel 4.5
[2]  aus: Haefs, 1995, S. 53
[3]  vgl. Kroeber-Riel, 1990, S. 242 ff
[4]  vgl. Oberkofler; Schuster, 1995, S. 146f

unteren Bildschirmrand. Die Navigationsleiste mit weiteren, während der gesamten Anwendung benötigten Funktionen wie Hilfe, Drucken, Gezielte Suchen, Retour und Beenden, wurde am linken Bildschirmrand positioniert.

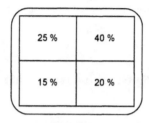

*Abbildung 30: Aufmerksamkeitsverteilung des Bildschirms[1]*

Das Screendesign ist ein einheitliches Erscheinungsbild der Informationsdarstellungen in einem System. Das Screendesign ist ein zentraler Erfolgsfaktor einer multimedialen Anwendung. Es soll ansprechend sein, nicht langweilig, ein „look and feel" ermöglichen und die Interaktionselemente klar hervorheben. Lopuck meint dazu: „User interface design is not just about the arrangement and presentation of media on the screen, it's about designing an entire experience for people. It involves psychological aspects, such as building a mental picture in a user's mind of how something works, and ergonomic issues, such as navigation and ways in which multimedia responds to a user's actions."[2] Dieser Bezug zu psychologischen Elementen macht es schwer, allgemeingültige Aussagen zu machen. Die Unterstützung zur Bildung kognitiver Landkarten und mentaler Modelle ist dabei sicher ein zentraler Anknüpfungspunkt. Dennoch bleibt Form und Inhalt dabei von Zeit- und persönlichem Geschmack des Benutzers abhängig und ist damit ein Bereich, der allgemein der Kunst zugeordnet wird.

Abbildung 31 zeigt beispielsweise unterschiedliche Screendesigns für die gleichen Funktionen. Die obere Darstellung ist mit dem Standardlayout eines Datenbankprogramms erstellt, die untere wurde schließlich in einem von mir entwickelten multimedialen Fragebogen in Kooperation mit dem Linzer Marktforschungsinstitut Market eingesetzt.

---

[1] nach Forschungsergebnissen von Drewniak, 1992, S. 47 und Mikunda, 1986, S. 35f
[2] Lopuck, 1996, S. 50

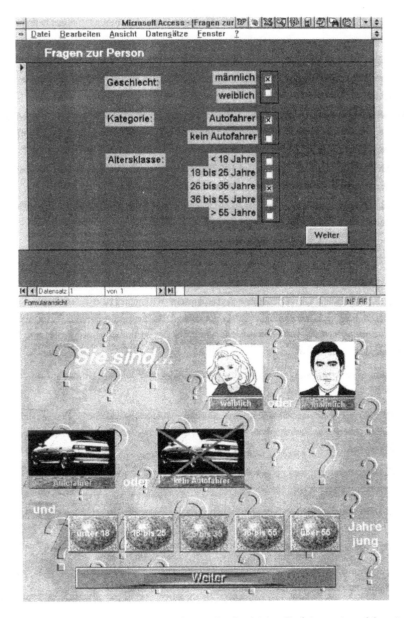

*Abbildung 31: Unterschiedliche Screendesigns für die gleichen Funktionen eines elektronischen Fragebogens (im Original farbig)*

Für die Entwicklung des Screendesigns sind in einem dreistufigen Prozess folgende Fragen zu klären:

a) Die ersten Fragen, die zu klären sind, betreffen die Umgebungsnavigation: Sollen die bestehenden Stilelemente der Betriebssystemumgebung (z.B. Fenstertechniken) mitverwendet werden? Wenn ja, welche Stilelemente?

b) Dann ergeben sich Fragen zum allgemeinen Layout: Welche Funktionen müssen während der gesamten Anwendung immer zur Verfügung stehen und wie werden diese repräsentiert?

c) Der letzte Schritt des Screendesigns betrifft dann die inhaltliche Komponente: Wie sollen die Informationen ansprechend in welcher Art dargestellt werden?

Anhaltspunkte vor allem zu den Fragen b) und c) liefern die Ausführungen in dieser Arbeit, vor allem in den Abschnitten 4.3, 4.4 und 4.5.

## 4.2.2 Farben

Die Grundlagen der *Farbgestaltung* werden verwendet, um einerseits Bilder korrekt zu gestalten, andererseits um verschiedene psychologische Wirkungen zu erzielen. Die klassische Bildgestaltung verlangt das Beherrschen der Grundtechniken und geht einher mit der psychologischen Wirkung von Farbe, welche hier vor allem im Zusammenhang mit Lernen und Motivation gesehen wird.

Eschmann unterscheidet in objektive Farbe (Realfarbe) und subjektive Farbe (Wirkungsfarbe).

- *Objektive Farben* sind Farben an sich, physikalisch messbar und chemisch analysierbar. Dazu gehören die Farben aus der Umsetzung von Lichtwellen, sowie auch die Reflexion des Lichtes.

- *Subjektive Farben* sind Farben als "Erregungsqualitäten", die von Personen als kalt oder warm, harmonisch oder abstoßend empfunden werden.

Dieser Einteilung folgend werden die Farben in den nächsten Punkten behandelt.

### 4.2.2.1 Objektive Farben

Bei der Einteilung der objektiven Farben hat sich in der Computergrafik das HSB-System (hue-saturation-brightness) wegen seiner Übersichtlichkeit durchgesetzt.[1]

---

[1] Zu diversen anderen Einteilungen der Farbmetrik und deren Umrechnung siehe die ausführlichen Erläuterungen in Iwainsky; Wilhelmi, 1994, S. 93 ff oder die DIN-Normen zur Farbmetrik 5033 und 6164

Die drei Parameter der Farbe sind dabei:

- Farbton (engl. „hue"; nach der Wellenlänge bestimmbar)

- Sättigung (engl. „saturation"; Abstand des Farbtons zum entsprechenden Grauton)

- Helligkeit (engl. „brightness"; Bezug auf die Grauleiter von Schwarz nach Weiß)

Die Zusammenhänge lassen sich räumlich im Farbraum darstellen. Abbildung 32 zeigt den Farbraum nach dem Zylindermodell von Munsell.[1] Darin entspricht der Farbton dem Polarwinkel φ, der Grad der Farbsättigung dem Radius r und die Helligkeit der Höhe h. Die Zylinderachse verläuft im Unbunten (Achse E) als Graustufen von den beiden Polen S für schwarz und W für weiß.

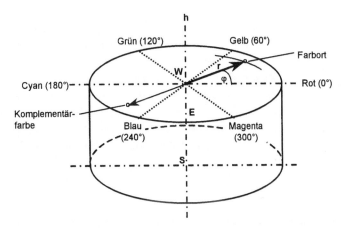

*Abbildung 32: Farbraum im Zylindermodell[2]*

Durch die 60 Grad-Einteilung und der von Graßmann, 1853 entdeckten Gesetze, dass u.a. aus drei Grundfarben durch additive Farbmischung alle anderen Farben erzeugt werden können, ergeben sich zwei unterschiedliche Farbmodelle. Einerseits die Farbmischung aus den Grundfarben Rot, Grün und Blau (RGB-Modell) und andererseits die Farbmischung aus den sogenannten Prozessfarben Cyan (= Türkis), Magenta (= Purpur) und Gelb, die die Komplementärfarben zum RGB-Modell sind. Die Prozessfarben werden für den Farbdruck verwendet, wobei hier noch die unbunte Farbe Schwarz zusätzlich eingesetzt wird, um Tiefenwirkungen und Details hinzuzufügen bzw. um Fehler in den bunten Farbstoffen zu kompensieren. Daher wird das Prozessfarbenmodell auch als CMYK-Modell (**c**yan, **m**agenta, **y**ellow, **b**lack) be-

[1]  aus Charwat, 1994, S. 159 f
[2]  nach Iwainsky; Wilhelmi, 1994, S. 96 und Charwat, 1994, S. 160

zeichnet. Das RGB-Modell wird meist für die Bildschirmdarstellung verwendet, das CMYK-Modell für die Ausgabe mit Farbdruckern. Die Konvertierung von Bildern im RGB-Modell zum CMYK-Modell wird als Vierfarbenseparation bezeichnet.[1]

Den beiden Modellen liegen unterschiedliche Farbmischungen zugrunde:

- *Additive Farbmischung*

  Diese Farbmischung wird im RGB-Modell verwendet. Sie ist nur mit farbigem Licht möglich. Durch verschieden starke Mischung der additiven Grundfarben (Blau, Rot, Grün) kann jeder Zwischenton erzeugt werden. Strahlen bei der Addition von Rot und Grün beide Projektoren gleich stark (auf der selben Höhe im Zylindermodell), entsteht die subtraktive Grundfarbe Gelb. Die dritte, zur Bildung von Weiß noch fehlende Farbe nennt man Ergänzungsfarbe oder Komplementärfarbe.

- *Subtraktive Farbmischung*

  Diese Farbmischung wird im CMYK-Modell verwendet. Sie entsteht durch das Zusammengießen flüssiger Farbstoffe oder Aufeinanderlegen von Farbfilterscheiben. Die spektrale Zusammensetzung des reflektierten bzw. hindurchtretenden Lichts wird beeinflusst. Weiß ist dabei die Ausgangsfarbe, von der (subtraktiv) Farben herausgefiltert werden. Für die Umrechnung vom RGB-Modell der additiven Farbmischung zum CMYK-Modell in der subtraktiven Farbmischung gibt es eigene Algorithmen. Nicht jede additive Farbe kann allerdings durch eine CMYK-Mischung gedruckt werden, so etwa die RGB-Grundfarben in der stärksten Helligkeit. Deshalb werden für professionelle Drucke bis zu 16 Ausgangsfarben für Farbmischungen verwendet.

### 4.2.2.2 Subjektive Farben

Da jede Farbe nicht allein für sich, sondern immer in Zusammenhang mit anderen Farben wahrgenommen wird, finden sich in der Literatur folgende Ordnungen von Farben:[2]

- *Physikalische Ordnung*

  Die physikalische Ordnung teilt ein in Brechungsfarben, Beugungsfarben, Oberflächenfarben, Interferenzfarben, Fluoreszensfarben und Pigmentfarben

- *Formale Ordnung*

  Die formale Ordnug der Farben ist immer noch im Entstehen begriffen, obwohl schon Newton mit seinem Farbkreis als erster eine Klassifizierung versucht hat. Die Erweiterung auf dreidimensionale Farbkörper durch andere Farbwissenschaftler (Goethe, Runge, Ostwald ua.) versucht alle möglichen Farbtöne darzustellen, zu klassifizieren und mittels eines mathematischen Zahlensystems einzuordenen. Dies stellt durchaus keine rein theo-

---

[1]  Details dazu in Iwainsky; Wilhelmi, 1994, S. 96 ff
[2]  vgl. Eschmann, 1975, S. 34

retische Spielerei dar, da Wissenschaft und Wirtschaft aufgrund der Vielzahl existierender Standards der einzelnen Herstellerfirmen an einer solchen einheitlichen Ordnung stark interessiert sind. Außerdem wurde versucht, anhand einer solchen Modellierung Farbharmonien und Zuordnungen greifbarer zu gestalten.

- *Quantitative Ordnung*
  Die quantitative Ordnung teilt ein in Primärfarben (Blau, Grün, Rot), unbunte Farben (Weiß und Schwarz), gebrochene oder gedämpfte Farben (Mischung aus bunten und unbunten Farben), hellklare Farben (Mischung mit Weiß), dunkelklare Farben (Mischung mit Schwarz) oder Neutraltöne (Mischung mit Grau).

- *Dynamische Ordnung*
  Die Raumwirkung von Farbe spielt nicht nur in der architektonischen Gestaltung, wo sie ihren Ursprung hat, eine Rolle, sondern auch allgemein in der räumlichen Gestaltung. Das grundlegende Problem der zweidimensionalen Darstellung dreidimensionaler Objekte lässt sich mit einer geeigneten Farbwahl leichter bewältigen. Die dynamische Ordnung beinhaltet die räumlichen Wirkungen der verschiedenen Farben.
  *Flächenhafte Ausdehnung:* Weiß dehnt sich. Schwarz zieht sich zusammen. Grau ist spannungslos.
  *Ausdehnung nach der Tiefe und Ferne:* Blau entfernt sich. Rot kommt entgegen. Gelb strahlt nach allen Seiten.
  *Bewegung nach oben und unten:* Helle Farben werden als leicht, dunkle als schwer empfunden. Statische Farben wie Purpur, Grün und Grau verhalten sich entfernungsneutral. Dahinter befinden sich die Farben, die zum Schwarz streben. Generell kommen warme Farben nach vor, während kalte Farben zurückgehen.

- *Harmonische Ordnung*
  In den klassischen künstlerischen Bereichen geht es vor allem um die Harmonisierung der Eindrücke. Disharmonische Zusammenstellungen werden abgelehnt. Sie sollen nur in Experimenten oder in bewusster Weise verwendet werden. Voraussetzung hier ist somit das Wissen um die richtige Verwendung der Stilelemente. Farben selbst können nicht schön oder hässlich sein. Nur im Verhältnis von Farbe zu Farbe entstehen harmonische oder disharmonische Klänge, können sich Farben in ihrer Wirkung steigern oder stören. Es ist dabei auch notwendig, sich nicht nur auf eine Harmoniebeziehung festzulegen, sondern mehrere Möglichkeiten der harmonischen Gestaltung (Komplementärfarben, Helligkeitsspannungen, Intensitätsverhältnisse, Farbe in Verbindung mit Form) ins Auge zu fassen.

- *Psychologische Ordnung*
  Diese Ordnung versucht Farben mit psychologischen Eindrücken zu verbinden.
  *Naive und differenzierte Farben:* Naive Farben sind Grundfarben am äußeren Rand des Farbkreises (siehe Abbildung 32), differenzierte Farben sind Mischungen mit Weiß.

Beer[1] glaubt den psychologischen Zusammenhang darin zu sehen, dass naive Menschen naive Farben und differenzierte Menschen differenzierte Farben bevorzugen.

*Warme und kalte Farben:* Die Wertung nach kalten und warmen Farben hat schon Goethe vorgenommen.[2] Die Empfindlichkeit des Auges ist zwischen Gelb und Grün am höchsten, daher wird dieser Bereich als am hellsten empfunden, zwischen Blau und Rot am geringsten. Goethe nennt zusätzlich eine Plus- und ein Minusseite. Plus liegt zwischen Gelb und Rot, Minus zwischen Cyan und Blau. Die Plusseite erscheint warm, die Minusseite kalt. Doch meint er, dass es sich bei dieser Erfahrung um Vorurteile handelt, die sich aus der Objektwelt ergeben.

*Steigernde und entspannende Farbfolgen:* Innerhalb des Farbenkreises verwendete Goethe den Ausdruck der Steigerungs- bzw. Minderungsreihe. Die Reihenfolge der Farben Weiß-Gelb-Orange-Rot erleben Menschen als Steigerung. Hingegen die Reihenfolge von Schwarz-Violett-Blau-Blaugrün lässt Personen entspannter und befreiter werden. Statisch wirken nur Grün und Purpur.[3]

*Kontrasteffekte:* Die Nebeneinanderstellung von zwei Farben verschiedener Helligkeit bringt eine Steigerung beider Farben, indem die helle Farbe heller und die dunkle Farbe dunkler erscheint. Der stärkste Kontrast ergibt sich aus der Nebeneinanderstellung von Komplementärfarben. Jede Farbe wird durch die Komplementärfarbe der Nachbarfarbe beeinflusst. So gibt eine gelbe Farbe den anderen Farben, die dieses Gelb umgeben, einen Schimmer von Blau mit, das die Komplementärfarbe zu Gelb ist.[4]

Wie viele Klassifikationen sind auch diese teilweise sehr willkürlich. Hier liefert die Werbespychologie empirische Befunde über die Wirkung von Farben: Die Farbe hat auf die Betrachtungsdauer geringen Einfluss, sie wirkt sich allerdings stark auf die Erinnerung aus. Der Farbton ist hingegen nur in Kombination mit anderen Farbtönen wirksam und dies ist wiederum kulturell und individuell unterschiedlich.[5]

Die Farbkomposition geht stark in den künstlerischen Bereich. Auch wenn einzelnen Farben bestimmte Eigenschaften zugeschrieben werden,[6] so kann die Eigenschaft einer Farbe durch eine andere Farb- und Formkomposition stark variieren. Durch die unendliche Vielfalt an Kombinationsmöglichkeiten sind der wissenschaftlichen Aufarbeitung hier Grenzen gesetzt. Die objektiv optimale Farbkomposition gibt es nicht. Bei der Gestaltung multimedialer Anwendungen bleibt somit nur der unsichere Weg der heuristisch geprägten künstlerischen Freiheit. Für die Kombination von Farbtönen bleiben lediglich die vagen Anhaltspunkte der dynamischen, harmonischen und psychologischen Ordnung, mit denen vermutlich kein

---

[1]  Beer, 1992, S. 64
[2]  Goethe, 1994, S. 203 f
[3]  Goethe, 1994, S. 166
[4]  vgl. auch Punkt 4.1.1
[5]  Kroeber-Riel, 1990, S. 72
[6]  siehe dazu die Aufstellung in Charwat, 1994, S. 162

Designpreis zu gewinnen ist, die allerdings vor groben Fehlern bewahren. Eine ausführliche Aufarbeitung der Verwendung und Komposition von Farben sowie Faustregeln in Zusammenhang mit multimedialen Lernsystemen findet sich in Fuhrmann, 1995.

### 4.2.3 Technische Parameter

Für visuelle Informationsdarstellungen werden zwei prinzipiell unterschiedliche Techniken angewandt:[1]

- punktorientierte Bildverarbeitung (auch: Rastergrafik)

  Das Bild ist dabei aus einzelnen kleinen Flächenelementen (Bildpunkte oder Pixel[2]) zusammengesetzt, die ein Raster bilden. Die Bilder werden als *Bitmaps* (Bildpunktraster) gespeichert und sind intern aufgebaut wie ein Mosaik aus gleich großen Punkten. Die Größe der Punkte, sowie ihre Anzahl in vertikale und horizontale Richtung bestimmen die Größe und das Detailreichtum (*Auflösung*) eines Bildes. Pixelorientierte Grafiken besitzen daher eine *geräteabhängige Auflösung*. Je größer das Bild (je mehr Bildpunkte), desto größer ist der *Speicherbedarf.*

- vektororientierte Bildverarbeitung

  Das Bild besteht aus einzelnen Vektoren, die Objekte bilden. Vektororientierte Grafikprogramme speichern im Gegensatz zu den punktorientierten nicht das Ergebnis der Darstellungsberechnungen, sondern die Art, Form, Position und Größe des grafischen Objektes. In diesem Fall wird nicht das Bild des Punktmusters, sondern seine Eigenschaften als Objekt mit Hilfe von mathematischen Beschreibungen gespeichert. So wird bei einem Kreis nur Mittelpunktkoordinaten, Radius und Farbe zur Beschreibung benötigt. Bei jeder erneuten Darstellung am Bildschirm bzw. Ausgabe auf einen Drucker wird das Erscheinungsbild erneut in der entsprechenden Zielmedium-Auflösung berechnet. Daher haben vektororientierte Bilder eine *geräteunabhängige* Auflösung. Jedes vektororientierte Bildelement kann beliebig und ohne Qualitätsverlust vergrößert oder verkleinert werden. Vektororientierte Bilder benötigen im Vergleich zu punktorientierten Bildern wesentlich weniger Speicherplatz, dafür aber – besonders bei einer hohen Anzahl oder hoher Komplexität von Objekten bzw. Vektoren – weit mehr Rechenzeit.[3]

Tabelle 22 zeigt eine zusammenfassende Gegenüberstellung der wesentlichen Merkmale (Unterschiede) zwischen vektororientierten und punktorientierten Verarbeitungstechniken, die je nach konkretem Anwendungsfall bzw. Einsatzbereich als Vor- oder als Nachteil angesehen werden können.

---

[1]  vgl. bereits in Hansen, 1986, S. 113
[2]  Das Kunstwort 'Pixel' entstand aus dem englischen Begriff 'Picture Elements'.
[3]  Bei Echtzeitgrafiksystemen wird deshalb die Anzahl von Polygonen (= einzelne Vektorengruppen), die gleichzeitig in Echtzeit verarbeitet werden können, als Merkmal angegeben.

| Punktorientiert | Vektororientiert |
|---|---|
| ❏ Bildpunkte werden einzeln editiert | ❏ editiert werden Objekte (Linien, Kreise, Rechtecke, Freihandlinien und Bézier-kurven) |
| ❏ Bildpunkte werden einzeln gespeichert | ❏ Beschreibungen von Objekten werden gespeichert |
| ❏ geräteabhängige Auflösung sensibel gegenüber Skalierungen | ❏ geräteunabhängige Auflösung Skalierungen immer in optimaler Qualität |
| ❏ großer Speicherbedarf steigt mit Bildgröße | ❏ geringerer Speicherbedarf steigt mit Anzahl und Komplexität von Objekten |
| ❏ geringere Rechenzeiten | ❏ höhere Rechenzeiten |
| ❏ schwere Korrektur von Proportionen und Abständen zwischen Objekten | ❏ einfache Korrektur von Proportionen und Abständen zwischen Objekten |

*Tabelle 22: Vektororientierte versus Punktorientierte Bildverarbeitung*

Entsprechend der unterschiedlichen Technik sind auch die technischen Parameter unterschiedlich. Allgemeine technische Parameter visueller Informationsdarstellungen betreffen:

- Farbtiefe
- Größe
- Auflösung

Die *Farbtiefe* ist jene Anzahl von Bit, die zur Darstellung eines Bildschirmpunkts verwendet wird. Die Farbe eines Bildschirmbildes wird aus den drei Grundfarben Rot-Grün-Blau mit additiver Farbmischung zusammengemischt. Wird für jede Farbe ein Byte (8 Bit) zur Codierung verwendet, so kann jede Farbe in $2^8 = 256$ verschiedenen Farbabstufungen entlang der Helligkeit (Farbverlauf) codiert werden. In einem Bildschirmpunkt werden somit 3 Byte (24 Bit) zur Codierung benötigt. Damit können $2^{24} = 16.777.216$ verschiedene Farben dargestellt werden. Das Problem der 24-Bit-Codierung liegt im großen Speicherbedarf bei der Codierung und der VRAM-(video random access memory)-Speicherkapazität bei der Grafikkarte des Wiedergabesystems. Durch die ressourcenintensiven 24-Bit-Bilder kommt es zu höheren Verarbeitungszeiten beim (damit langsamen) Bildaufbau. Zudem unterstützen viele Wiedergabesysteme nur eine 8-Bit Farbtiefe. Mit 24-Bit codierte Bilder erscheinen dann qualitativ schlecht, denn es können nur $2^8 = 256$ unterschiedliche Farben zur gleichen Zeit dargestellt werden. Es wird eine Palette von 256 Farben erzeugt, aus denen das Bild aufgebaut wird. Farben, die im 24-Bit-Bild vorhanden sind, aber in der Palette fehlen, werden näherungsweise mit ähnlichen Farben dargestellt.

Ist das Wiedergabesystem mit einer 16-Bit-Codierung ausgestattet, können $2^{16} = 65.536$ unterschiedliche Farben dargestellt werden. Diese Möglichkeiten erlauben eine qualitativ bessere Darstellung eines 24-Bit Bildes als bei der 8-bit Decodierung.

Um dem Problem mit unterschiedlichen Farbtiefen von Produktionssystem und Anwendungssystem zu entgehen, werden weitgehend 8-Bit Farbtiefen bereits bei der Codierung verwendet. Dazu wird eine Farbpalette erzeugt, die die 256 häufigsten vorkommenden Farben enthält. Ein Bildschirmpunkt wird dann mit einem Byte (8 Bit) codiert und der Code bezeichnet eine definierte Farbe in der Farbpalette. Die Schwierigkeit dabei ist, dass wenn zwei Bilder mit unterschiedlicher Farbpalette hintereinander dargestellt werden, das Wiedergabesystem „umschaltet" also von einer Palette zur anderen wechselt. Das bedingt einen farblichen „Sprung", denn die Codierung eines Bildschirmpunktes ist zwar die selbe, doch die Palettenfarbe ist dementsprechend anders. So kann z.B. ein Rot in einer Palette ein Blau mit der gleichen Codierung in der anderen Palette sein. Bilder erscheinen dann farblich völlig verzerrt.

Um dieses Problem zu beheben gibt es zwei Strategien: Entweder wird eine Standardpalette des Betriebssystems für alle Bilder verwendet, oder eine individuelle „Superpalette" wird aus den besten Farbabstimmungen aller Bilder erstellt. Dabei müssen allerdings wieder alle Bilder von 24-Bit mit dieser Palette zu 8-Bit konvertiert werden.[1] Für die meisten Bilder ist eine Farbtiefe von 8 Bit mit einer optimierten Palette qualitativ ausreichend. Nur bei Farbverläufen (Schattierungen usw.) ist die Darstellung signifikant schlechter.

Werden weniger als 8 Bit bei der Codierung verwendet, besteht die Farbpalette aus weniger Farben und die Dateigröße des Bildes ist entsprechend kleiner.

Werden 32 Bit zur Codierung der Farbtiefe verwendet, so wird neben den drei Grundfarben eine vierte Farbe mit einem weiteren Byte mitcodiert, die entweder eine Graustufenskala oder einen Alphakanal zur Maskierung darstellt.[2]

Die *Größe* ist die (zweidimensionale) Ausdehnung des Bildes. Geläufigste Maßeinheiten dafür sind Zentimeter oder Millimeter, Inch, Pica, Punkt oder Pixel. Inch, Pica und Punkt sind Einheiten aus dem englischen Maßsystem und stammen aus Zeiten des Gutenberg'schen Buchdrucks, werden aber immer noch verwendet. Dabei gelten folgende Umrechnungen:

1 inch = 6 Pica
1 Pica = 12 Punkte
1 inch = 2,54 cm
1 cm = 28,346456 Punkte
1 cm = 2,3622047 Pica

1 Pixel (oder Bildpunkt) ist das kleinste Element aus dem Rasterbilder zusammengesetzt sind. Dementsprechend hängt das Verhältnis Pixel zu einer Längeneinheit von der Auflösung des Ausgabemediums ab.

Die *Auflösung* ist die Anzahl der Bildpunkte pro Längeneinheit. Die Auflösung ist bei der punktorientierten Bildverarbeitung geräteabhängig, bei vektororientierter Bildverarbeitung

---

[1]  Eine gute Anleitung dafür liefert Lopuck, 1996, S. 108f.
[2]  näheres zu der Technik der Bildverarbeitung in Lopuck, 1996, S. 98 f

geräteunabhängig. Die Auflösung wird üblicherweise in Punkte pro Inch (dpi = dots per inch) angegeben. Hochauflösende Ausgabemedien wie Diabelichter usw. haben Auflösungen bis zu 5.000 dpi.[1]

## 4.3 Allgemeine Auditive Gestaltungselemente

### 4.3.1 Gestaltungsparameter

Der Ton als Sprache, Musik, Gesang oder Geräusch unterliegt im Einsatz eher heuristischen Regeln. Im Unterschied zur visuellen Wahrnehmung ist der Ton immer präsent. Menschen aus allen Kulturen stimmen darin überein, dass es drei primäre Empfindungen gibt, die mit einem einzelnen Ton verbunden sind:[2]

- Lautstärke

- Tonhöhe

- Klangfarbe

Die Lautstärke ist dabei immer im Verhältnis zu anderen Schallquellen zu sehen, da das menschliche Ohr für Differenzen sensibel ist. Bei multimedialen Anwendungen sind daher auch die entsprechenden Umgebungslautstärken zu berücksichtigen. Die Lautstärkenänderung betrifft sowohl die Änderung innerhalb des reproduzierten Schalls, als auch die Anpassung an die Umgebung. Diese Umgebungsanpassung kann erst vor Ort erfolgen. Deshalb sind dem Benutzer dazu Steuerungsmöglichkeiten zu bieten.

Analog zum visuellen System kann auch beim auditiven System eine Art räumliche Aufteilung und somit eine Art „Farbe" gesehen werden. Die akustische räumliche Aufteilung ist der Höreindruck des „weiter weg" bis hin zum „nahe da" der durch die Reflexion der Schallwellen an Wänden und Objekten entsteht. Durch Echo und Hallerzeugung, sowie durch eine Schalldruckabschwächung kann auch bei Monowiedergabe dieser Eindruck simuliert werden.[3] Werden Bild und Ton miteinander kombiniert, so muss diese Klangaufteilung insofern berücksichtigt werden, dass Objekte, die Töne hervorbringen und sich in entsprechender virtueller Raumtiefe befinden, auch den entsprechenden gewohnten Höreindruck des „weiter weg" hervorrufen und umgekehrt. Ist das Tonausgabesystem stereofähig, so kann die Tiefenwirkung noch um die entsprechende Breitenwirkung des links-rechts ergänzt werden. Erst bei den – in dieser Arbeit nicht behandelten – Systemen der Virtuellen Realität ist noch die oben-

[1]  Bildschirme haben standardmäßig eine Auflösung von 72 dpi und ein Größenverhältnis von 4:3 (Breite zu Höhe). Die üblichen Bildschirmauflösungen sind 640 x 480, 800 x 600, 1024 x 768 usw. Bildpunkte.
[2]  Roederer, 1977, S. 3. Siehe dazu auch Punkt 4.1.2
[3]  das entspricht einer Art akustischer 2 ½ D-Darstellung. Siehe dazu auch Kapitel 2.4.6

unten- und die vorne-hinten-Unterscheidung möglich. Allgemein gilt für die akustische räumliche Darstellung, dass Menschen gewohnt sind, räumlich zu hören und diesen Eindruck mit bestimmten visuellen Vorstellungen korrelieren. Eine Stimme oder eine Musik in einem großen, leeren Saal hört sich anders an, als in einem kleinen, schaumstoffgepolsterten Raum. Der akustische räumliche Eindruck ist ein wesentlicher gestalterischer Parameter, der bei Filmen in Kinos als Effekt bereits stark durch die Surround-Technik[1] eingesetzt wird.

Als Klangfarbe (Dynamik, Timbre) gilt der Eindruck eines Tones entlang der Bandbreite des Frequenzspektrums. Werden aus einem Originalton, der meist aus einem ganzen Frequenzspektrum besteht, entsprechende Bandbreiten von Frequenzen herausgefiltert oder verstärkt, so entsteht eine andere Klangfarbe. Eine stärkere Hervorhebung der tiefen (bis ca. 1000 Hz) und mittleren (bis ca. 5000 Hz) Frequenzen sorgt für vollen, warmen Klang, eine stärkere Betonung der hohen Frequenzen erzeugt einen hohlen und leer wirkenden Klang.

Beide Elemente, Klangaufteilung und Klangfarbe, sind ebenso allgemeine Gestaltungsparameter für auditive Informationsdarstellungen wie die Lautstärke.

## 4.3.2 Technische Parameter

Jedes analoge Audiosignal kann über eine entsprechende Digitalisierungsschnittstelle (Soundkarte) im Computer digital codiert werden.[2] Folgende Parameter sind dabei relevant:

- Art der Codierung

    ⇒ PCM (Pulscodemodulation):
    Dabei erfolgt lediglich ein Abtasten und Quantifizieren des Signals.

    ⇒ DM (Deltamodulation):
    Hier wird nur das Vorzeichen der Amplitudenänderung ermittelt und gespeichert.

    ⇒ ADM (Adaptive Deltamodulation):
    macht die Quantisierungsschritte von der Änderungsgeschwindigkeit des Signalverlaufs abhängig.

    ⇒ DPCM (Differenzpulscodemodulation oder auch Adaptive Pulscodemodulation ADPCM):
    Die Differerenz der Werte zweier aufeinanderfolgenden Abtastschritte wird quantisiert.

- Komprimierung
    Das Audiosignal wird durch die integrierende Funktion von audiovisuellen Kompressi-

---

[1] Das von der Firma Dolby zur Marktreife entwickelte quadrophone Tonsystem ermöglicht in entsprechend ausgestatteten Kinos die Simulation von links/ rechts und vorne/ hinten liegenden Schallquellen.

[2] Einen guten Überblick über diesen technischen Vorgang und deren Möglichkeiten bietet etwa Steinbrink, 1992

onsalgorithmen komprimiert, damit die hohen Datenströme reduziert werden.[1] Die Kompression ist eine Schere zwischen niedriger Datenrate und Qualität: Je stärker komprimiert wird, desto schlechter die Qualität. Bei den meisten Kompressoren ist deshalb der Kompressionsfaktor (1:1 = unkomprimiert bis 1:x) einstellbar.

- Abtastrate (Samplingrate)
  Die Samplingrate ist der zeitliche Abstand, mit dem das analoge Audiosignal quantisiert wird. Je höher die Samplingrate, desto besser die Qualität. Die Samplingrate einer Audio-CD liegt bei 44,1 kHz. Sprache ist ab etwa 8 kHz verständlich.

- Auflösung
  ist die Anzahl der verwendeten Bits für die Codierung der Amplitudenauslenkung. Bei 8-Bit können $2^8$ (= 256) verschiedene Zustände (Stufen) dargestellt werden. HiFi-Qualität wird erst wie bei einer Audio-CD durch eine 16-Bit Darstellung mit $2^{16}$ (= 65.536) verschiedenen Zuständen erreicht.

- Spurenanzahl (Kanäle – Mono/ Stereo)
  ist die Zahl der voneinander unabhängigen Kanäle, die für die gleichzeitige Aufnahme oder Wiedergabe von Ton zur Verfügung steht.
  Eine Stereowiedergabe simuliert mit zwei voneinander unabhängigen Spuren räumliche akustische Erlebnisse.

- Datenrate
  ist das Produkt aus Spurenanzahl, Auflösung, Samplingrate und Kompressionsfaktor und wird durch die Art der Codierung beeinflusst. Bei einer Stereo-Audio-CD liegt die unkomprimierte Datenrate bei 2 * 16 * 44.100 = 1.411.200 Bit pro Sekunde. Sowohl bei der Konservierung als auch bei der Wiedergabe muss das multimediale System die technischen Voraussetzungen für die entsprechende Datenrate liefern können.

- Dynamik
  ist das Verhältnis zwischen der höchsten unverzerrten Lautstärke und den Nebengeräuschen, wie etwa dem Rauschen. Maßeinheit ist das Dezibel [dB], das entsprechend der Empfindlichkeit des menschlichen Ohrs, das Verhältnis logarithmisch ausdrückt.[2]

- Klirrfaktor
  Wenn einem Originalton z.B. durch Überlastung elektronischer Bauelemente unerwünschterweise noch zusätzliche störende Frequenzen hinzugefügt werden, bezeichnet

---

[1] Kompressoren sind meist reine Softwareprodukte, können also ohne zusätzliche Hardware eingesetzt werden. Standardkompressoren sind Apples Quicktime, Microsofts Video für Windows oder das diesen zugrundeliegende MPEG-Format. Ausführliche technische Erläuterungen dazu finden sich in Steinmetz, 1993, S. 7* ff

[2] Eine Aufstellung der Dezibelwerte findet sich in Frater; Paulißen, 1994, S. 169

der Klirrfaktor den Anteil der störenden Frequenzen an den ursprünglichen Frequenzen und ist damit ein Qualitätsmerkmal, das in Prozent angegeben wird.

Bei direkt synthetisch erzeugten Audiosignalen fällt der Codierungsparameter weg. Durch die immer größer werdenden Speicherkapazitäten auf Datenträgern spielt die Kompression bei auditiven Daten kaum noch eine große Rolle, außer in Kombination mit Bewegtbildern. Hier ist vor allem die Synchronität zwischen Bild und Ton eine Funktion, die der entsprechende Kompressionsalgorithmus zur Verfügung stellt.

## 4.4 Interaktionsarten

Die folgenden Ausführungen sind Präzisierungen des Kapitels 2.4.5.

### 4.4.1 Physikalische Symbolgeber

Physikalische Symbolgeber sind Eingabeeinheiten, die durch menschliche Effektoren betätigt werden können, um genau definierte geplante Reaktionen auszulösen, und deren Repräsentation physisch vorhanden ist (im Gegensatz zu vom und im Computer erzeugten Repräsentationen, wie etwa ein virtueller Button).[1]

Zu den physikalischen Symbolgebern gehören die ältesten Schnittstellen der Mensch-Maschine-Interaktion: Hebel, Schalter und Taster sind Elemente, die bestimmte geplante Reaktionen der Maschine auslösen sollen. So löst beispielsweise der Blinkerhebel im Auto das Aufleuchten der Lampe im linken vorderen Blinker aus oder das Drücken des entsprechenden Tasters bewirkt, dass aus den Düsen der Scheibenwaschanlage Wasser auf die Windschutzscheibe (oder auf den vorbeifahrenden Radfahrer) spritzt. Bei der Interaktion mit dem Computer sind eine Reihe von Tasten in der Tastatur integriert, die unterschiedliche, entweder vorgegebene oder variable Symbolcodierungen darstellen: Buchstaben des Alphabets, Funktionstasten (z.B. F1 bis F12, Tabulator, Return usw.) oder auch Schalter wie die Feststelltaste für Großbuchstaben. Wesentlich ist dabei die Möglichkeit der freien Symbolzuordnung durch die Software. Damit kann zwar eine hohe Flexibilisierung erreicht werden, allerdings auf Kosten der Einlernzeit des Benutzers. Diese Schere wird versucht durch Standardisierung in Grenzen zu halten. Sowohl innerhalb einer Anwendung sollten die gleichen Tasten gleiche (oder zumindest ähnliche) Funktionen aufrufen, wie zwischen unterschiedlichen Anwendungen. Doch gerade letzteres ist aufgrund einer fehlenden internationalen Norm nur teilweise realisierbar. Allenfalls sich durchsetzende Markenstandards bieten jedoch eingeschränkte Anhaltspunkte dafür. So hat sich etwa in den Anwendungen der Firma Microsoft die F1-Funktionstaste für den Aufruf der Hilfefunktion etabliert. Weitere physikalische Symbolgeber

---

[1]  vgl. dazu Kapitel 2 dieser Arbeit

sind etwa die Klaviaturtasten eines über eine Midi-Schnittstelle mit dem Computer verbundenen Synthesizers oder spezielle Tasten bei Kiosksystemen.

Doch nicht nur Tasten und Schalter sind Symbolgeber. Auch die Sprache ist im wesentlichen nichts anderes als die Codierung bestimmter Laute als semantischer Gehalt. Die Sprachsteuerung als Form der Spracheingabe ist somit ebenfalls unter die physikalischen Symbolgeber einzuordnen. Physikalisch deshalb, da die Sprache – ebenso wie die Tasten – physisch vorhanden ist. Der Unterschied besteht in der Art des Eingabemediums und des Eingabegeräts. Bestimmte, vom Benutzer gesprochene Worte, können vom Computer über ein Mikrofon als Symbolcodierung identifiziert werden. Der Computer kann daraufhin eine geplante Reaktion aufrufen.[1] Zur Sprachsteuerung ist die Spracherkennung Voraussetzung. Detaillierte technische Ausführungen zur hier nicht näher behandelten Spracherkennung[2] liefert Steinmetz, 1993, S. 45 ff.

Das visuelle Gegenstück zur akustischen Sprachsteuerung ist die Gestensteuerung, die ebenfalls unter die physikalischen Symbolgeber zu rechnen ist. Dabei erfasst eine Kamera den Benutzer und interpretiert diverse Gesten, die als Steuerung verwendet werden können. So hat ein Forscherteam um Maggioni im Zentralbereich der Forschung und Entwicklung (ZFE) der Siemens AG im Projekt „Gestik-Computer" eine Computersteuerung per Hand- und Kopfbewegung entwickelt. Das System funktioniert durch eine Auswertung auf Basis der Hautfarbe auch bei schwierigen Lichtverhältnissen zuverlässig.[3]

Direkte physikalische Symbolgeber ermöglichen eine „First Person Experience" nach Laurel.[4] Dazu zählen nur die Sprachsteuerung und die Gestensteuerung.[5]

Indirekte physikalische Symbolgeber eignen sich nur für „Second Person Experience". Das sind die restlichen physikalischen Symbolgeber wie Tastatur, Tasten, Schalter, Hebel, Klaviatur-Keyboards usw.

Wenn die Symbolik der physikalischen Symbolgeber nicht eineindeutig, sondern redundant ist, kommt es im Interaktionsdialog zu Problemen. Gerade die menschliche Sprache ist sowohl in der Text- als auch in der auditiven Form alles andere als eindeutig. Sie lässt Interpretationsräume zu. Die Erfassung des semantischen Gehalts eines Satzes oder von Satzzusammenhängen stellt für Maschinen nach wie vor ein noch nicht ausreichend gelöstes Problem

---

[1] So ermöglicht zum Beispiel das von der Firma Dragon dictate in den letzten Jahren zur Marktreife entwikkelte gleichnamige System auf einem Windows-Betriebssystem dem Benutzer durch Sprechen der Worte „geh schlafen" den Computer herunterzufahren, sich vom Netzwerk abzumelden und auszuschalten.

[2] Die Spracherkennung ist ein interessantes Gebiet. Sie wird aber deshalb nicht weiter behandelt, da sie lediglich eine weitere Technik der symbolgebundenen Interaktion und dazu eben eine Voraussetzung ist und darum für das Konzept der „Perfekten Technik" (vgl. Punkt 2.4.7) letztlich unerheblich ist. Erst die durch die Spracherkennung ausgelösten Funktionen sind wieder relevant.

[3] Maggioni, C.: Die dritte Dimension. In: Dialog # 2/ 94, S. 8 ff

[4] siehe Punkt 2.4.5

[5] vgl. Laurel, 1994a, und auch Holfelder, 1995, S. 68

dar. Ein Dialog in natürlicher Sprache ist – trotz anderslautender Prognosen in den sechziger Jahren[1] – in naher Zukunft noch nicht in Sicht. Mit dieser Problematik kämpfen alle Programme, die Funktionsaufrufe nicht in standardisierten Dialogen zulassen, sondern freie Eingaben erlauben. Insbesondere bei offenen Fragen in Drill-and-Practice-Programmen stellt sich dieses Problem.[2]

### 4.4.2  Physikalische Koordinatengeber

Physikalische Koordinatengeber sind Eingabeeinheiten, die räumliche Bewegungen oder Positionen eindimensional (z.b. Stellräder), zweidimensional (z.b. Maus) oder dreidimensional (z.b. Datenhandschuh) im Computer abbilden und deren Repräsentation physisch vorhanden ist (im Gegensatz zu vom und im Computer erzeugten Repräsentationen, wie etwa ein virtueller Schieberegler).

Die diversen Koordinatengeber haben unterschiedliche Eigenschaften und werden dementsprechend eingesetzt. Tabelle 23 gibt einen Überblick über die für diese Arbeit relevanten physikalischen Koordinatengeber und deren Eignung.

Für längeres Arbeiten mit multimedialen Anwendungen eignen sich nur jene Koordinatengeber, deren Belastungsausprägung maximal mittel bis sehr gering ist. Damit kommen nur Trackball, Grafik-Tablett, Maus und Lichtgriffel in Frage. Für multimediale Anwendungen mit kurzer Bedien- und Einlernzeit wie z.b. Kiosksysteme, eignen sich hingegen eher jene physikalischen Koordinatengeber, deren subjektive Beurteilung gut bis sehr gut ist. Unter subjektiver Beurteilung bei Charwat kann im weitesten Sinne die „First- oder Second Person Experience" von Laurel gesehen werden, wobei Laurels Konzept pragmatischer und aussagekräftiger ist.

Direkte physikalische Koordinatengeber ermöglichen eine „First Person Experience" nach Laurel.[3] Dazu zählen Touchscreen, Lichtgriffel oder sonstige direkte Zeigegeräte wie etwa Laser-Pointer bei Großbildprojektionen. Eingabegeräte aus dem Bereich der Virtuellen Realität wie Datenhandschuh, Raum- und Körperortungen sind ebenfalls direkte physikalische Koordinatengeber.[4]

Indirekte physikalische Koordinatengeber eignen sich nur für die „Second Person Experience". Das sind die weiteren physikalischen Koordinatengeber wie 2D/ 3D und 6D-Maus, Trackball, Grafiktablett und Joy-Stick.[5]

---

[1]  vgl. Weizenbaum, 1990, und Dreyfus, 1989, S. 50 ff
[2]  siehe dazu die möglichen Varianten in Euler, 1992, S. 145 ff
[3]  siehe Punkt 2.4.5
[4]  ausführliche Details zu diesen Eingabegeräten finden sich in Aukstakalnis; Blater, 1994, S. 144 ff
[5]  Aufbau und Funktionsweise dieser Geber finden sich z.B. in Preece et al., 1994, S. 217 ff

| Eignung für: | Koordinaten-geber | Eignungskriterien | | | | |
|---|---|---|---|---|---|---|
| | | Genau-igkeit | Ge-schwin-digkeit | Subjekti-ve Beur-teilung | Belastung des | |
| | | | | | Ge-dächt-nisses | Kör-pers |
| **Positionieren** zeichen-feldgenau bei vorwie-gend kurzen Positio-nierwegen wie z.B. Textbearbeitung | Richtungs-tasten | mittel (zei-chen-, feld-weise) | langsam | mittel | hoch | mittel |
| **Steuern und Regeln**, punkt- und richtungs-genaues Positionieren, | Steuerknüppel (Joy-Stick) | mittel | langsam | schlecht | hoch | gering |
| Verfolgen bewegter Ziele | Rollkugel (Trackball) | sehr genau | langsam | gut | mittel | mittel |
| **Freihand-Zeichnen** | Grafik-Tablett | sehr genau | mittel | gut | gering | gering |
| **Plazieren und Posi-tionieren** | Maus | genau | mittel | gut | gering | gering |
| **Zeigen** auf beliebige Positionen, z.B. | Lichtgriffel | mittel | schnell | gut | sehr gering | bei Dauer-einsatz hoch |
| Objekte oder virtuelle Tasten | Touchscreen | | | | sehr gering | |
| | mit Finger | ungenau | sehr schnell | sehr gut | | |
| | mit Stift | genau | | | | |

*Tabelle 23: Physikalische Koordinatengeber und deren Eignung[1]*

## 4.4.3 Virtuelle Symbolgeber

Virtuelle Symbolgeber sind Interaktionseinrichtungen, die nicht körperlich existieren, sondern durch den Computer erzeugt werden. Sie werden durch physikalische Eingabeeinheiten (Symbol- oder Koordinatengeber) betätigt und lösen genau definierte, geplante Reaktionen aus.

Die meisten virtuellen Symbolgeber sind visuell codiert. Sie werden am Bildschirm als Druckknöpfe (Buttons), Hotspots oder Menüs dargestellt[2] und können durch entsprechende physikalische Eingabeeinheiten (Symbol- oder Koordinatengeber) betätigt werden.

Visuell codierte, virtuelle **Druckknöpfe** sind:

- *Taste (Button, Knopf):*
  Tasten sind Bedienelemente, die einen stabilen und einen labilen Zustand haben. Die Ta-ste befindet sich standardmäßig im stabilen Zustand. Durch Betätigen der Taste wird sie

---

[1] nach Charwat, 1994, S. 250
[2] eine detaillierte Schilderung findet sich in Preece et al., 1994, S. 285 ff

in den labilen Zustand gebracht und kehrt nach der Betätigung selbsttätig wieder in den stabilen Zustand zurück. In beiden Zuständen können Funktionen ausgelöst werden. Zur Unterscheidung werden beide Zustände unterschiedlich dargestellt, wobei der labile Zustand meist eine farblich invertierte[1] Form des stabilen Zustands ist. Um die Funktion der Taste anzudeuten, werden auf der Taste Text oder grafische Symbole dargestellt.[2]

Tasten eignen sich zum Auslösen bestimmter, häufig verwendeter Funktionen wie beispielsweise bei der Navigation Blättern, Vor- und Zurückgehen, Schließen, Sprungverzweigungen usw.

- *Schalter (switch):*
  Schalter sind Bedienelemente mit zwei bistabilen Zuständen. Beide Zustände können Funktionen auslösen. Die visuelle Unterscheidung erfolgt ebenfalls wie bei Tasten meist durch Farbinvertierung und Text- oder grafische Symbolcodierung. Schalter eignen sich für das Darstellen und Umschalten von binären Funktionen, wie z.B. Ein/ Aus.

  ⇒ *Umschalter*
  Umschalter sind Schalter mit drei oder mehreren stabilen Zuständen, wobei die Wahl (oder Nicht-Wahl) des jeweiligen Zustands angezeigt wird.
  *Umschalter mit Einfachauswahl (exklusive Umschalter oder Radio buttons[3])*
  können nur einen Zustand aus mehreren Alternativen annehmen. Zwei nebeneinander liegende Radio buttons haben nicht zwei, sondern bereits drei mögliche Zustände: Keiner angewählt, erster angewählt, zweiter angewählt. Exklusive Umschalter eignen sich für eine Auswahl aus vorgegebenen Möglichkeiten wie etwa der Steuerung eines Films (Stop, Pause, Play, Vorwärts, Rückwärts).

  ⇒ *Umschalter mit Mehrfachauswahl (inklusive Umschalter oder Check box[4])*
  können mehrere Zustände aus mehreren Alternativen annehmen. Sie eignen sich z.B. zur Eingabe bei elektronischen Fragebögen oder für Parametereinstellungen.

- *Hotspot/ Hotword*
  Hotspot ist ein bestimmter, meist gekennzeichneter Bereich, der bei Aktivierung eine Funktion auslöst.

---

[1] farblich invertiert bedeutet die Verwendung der jeweiligen Komplementärfarbe einer Farbe. Vgl. dazu Punkt 4.2.2.1

[2] vgl. Punkt 4.5.5.3

[3] Der Name Radio buttons stammt von den Stationsumschaltern zum Wechseln von Sendestationen in Autoradios, die in den 70er Jahren in den USA populär waren. Die Stationsumschalter waren rund und beim Drükken einer Stationstaste sprangen die anderen heraus und unter der durchsichten Kappe der gedrückten Taste erschien eine andere Farbe. Radio buttons haben eine dementsprechend ähnliche Form.

[4] Der Begriff der Check-Box kommt von den Kästchen zum Ankreuzen in Formularen. Außer Kreuzen wird auch ein Haken zur Kennzeichnung verwendet. In diesem Sinn kann auch ein Schalter als Check-Box dargestellt werden.

Meist ruft diese Funktion semantische Zusammenhänge auf wie beispielsweise die Verzweigung zu einer näheren Erläuterung des in dem Bereich dargestellten Inhalts. Häufigste Anwendung findet der Hotspot im *Hotword (Aktionswort)*. Dabei wird ein Wort eines Textes meist farblich anders codiert (in vielen Online-Hilfetexten von Software-Produkten beispielsweise grün). Beim Mausklick auf dieses (grüne) Wort wird dann zu einer weiteren Hilfeseite gesprungen, die weitere Ausführungen zu diesem Begriff liefert. Das Hotword ist der Grundbaustein zur Hypertext-Idee. Der Hotspot ist das Pendant zum Hotword in einer Hypermedia-Umgebung.[1]

Ein **Menü** (auch Menu) ist eine sinnvoll geordnete Menge von meist textcodierten Kommandos, die auf einem Ausgabegerät angezeigt wird und die es dem Benutzer erlaubt, eine Auswahl vorzunehmen und eine Funktion aufzurufen.[2] Visuell codierte Menüs sind:[3]

- *Vollmenü*
  Beim Vollmenü wird der gesamte Bildschirm mit der Auswahlmöglichkeit belegt.

- *Kreismenü (pie menu)*
  Hier sind die Menüeinträge in Kreisform angeordnet.

- *Pop-up-Menü*
  Das Pop-up-Menü ist ein Menü, das durch Aufrufen einer bestimmten Funktion erst am Bildschirm in bestimmter Größe und an bestimmter Stelle (meist der des Mausklicks) erscheint.

- *Dialog-Box*
  Die Dialog-Box ist ein Pop-up-Fenster, das den Benutzer zu einer Aktion auffordert. Erst nach dieser Aktion setzt das Programm fort. Meist hat der Benutzer dabei die Wahlmöglichkeit zwischen mehreren Alternativen oder der Eingabe eines Textes.

- *Rollmenü*
  Das Rollmenü ist zweidimensional und besteht aus der horizontal presenten Menüzeile und aus jener vertikal „herabrollenden" Rollbox, deren Titel in der Menüzeile gewählt wurde. In der Rollbox stehen die Menüeinträge, die je nach Zusammenhang in Gruppen unterteilt sein können. Nach Auswahl eines Menüeintrags verschwindet die Rollbox wieder. Das Rollmenü ist der Standard bei fensterbasierten Anwendungsprogrammen auf GUIs (Graphical User Interfaces). Das Rollmenü eignet sich besonders für Bedienungen, die in etwas größeren Zeitabständen durchzuführen sind. Das Rollmenü kann ausgeführt sein als

---

[1]  siehe dazu Punkt 2.5.3.2
[2]  vgl. Heinrich; Roithmayr, 1995, S. 345
[3]  weiterreichende Ausführungen dazu in Charwat, 1994, S. 292 ff

⇒ *Drop-down-Menü (Fall-Menü)*

Hier „fällt" die Rollbox aus der Menütitelzeile, sobald z.b. der Mauszeiger auf den Menütitel zeigt.

⇒ *Pull-down-Menü (Zieh-Menü)*

Die Rollbox erscheint nur solange die Menütitelzeile aktiviert wird, also z.b. der Mauszeiger auf den Menütitel zeigt und die Taste auf der Maus gedrückt bleibt.

⇒ *Tear-off-Menü (Abreiß-Menü)*

Das Abreißmenü kennzeichnet, dass sich seine Rollbox von der Menütitelzeile lösen und zu einer beliebigen Position auf der Bildfläche verschieben lässt.

⇒ *Roll-up-Menü (Aufroll-Menü)*

Das Aufrollmenü lässt sich wie ein Abreißmenü zu einer beliebigen Position auf der Bildfläche verschieben, dabei bleibt die Rollbox dort geöffnet. Durch Betätigen einer Taste wird die Rollbox geschlossen (aufgerollt) und nur mehr die Menütitelzeile bleibt bestehen. Durch erneutes Auslösen der Taste kann die Rollbox wieder geöffnet werden.

⇒ *Submenü (Kaskadierendes Menü)*

Das Submenü ist nur über ein anderes Rollmenü anwählbar. Mit der Wahl einer Alternative im Rollmenü erscheint das Submenü. Die Technik der Weiterführung der Submenüs (ein Submenü eines Submenüs) wird als kaskadierendes Menü oder als hierarchisches Submenü bezeichnet.[1]

Druckknöpfe, Hotspots und Menüs werden meist in größeren Einheiten zusammengefasst. Techniken dazu sind die **Fenstertechnik** und die **Palettentechnik**.

- *Fenster (window)*

sind rechteckige Felder auf Bildschirmen, deren Größe und Lage meist vom Benutzer verändert werden können (floating window). Fenster können sich überlappen (overlapped Windows, Schreibtischprinzip) oder sie können aneinandergelegt werden (Split oder tiled Windows bzw. Kachelprinzip). Fenster haben diverse Basiskomponenten, mit denen Lage, Größe und Fensterausschnitt sowie das Öffnen und Schließen gesteuert wird.[2] Die Fenstertechnik ist die Grundlage für jedes GUI (Graphical User Interface).

- *Palette*

Die Palette ist entweder ein frei positionierbares Fenster mit fester Größe oder ein Bestandteil eines Fensters, das ein Menü enthält. Daraus sind Funktionen oder Bausteine wählbar. Meist sind in einer Palette Druckknöpfe zusammengefasst.

---

[1]  Preece et al., 1994, S. 295 oder Witte, 1995, S. 39
[2]  Vergleiche von Grundelementen der Fenstertechnik verschiedener Betriebssysteme finden sich in Preece et al., 1994, S. 291 f

⇒ *Toolbox*

Sind die Funktionen einer Palette unterschiedliche Funktionsweisen des Positionszeigers, so wird sie als *Toolbox* bezeichnet.

⇒ *Funktionszeile/ -leiste*

In einer Funktionszeile oder einer Funktionsleiste werden häufige benötigte Tasten und Funktionen zusammengefasst und einzeilig – meist unter der Menüzeile – dargestellt. Die Funktionszeile ist horizontal, die Funktionsleiste vertikal angeordnet.

Virtuelle Symbolgeber müssen nicht unbedingt visuell codiert sein. Auch eine auditive Codierung ist möglich. So kann die von einer Software akustisch gestellte Frage: „Wollen Sie fortfahren? Wenn nein, drücken Sie die Taste n, wenn ja bitte die Taste j" durchaus als auditives Menü und damit als virtueller Symbolgeber gesehen werden. Akustische Menüs haben jedoch geringe Bedeutung, da deren Auswahlmöglichkeiten nur begrenzt sind. Bei mehreren Möglichkeiten ist der Benutzer schnell überfordert die einzelnen Elemente noch im Kopf zu behalten und die richtigen Codierungen einzugeben. Bei telefonischen, vollautomatischen Auskunfts-Systemen mit Wahlmöglichkeit, wie z.B. der österreichischen gebührenpflichtigen Wetterauskunft, wird deshalb den Benutzern lediglich eine binäre Wahlmöglichkeit bei jeder Frage gelassen. Die Benutzerführung ist so jedoch sehr umständlich, da der Benutzer durch dieses serielle Verfahren viele Entscheidungsfragen durchlaufen muss (Wo? Welcher Zeitraum? Art des Wetterberichts? usw.), bis er die gewünschte Information erhält.

## 4.4.4   Virtuelle Koordinatengeber

Virtuelle Koordinatengeber sind Interaktionseinrichtungen, die nicht körperlich existieren, sondern durch den Computer erzeugt werden. Sie werden durch physikalische Eingabeeinheiten (Symbol- oder Koordinatengeber) betätigt und liefern die Koordinaten der Position des virtuellen Koordinatengebers.

Virtuelle Koordinatengeber sind visuell kodiert und werden am Bildschirm hauptsächlich durch Schieberegler, Drehregler, Scrollbars oder Sensitive Maps dargestellt.

• *Schieberegler (slider)*

werden verwendet um eine Position zwischen zwei Grenzwerten kontinuierlich einzustellen. Durch eine entsprechend hohe Quantisierung erscheint die Einstellung des Schiebers für den Benutzer stufenlos.[1] So können Einstellungen vorgenommen werden, die eher der analogen, gefühlsmäßigen Struktur des Benutzers entgegenkommen. Die Stellung des Schiebers liefert eine eindimensionale Koordinatenposition.

---

[1]   Ein Wert pro Bildschirmpunkt ermöglicht diesen Effekt, da Informationsdarstellungen am Bildschirm nicht höher aufgelöst werden und der Benutzer durch Bewegen des Schiebers nur diese Rasterung erkennen kann. Das würde bei einer Bildschirmstrecke von 10 Zentimetern etwa 290 „Rasterungen" (also Werte) erfordern.

Die Dimension kann sowohl räumlich als auch zeitlich sein. So stellt beispielsweise der mitwandernde Schieberegler beim Abspielen digitaler Filmen eine zeitliche Position dar.

- *Drehregler*
  liefern ähnlich wie Schieber eindimensionale Koordinaten zwischen zwei Grenzwerten. Nur ist die Rückmeldung nicht eindimensional, sondern zweidimensional entlang einer Drehbewegung.

- *Scrollbars*
  sind Schieberegler für die Fenstertechnik, bei denen die Stellung des Schiebers (die Scrollbox) zwischen zwei Endpunkten ein proportionales Verhältnis zur Position des aktuellen Fensterausschnitts zur Größe des Inhalts eines Fensters darstellt.

- *Sensitive Maps*
  sind Felder auf Bildschirmen, bei denen meist mit dem Mauszeiger eine Stelle aktiviert wird. Die Sensitive Map liefert dann die Koordinaten der aktivierten Stelle im Verhältnis zu ihren Rändern. Sensitive Maps werden für Landkarten und ähnliches eingesetzt.

Der Bereich der virtuellen Koordinatengeber ist mit den beschriebenen Elementen noch nicht ausgereizt. Die Möglichkeit der Anzeige einer räumlichen oder zeitlichen Position, verknüpft mit deren Steuerbarkeit, wird selten in der virtuellen Form verwendet, da durch entsprechende physikalische Koordinatengeber meist effizientere Eingabemöglichkeiten bestehen. Dennoch wäre etwa das Drehen einer virtuellen Kugel zum Regeln von Beleuchtungspositionen beim Rendering oder zur Navigation in virtuellen Welten denkbar. Ein bereits existierendes Beispiel stellt die Kopfmaus (headmouse), die am Xerox Palo Alto Research Center entwickelt wurde, dar.[1] Sie wird in virtuellen 2 ½ D und 3 D-Umgebungen eingesetzt. Dabei wird durch Bewegen der Maus in vertikaler Richtung ein virtueller Kopf auf- und abbewegt. Beim Bewegen der Maus in horizontaler Richtung führt der Kopf eine Drehbewegung aus.

Auch ein auditiver virtueller Koordinatengeber wäre in Kombination mit akustischer Ausgabe vorstellbar. So würde beispielsweise bei einer Stereotonausgabe ein durch eine Körperortung steuerbarer Balanceregler akustischer Art sein und die Koordinaten der virtuellen Tonabspielposition zwischen links und rechts liefern.

### 4.4.5    Kombination von Interaktionsarten

Die Interaktionsarten können sowohl untereinander als auch mit Informationsdarstellungen (Informationsarten, siehe Punkt 2.4.6 und 4.5) kombiniert werden. Die Kombination untereinander ist sinnvoll, wenn etwa unterschiedliche Funktionen ausgelöst werden sollen. So gilt als quasi-Standard in vielen Anwendungssoftwarepaketen, dass durch Betätigen der Groß-

---

[1]    siehe CardEtal, 1992, S. 230 f

schreibtaste und der Auswahl mit der Maus mehrere virtuelle Objekte hintereinander selektiert werden können. Mit solchen Kombinationen lassen sich die unterschiedlichen Eignungen der Geber verbinden. Aus diesem Grund ist es auch sinnvoll, diverse Funktionen „doppelt" zu belegen, also mit unterschiedlichen Interaktionsarten auszulösen. So bringen beispielsweise einem Anfänger die Tastaturkürzel für diverse Funktionen in Textverarbeitungsprogrammen wenig, während ein „Power-User" auf die Menüsteuerung in vielen Fällen verzichtet, da er mit den Tastaturkürzeln (shortcuts) schneller arbeiten kann.

Tabelle 24 gibt einen Überblick über die unterschiedliche Eignung von Interaktionsarten (++ sehr geeignet, + geeignet, — weniger geeignet, — — ungeeignet, ± teilweise geeignet).

| Interaktionsart | Auswählen | Aufrufen | Verändern | Eingeben |
|---|---|---|---|---|
| Eingabe | −<br>da anstrengend für das Gedächtnis | ±<br>da Symbole gelernt werden müssen<br>++<br>für Power-User | ++<br>für symbolcodiert[1]<br>− −<br>für positionscodiert[2] | ++<br>für symbolcodiert<br>− −<br>für positionscodiert |
| Regeln | + | + | −<br>nur inkrementale Veränderung möglich (langsam!) | +<br>weil exakte Eingaben möglich sind |
| Wahl | +<br>++<br>für Power-User (shortcuts) | ±<br>da Symbole gelernt werden müssen | ±<br>da nur in Kombination mit Textfenstern gut | ±<br>da nur bei Entscheidungseingaben sinnvoll |
| Bewegen | − − | −<br>da nicht viele Varianten genau unterschieden werden können | ++<br>für positionscodiert<br>− −<br>für symbolcodiert | ++<br>für positionscodiert<br>− −<br>für symbolcodiert |
| Stellen | ++ | + | ++ | ±<br>da unexakt |
| Klick | ++<br>+<br>für Power-User (shortcuts sind schneller) | ++ | ±<br>da nur in Kombination mit Textfenstern gut | ±<br>da unexakt |

*Tabelle 24: Eignung der Interaktionsarten*

Die Kombination der Interaktionsart mit Informationsarten dient zur Unterstützung des Benutzers, damit er die Funktion der Interaktionsmöglichkeiten richtig deutet. Am häufigsten ist die Kombination von Druckknöpfen mit Grafiken, Bildern oder Texten. Die Kombination mit Grafiken ist als Icon bekannt. Dabei wird versucht mit einem geläufigen Symbol die Funkti-

---

[1] symbolcodiert bedeutet, dass das zu verändernde Objekt aus Symbolen besteht, wie etwa Text. Wenn die Symbole direkt über eine Tastatur angesprochen werden können, ergeben sich Vorteile.

[2] positionscodiert bedeutet, dass das zu verändernde Objekt über in Form, Größe und Richtung verändert werden soll, wie z.B. ein Rechteck.

onsweise des Tasters anzudeuten. Wichtig bei der Symbolwahl ist der Grundsatz der Metaphernkonsistenz.[1] Wenn sehr viele Icons verwendet werden, so ist die Deutung auch bei geübten Benutzern nicht immer richtig. Ein Lösungskonzept ist die Quickinfo[2] oder die Aktive Hilfe[3], bei der ein kleines Textfenster mit einem erläuternden Text zu dem Symbol erscheint, wenn der Koordinatengeber das Symbol erreicht und das Ereignis „Eintritt" auslöst.

In multimedialen Anwendungen werden auch Klänge mit Druckknöpfen kombiniert. Wird etwa beim Drücken einer virtuellen Taste ein Ton abgespielt, der dem mechanischen Geräusch einer physikalischen Taste entspricht, so hat der Benutzer ein realistischeres Gefühl des Tastendrucks. Ein weiteres Beispiel ist der von der Firma Apple entwickelte Sonic Finder, mit dem bestimmten Ereignissen im Finder, der Dateiverwaltungsoberfläche des Macintosh-Computers, definierte Klänge zugewiesen werden konnten. Beim Bewegen eines Objektes in den Papierkorb (drag and drop) wurde so etwa ein Geräusch des Schleifens über das Desktop und ein metallisches Geräusch beim Einwerfen in den Papierkorb erzeugt.[4] Durch solche unterstützenden Kombinationen von Interaktions- und Informationsart kann das „look-and-feel" einer Anwendung verstärkt und die Metaphernkonsistenz[5] unterstützt werden.

## 4.5 Informationsarten

Die in dieser Arbeit behandelten Informationsarten (vgl. die Systematik von Punkt 2.4.6) beziehen sich alle nach der Abgrenzung dieser Arbeit auf den Fall der Konservierung (vgl. Punkt 2.4.7). Dementsprechend werden in den folgenden Kapiteln ausschließlich die zur Konservierung nötigen Parameter der einzelnen Informationsarten angeführt.

### 4.5.1 Text

Text ist eine Informationsart, die als eine festgelegte, inhaltlich zusammenhängende Folge von Wörtern, Sätzen und Aussagen beschrieben werden kann.[6] Er ist die sichtbare Wiedergabe gesprochener Worte. In dieser Arbeit wird nur alphanumerischer Text mit lateinischen Buchstaben betrachtet.

---

[1]  vgl. Punkt 4.6
[2]  Konzept von Microsoft
[3]  Konzept von Apple
[4]  siehe Preece et al., 1994, S. 250
[5]  vgl. Punkt 4.6
[6]  vgl. Heinrich; Roithmayr, 1995, S. 525

**4.5.1.1  Technische Parameter**

Die Parameter des Textes sind:

- Schriftart
  Die Schriftart ist eine bestimmte, namentlich gekennzeichnete Schrift.[1]
  Zwei wesentliche Unterscheidungsmerkmale sind Serifen und Proportion. Eine Serife ist der Ansatz, End- oder Querstrich bei Schriftzeichen. Dementsprechend wird zwischen Serifschriften und Sans Serifschriften unterschieden.[2] In Serifschriften wird meist auch noch die Strichstärke innerhalb eines Zeichens variiert. Serifen simulieren horizontale Linien, die zu einer besseren Lesbarkeit in Fließtexten beitragen. Sans Serifschriften sind eher plakativ.
  Bei Proportionalschriften sind die Abstände zwischen den Zeichen proportional zur Zeichenbreite. Das Gegenstück sind Rasterschriften, die Zeichen in einem festen Raster darstellen und für jedes Zeichen einer Schriftgröße den gleichen Abstand verwenden. Die Proportionalschrift ist besser lesbar und die Konturen der Worte sind klarer und geschlossen. Innerhalb von Worten gibt es keine freien Hintergrundflächen wie bei Rasterschriften. Die Erkennbarkeit einzelner Zeichen ist bei Proportionalschriften höher, das bedeutet bis zu 6 % geringerer Zeitbedarf je für Lesen und Erkennen. Das Schriftbild der Proportionalschrift wirkt ästhetischer und der Platzbedarf ist bis zu 8 % geringer.[3]
  So ist z.B. die Schriftart Times eine proportionale Serifschrift, Courier eine Serif- und Rasterschrift und Arial eine proportionale Sans Serifschrift. Die Überschrift dieses Kapitels ist in einer proportionalen Sans Serifschrift geschrieben, der Text hier ist mit einer proportionalen Serifschrift gedruckt.

- Schriftauszeichnung
  bestimmt die Linienbreite der Schriftzeichen (Bildfette) und die Neigung der Schriftzeichen gegenüber der Senkrechten (Bildstellung). Dementsprechend gibt es die Varianten mager (light)-halbfett (medium)-fett (bold) sowie normal und kursiv (italic).

- Schriftstil
  vereint weitere Stilelemente wie Groß- und Kleinbuchstaben, Kapitälchen, Bildbreite usw. Bildbreite ist die horizontale Ausdehnung der Schriftzeichen, wonach „Engschrift" (condensed oder narrow), „Mittelschrift" (normal) und „Breitschrift" unterschieden wird.

---

[1]  nach DIN 1451. Ein Überblick über die Namensklassifikation der europäischen Druckschriften findet sich in Bergner, 1990, S. 63 ff
[2]  Charwat, 1994, S. 394
[3]  Charwat, 1994, S. 352

- Schriftgröße

  wird nach DIN 1451 am Großbuchstaben H gemessen. Zwei Maßsysteme der Schriftgröße sind in Gebrauch:[1]

  **Didot** System:                                        **Pica** System:

  1 Punkt (1p) = 0,376065 mm                    1 point (1p) = 0,352777 mm (1/ 72 inch)

  Der Unterschied ist aber dermaßen gering, dass er nur für fotosatztechnische Anwendungen
  benutzt wird. Außerdem gibt es im Bleisatz nur feste Größen (z.B. 10p, 11p, 12p, usw.), während in DTP Systemen auch Zwischengrößen (z.B. 10,35p) möglich sind. Die Verwendung
  des metrischen Systems ist ebenfalls legitim.

- Ausrichtung

  ist die vertikale Orientierung der Zeilen innerhalb eines Absatzes. Sie kann linksbündig,
  rechtsbündig, zentriert oder Blocksatz sein.

- Laufweite

  ist die Summe aus Bildbreite und anteiligen Zeichenzwischenräumen. Sie wird horizontal
  gemessen. Eine große Laufweite wird als „gesperrt" bezeichnet.

- Position

  bezeichnet den Abstand der Zeichen zur Grundlinie der Zeile. Dementsprechend gibt es
  eine Höherstellung und eine Tieferstellung.

- Farbe

  Jedes Zeichen ist in einer bestimmten Farbe im Farbraum[2] dargestellt, wobei die Leser-
  lichkeit des Textes von der Farbdifferenz zwischen Vordergrundfarbe und Hintergrundfarbe abhängt. Je mehr sich der Farbwinkel 180° nähert und je stärker der Unterschied
  der Sättigung, desto besser der Kontrast zwischen Vordergrund und Hintergrund. Dunkle
  Schrift auf hellem Hintergrund ist dabei besser lesbar als helle Schrift auf dunklem
  Grund.

- Nationalität

  Viele Nationen haben eigene Schriftzeichen. So hat das Deutsche Sonderzeichen wie die
  Umlaute oder das Scharfe s (ß). Diese Unterschiede werden mit entsprechenden Sprach-
  varianten der Zeichensatzbelegung im Betriebssystem umgesetzt.

- Drehwinkel

  ist der Winkel, zwischen der Grundlinie des Textes und der Horizontalen. Variiert der
  Drehwinkel innerhalb einer Zeile, so folgt der Text einer bestimmten Kontur.

---

[1]  Bergner, 1990, S. 25
[2]  vgl. Punkt 4.2.2.1

- Sonstige Formatierungen

Dazu gehören Spaltenanzahl, Absatz- und Zeilenabstand, Tabulatorensetzung usw.

Text ist inzwischen auf allen wesentlichen Betriebssystemen eine Systemressource. Die entsprechenden technischen Parameter in Anwendungsprogrammen greifen auf diese Ressourcen zu. Daraus entsteht bei multimedialen Anwendungen das Problem, dass das System des Entwicklers und das des Benutzers unterschiedlich konfiguriert sein kann. Wird etwa eine bestimmte Schriftart benutzt, so muss diese im System des Anwenders ebenfalls installiert sein. Deshalb ist bei dezentralen, multimedialen Systemen häufig eine Installationsroutine erforderlich, um diese Systemressourcen sicherzustellen. Um diese Problematik zu umgehen, wird Text auch in punktorientierter Form gespeichert. Da diese Variante speicherintensiv ist, wird sie meist nur für speziell gestaltete Überschriften verwendet.

Bei besonderen grafischen Darstellungen des Textes kann durch Spezialprogramme dem Text eine Vielzahl von Aussehen verliehen werden. Das Schriftbild kann verzerrt, gedehnt, mit unterschiedlichen Farbverläufen gefüllt, gekippt, gespiegelt usw. werden. Diese Darstellungen werden vorwiegend für dekorative Zwecke verwendet und ebenfalls nicht in der standardisierten Form eines Textes, sondern eher als punkt- oder vektororientiertes Bildformat gespeichert.

### 4.5.1.2 Gestalterische Parameter

#### 4.5.1.2.1 Lesen von Text

Der Lesevorgang erfolgt nicht kontinuierlich, sondern das Auge hält zwischendurch an. Während dieser Halte (Fixationen) – die sehr kurz sind (1/ 10 sec) – wird das Gesehene aufgenommen. Kommt es zu einer Fehlleistung wird diese durch einen Rücksprung (Regression) korrigiert.[1]

Die wichtigsten Faktoren sind der Schriftgrad (Schriftgröße) und damit korrelierend, Zeilenlänge und Zeilenabstand. Schriftauszeichnungen (kursiv, fett, unterstrichen) – vor allem in längeren Abschnitten – hemmen die Lesbarkeit unterschiedlich. Keine Schriftart zeichnet sich durch besonders gute Lesbarkeit aus – Lesen ist an Konventionen gebunden. Ein gewohntes Schriftbild erleichtert in jedem Fall das rasche Aufnehmen des Inhalts. Allgemein wird die Lesbarkeit eines Textes durch die Auszeichnung schlechter. Allerdings liegen nur für die schräge Schrift konkrete Aussagen vor. Die Lesegeschwindigkeit nimmt mit dem Neigungswinkel ab, senkrechte Schrift ist am besten lesbar.[2]

---

[1] Bergner, 1990, S. 20
[2] Völz, 1990, S. 430

Geometrisch konstruierte Schriften sind wegen ihrer formalen Übereinstimmung zwischen den einzelnen Buchstaben für Verwechslungen am anfälligsten.[1]

Bergner schließt daraus, dass es wenig sinnvoll ist, für bestimmte Gruppen von Lesern gesonderte Lesbarkeitsbedingungen zu ermitteln. Aber trotzdem unterscheidet er Bedingungen für das Erstlesealter (klare Wahrnehmbarkeit), Umweltbedingungen und weiters den Unterschied zwischen längerem, fließenden Lesen und dem kurzen, informierenden Hinsehen, wo es in Fußnoten, Nachschlagewerken oder ähnlichem durchaus angebracht ist, Schrifttypen zu verwenden, die beim fortlaufenden Lesen ermüdend wirken würden.

Die Verwendung von Schriftarten am Bildschirm stößt an auflösungstechnische Grenzen. Da bestimmte (besonders Serif-) Schriftarten unterschiedliche Strichstärken aufweisen, ist das Schriftbild bei kleinen Schriftgrößen verzerrt. Das entsteht dann, wenn die Strichstärke eines Zeichens die Größe eines Bildschirmpunktes unterschreitet oder kein ganzzahliges Vielfaches eines Bildschirmpunktes beträgt. Dann werden diese Teile entweder auf Bildschirmpunktgröße überproportioniert oder komplett verschluckt. Um diesen Effekt zu mindern sollten entweder nur Sans Serifschriften oder spezielle, für die Bildschirmdarstellung konstruierte Schriften (z.B. MS Sans Serif, MS Serif, Geneva, Chicago usw.) verwendet werden.

Das Lesen von Text am Bildschirm ist generell schlechter als auf dem Papier. Nielsen berichtet von Vergleichsexperimenten, dass Personen etwa 25 bis 30% langsamer von Bildschirmen lesen, als von Papier, und dass sie dabei auf dem Bildschirm größere Fehlerraten haben. Nach längerem Textlesen betrug die Fehlerrate beim Bildschirm 39%, bei Papier 25%.[2] Hasebrook fasst die Argumente für die schlechte Lesbarkeit aus wahrnehmungspsychologischer Sicht zusammen: „Der Bildschirm hat eine viel zu geringe Auflösung, flimmert noch zu stark und erreicht nicht den erforderlichen Kontrastumfang. Obwohl noch nicht im einzelnen klar ist, welche Probleme daraus entstehen, scheint zumindest klar, dass die mangelnde Darstellungsqualität der Schrift selbst, ständig wechselnde Anpassungen des Auges vom Bildschirm an die Umgebung, aber auch die elektrostatische Aufladung des Monitors, die den Betrachter permanent mit Staubteilchen „bombardiert", zu Problemen beim Lesen von Texten führen."[3]

Damit ist klar, dass das Lesen längerer Textpassagen keine Stärke multimedialer Anwendungen sein kann und hier das Buch eindeutig Vorteile hat. Damit müssen entweder andere Informationsarten dieses Manko ausgleichen, oder ein längerer Text wird zur Ausgabe auf einen Drucker bereitgestellt. Diese zweite Variante wurde in der von mir mitentwickelten multimedialen CD-ROM Anwendung „SOWI-Innsbruck – eine Fakultät stellt sich vor" gewählt. Län-

---

[1]  Baumann; Klein, 1990, S. 131
[2]  Nielsen, 1990. Auch in Negroponte, 1995 und Hasebrook, 1995, S. 29 f finden sich ähnliche Überlegungen, dass der Bildschirm für das Lesen von längeren Texten eher ungeeignet ist.
[3]  Hasebrook, 1995, S. 30

gere Textinformationen über Institute, Personen, Publikationen usw. wurden in einem eigenen, druckfertigen Format abgespeichert und können von den Benutzern auf Knopfdruck zum jeweiligen Thema zum Ausdruck aufgerufen werden.[1]

#### 4.5.1.2.2 Schriftverwendung

Die Verwendung von Schriften unterliegt eher heuristischen Regeln. Eine gute, kommentierte Übersicht findet sich in Fuhrmann, 1995. Die Schriftauswahl sollte nach Baumann und Klein folgende Bezüge aufweisen:[2]

- zum Inhalt

- zur Stimmung des Lesers

- zu den weiteren Schriftarten

- zum Gestaltungsumfeld

- zum zur Verfügung stehenden Platz

Baumann meint jedoch, dass Faustregeln aufzustellen unangemessen sei und kein allgemeines Rezept formuliert werden kann. Er betont eher den Hintergrund einer Schriftverwendung: Was will der Autor mit der Verbindung des Bildes einer Schrift und dem ausgedrückten Inhalt darstellen?

Bei der Verwendung einer weiteren Farbe in Texten hat die Zweitfarbe die Aufgabe, Teile des Textes herauszuheben, zu markieren, zu ordnen oder zu unterscheiden. Sie löst verschiedene Stimmungen aus und sollte daher nicht wahllos eingesetzt werden. Je sparsamer eine Farbe eingesetzt wird, umso stärker wirkt sie und je weniger leuchtend sie erscheint, desto mehr dient sie nur mehr der Auflockerung und Dekoration.[3]

Wenn also Aufmerksamkeit erzeugt werden soll, muss sparsam mit der leuchtenden Farbe umgegangen werden. Dekorationen sollen nicht mit leuchtender Farbe erfolgen, sie würden vom Thema ablenken.

#### 4.5.1.2.3 Gestalten von Überschriften

Grundsätzlich sollen Überschriften eine auf den ersten Blick ausgerichtete, übersehbare Textmenge enthalten und diesen Eindruck aus gestalterischer Sicht verstärken. Der Schriftgrad sollte nach Wichtigkeit abgestuft sein. Weiters kann ein größerer Schriftgrad oder Schnitt der verwendeten Grundschrift oder auch einer anderen Schrift angewendet werden.

---

[1]  Oberkofler; Schuster, 1995, S. 119, 128 und 132f
[2]  Baumann; Klein, 1990, S. 74
[3]  Baumann; Klein, 1990, S. 147 f

Serifenlose Schriftarten sind eher für Überschriften, besonders für Bildüberschriften, geeignet, Serifschriften für Textsatz.[1]

Die Abstufung der verschiedenen Kategorien sollen dem Verhältnis 20 : 12 : 9 : 8 (auch in einer leicht abgewandelten Form) entsprechen. Dann kann auf die in vielen Fällen störende Numerierung verzichtet werden.

Bei Einrahmung der Überschrift muss beachtet werden, dass die Schrift keinenfalls in die rechnerische Mitte des vorgegebenen Feldes gestellt werden soll, sondern etwas höher. Siemoneit empfiehlt: „Man plaziere die Zeile auf die rechnerische Mitte und stelle die Position der Unterkante der Mittellängen fest. Auf diese Position sollten dann die Unterlängen plaziert werden."[2]

Weitere heuristische Regeln zur Textgestaltung finden sich in Euler, 1992, S. 105 ff. Da aber Text ohnehin nicht die Kernkompetenz multimedialer Anwendungen ist, reduziert sich die Gestaltungsfrage eher auf einzelne Worte und Anordnung einiger Zeilen auf dem Gesamtbildschirm.

## 4.5.2 Sprache

Sprache ist eine Informationsart und besteht aus auditiven Signalen, die der Mensch über den Perzeptor Ohr aufnimmt und als ein System von Zeichen mit Vokabular und Grammatik interpretiert, die für ihn semantischen Gehalt haben und mit denen er selbst fähig ist Gedanken, Gefühle, Willensregungen usw. auszudrücken.[3]

Der Mensch ist die Sprache als Kommunikationsinstrument gewöhnt und verwendet sie normalerweise im Dialog. Bei der reduzierten Kommunikation mit der Maschine ist ein natürlichsprachlicher Dialog nicht möglich. Durch Hörfunk, Fernsehen und Film ist aber auch die einseitige sprachliche Kommunikation den Menschen nicht fremd. Sprache als Informationsdarstellung dient meist zur Erläuterung oder zur Einführung von Wissensgebieten. Die Sprache gibt einer multimedialen Anwendung etwas von Vertrautheit, von Menschlichkeit mit und kann Akzeptanzschwierigkeiten überbrücken helfen. Durch die Möglichkeit der nonlinearen Navigation können allerdings diese Vorteile kippen, wenn z.B. die einführenden Worte stereotyp wieder ablaufen, wenn der Benutzer nur erneut die selbe Übersichtsseite aufruft.

---

[1] Albers, 1970, S. 28
[2] Siemoneit, 1989, S. 176
[3] in Anlehnung an Heinrich; Roithmayr, 1995, S. 484 f, nur mit dem Unterschied, dass hier Sprache aus der Sicht des Menschen als Empfänger gesehen wird.

**4.5.2.1    Technische Parameter**

Die Sprache ist ein auditives Signal mit allen dazugehörigen allgemeinen, auditiven, technischen Parametern.[1]

Bei der Aufnahme von Sprache sind Umgebungsgeräusche sehr störend. Deshalb wird die Sprache häufig in einem Tonstudio aufgenommen und erst im nachhinein mit Hintergrundgeräuschen unterlegt. Bei der Synchronisation wird oft eine Aufnahme der Umgebung getrennt erstellt („Atmo")[2] und erst später mit der Sprache zusammengemischt.

Sprache kann jedoch nicht nur in der vollständig konservierten Form wiedergegeben werden. Die Technik der Sprachsynthese erlaubt es, einzelne Sprachelemente eines Sprechers zu speichern und diese zu einem neuen Inhalt zu kombinieren. Der Inhalt ist dabei variabel und kann als Text vorliegen und entsprechend sprachlich ausgegeben werden. Folgende Parameter werden dabei unterschieden:[3]

- Phonem
  ist die kleinste bedeutungsunterscheidende aber nicht bedeutungstragende sprachliche Einheit. In der deutschen Sprache werden ungefähr 40 Phoneme unterschieden.

- Allophone
  kennzeichnen Varianten eines Phonems als Funktion seiner lautlichen Umgebung. In der deutschen Sprache werden etwa 230 Allophone unterschieden.

- Morphem
  kennzeichnet die kleinste bedeutungstragende sprachliche Einheit. so ist „Haus" ein Morphem, „Behausung" jedoch nicht.

- Laut
  ist die Ausprägung eines Phonems. Ein Stimmhafter Laut wird durch die Stimmlippenschwingungen erzeugt. M, W und L sind Beispiele dafür. Die Ausprägung stimmhafter Laute hängt stark vom jeweiligen Sprecher ab. Ein stimmloser Laut wird durch Öffnung der Stimmlippen erzeugt. F und S sind stimmlose Laute. Stimmlose Laute sind relativ unabhängig vom jeweiligen Sprecher. Bei den Lauten wird unterschieden zwischen:

  ⇒ Vokal (z.B. a in hatte)

  ⇒ stimmhafter Konsonant (z.B. m in Mutter)

  ⇒ frikativer stimmhafter Konsonant (z.B. W in Wurm)

  ⇒ frikativer stimmloser Konsonant (z.B. s in Kassa)

[1]    vgl. Punkt 4.3
[2]    Kandorfer, 1994, S. 266
[3]    vgl. dazu Steinmetz, 1993, S. 39ff

$\Rightarrow$ explosiver Konsonant (d in dort)

$\Rightarrow$ affrikater Konsonant (pf in Pfund)

- Diphon
  ist die Zusammenfassung von je zwei Phonemen. In der deutschen Sprache sind etwa 1.400 Diphone definiert.

Die einzelnen Sprachelemente werden zeitlich hintereinander gestaffelt. Eine wesentliche Problematik bilden die Übergänge zwischen einzelnen Lauteinheiten. Dieser Effekt wird als Koartikulation bezeichnet. Die Koartikulation ist die gegenseitige Lautbeeinflussung über mehrere Laute hinweg. Diese immanente Eigenschaft der menschlichen Sprache beruht auf der Trägheit der Sprachorgane. Um diese Problematik in den Griff zu bekommen werden die einzelnen Lautbausteine immer größer gefasst: von Phonem über Allophon und Morphem zu Diphon und sogar zum Wort. Aber auch hier besteht im Grunde noch dieselbe Problematik. Zusätzlich muss bei der Sprachausgabe die Prosodie beachtet werden. Hiermit ist der Betonungs- und Melodieverlauf eines Satzes gemeint. Die Aussprache eines Fragesatzes unterscheidet sich beispielsweise stark von einer einfachen Feststellung. Die Prosodie hängt somit von der Semantik der Sprache ab und muss demnach bei der Lautverkettung zusätzlich berücksichtigt werden. Ein weiteres Problem stellt die mehrdeutige Aussprache dar. Eine Aussprache kann oft nur mit zusätzlichem Wissen des Inhalts korrekt erfolgen, sie ist semantikabhängig. So kann etwa das Wort „Wachstube" eine Stube mit Wachpersonal oder eine Tube mit Wachs sein. Die Aussprache ist vollkommen verschieden.

Die Sprachsynthese ist, trotz weiterreichender Verfahren der Formantsynthese, Linear Predictice Coding und dem Röhrenmodell,[1] noch nicht zur vollständigen Zufriedenheit gelöst. Eine künstlich erzeugte Sprache wird nach wie vor vom Zuhörer als solche erkannt.

### 4.5.2.2 Gestalterische Parameter

Sprache hat zusätzlich zu den allgemeinen auditiven gestalterischen Parametern[2] folgende gestalterische Elemente:

- Geschwindigkeit
  Die Geschwindigkeit mit der ein Sprecher die Worte und Sätze spricht, ist für das Verständnis der Sprache wesentlich. Die Faustregel lautet: Flüssig, aber nicht zu schnell. Da in multimedialen Anwendungen kein direkter Dialog mit einem Gesprächspartner erfolgt,[3] ist das „richtige", verständliche Sprechen sehr wesentlich. Diesem Umstand wird bei Film, Fernseh- und Radiosendern schon lange durch Sprecherschulungen Rechnung

[1] siehe dazu Steinmetz, 1993, S. 43
[2] vgl. Punkt 4.3
[3] zumindest in der in dieser Arbeit zugrundeliegenden Abgrenzung

getragen. Genauso wesentlich hängt der professionelle Eindruck einer multimedialen Anwendung auch von der entsprechend geschulten sprachlichen Ausdrucksweise ab.[1]

- Länge

Die Länge von Sprachpassagen in multimedialen Systemen ist ein weiteres Gestaltungselement. Da sich multimediale Anwendungen durch die Interaktionsmöglichkeit des Benutzers auszeichnen, sollte der Benutzer auch die entsprechenden Möglichkeiten dazu vorfinden. Heuristische Werte gehen von einer maximalen Länge der Sprachsequenzen (bis zur nächsten Interaktionsaufforderung) von etwa zwei bis drei Minuten aus.[2]

- Stimme

Jede menschliche Stimme hat einen ganz charakteristischen Klang. Menschen können an der Stimmlage nicht nur bekannte Stimmen erkennen, sondern auch fremde, männliche und weibliche Sprecher unterscheiden. Damit werden bestimmte Assoziationsmuster geweckt. Einer tiefen, männlichen Stimme wird z.B. Glaubwürdigkeit und Vertrauenswürdigkeit zugeschrieben, einer weiblichen Stimme Einfühlungsvermögen.[3] Der Wechsel von Stimmen kann sehr effektvoll eingesetzt werden, wenn jeder Stimme eine bestimmte Rolle zugesprochen wird. Durch den Wechsel wirkt die Sprache lebendiger. Die Art des Wechsels hängt vom Inhalt des Gesagten ab. Bei Sprechstücken (Hörspielen) ist es selbstverständlich, dass es eigene Erzählerstimmen und Stimmen der einzelnen Personen gibt. Aber auch bei reinen Kommentaren lassen sich Rollen identifizieren.[4] Die Doppelconference hat dabei eine lange Tradition aus dem Varietébereich, die auch bei Fernsehnachrichten, Sportkommentaren usw. eingesetzt wird.

- Rhetorik

Sowohl die Betonung, die Aussprache als auch die Wahl der Worte und der Satzstellung beeinflussen die Rhetorik. Wenn anspruchsvolle Satzschöpfungen auf dem Papier gut lesbar sein mögen, so hören sie sich noch lange nicht gut an, da der Benutzer keine Möglichkeit hat, die Wortinhalte zu rekapitulieren.[5] Die Rhetorik hängt auch stark von den zusätzlichen Informationsdarstellungen wie Bild oder Bewegtbild ab. Die Wortwahl und die Betonung sind anders, wenn zusätzliche visuelle Informationen dargestellt werden, da sich das Hauptinteresse dann auf die visuelle Information stützt und eine zu stark betonte Sprache ablenkt.

---

[1]  siehe dazu die starke Betonung dieses Faktors bei Lachner, 1995

[2]  Euler, 1992, S. 117

[3]  vgl. dazu werbepsychologische Ansätze bei Schweiger; Schrattenecker, 1992, S. 176 ff

[4]  ein gutes Beispiel ist die Sendung „Help – das Konsumentenmagazin" jeden Sonntag im Radioprogramm Ö3 des Österreichischen Rundfunks. Ein weiblicher und ein männlicher Sprecher erzählen jeweils die aktuelle Lage eines Konsumentenproblems und wechseln dabei alle zwei drei Sätze ab, je nach abgeschlossenen Teilschilderungen. Der Wechsel erfolgt, ähnlich wie bei der Absatzgestaltung in schriftlichen Werken, nach jedem Gedankengang.

[5]  Kandorfer, 1994, S. 268

- Nationalität/ Sprachfärbung

  Jede Kultur, jede Nation, jedes Land, jeder Bezirk und manchmal sogar jeder Stadtteil haben eine eigene Sprache bzw. eine Sprachfärbung.[1] Beim internationalen Vertrieb multimedialer Anwendungen ist es nicht unwesentlich auf die „Kompatibilität" der Sprachfärbung zwischen konservierter Sprache und Benutzer zu achten. Natürlich ist eine Kompatibilität bis auf Stadtteilgröße sinnlos und auch finanziell unmöglich, dennoch können Akzeptanzprobleme bestehen.[2] Um dies zu umgehen werden entsprechende sterile Hochsprachen verwendet, die jedoch auch ihr Sprachcoleur nicht verbergen können.

Kracauer bietet folgende Möglichkeiten der Klassifikation von Sprache in Verbindung mit visueller Darstellung:[3]

- Aktueller Ton

  ist logisch mit dem Bild verbunden

- Kommentierender Ton

  hat keine logische Bindung zum Bild

- Synchroner Ton

  hat seine Quelle im Bild und verkörpert aktuellen Ton

- Asynchroner Ton

  hat seine Quelle außerhalb des Bildes und kann sowohl aktuell als auch kommentierend sein

- Paralleler Ton

  ist die Koppelung von aktuellem und synchronem Ton, wenn die Bildaussage so eindeutig ist, dass der Ton keinerlei Zusatzinformation hinzuzufügen vermag bzw. der Inhalt des Tons so unmissverständlich ist, dass das Bild überflüssig erscheint

- Kontrapunktischer Ton

  vereint kommentierenden und asynchronen Ton. Hier drücken Bild und Ton Verschiedenes aus.

Diese Einteilung stammt aus der Filmbranche, ist jedoch in Kombination mit Grafiken und Bildern in multimedialen Anwendungen sinngemäß anwendbar. Aktueller, paralleler und synchroner Ton verstärken die naturalistische Tendenz, kommentierender, asynchroner und kontrapunktischer Ton die formgebende Tendenz. Kracauer bezeichnet die naturalistische Tendenz als das reine Abbilden der Natur. Er zeigt anhand der Fotographie, dass die im

---

[1]  siehe dazu das berühmte Bühnenstück Pygmalion von G.B. Shaw bzw. das auf dieser Vorlage basierende Musical „My fair lady" von F. Loewe und A. J. Lerner oder dessen Verfilmung von G. Pascal.

[2]  so kann es für einen Tiroler durchaus ein Hindernis sein, wenn sich eine Lernsoftware in sehr autoritärer Weise mit nordhochdeutschem Akzent präsentiert.

[3]  Kracauer, 1985, S. 193 ff

Gegensatz dazu stehende formgebende Tendez, bei der eine subjektive Färbung bereits bei der Konservierung des Wirklichkeitsausschnitts erfolgt, erst das Potential eines Mediums ausschöpfen kann.[1] Die subjektive Färbung lässt sich nie völlig ausschalten, aber sie ist in unterschiedlich starker Ausprägung in jeder Informationsdarstellung vorhanden. Auch bei dieser Einteilung scheint wieder das Gegensatzpaar Objektivismus (naturalistische Tendenz) zu Subjektivismus (formgebende Tendenz) auf.[2] Der Schluss liegt nahe für ein objektivistisches Paradigma auch objektiven Ton (aktuell, parallel, synchron) und für ein subjektivistisches Paradigma subjektiven Ton (kommentierend, asynchron, kontrapunktisch) zu verwenden.

Wird Sprache zusätzlich zu bewegten Handlungen (z.B. Film) eingesetzt, spricht man von Voice-Overs. Bradey schreibt zum Thema Voice-Overs: „Verbal auditory sequences or voice-overs may be most useful as a construction mechanism due to their ability to convey new concepts in their own right, assist with metacognitive strategies, and enhance the understanding of visual elements (text, graphics, animation, and still and moving pictures) as predicted in dual coding theory." [3]

Durch Unterlegen einer Filmsequenz mit Sprache (Voice-Over) können die wichtigsten Punkte hervorgehoben werden, um dadurch den gezeigten Inhalt auditiv zu unterstützen. Die Studie von Bradey und Henderson belegt, dass Filminhalte durch den Einsatz von Voice-Overs intensiver vom Zuschauer wahrgenommen werden. In der Studie wurde als Ergebnis festgestellt, dass Voice-Overs das Lernen persönlicher gestalten und die Motivation steigern. [4]

Wichtig beim Einsatz von gesprochenen Elementen ist, dass durch sie die wesentlichen Teile genannt werden. Die Voice-Overs dürfen nicht zu lange dauern, denn der Zuhörer müsste sonst aus dem Gesprochenen wieder die relevanten Teile herausfiltern, was nicht gewünscht wäre. Bradey meint dazu: „Short carefully constructed auditory messages can be just as effective for learning as longer ones, and such are more efficient." [5]

Weiters wurde erkannt, dass Voice-Overs die Verständlichkeit des Gezeigten verbessern, neue Kenntnisse zu bereits Bekanntem hinzufügen und neue Konzepte erkennen lassen. Voice-Overs dienen auch als Hilfe für den kognitiven Wahrnehmungsprozess, besonders für Personen mit einer langsameren Auffassungsgabe. Diese Personen können sich mehr auf den Inhalt konzentrieren, als auf die Erfassung des Dargestellten.

Als Nachteil der rein gesprochenen Vermittlung von Informationen gilt, dass es mehr Anstrengung erfordert, sich an Inhalte und Details zu erinnern. Bei Texten hat man generell die Möglichkeit, vorwärts und rückwärts im Text zu springen.

---

[1]  Kracauer, 1985, S. 61 ff
[2]  vgl. dazu Punkt 3.3.2
[3]  Bradey; Henderson, 1995, S. 110
[4]  vgl. Bradey; Henderson, 1995, S. 112f
[5]  Bradey; Henderson, 1995, S. 113.

Die gleichzeitige Präsentation von Text und Sprache ist problematisch, da sie den Zuhörer verwirrt. Er konzentriert sich entweder auf das Gesprochene oder das Geschriebene. Mathis zeigt bei der Evaluierung der ersten am Institut für Wirtschaftsinformatik in Innsbruck erstellten multimedialen Lernanwendung, dass Sprache, die den gleichen Text, der am Bildschirm erscheint, spricht, dann zu starken Verwirrungen führt, wenn der Wortlaut des Textes mit dem der Sprache nicht exakt übereinstimmt.[1] Zudem wurde das Sprechen des gelesenen Textes als störend empfunden, da jeder Benutzer eine andere Lesegeschwindigkeit hat, so aber in ein genaues zeitliches Schema gepresst wird.

Die Dual-Coding-Theorie[2] liefert eine Erklärungsmöglichkeit für dieses Phänomen: Gesprochene Sprache wird genauso wie geschriebene Sprache mit der linken, analytischen Gehirnhälfte wahrgenommen. Wenn zwei Eingangskanäle (auditiv und visuell) das selbe Verarbeitungssystem ansprechen, so ist der Benutzer überfordert. Als Ausweg ergibt sich die bei Fernsehnachrichten schon lange praktizierte Technik der Schlagworte, die zu dem jeweils gesprochenen Inhalt eingeblendet werden. Besser noch ist die Kombination von Informationsarten, die unterschiedliche Gehirnhälften ansprechen: Also z.B. Sprache mit Bild oder Text mit Grafik. Insbesondere bei komplizierten Bildern oder Grafiken ist die Kombination mit Sprache als Bildlegenden- und Bilderläuterung sinnvoll, da sie im Gegensatz zum Text das visuelle System entlastet.[3]

### 4.5.3 Partitur

Die Partitur ist eine Informationsart, die als festgelegte Folge von Noten, Notenwerten und Takten beschrieben werden kann. Sie ist die visuelle Wiedergabe von Klängen und die geschriebene Sprache der Musik. In der Partitur werden alle gleichzeitigen Tonverläufe oder Pausen übereinander notiert.

Das heute in der klassischen Musik übliche Partitur-System wurde um 1650 eingeführt. Im Unterschied zum Text ist der Zeichenvorrat international standardisiert. Die wesentlichsten Bestandteile sind in Abbildung 33 angeführt.[4]

- System
  Ein System ist die Summe aller zur gleichen Zeit ablaufenden Tonverläufe oder Pausen.

- Stimme
  Eine Stimme ist eine Notenzeile innerhalb eines Systems. Jedes Instrument (auch die Singstimme) wird auf einer eigenen Notenzeile notiert.

---

[1]  Mathis, 1994, S. 94
[2]  siehe dazu die Ausführungen in Punkt 3.4.7
[3]  vgl. Weidenmann, 1995b, S. 117
[4]  Detailliertere Ausführungen über die gesamte Palette der Symbolcodierungen der klassischen Notation finden sich in Petri, 1991.

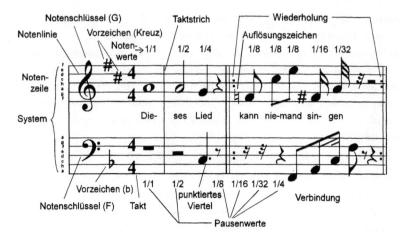

*Abbildung 33: Bestandteile der klassischen Partitur*

- Notenlinie

  ist eine horizontale Linie in der Notenzeile. Standardmäßig werden 5 Notenlinien in einer Notenzeile zusammengefasst. Der Abstand zwischen zwei Notenlinien stellt einen Ganztonschritt dar. Ein Ganzton besteht aus zwei Halbtönen. Ein Halbton ist ein Zwölftel einer Oktave und eine Oktave ist der Abstand zwischen Grundton und jenem Ton mit der doppelten Frequenz des Grundtons.[1]

- Notenschlüssel

  Der Notenschlüssel (z.B. Violinschlüssel, Bassschlüssel) definiert den Grundton auf einer Notenlinie und definiert so das Frequenzspektrum, das innerhalb einer Notenzeile abgebildet werden kann.

- Note

  Die Note ist die visuelle Entsprechung eines Tones aus einer standardisierten Reihe von Frequenzen (Tonleiter). Die Tonhöhe wird mit dem vertikalen Versatz der Note entlang der Notenlinien dargestellt.

- Tempo

  Tempo ist die allgemeine zeitliche Raffung oder Straffung einer Tonfolge im Verhältnis zu einer festgesetzten Geschwindigkeit. Der Normalfall wird mit Tempo 120 dargestellt. Bei diesem Tempo hat der Notenwert einer ganzen Note die Dauer von zwei Sekunden.

---

[1] der Kammerton A ist mit der Frequenz von 440 Hz festgelegt. Die Oktave dazu ist das eingestrichene A (A') mit 880 Hz.

- Notenwert

  Der Notenwert ist die visuelle Darstellung der zeitlichen Dauer eines Tones. Eine ganze Note entspricht bei normalem Tempo der Dauer von 2 Sekunden. Die weiteren Notenwerte ergeben sich jeweils aus der weiteren Halbierung: Halbe, Viertel, Sechzehntel, Zweiunddreißigstel, Vierundsechzigstel Note. Die Notenwerte werden unterschiedlich codiert (siehe Abbildung 33). Durch Punktierung wird ein Notenwert um die Hälfte seiner Dauer verlängert.

- Takt

  Der Takt gibt die Anzahl von Notenwerten in Bezug zu einem Notenwert in Form von Bruchzahlen an. Der Nenner markiert den Notenwert, der Zähler dessen Anzahl in einem Takt. Dementsprechend gibt es gerade ($^4/_4$) oder ungerade (¾) Takte. In einem ¾-Takt werden drei Viertelnoten zu einem Takt zusammengefasst. Je nach Rhythmus werden dabei unterschiedliche Notenwerte betont (im ¾-Takt meist der erste Schlag).

- Taktstrich

  Der Taktstrich ist ein vertikaler Strich über die Notenlinien, der einzelne Takte voneinander trennt.

- Pausen

  Pausen sind Zeitwerte ohne Ton. Dementsprechend gibt es Pausen in der Länge von Notenwerten: Ganze, Halbe, Viertel, Sechzehntel, Zweiunddreißigstel, Vierundsechzigstel Pause.

- Vorzeichen

  Vorzeichen stehen vor den Noten und bedeuten die Anhebung (#) oder Herabsetzung (b) aller Folgenoten um einen Halbton bis zum nächsten Auflösungszeichen oder zum Ende der Notenzeile.

- Wiederholung

  Die Wiederholung bestimmter Taktfolgen wird durch Einfassungen gekennzeichnet.

- Text

  Die Partitur kann auch Text für Singstimmen enhalten. Der Text wird den Notenwerten entsprechend in Silben getrennt unter der Notenlinie dargestellt. Damit kann die Partitur als Informationsart die ihr untergeordnete Informationsart Text enthalten.

Neben der klassischen Partitur existieren noch weitere Notationssysteme. Weit verbreitet ist die Notation in der Griffbrettabelle (auch Tabulatur), in der bereits im 15. Jahrhundert Orgelmusik niedergeschrieben wurde.[1] Die Darstellung in Form einer Griffbrettabelle wird vor allem für das Gitarrespiel verwendet und ist sozusagen eine andere „Schriftart" für die Partitur.

---

[1]    vgl. Gregory; Vinson, 1979, S. 12

Dabei stellen die Notenlinien die Saiten der Gitarre dar (die oberste Zeile die höchste Saite) und an Stelle der Noten stehen Ziffern, die die Nummern des zu drückenden Bundes auf dem Griffbrett der Gitarre anzeigen. Der Takt wird durch eine Zählweise der Schläge unterhalb der Notenlinien gekennzeichnet. Musik in Tabulatur ist – da es eine instrumentspezifische Darstellung ist – leichter lesbar. In Abbildung 34 ist die Melodie der 1. Stimme von Abbildung 33 in Griffbrettabellennotation für Gitarre dargestellt.

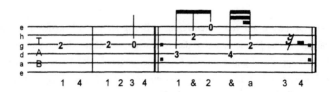

*Abbildung 34: Partitur als Griffbrettabelle für Gitarre*

Die zunehmende Differenzierung der Neuen Musik im 20. Jahrhundert überforderte die konventionelle Notenschrift. Es wurden z.T. grafische, von Komponist zu Komponist und von Werk zu Werk verschiedene Notationssysteme erfunden. Vor allem elektronische Musik wird in diagrammartigen Partituren oder Koordinatensystemen notiert.[1]

Die Erzeugung von Informationsdarstellungen in Form von Partituren wird durch die MIDI-Technik erleichtert. MIDI (Music Instrument Digital Interface) ist eine Schnittstellendefinition zwischen elektronischen Musikinstrumenten und Rechnern und erlaubt eine Übertragung kodierter Musiksignale. Das seit 1983 verwendete System ist standardisiert. Durch physikalische Symbolgeber wie etwa elektronische Keyboards wird via Tastenanschlag der Beginn der Note zusammen mit der Anschlagstärke übertragen.[2] Dadurch können Partituren elektronisch „mitgeschrieben" und nachträglich bearbeitet werden.

### 4.5.4 Klang

Klang ist eine Informationsart und besteht aus auditiven Signalen, die der Mensch über den Perzeptor Ohr aufnimmt und als Musik oder Geräusch interpretiert.

„Musik ist die Kunst, Töne, die von der menschlichen Stimme, von Instrumenten oder von zufällig vorhandenen Gegebenheiten erzeugt werden, nach einem geistigen Bauplan so zum Klingen zu bringen, dass sich damit zugleich ein kommunikativer Vorgang von sozialer Bedeutsamkeit ereignet."[3] Musik kann auch Sprache in gesprochener (z.B. Choral) oder gesun-

---

[1]  vgl. Brockhaus, 1991, SW musikalische Grafik
[2]  nähere Ausführungen dazu in Frater; Paulißen, 1994, S. 231 ff
[3]  aus: Lexikon 2000

gener Form (z.B. Lied, Oper) enthalten. Damit kann die Informationsart Klang die ihr untergeordnete Informationsart Sprache enthalten.

Alle anderen auditiven Wahrnehmungen, die nicht Sprache und Musik sind, lassen sich als
Geräusch charakterisieren.

### 4.5.4.1  Technische Parameter

Klänge sind zunächst auditive analoge Signale, die für die elektronische Weiterverarbeitung
digitalisiert werden müssen. Die Parameter dazu sind in Punkt 4.3.2 angeführt.

Für die Wiedergabe von Klängen ohne Sprache gibt es ein zweites Verfahren: die Sequenzer-
Technik, die durch die MIDI-(Music Instrument Digital Interface)-Schnittstelle international
seit 1983 standardisiert ist.[1] Dabei werden entweder kurze Klangsequenzen (z.B. das Zupfen
einer Gitarresaite) digitalisiert oder bereits digital erzeugt und abgespeichert. Durch den Synthesizer werden diese Sequenzen wieder aufgerufen und können in ihrer Tonhöhe und Dauer
variiert werden. Damit ist es möglich, mit einer einzigen kurzen Klangsequenz lediglich durch
Tonhöhen- und Tondauermanipulation Melodien zu erzeugen. Die Darstellung von Höhe und
Dauer erfolgt dabei üblicherweise in der Form der klassischen Partitur. So kann mit einem
einzigen Gitarreton ein Musikstück erzeugt werden. Durch zeitlich parallel ablaufende Spuren
mit anderen Grundsequenzen lassen sich ganze Orchestrierungen synthetisch erzeugen.

Im MIDI-Standard können Daten über 16 Kanäle übertragen werden. Jedem verwendeten
Kanal wird ein Synthesizer-Instrument zugeordnet. Musikalische Daten der Partitur, die über
diesen Kanal fließen, werden dann von dem Synthesizer durch das entsprechende Instrument
wiedergegeben. Nach der MIDI-Festlegung werden 128 Instrumente inklusive Geräschef-
fekten (wie Telefon und Hubschrauber) mit einer eindeutigen Nummer identifiziert. So entsprechen beispielsweise die Zahlen 0 dem Klavier Acousic Grand Piano, 12 der Marimba, 40
der Violine und 73 der Flöte.

Die Sequenzertechnik erlaubt eine äußerst kompakte Audiodarstellung. Für die Wiedergabe
von 10 Minuten Musik sind lediglich etwa 200 kByte an MIDI-Daten notwendig. Eine Grö-
ßenordnung, die weit unter der Datenmenge bei normaler Audiodigitalisierung liegt.[2] Der
Nachteil der Sequenzertechnik liegt in der fehlenden Integration von gesungener Sprache. Die
Singstimme lässt sich (noch) nicht synthetisch in gewünschter Qualität erzeugen. Dies liegt
noch im Forschungsbereich der Sprachsynthese.

Die MIDI-Schnittstelle ist inzwischen durch Soundkartensteuerung weitgehend als Systemressource in Betriebssystemen verankert. Multimediale Anwendungen, die mit dieser

---

[1]   nähere Ausführungen zur Sequenzer-Technik finden sich in Steinmetz, 1993, S. 33 ff und Frater; Paulißen,
      1994, S. 224. Eine gute Marktübersicht findet sich in Screen #8/ 95, S. 58 ff
[2]   Das unkomprimierte Audio-CD Format kann mit der gleichen Datenmenge nur etwa 1,13 Sekunden Musik
      speichern. Ein Faktor von ca. 1:530!

Schnittstelle arbeiten, müssen daher auch die entsprechende Orchestrierung (Instrumentenzu-ordnung der einzelnen Kanäle) im Wiedergabesystem vorsehen.

### 4.5.4.2 Gestalterische Parameter

Der Einsatz von Klang in multimedialen Anwendungen macht vielfach erst den dramaturgischen Effekt (das „multi" des Media) aus.[1] Die Wahl von Musik und Geräuschen muss mit den Inhalten verbunden werden. Diese gestalterische Aufgabe setzt sich bis zum Aufbau eines Musikstücks hin fort. Nicht immer passt eine bereits verfügbare Musik zur Anwendung, oder die Rechte für das passende Werk sind unerschwinglich. Meist wird auch nur Begleit- oder Untermalungsmusik mit genau geforderten Einsätzen oder bestimmtem Ausdruck benötigt. Musikalische Leitmotive können sogar zur Vermittlung von Corporate Design dienen, ähnlich einem Firmenlogo oder einem eindeutig zuordenbaren Produktdesign. Viele Entwickler greifen deshalb zur Selbsthilfe und komponieren und arrangieren die Musik für ihre Anwendung selbst.[2] Die wesentlichsten Parameter dazu sind

- Rhythmus und

- Harmonie

Der Rhythmus wird bestimmt durch die Anzahl der Schläge pro Zeiteinheit (vgl. dazu den Takt in Punkt 4.5.3). Er kann als zeitliche Komponente gesehen werden. Die Harmonie ist das Verhältnis der Frequenzen von aufeinanderfolgenden Tönen, die das menschliche Ohr als angenehm empfindet. Die Harmonie wird auch als Raum bezeichnet.[3] Somit ist das Musikerlebnis als ein raum-zeitliches und damit holistisches zu sehen, das sehr geeignet ist, Emotionen auszulösen.

Die Harmonie bestimmt den angenehmen Zusammenklang von Tönen. Die Grundlage dazu liefern jene Frequenzverhältnisse, deren Perioden in einem ganzzahligen Verhältnis stehen (also die entsprechenden Obertöne eines Grundtons sind). Das sind 2:1, 3:2, 4:3, 5:4 usw.[4] Daraus entwickelte man bereits in der griechischen Antike eine Tonleiter als eine Zusammenstellung von diskreten Tonhöhen, die so angeordnet sind, dass eine größtmögliche Anzahl an harmonisch klingenden Kombinationen (solche ohne „Schwebungen") verfügbar ist, wenn zwei oder mehr Töne aus dieser Zusammenstellung zusammenklingen. Die „natürliche diatonische Skala" weist die Verhältnisse 9:8 (Sekund), 5:4 (Terz), 4:3 (Quart), 3:2 (Quint), 5:3 (Sext), 15:8 (Septime) und 2:1 (Oktave) zu einem Grundton auf. Ist der Grundton ein C, so

---

[1]  vgl. Blattner; Greenberg, 1992, S. 134

[2]  vgl. Screen # 6/ 95, S. 46 ff. Auch in der von mir mitentwickelten multimedialen CD-ROM Anwendung „SOWI-Innsbruck – eine Fakultät stellt sich vor" wurde die Musik von einem der Mitautoren (Schuster, R.) selbst erstellt (vgl. Oberkofler; Schuster, 1995, S. 120)

[3]  Wille, 1985, S. 6

[4]  vgl. dazu auch Punkt 4.1.2

entspricht dies der Tonleiter c, d, e, f, g, a, h, c′. Zwischen Terz und Quart ist das Verhältnis der Frequenzen 16:15 und markiert somit den geringsten Frequenzabstand. Dieser Abstand wird als Halbtonschritt bezeichnet, der sich auch zwischen Septime und Oktave wiederfindet. Alle anderen Frequenzverhältnisse sind entweder 9:8 oder 10:9 und werden Ganztonschritte genannt. Durch Einfügen weiterer Frequenzen mit den Verhältniszahlen 6:5, 9:5, 25:16, 8:5, 25:24, 45:32 werden zwischen diesen Ganztonschritten Halbtonschritte eingefügt. Es entsteht die chromatische natürliche Skala mit zwölf Tönen innerhalb einer Oktave.

Die natürliche Skala hat die Eigenschaft, dass sie am reinsten klingt. Ihr Nachteil ist, dass bei Verwendung eines Tones aus dieser Skala als neuer Grundton die entsprechenden neuen (Halb)Tonschritte nicht mit bereits bestehenden zusammenfallen. So ist die Sekund zum Grundton C ein D, aber die Sekund zum D als Grundton (9:8) ist dann ein Ton, dessen Frequenz zum C im Verhältnis 9:8 * 9:8 = 81:64 steht, aber nicht im Verhältnis 5:4, wie es wünschenswert wäre, um den nächsten Ganztonschritt E zu erreichen. Deshalb ist es in der natürlichen Skala nur möglich in einer Tonart, also ausschließlich von einem Grundton aus, harmonisch klingende Verhältnistöne zu erzeugen. Damit kann kein Tonartenwechsel erfolgen. Diesem Problem stellte sich Pythagoras und entwarf die pythagoreische diatonische und auch die chromatische Skala, bei der in Quart- und Quintenschritten von der Oktave nach unten ausgegangen wird. Das Verhältnis 2.187:2.048 definiert dann den pythagoreischen chromatischen Halbton. Doch auch in dieser Skala sind der Transponierung (Übersetzung einer Tonfolge von einer Tonart in eine andere) und Modulation (Tonartwechsel in einer Tonfolge) starke Grenzen gesetzt.

Die von Johann Sebastian Bach unterstützte wohltemperierte Skala ging daher den Kompromiss ein, etwas auf die Reinheit der musikalischen Intervalle zu verzichten, dagegen Intervalle mit gleichen Abständen ungeachtet einer bestimmten Tonart einzuführen. In der wohltemperierten Skala besitzen alle 12 Halbtöne innerhalb einer Oktave das selbe Frequenzverhältnis. Das bedingt, dass bestimmte Tonsprünge – besonders die Terzen und Sexten – leicht „verstimmt" sind. Das Frequenzverhältnis eines Halbtons ist somit die 12te Wurzel aus 2, da 12 Halbtöne eine Oktave mit der doppelten Frequenz ergeben. Das heute übliche Verfahren teilt die Halbtöne in 100 gleiche Intervalle, bzw. die Oktave in 1200. Eine so entstandene Einheit wird als **Cent** bezeichnet, die die 100ste Wurzel aus der 12ten Wurzel aus 2 und somit 1,000578 ist. Tabelle 25 gibt die Cent-Werte für die verschiedenen konsonanten Intervalle in der natürlichen und der wohltemperierten Skala an.

Mit dieser Verhältnisskala lassen sich die Töne anhand der Fixierung eines Tones quantifizieren. Bei heutiger Stimmung[1] ist der Kammerton A mit 440 Hz festgelegt. Daraus ergeben sich alle weiteren Frequenzen.

---

[1]  innerhalb der letzten zwei Jahrhunderte wanderte diese Standardfrequenz schrittweise von 415 bis 461 Hz (Roederer, 1977, S. 178)

| Intervall | Natürliche Skala | | Wohltemperierte Skala | |
|---|---|---|---|---|
| | Verhältnis | Cent | Verhältnis | Cent |
| Oktave | 2,000 | 1200 | 2,000 | 1200 |
| Quinte | 1,500 | 702 | 1,498 | 700 |
| Quarte | 1,333 | 498 | 1,335 | 500 |
| Große Terz | 1,250 | 386 | 1,260 | 400 |
| Kleine Terz | 1,200 | 316 | 1,189 | 300 |
| Große Sexte | 1,667 | 884 | 1,682 | 900 |
| Kleine Sexte | 1,600 | 814 | 1,587 | 800 |

*Tabelle 25: Verhältniszahlen zwischen Grundton und Intervallen[1]*

Auf der Basis dieser wohltemperierten Skala haben diverse Komponisten und Musiktheoretiker versucht Regelmäßigkeiten zu entdecken, nach denen Harmonien und neue Melodien gefunden werden können oder die die psychologische Wirkung von Musik erklären können. Die Zusammenstellung harmonisch häufig vorkommender Intervallsprünge wie Quarten, Quinten und Terzen in Form von Quintenzirkeln[2] oder Harmoniegitter[3] brachten zwar anschauliche Darstellungen und vereinfachtes Lernen von Harmonien aber keine Aussage über Komposition oder Empfindung.

Einen sehr interessanten und effizienten Ansatz liefert dagegen Schindler mit seinem Quintenfeld.[4] Er baut auf der Basis der fallenden Quintenreihe (Folgefrequenz steht im Verhältnis 2:3 zum Grundton) folgende Überlegung auf: die Quintenreihe ist eine logarithmische Funktion ($y = (2/3)^x$), die auf einer logarithmischen Skala aufgetragen zu einer Geraden wird. Mehrere solcher Geraden werden in Oktavabständen übereinander dargestellt. So kommt er zu einem Quintenfeld mit geometrisch ähnlichen Exponentialkurven, deren Schnittpunkte die resultierenden Tonwerte anzeigen und deren Abschnitte mit den in der Musik verwendeten Intervallen identisch sind. Abbildung 35 zeigt das Quintenfeld und seine Anordnung nach der Klaviatur.

Auf Basis des Quintenfelds entwickelt Schindler geometrische Beziehungen. So liegen die harmonischen pentatonischen, heptatonischen und diatonischen Beziehungen geometrisch beieinander. Die harmonischen Intervalle Quinten (z.B. C - G), Quarten (z.B. A - D - G), Sekunden (z.B. E - D - C) und Terzen (z.B. E - G) stellen Vektoren dar. Die harmonischen Dur - (C - E - G) und Molldreiklänge (C - E - A) finden sich als Triaden eines Quadrats, wobei er

---

[1] aus Roederer, 1977, S. 174

[2] siehe z.B. Wille, 1985, S. 22

[3] siehe dazu die Harmonietheorie von Longuet-Higgins, 1962 und die auf ihr aufbauenden Arbeiten mit computerunterstützen Werkzeugen von Levitt, 1992 oder Holland, 1992.

[4] Schindler, 1992

die Triaden mit dem Quaternitätsmodell von Jungs Typenlehre[1] in Einklang bringt: die obere Triade (Dur) ist demnach der archetypische Ausdruck für alles Bewusste, die untere Triade (Moll) der archetypische Ausdruck für alles Unbewusste.

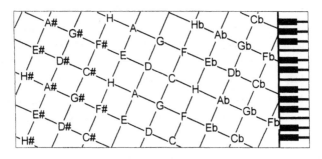

*Abbildung 35: Quintenfeld[2]*

Mit dem Quintenfeld bildet er nun bekannte klassische Musikwerke ab. Dabei ergeben sich Muster, die er als Textur bezeichnet und die tatsächlich ästhetische geometrische Strukturen darstellen. Diese Texturen stellen für ihn die Architektur eines Musikstücks dar. Abbildung 36 zeigt beispielsweise Wagners Einleitung zum Tristan in der (verkleinerten) Quintenfelddarstellung.

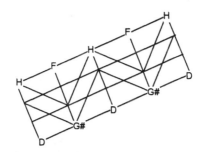

*Abbildung 36: Wagners Tristan im Quintenfeld[3]*

Mit dieser Methode lassen sich grafische Darstellungen bilden, die genaue Analogien zur menschlichen Wahrnehmung harmonischer Zusammenhänge darstellen.

---

[1]  vgl. Jung, 1981. Siehe dazu auch die Bedeutung der Persönlichkeitstypen von Jung in Zusammenhang mit Lernmethoden in Neumann, 1996, S. 192 ff
[2]  siehe Schindler, 1992, S. 13
[3]  aus Schindler, 1992, S. 53

Doch nicht nur zur Analyse von Musikstücken auf Harmonien lässt sich das Quintenfeld verwenden. Im Umkehrschluss könnte dazu ein geometrisches Muster entworfen werden und daraus eine Musikfolge komponiert werden. Wobei die Grundaussage der Dur-Moll-Beziehung (Bewusstheit-Unbewusstheit) ein Ansatzpunkt für die Art der zu komponierenden Musik für die jeweilige multimediale Anwendung sein kann.

Hier bietet sich ein Anknüpfungpunkt zur Tiefenstruktur der Musik, die Losanow aufgrund seiner Untersuchungen erkannte: Musik, deren Rhythmus in etwa bei Herzschlagfrequenz liegt und eher Moll-Klänge bevorzugt, ist danach tendentiell lernfördernd.[1] Die Gehirnaktivität wird durch diese Art der Musik in den Zustand der Entspannung versetzt.

Die Wahl des Klanges in einer multimedialen Anwendung ist durch den unterschiedlichen Musikgeschmack der Anwender nicht einfach. Folgende Aussagen können als Anhaltspunkt gesehen werden:

- Bekannte Musik wird oft mit unterschiedlichen Erlebnissen assoziiert. Eher unbekannte – oder eigene – Musik eignet sich meist besser, ist aber vielleicht nicht zu unrecht unbekannt.

- Werke ohne Singstimme eignen sich zur Untermalung besser, da sie nicht vom Thema ablenken. Werke mit Singstimme sind nur dann sinnvoll, wenn der semantische Gehalt der gesungenen Sprache mit dem Thema korrespondiert.

- Bei der Kombination mit Sprache ist das Laustärkeverhältnis zwischen Klang und Sprache so abzustimmen, dass die Sprache noch gut verstanden wird. Zwischen den Sprachsequenzen kann der Klang wieder lauter werden.[2]

- Der Musikcharakter sollte mit dem Thema korreliert werden. Bastian zeigt dazu folgende Varianten auf:[3]

⇒ Phrasierung
Der eindeutige Charakter der Musik stimmt mit den eindeutigen anderen Informationsdarstellungen überein.

⇒ Polarisierung
Der eindeutige Charakter der Musik schiebt inhaltlich neutrale oder doppeldeutige Informationsdarstellungen in die Richtung, die der Charakter der Musik vorgibt (z.B. Dur für fröhlich oder Bewusstheit, Moll für traurig oder Unbewusstheit, Geigen für Liebe, tiefe Posaunenklänge für finstere Mächte usw.).

---

[1]  vgl. Punkt 3.2.5.3
[2]  diese Technik wurde z.B. auch in dem von mir mitentwickelten multimedialen Masseninformationssystem „SOWI-Innsbruck – eine Fakultät stellt sich vor" eingesetzt. (vgl. Oberkofler; Schuster, 1995, S. 120)
[3]  Die Einteilung von Bastian, 1986, S. 139 stammt zwar aus der Fernsehbranche und zeigt den Zusammenhang zwischen Bild und Musik auf, trifft aber sinngemäß auch hier zu.

⇒ Kontrapunktierung
Der eindeutige Charakter der Musik widerspricht den eindeutigen anderen Informationsdarstellungen. Dies fordert zu kritischem Überdenken der dargestellten Situation auf.

- Die Art der Musik sollte dem Anwender angepasst sein. Eine Anwendung, die auf eine bestimmte Benutzerrolle zugeschnitten ist, sollte jene Musik verwenden, die dem entsprechenden Benutzerprofil gerecht wird. So könnte eine Informationsanwendung für Lehrlinge entsprechend moderne Musik verwenden. Problematisch ist dabei natürlich die Zuordnung von Musikrichtungen und Musikstilen zu Benutzerprofilen. Um dies zu vermeiden kann eine Musikart gewählt werden, die eher neutral (also nicht eindeutig einer demografischen Schicht zuzuordnen) ist.

Das sind alles heuristische Regeln, die weitgehend in den Bereich des Geschmacks, der Ästhetik und Kunst fallen und mit denen sich Theater- und Filmregisseure, Radio- und Fernsehredakteure, Werbeagenturen und Drehbuchautoren schon seit Jahren auseinandersetzen und die sich je nach Zeitgeschmack ändern.

### 4.5.4.3 Klang als Symbol

Klänge als Symbole haben eine lange Tradition. Schiffshörner, Kirchenglocken, Posthörner usw. ertönten und ertönen um Zeichen zu setzen. Signations (oder Jingles) werden in der Werbung oder bei Radio- und Fernsehsendungen eingesetzt, um diverse Produkte oder Sendungen zu kennzeichnen. Die Anfangsmusik zur Nachrichtensendung „Zeit im Bild" des ORF ist durch oftmalige Wiederholung genauso bekannt, wie melodiöse Corporate-Identitiy-Melodien diverser Werbespots. Klangsequenzen steigern dabei die Merkfähigkeit von Werbeaussagen entscheidend.[1]
In multimedialen Anwendungen werden Klänge eingesetzt, um einen zusätzlichen Kommunikationskanal zu öffnen und Effekte zu erzeugen. So dient z.B. die Kombination von Klickgeräuschen mit virtuellen Druckknöpfen dazu, ein akustisches Gefühl für den Knopfdruck zu erzeugen und dem Benutzer anzuzeigen, dass er eine Aktion ausgelöst hat. Piepsgeräusche in Zusammenhang mit dem Computer kennt sonst jeder, der in einer Anwendungssoftware schon einmal eine Fehlermeldung erhalten hat. Meist ist diese von einem Piepston begleitet.

Dass sich akustische Computersymbole nicht auf das Piepsen und Klicken beschränken sollen zeigen Blattner und Greenberg anhand von Ausführungen über die Wichtigkeit der menschlichen, auditiven Empfindung bei Symbolcodierungen auf. Sie propagieren die Entwicklung von auditory icons, den „Earcons", dem akustischen Gegenstück der (visuellen) Icons.[2]

---

[1]  Schweiger; Schrattenecker, 1992, S. 173
[2]  Blattner; Greenberg, 1992, S. 140 ff

Earcons sind abstrakte auditive Konstrukte mit einer eigenen internen Logik. Die Funktion der Earcons ist als eine Art Sprache im Sinne der Semiotik zu dienen: ein Basisset, das mit einer Syntax und Klangfarbe variiert werden kann, um eine Vielzahl von definierten Bedeutungen über die reale Welt, deren Objekte und Ereignisse zu liefern. Dazu schlagen sie Basismelodien und rhythmische Einheiten vor, die sie Motive nennen und in Motivfamilien zusammengefasst sind. Ein Motiv besteht aus ein bis vier Tönen und kann in Klangfarbe, Lautstärke und Tonhöhe verändert werden. Die Komposition von Earcons erfolgt aus den Motiven durch drei unterschiedliche Methoden:

- Kombination

  Kombination bedeutet Erzeugung neuer Earcons durch die Aneinanderreihung von unterschiedlichen Motiven. So kann z.B. ein Motiv, das „löschen" bedeutet, mit einem Motiv, das „Datei" bedeutet, verbunden werden, um so das Earcon „Datei löschen" zu erzeugen.

- Transformation

  Der Prozess der Transformation verändert ein Motiv durch Verändern der Klangfarbe, Tonhöhe und/ oder Tempo. Dabei werden die zeitlichen Beziehungen innerhalb der einzelnen Töne allerdings nicht verändert, da sonst das Charakteristische des Motivs verändert werden würde.

- Vererbung

  Beim Prozess der Vererbung wird ein Earcon in einer ansteigend komplexen Kette gehört. Bei einem Baum von Earcons einer Motivfamilie mit E1 an der Wurzel wird bei der nächsten Ebene ein Ton zum Rhythmus der Motivfamilie hinzugefügt. E2 ist somit E1 mit zusätzlichem Ton. Das Earcon auf Ebene 2 ist E1 gefolgt von E2. Auf der nächsten Ebene wird eine leichte Schwebung (Klangfarbe) zu E2 hinzugefügt und das Earcon auf Ebene 3 ist E1 gefolgt von E2 gefolgt von E3.

Blattner und Greenberg beschreiben, wie diese Earcons für den Englischunterricht eingesetzt werden könnten. Dabei werden z.B. bestimmte Motivfamilien (Rhythmen) mit Verben assoziiert, die elf Hilfszeitworte werden mit elf unterschiedlichen Tonkombinationen korreliert usw. Der Student lernt mit den Worten oder der Satzstellung bestimmte Rhythmen, Töne und Klangfarben mit und kann so durch die melodiöse Unterstützung durch Earcons die richtigen Satzstellungen usw. erkennen.

Die Grundidee der Earcons ist schon in Apples Sonic Finder[1] teilweise verwirklicht. Mit dem Ansatz von Blattner und Greenberg wird aber zum erstenmal auch die Konstruktion und Einbettung akustischer Symbole in einem größeren Kontext gesehen. Innerhalb einer Anwendung muss diese Struktur nur konsequent eingehalten werden. Soll der akustische Symbolsatz einen großen Bedeutungsvorrat haben, so ist eine Lernphase der Earcons unvermeidlich, wenn es

---

[1] vgl. Punkt 4.4.5

nicht zu Verwechslungen kommen soll. Dabei ist die Gefahr der Reizüberflutungen durch Earcons allerdings genauso gegeben, wie sie bei den Icons bereits in manchen Anwendungen traurige Realität ist. Wie allerdings bei Earcons eine Quickinfo oder Aktive Hilfe eingeschaltet werden kann, um den akustischen Gordischen Symbolknoten zu entwirren, ist noch unklar.

### 4.5.5 Grafik

Grafik ist eine diskrete Informationsart, die Informationen in schematischer Form visuell darstellt.[1]

Zwei Arten von Darstellungsvarianten können als Grafik gesehen werden:

a) *Diagramm (auch: logisches oder analytisches Bild)*
   ist eine grafische Darstellung, die keine Ähnlichkeit mit dem dargestellten Gegenstand besitzt und zum Teil auch Sachverhalte repräsentiert, die gar nicht wahrnehmbar sind.[2] Dazu gehören

   ⇒ Kreisdiagramm

   ⇒ Säulen- und Balkendiagramm

   ⇒ Liniendiagramm

   ⇒ Punktdiagramm

   ⇒ Flächendiagramm

   ⇒ Netzdiagramm

   ⇒ Strukturdiagramm

   ⇒ Flussdiagramm

   ⇒ Ablaufdiagramm

   ⇒ Entity-Relationship (ER)-Diagramm, usw.

b) *Analogiebild*
   ist eine grafische Darstellung, in der eine Analogie zu einem bestimmten Erkenntnisgegenstand dargestellt wird.[3]

Weidenmann fasst in dem Begriff „Abbild" Analogiebilder, realistische Bilder, aber auch Filme und Ton zusammen. Für ihn sind Abbilder Darstellungen, „...die zeigen, wie etwas aussieht."[4] Dennoch scheint mir die Unterscheidung in die einzelnen Informationsarten für die

---

[1] in Anlehnung an Heinrich; Roithmayr, 1995, S. 238
[2] nach Schnotz, 1995, S. 85
[3] nach Weidenmann, 1995b, S. 107
[4] Weidenmann, 1995b, S. 107

Konstruktion multimedialer Systeme aussagekräftiger. Der Begriff „Abbild" wird deshalb im weiteren nur als Sammelbezeichnung für Analogiebild und Bild verwendet.

Für Diagramme existieren eine Reihe von syntaktischen Merkmalen, die deren Aufbau geradezu normen. Sowohl bei den traditionellen Diagrammen zur Darstellung von Zahlen (Koordinatensystem, Kreis, Balken, Säulen usw.) als auch gerade bei den Diagrammen zur Darstellung von logischen Zusammenhängen (ER, Ablauf, Datenfluss usw.) gibt es eine Reihe von Elementen, die exakt festgelegten Konventionen folgen. Diese Konventionen müssen sogar eingehalten werden, damit die dargestellte Symbolik auch richtig „dekodiert" wird. So sind etwa in der DIN 66001 die Symbole des Datenflussplans und des Progammablaufplans, die ebenfalls Diagramme sind, genormt.

Bei Analogiebildern gibt es meist keine feste Zeichenvereinbarung. Welche Analogien wie dargestellt werden ist dem Autor weitgehend frei gestellt. Form und Inhalt haben keinen syntaktischen, sondern semantischen und pragmatischen Gehalt. Es gibt zwar Analogiebilder, die entsprechend standardisiert sind (wie z.B. eine Landkarte), doch es fehlt der hohe Abstraktionsgrad wie bei Diagrammen. Analogiebilder sind damit näher an der Realität, sie zeigen schematisch „wie etwas aussieht".[1]

Durch das Hervorheben wichtiger Eigenschaften und damit der durchgeführten Komplexitätsreduktion eignen sich Analogiebilder für Symboldarstellungen. Grafische Symboldarstellungen spielen eine wichtige Rolle in der Mensch-Maschine-Schnittstelle. Der Erfolg der Apple-Macintosh Serie Anfang der achtziger Jahre, ist besonders auf die inzwischen zum Standard gewordene grafische Benutzeroberfläche (GUI = Graphical User Interface) mit kleinen Analogiebildern, den Icons, zurückzuführen.

#### 4.5.5.1 Technische Parameter

Grafiken sind visuelle Informationsdarstellungen und haben dementsprechend die allgemeinen technischen Parameter

- Farbtiefe

- Größe

- Auflösung.[2]

---

[1] In der von mir mitentwickelten SOWI-CD stellten wir die Lage der Institute unserer Fakultät auf einer Landkarte dar. Diese Landkarte war aber keine übliche Form einer Karte, sondern eine perspektivische (2½ D) Zeichnung der Stadt Innsbruck von einem bekannten Maler (vgl. Oberkofler; Schuster, 1995, S. 131). Damit ist diese Darstellung eine Grafik in Form eines Analogiebildes und kein Diagramm oder photorealistisches Bild. Sie bot gegenüber einem photorealistischen Bild (das ursprünglich in Erwägung gezogen worden war) den Vorteil, dass wesentliche Einzelheiten wie Straßennamen und -verläufe besser dargestellt werden konnten.

[2] vgl. Punkt 4.2.3

Weitere technische Parameter hängen von der Art des Konstruktionsverfahrens (punktorientiert oder vektororientiert[1]) ab. Bei der Konstruktion schematischer Darstellungen haben die vektororientierten Techniken Vorteile, da Proportionen zwischen Objekten relativ einfach korrigiert werden können. Bei der Konstruktion multimedialer Systeme werden aber mehrere Anwendungsprogramme benötigt, mit denen die einzelnen Informationsarten erstellt werden. Die erstellten Elemente müssen anschließend in der Anwendung integriert werden. Dazu bedarf es definierter Austauschformate. Gerade bei der vektororientierten Verarbeitung gibt es hier allerdings unterschiedliche Formate, die meist die vielfältige Funktionalität einzelner Konstruktionsprogramme bei weitem nicht unterstützen. Um dieser Schwierigkeit zu entgehen, werden oft die ursprünglich vektororientiert erstellten Grafiken in punktorientierte Darstellungen konvertiert, da punktorientierte Formate einfacher im Aufbau und beim Datenaustausch problemlos sind. Die endgültige Repräsentation von Grafiken in einer multimedialen Anwendung ist somit nicht allgemein behandelbar. Da aber insbesondere für dynamisch generierte Grafiken (z.B. Diagramme) die vektororientierte Konstruktionsweise Vorteile bietet, können folgende technische Grundparameter für objektorientierte Elemente von Grafiken unterschieden werden:

- Objekttyp
  Die einzelnen Objekte können unterschiedlichen Typen angehören: Kreise, Ellipsen, Dreiecke, Rechtecke, Vielecke, Kreisbogen, Striche, Parallelogramme, Trapeze usw. sowie deren räumliches Äquivalent wie Kugel, Quader, Würfel, Kegel usw. Neben diesen regelmäßigen geometrischen Figuren stellen Polygone eine Möglichkeit dar, unregelmäßige Elemente zu erzeugen. Dieser Vorgang wird insbesondere bei dreidimensionalen Objekten „Modellieren" genannt. Dazu gibt es entweder die Technik der Kombination von Objektarten oder die zusätzliche Möglichkeit der Bézierkurven. Bézierkurven gehen von einem Beschreibungsmodell des Mathematikers Pierre Bézier für beliebig geformte Linien- und Kurvenzüge aus, das ursprünglich zur Beschreibung dreidimensionaler Formen und Oberflächen von Autokarosserien für Renault entwickelt, und von der Firma Adobe für die Seitenbeschreibungssprache Postscript® für den zweidimensionalen Raum adaptiert wurde.[2] Bézierkurven können so als Grundtechnik der Vektorgrafik die Form jeder beliebigen Linie oder Kurve durch eine gewisse Anzahl von Ankerpunkten auf ihr beschreiben. Je nach Art der Kurve besitzt jeder Ankerpunkt bis zu zwei Kontrollpunkte, die aufgrund ihrer relativen Lage (ihrer Richtung und Länge) den Verlauf der Linie festlegen. Die Bézierkurve entspricht damit einer parametrischen Darstellung des Kurvenverlaufes, sie ist mathematisch relativ einfach beherrschbar, und ihre Darstellung ist unabhängig vom Koordinatensystem. Ein mit einer Bézierkurventechnik erstelltes Objekt wird „Spline" genannt.

---

[1]  vgl. Punkt 4.2.3
[2]  vgl. Schrödl, 1992, S. 81

Eine weitere Methode zur Modellierung von 3D-Oberflächen ist neben der Polygon- und Spline- Modellierung die Skin- Modellierung. Dabei werden zunächst diverse 3D-Objekte erzeugt und anschließend eine gekrümmte Fläche darübergespannt. Diese Methode eignet sich sehr für geschwungene, gekrümmte Flächen.

- Strichgröße
ist die Größe der Umrisslinie eines Objekttyps.

- Strichtyp
ist die Strichelungsart der Umrisslinie eines Objekttyps. Die Abstände zwischen durchgezogener Anzeige und Leerraum ist dabei für den Strichtyp (strichliert, strichpunktiert usw.) ausschlaggebend.

- Füllung
ist die Art der Darstellung der Umrisslinie oder der Fläche innerhalb der Umrisslinie eines Objekttyps bzw des Modells. Die Füllung kann neben der Farbe folgende Varianten aufweisen:

⇒ Muster
ist die Belegung mit einem bestimmten, sich wiederholenden Raster. Dabei ist sowohl die Rastergröße als auch die Form und Farbe des Musters ein weiterer Parameter.

⇒ Verlauf
ist der Übergang von einer Farbe oder einem Muster zu einer anderen Farbe oder Muster. Dabei sind Richtung, Form (linear, nonlinear bzw. bestimmte Kurve) und Ausgangspunkt weitere Parameter.

⇒ Schraffur
ist die Anordnung sich wiederholender Linien innerhalb der Umrisslinie. Parameter dazu sind Anzahl, Winkel und Versatz der Linien.

⇒ Textur
ist das Erscheinungsbild einer Objektoberfläche, die eine mehr oder weniger regelmäßige Anordnung von miteinander vernetzten Elementen darstellt. Die Textur ermöglicht eine realistische Visualisierung von Objekten und wird vor allem bei perspektivischen und dreidimensionalen Darstellungen verwendet.

⇒ Schattierung
ist der Verlauf einer Füllung einer Fläche innerhalb von Farb- bzw. Grauwerten zur Erzeugung realitätsnaher Darstellungen von 3D-Modellen, unter Berücksichtigung von Lichteinflüssen. Zur Ermittlung der Farb- oder Grauwerte wird eine (oder mehrere) virtuelle weiße oder bunte Beleuchtungsquelle(n) im virtuellen Raum angebracht und die Beleuchtungsintensität und -position bestimmen die Richtung und den Grad des Verlaufs der Füllung eines Objekts. Für die Schattierung eines einzelnen Objektes dient das Verfahren des Gouraud-Shadings oder die verbesserte Variante des Phong-

Shadings. Zur Schattierung mehrerer Objekte innerhalb eines virtuellen Raumes werden Strahlenverfolgungsalgorithmen (Ray Tracing) oder die verbesserte Variante der Radiosity-Methode eingesetzt, damit auch der Schattenwurf von Objekten innerhalb des virtuellen Raumes Berücksichtigung findet.[1]

- Ebene

  Objekttypen können auf unterschiedlichen Ebenen (sowohl zwei- als auch dreidimensional) angeordnet sein und sich so überlagern. Damit entsteht sowohl im zweidimensionalen, aber vor allem im dreidimensionalen Raum das computergrafische Problem der Verdeckung von Kanten bzw. Objektteilen.

- Modus

  ist die Form der Überlappung von Objekttypen auf unterschiedlichen Ebenen. Dabei gibt es die Operationen der Bool'schen Algebra: Negation (NOT), Disjunktion (OR) und Konjunktion (AND) und deren Kombinationen.[2] Im dreidimenisonalen Raum erfolgt diese Form der Kombination durch die CSG-Modellierung.[3]

Da diese vielen Parameter bei der Wiedergabe hohe Rechenkapazität erfordern, wird die vektororientierte Technik oft nur zur Generierung verwendet, daraus dann aber ein rein punktorientiertes Ausgabeformat erstellt.

Die vektororientierte Computergrafik hat einen sehr hohen Standard erreicht. Damit können selbst fotorealistische Darstellungen erzeugt werden, die dann jedoch der Informationsart Bild zugerechnet werden müssen.

#### 4.5.5.2    Gestalterische Parameter

4.5.5.2.1    Diagramme

Diagramme sind visuelle Informationsdarstellungen. Damit haben auch bei der Gestaltung von Diagrammen die Gestaltgesetze und die allgemeinen visuellen Gestaltungsparameter Gültigkeit.[4]

Bei Diagrammen zur Darstellung logischer Zusammenhänge (Flussdiagramme u.ä.) ist die Gestaltung weitgehend vorgegeben und der gestalterische Freiraum entsprechend gering. Für Diagramme zur Darstellung von Zahlenwerten (Balkendiagramme u.ä.) gibt es ebenfalls eine Reihe von Anhaltspunkten wann welche Art von Diagramm wie eingesetzt werden soll.[5]

---

[1]    Details zu diesen interessanten Techniken zur realitätsnahen Darstellung von vektororientierten Modellen in dreidimensionalen Räumen finden sich in Iwainsky; Wilhelmi, 1994

[2]    ein Beispiel für diese Varianten zur Kombination dreidimensionaler Objekte bei CAD-Systemen findet sich in Charwat, 1994, S. 93

[3]    CSG = Constructive Solid Geometry. Siehe dazu Charwat, 1994, S. 93

[4]    vgl. Punkt 4.1.1 und 0

[5]    vgl. DIN 461 und Riedewyl, 1987

⇒ Kreisdiagramme

eignen sich für die Veranschaulichung der Untergliederung eines Ganzen in unterschiedliche Teile.

⇒ Säulen- und Balkendiagramme

eignen sich zur Visualisierung von quantitativen Merkmalsausprägungen, wenn die Merkmalsträger nur quantitativ voneinander verschieden sind. Balkendiagramme eignen sich besser, wenn die Merkmalsträger längere Bezeichnungen haben, da der Text links neben der Ausprägung stehen kann und die Breite des Balkens nicht beeinflusst. Säulendiagramme eignen sich besser für die Darstellung von Entwicklungsverläufen. Bei der Darstellung mehrerer Entwicklunsverläufe durch unterschiedliche Säulen hingegen bereitet die visuelle Zusammenfassung von gleichartigen Säulen nach dem Gesetz der Ähnlichkeit meist Schwierigkeiten, da gleichzeitig die Tendenz besteht, jeweils verschiedenartige Säulen nach dem Gesetz der Nähe visuell zusammenzufassen.

⇒ Liniendiagramme

eignen sich für die Visualisierung von Entwicklungsverläufen von mehreren Merkmalsträgern und bei mehreren Datenpunkten. Vor allem bei eindeutigen Zusammenhängen zwischen quantitativen Variablen ist diese Darstellung sinnvoll.

⇒ Punktdiagramme

eignen sich für die Darstellung von statistischen Zusammenhängen zwischen quantitativen Variablen anhand einer begrenzten Zahl von Beobachtungen.

⇒ Flächendiagramme

eignen sich zur Darstellung von Entwicklungsverläufen im Verhältnis zu anderen Entwicklungen unter Berücksichtigung des Kurvenintegrals (der Fläche unter der Kurve).

⇒ Netzdiagramme

eignen sich zur Darstellung von Werten in mehrdimensionalen Achsen.

In Abbildung 37 sind die Zahlen 1 bis 5 in den unterschiedlichen Grundtypen von Diagrammen zur Zahlendarstellung visualisiert.

Zu diesen Grundtypen gibt es Variationen in Perspektive, Farbe und Form. Hier spielt die technische Perfektion eine Rolle, die dem Grad der Ausnützung aller technischen Parameter entspricht. Schnotz spricht bei der Gestaltung von Diagrammen von der Vermeidung der syntaktischen Ambiguität. Dazu müssen die repräsentationsrelevanten Komponenten problemlos erkennbar, voneinander unterscheidbar und identifizierbar sein. Zudem müssen diese Komponenten so gestaltet sein, dass eindeutige Konfigurationen entstehen, indem zusam-

217

mengehörige Komponenten aufgrund gleichen Aussehens, räumlicher Nähe oder anderer grafischer Hilfsmittel unmittelbar als Einheit wahrgenommen werden. [1]

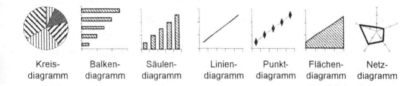

| Kreis-<br>diagramm | Balken-<br>diagramm | Säulen-<br>diagramm | Linien-<br>diagramm | Punkt-<br>diagramm | Flächen-<br>diagramm | Netz-<br>diagramm |
|---|---|---|---|---|---|---|

*Abbildung 37: Grundtypen von Diagrammen zur Zahlendarstellung*

Hasebrook leitet aufgrund wahrnehmungspsychologischer Experimente und Erkenntnisse folgende drei Arbeitsschritte zur Gestaltung von Diagrammen zur Zahlendarstellung ab: [2]

1. Aus den vorhandenen Informationen sollen einige wenige Elemente ausgewählt werden, die für die jeweilige Zielgruppe interessant und verständlich sind. Da das visuelle System aus der Menge der angebotenen Informationen immer nur wenige bekannte Muster auswählt, muss sich die Darstellung unbedingt auf die zentralen Informationselemente beschränken.
Als Faustregel gilt: nie mehr als sieben Einheiten gleichzeitig.

2. Die ausgewählte Information muss geordnet und verdichtet werden. Vor der Auswahl der grafischen Darstellung muss festgelegt werden, was als Kernbotschaft vermittelt werden soll: Zahlenwerte, der Vergleich von Zahlenpaaren oder die zeitliche Entwicklung bestimmter Kennwerte.

3. Wenn die Auswahl der Kernbotschaft erfolgt ist, kann die am besten passende Darstellungsart gewählt werden. Die unterschiedlichen Darstellungen haben unterschiedliche Vorzüge (siehe vorher). Die Darstellung selbst soll immer so einfach wie möglich gehalten werden und möglichst wenig ablenkende Information enthalten. Die jeweils zu vermittelnde Botschaft soll optisch besonders betont werden.

Über die Gestaltung von Diagrammen gibt es sehr viele Publikationen, die teilweise unterschiedliche Faustregeln zum Verdeutlichen von Zusammenhängen liefern, viele nach dem Motto: glaube keiner Statistik, die du nicht selbst gefälscht hast.[3] Damit wird bereits deutlich, wie wichtig visuelle Darstellungen sind und wie stark sich Menschen von diesem visuellen Eindruck der Zusammenhänge beeinflussen lassen.

---

[1] Schnotz, 1995, S. 97
[2] Hasebrook, 1995, S. 39
[3] siehe z.B. das Buch von Lachs, T.G.: Statistik: Lüge oder Wahrheit?.- Wien: Verl. d. Österr. Gewerkschaftsbundes, 1986

#### 4.5.5.2.2 Analogiebilder

Über die Wirkung von Abbildern allgemein und Analogiebildern im besonderen gibt es vergleichsweise viele Erkenntnisse. Nicht zuletzt deshalb, da grafische Darstellungen schon lange Einzug in didaktische Konzepte sowohl von nichtelektronischen als auch von elektronischen Medien gehalten haben. Besonders in Kombination mit Text wurde der Einsatz von Abbildungen untersucht. So hat sich in einer Metaanalyse von Levie und Lentz über 55 Studien eine durchschnittliche Verbesserung der Verstehens- und Behaltensleistungen um ein Drittel ergeben, wenn dem Text Abbilder beigefügt waren. [1]

Den ersten Anhaltspunkt zur Gestaltung bietet die Funktion eines Abbilds. Nach einer Metaanalyse von 155 Untersuchungen leiten Levin, Anglin und Carney fünf Funktionen von Abbildern ab: [2]

a) Dekorative Funktion

Abbilder erhöhen die Attraktivität eines Textes, indem sie die Aufmerksamkeit der Betrachter auf den Text lenken

b) Darstellende Funktion

Abbilder wiederholen im Text bereits genannte Informationen und dienen lediglich zur Veranschaulichung des Gesagten.

c) Organisationsfunktion

Analogiebilder machen die Makro- bzw. Superstruktur eines Textes sichtbar.

d) Interpretationsfunktion

Analogiebilder verdeutlichen abstrakte Sachverhalte. Die Abgrenzung zur Organisationsfunktion ist jedoch schwierig: Levin, Anglin und Carney schlagen vor, unter interpretierenden Bildern eher einfache gegenständliche Analogien zu verstehen und unter organisierenden eher abstrakte und komplexe Darstellungen.

e) Mnemotechnik

Abbilder verdeutlichen oder interpretieren keinen Textinhalt sondern übertragen ursprünglich sprachliche Informationen in ein elaboriertes, bildliches Format.

Weidenmann zeigt auf diesen Ergebnissen aufbauend noch drei weitere Funktionen von Abbildern auf: [3]

• Zeigefunktion

Abbilder können einen Gegenstand oder etwas an einem Gegenstand zeigen

• Situierungsfunktion

Abbilder können ein Szenarium oder einen anderen kognitiven Rahmen bereitstellen. Sie

---

[1]  Levie; Lentz, 1982
[2]  Levin; Anglin; Carney, 1987
[3]  Weidenmann, 1995b, S. 108

aktivieren bei den Betrachtern Situationsvorstellungen. So werden z.B. bei Sprachlern-
programmen häufig Situationen dargestellt, in denen sich die Konversation abspielt.

- Konstruktionsfunktion
  Abbilder können den Betrachtern helfen, ein mentales Modell zu einem Sachverhalt zu
  konstruieren. Sie können Unvertrautes und Unanschauliches verständlich machen.

Ein grundlegendes Problem bei dieser Art der Klassifikation ist aber, dass Abbilder eher nach
ihrer äußeren Funktion kategorisiert werden. Zahlreiche Untersuchungen belegen jedoch den
Einfluss von Vorwissen, der Informationseinbettung, aber auch der aktuellen Lernmotivation
und -ziele.[1]

Um Gestaltungsempfehlungen abzuleiten muss deshalb zuerst die Wirkungsweise des Bildverstehens verstanden werden. Weidenmann konstruiert dazu folgendes Prozessmodell:[2]

Zuerst erfolgt die Überprüfung, ob überhaupt ein Verstehensprozess einsetzen soll. So werden
z.B. bekannte Bildschemata wie etwa Verkehrszeichen nicht in einem aufwendigen Prozess
verstanden, sondern einfach wiedererkannt. Können Bildinhalte nicht wiedererkannt werden,
so müssen sie an bereits bekanntes Wissen angepasst werden. Weidenmann nennt diesen Vorgang „Normalisierung". Generell versucht ein Bildbetrachter den kognitiven Aufwand möglichst gering zu halten. Weidenmann nennt dies das Ökonomieprinzip des Bildverstehens.
Kann ein Bild nicht ohnehin wiedererkannt werden, so wird nach Merkmalen gesucht, die zu
bereits gelernten Wissensschemata oder -modellen passen. Diese werden dann schnell als
zutreffende Interpretation des Bildes akzeptiert. Wird ein Bild aufgrund einer solchen Interpretation als eindeutig erlebt, so bricht der Verstehensvorgang ab, nachdem er ein einfaches
mentales Modell des Bildinhalts erzeugt hat. Dieses Modell bezieht sich jedoch nur auf die
Interpretation einiger Oberflächenmerkmale des Bildes. Kann das Bild nicht einfach aufgrund
von Vorwissen interpretiert werden, so müssen zusätzliche kognitive Prozesse eingesetzt werden. Eine Steigerung des Verarbeitungsaufwandes kann bedeuten, dass mehr Bildteile berücksichtigt, mehr Wissensbestände durchsucht sowie bestimmte Bildlesestrategien eingesetzt
werden. Solche Bildlesestrategien können einfach das genaue Absuchen aller Bilddetails, aber
auch komplexe Bildanalysen sein, wie sie beispielsweise in der Kunstbetrachtung üblich sind.
Während immer mehr Prozesse und Informationen an der Bildverarbeitung beteiligt werden,
führt der Bildbetrachter immer wieder Kontrollen durch, ob er das Bild in ausreichendem
Maße verstanden hat.

Wesentlich bei der schematischen Darstellung in Grafiken ist somit eine sinnvolle Komplexitätsreduktion. Drewniak hat dazu eine umfassende Sammlung von Bedingungen zur effizien-

---

[1]  Hasebrook, 1995, S. 117
[2]  Weidenmann, 1988, S. 117 ff

ten Bildverarbeitung im Menschen vorgelegt und folgende Gestaltungsempfehlungen für Grafiken erarbeitet:[1]

- Mittleres Maß an Komplexität

- Durch Größe, Dominanz und Kontrast kann die Aufmerksamkeit gelenkt werden.

- Verbale Erläuterungen sollen präzise und konkret sein.

- Reihenfolgedarstellung von links nach rechts.

- Ähnlichkeit von Objekten ist durch räumliche Nähe verdeutlicht.

- Text und Bild weisen ein bestimmtes Maß an Komplementarität auf.

- Wichtige Textpassagen sollen durch die Darstellung mit einem Bild hervorgehoben werden.

Der Grad der technischen Perfektion einer Grafik spielt eine große Rolle. Ansprechend gestaltete Grafiken nützen meist die gesamte Palette der technischen Parameter (2½ D-Darstellung, Schattierung usw.) aus. Entsprechend aufwendig ist daher die Produktion. Oft lassen sich aber auch mit einfacheren Darstellungen gute Wirkungen erzielen. Die Gefahr ist dabei, dass sich die Darstellung in Richtung „altbacken" bewegt. Diese Kosten-Nutzen-Überlegung zwischen Aufwand für eine Grafik und dem Nutzen, den entweder der Anwender (z.B. als Lerner) oder der Produzent (z.B. als Ausdruck einer effektvollen Corporate Identity) hat, ist bei jedem Einsatz einer Grafik abzuwägen.

Grafiken dienen als schematische Darstellungen schon lange in unterschiedlichen Funktionen bei der Informationsvermittlung. Die Gestaltung unterliegt neben allen bisher genannten Faktoren aber auch dem Zeitgeist und dem jeweiligen kulturellen Raum. Karikaturen sind beispielsweise recht eindeutig einer bestimmten Epoche in einem bestimmten Kulturraum zugeordnet, Abbildungen aus älteren Sachbüchern sind – auch wenn sie neu abgedruckt werden – sofort als ältere erkennbar. Schriftbild, Bildaufteilung und Art der Komplexitätsreduktion lassen sofort erkennen, dass diese Grafik nicht mit den gewohnten übereinstimmt. Das verschiebt die Gestaltung einer „guten" Grafik stark in Richtung Zeitgeschmack, ansprechende Darstellung, schöpferische Eigenleistung – kurz: in Richtung Kunst.

#### 4.5.5.3 Grafik als Symbol

Visuelle schematische Darstellungen mit Symbolcharakter werden als Icons bezeichnet und haben ihre Wurzeln sowohl in der Verkehrszeichentechnik als auch in der ihr vorausgehenden Semiotik, der Lehre von den Zeichen. Einer der Begründer dieser Wissenschaft war der ame-

---

[1] Drewniak, 1992, S. 47

rikanische Philosoph C. S. Peirce (1839 - 1914). Viele Arbeiten auf dem Gebiet der Symbole bauen auf folgender Peirce'schen Klassifikation von Zeichen auf:[1]

- Symbol
  Ein Symbol hat ein willkürliches, festgelegtes Verhältnis mit dem Objekt, das es darstellt. Damit kann ein Symbol mit den Zeichen des Alphabets verglichen werden, wo ebenfalls keine Ähnlichkeit mit dem sprachlich geformten Laut besteht. Hier müssen die Symbolcodierungen des jeweiligen Senders vom Empfänger der Symbole gelernt werden.

- Index
  Die Relation zwischen einem Objekt und dessen Repräsentation als Index ist nicht willkürlich, sondern das Zeichen weist auf das Objekt hin. So weist beispielsweise eine Fährte im Schnee auf ein bestimmtes Tier hin oder Rauch zeigt das Vorhandensein von Feuer an.

- Icon (Ikone)
  Ein Icon teilt Eigenschaften mit dem Objekt, das es darstellt. So werden etwa die Fluchtwege in Österreich mit dem Zeichen eines gehenden Mannes, einer stilisierten Türe und einem Pfeil dorthin gekennzeichnet.

Der interpretierende Mensch stellt dabei das schwächste Glied in der Kommunikationskette dar. Er muss am Ende entscheiden, welches Signifikat hinter einem Symbol oder Icon wirklich steht. Diese Entscheidung ist auch eine psychosoziale, das heißt, abhängig vom jeweiligen Erlebnis- und Kulturhintergrund, wird jeder Mensch verschiedene Interpretationen finden.

Ähnliche Klassifikationen wie die von Peirce bestehen seit dem Einsatz von grafischen Benutzeroberflächen in computergestützten Systemen. Das Icon als Zeichen für eine bestimmte Funktionalität ist inzwischen zum Standard geworden. Nach wie vor gibt es völlig abstrakte Icons sowie stark repräsentative Icons.

Moyes und Jordan entwickeln eine drei-Komponenten-Skala, anhand der sie Icons messen:[2]

- Guessability (Selbsterklärungsgrad)
  ist das Maß für den Aufwand eines Benutzers, um an einer Benutzerschnittstelle zum ersten Mal eine Funktion auszulösen. Je geringer der Aufwand, desto höher der Selbsterklärungsgrad, der in Zeit, Fehlern oder Anzahl von Versuchen gemessen werden kann.

- Learnability (Erinnerungsgrad)
  ist das Maß für den Aufwand eines Benutzers, um einen vernünftigen Grad an Bedienungskomfort für eine Funktion zu erreichen.

---

[1]  vgl. Hartshorne; Weiss; Burks, 1958
[2]  Moyes; Jordan, 1993, S. 51 f. Die nicht ganz so treffende deutsche Übersetzung stammt von mir.

- Experienced User Performance-EUP (Bedienungskomfort für erfahrene Anwender-BEA) ist das Maß für den Aufwand eines Benutzers, eine Funktion auszulösen, wenn er diese Funktion bereits öfter ausgelöst hat. Auch hier gilt wieder: je niedriger der Aufwand, desto höher der Bedienungskomfort.

Abbildung 38 zeigt eine typische Lernkurve für Icons.

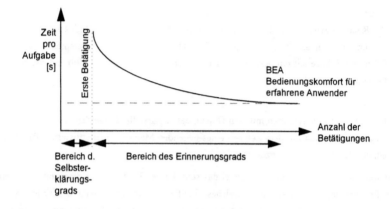

*Abbildung 38: Lernkurve für den Bedienungskomfort von Icons[1]*

Bei der ersten Betätigung ist die Dauer von der Intention bis zur Betätigung hoch und es braucht eine bestimmte Anzahl von Versuchen (im Idealfall einen), bis die tatsächlich gewünschte Aktion ausgelöst wird. Diese Anzahl ist der Bereich des Selbsterklärungsgrads („guessability"). Danach nimmt die Dauer bis zur Betätigung mit der Anzahl der Versuche exponentiell ab (Bereich des Erinnerungsgrades oder „learnability") und pendelt sich auf ein bestimmtes, asymptotisches Minimum für erfahrene Anwender ein (EUP).

Im Bereich des Selbsterklärungsgrades (guessability) lag der ursprüngliche Schwerpunkt der Iconforschung. Für den Bereich des Erinnerungsgrades liegt ein empirischer Befund von May, Tweedie und Barnard vor, der unter anderem Aussagen über das Wiedererkennen von Icons innerhalb von Iconfamilien liefert. Zentrales Ergebnis ist, dass es für einen Benutzer schwieriger ist ein Icon zu identifizieren, wenn es innerhalb einer Reihe ähnlich strukturierter Icons liegt, die sich nur in einem Element voneinander unterscheiden. Größere Formveränderungen werden leichter erinnert als Variationen einer Form.[2] Das spielt insbesondere bei bei jenen

---

[1]   nach Moyes; Jordan, 1993, S. 51
[2]   May; Tweedie; Barnard, 1993, S. 108

Icons eine große Rolle, die sehr klein am Bildschirm dargestellt werden. Hier ist fast ausschließlich die Form und die Farbe für das Wiedererkennen ausschlaggebend.

Moyes und Jordan untersuchen in ihrer empirischen Studie auch den Bereich des Bedienungskomforts für erfahrene Anwender und liefern dabei auch generalisierbare Aussagen über die beiden anderen Bereiche. Dabei stützen sie sich auf zwei Grundprinzipien des Icondesigns:

- Set compatibility
  Die Set-Kompatibilität betrifft die universelle Anwendung eines Icons. Damit ist die Anwendung der Funktion eines Icons auf andere Icons gemeint. Wenn z.b. ein Set aus Objekt-Icons besteht (z.B. Dateien, Tabellen) und ein Set aus Operationen (z.b. Löschen), dann würde Set-Kompatibilität vorliegen, wenn das Löschen-Icon sowohl für Dateien als auch für Tabellen verwendet werden kann.

- Rule compatibility
  Regel-Kompatibilität bezeichnet die Ähnlichkeit, mit der ein Icon eine Regel oder eine Funktion abbildet. Die Regel-Kompatibilität ist natürlich stark von kulturellen Einflüssen geprägt. So würde etwa ein Österreicher ein Überholverbot erkennen, wenn der überholende Wagen links dargestellt ist. Ein Engländer wäre hingegen verwirrt, da durch das Linksfahrsystem in Großbritannien der überholende Wagen normalerweise rechts ist.

Ergebnis der – wenig überraschenden – Studie ist, dass bei Erstanwendern für die „guessability" (den Selbsterklärungsgrad) die Regelkompatibilität der wichtigste Faktor ist, der sich sowohl in der Bedienungszeit als auch in der Fehlerrate niederschlägt. In der Erinnerungsgradphase („learnability") ist hingegen die Set-Kompatibilität der ausschlaggebende Faktor, der ebenfalls in Bedienungszeit und Fehlerrate voran liegt. In der Phase der erfahrenen Anwender (EUP) konnten keine Vorteile weder für Regel- noch für Set-Kompatibilität gefunden werden.[1]

Diese empirischen Befunde zeigen, dass beim Design von Grafiken als Icons auf Kompatibilität mit Alltagserfahrungen größter Wert gelegt werden muss. Zwar zeigt sich, dass bei erfahrenen Anwendern die Art der Darstellung und die Set-Kompatibilität nicht mehr so wichtig ist, was aber lediglich beweist, dass Menschen sehr lernfähig sind. Dennoch ist der Lernprozess leichter, wenn diese zwei Grundkompatibilitäten eingehalten werden. Das entspricht ganz den Grundsätzen der Metaphernkonsistenz und der Funktionskohärenz im Storyboard.[2]

---

[1]  Moyes; Jordan, 1993, S. 57 f
[2]  vgl. Punkt 4.6

## 4.5.6 Animation

Animation ist eine kontinuierliche Informationsart, die Informationen in schematischer Form visuell darstellt. Dabei entsteht für den Betrachter der Eindruck, dass sich Elemente am Bildschirm bewegen oder verändern.

Animation ist eine Art bewegte Grafik. Sie zeigt schematische Zusammenhänge durch Bewegung der relevanten Teile. Ein dazu häufig angeführtes Beispiel ist die Bewegung eines Kolbens und die dabei ablaufende Ventilsteuerung. Animationen können somit zeitliche Abfolgen und Zusammenhänge schematisch darstellen. In Analogie zu den Anfängen des Films sind Animationen in diesem Sinn so etwas wie „Grafiken, die laufen lernen". Durch diese Ähnlichkeit zu Grafiken sind sowohl die Funktionen als auch die technischen Parameter adäquat.[1] Lediglich zeitbedingte technische Merkmale kommen neu hinzu.[2] Diagramme können dabei ebenso animiert werden wie Analogiebilder. Die Funktionen von Animationen sind deshalb mit denen der Grafiken ident, die entsprechenden Aussagen gelten analog. Bei den für Lernsysteme wichtigen Zeige- und Konstruktionsfunktionen ist dabei die sinnvolle Komplexitätsreduktion auf die darzustellenden Inhalte bei Animationen ebenfalls die wichtigste Komponente. Die Dekorations- und Aufmerksamkeitsfunktion erfüllen Animationen durchaus genauso gut – wenn nicht besser – als unbewegte Grafiken. Hier ist allerdings die Qualität der Animation ausschlaggebend: Ansprechende Animationen als Effekt müssen eine bestimmte – durch laufende technische Verbesserungen ständig nach oben geschraubte – Erwartungshaltung erfüllen – oder besser noch – übertreffen.

Die Ähnlichkeit zwischen Animation und Grafik ist nicht überraschend, da Menschen gewohnt sind in einer sich bewegenden Welt zu leben. Dabei gelingt es dem Menschen ja auch aus einzelnen Bildern – sozusagen „im Kopf" – eine bewegte Handlungsfolge herzustellen. Das lässt sich nicht nur aufgrund des Gestaltgesetzes der guten Fortsetzung zeigen,[3] sondern auch anhand von persönlichen Erfahrungen, die vermutlich jeder Leser von Comic-Strips selbst gemacht hat.

Wenn aber Grafik und Animation so ähnlich sind, wirft sich die Frage auf, warum eine so viel aufwendiger zu konstruierende Informationsart wie die Animation überhaupt eingesetzt werden soll. Drei Argumentationen sind denkbar:

a) Durch die Kombination mit den in der Informationsart Animation enthaltenen Informationsarten Klang und Sprache können kombinierte Sachverhalte dargestellt oder besondere Effekte erzielt werden.

---

[1] vgl. Punkt 4.5.5
[2] siehe dazu Punkt 4.5.6.1
[3] vgl. die Gestaltgesetze in Punkt 4.1.1

b) Durch die Bewegung von Elementen können Sachverhalte erläutert werden, die durch ein stehendes Bild nicht vermittelbar sind.

c) Benutzer haben bereits die Erwartung, dass sich etwas bewegen soll und dürfen nicht enttäuscht werden.

Gegen die erste Argumentation lässt sich der Einwand einbringen, dass ja auch Grafiken mit Klang und Sprache kombiniert werden können, ähnlich einem Diavortrag. Doch auch bei einem Diavortrag lassen sich Präsentationsverbesserungen durch Überblendtechniken erzielen, die ja letztlich Bewegung in den Vortrag bringen sollen. Natürlich lassen sich durch Bewegung Effekte erzielen, die ohne Bewegung nicht möglich wären. Spannung und Motivation können aufgebaut werden, emotionale Beteiligung erreicht werden usw. Das ist der Bereich der Dramaturgie, der bei bewegten Bildern und generell bei sich zeitlich verändernden Abläufen eine enorme Rolle spielt.[1] Diese Argumentation ist zentral bei Lernsoftware, die unter dem Titel „Edutainment" firmiert.[2] Pionier auf dem kommerziellen Gebiet war die Firma Brøderbund mit ihrer Produktlinie der inzwischen weit verbreiteten „Living Books", in denen sich Comic-Figuren benutzergesteuert durch eine stilisierte, fröhlich-bunte Landschaft bewegten. Animation mit Klang und Sprache brachte die ersten Produkte, die sich signifikant von anderen abhob und jene als „langweilig" abstempelte. Sie begründeten den eigentlichen Durchbruch in der „Multimedia-Ära", die auf der Suche nach immer neuen Innovationen letztlich den digitalen Film aus der Taufe hob.

Die zweite Argumentation ist jene, auf die sich die wissenschaftliche Forschung konzentriert. Didaktik, Kognitionswissenschaft und Wahrnehmungspsychologie untersuchen die Animation als Darstellungstechnik auf ihre lerntheoretischen Implikationen. Leider gibt es dazu noch vergleichsweise geringe Ergebnisse.[3]

Die dritte Argumentation ist mit der ersten etwas verwandt. Die Erwartungshaltung der Anwender ist eine wesentliche Größe. Der Anwender kennt diverse Möglichkeiten der Animation von anderen Anwendungen. Er erwartet bei bestimmten schematischen Darstellungen, die Abläufe oder komplexere Zusammenhänge zeigen, dass sich Elemente bewegen. Hier spielt der Grundsatz des Erwartungsmappings herein.[4] Somit produziert eine Animation ihre eigene Nachfrage.

---

[1] siehe dazu Punkt 4.6.2
[2] vgl. dazu die teilweise geradezu euphorische Übersicht von Edutainment-Software in Brown, 1995
[3] näheres dazu in Punkt 4.5.6.2
[4] vgl. dazu Punkt 4.6

**4.5.6.1  Technische Parameter**

Animationen sind visuelle Informationsdarstellungen und haben dementsprechend auch die allgemeinen technischen Parameter

- Farbtiefe

- Größe

- Auflösung.[1]

Die Verwandtschaft zur Grafik drückt sich auch bei den technischen Parametern aus. Auch hier gibt es die grundsätzlich unterschiedlichen Techniken der Punkt- oder Vektororientierung. Die Ausführungen dazu in Punkt 4.5.5.1 gelten deshalb hier analog. Drei Techniken liegen allen Animationen zugrunde:

- Punktorientiert

  Punktorientierte Bilder werden in schneller zeitlicher Abfolge hintereinander präsentiert. Diese Technik eignet sich vor allem für die Wiedergabe, wenn bei der objektorientierten Variante mit komplexen Bildinhalten die Echtzeitanforderungen unterschritten werden.

- Objektorientiert

  Einzelne oder mehrere vektororientierte Objekte werden dadurch bewegt, dass die Parameter der zusammenhängenden Vektoren (Position und Richtung) kontinuierlich verändert werden und sich somit das ganze Objekt verändert. Diese Technik eignet sich bei wenigen zu bewegenden Objekten (Polygonen), solange die Rechenleistung des Wiedergabesystems noch ausreicht oder bei dynamisch generierten Animationen, bei der die Vektorparameter je nach Datenvorlage generiert werden (z.B. animierte Diagramme).

- Ebenenorientiert

  Punkt- und/ oder vektororientierte Bilder liegen in Ebenen übereinander und werden der Reihe nach gezeigt. In den inzwischen zu Standardwerkzeugen avancierten Autorensystemen Hypercard (Apple) und Toolbook (Asymetrix) wird diese Technik mit „Flip Book" bezeichnet. Diese Technik ist nur für eine kurze Animationsdauer und einfache Effekte geeignet, wenn die punktorientierte Variante zu viel Speicherplatz bzw. Datenrate oder die objektorientierte Variante zu aufwendige Rechenoperationen benötigen würde.

Realistische Darstellungen werden erst mit der Kombination von vektororientierter Technik mit punktorientierter Füllung  erreicht. Der Vorteil der vektororientierten Variante liegt bei der einfacheren Bewegung einzelner Objekte.

---

[1]  vgl. Punkt 4.2.3

Die Parameter sind wie bei der Grafik[1]

- Objekttyp

- Strichgröße

- Strichtyp

- Füllung

- Ebene

- Modus

Zusätzliche Parameter der Animation sind:

- Bilder pro Sekunde
  ist die Anzahl der in einer Sekunde zeitlich hintereinander dargestellten Bilder.
  Ab etwa 10 Bildern pro Sekunde nimmt das menschliche visuelle System eine Bewegung
  als halbwegs kontinuierlich wahr. Echtzeitverhalten ist ab 16 Bildern pro Sekunde definiert[2] und in der Film- und Fernsehbranche haben sich 25 Bilder pro Sekunde als Standard für ruckfreie Darstellungen etabliert.

- Dauer
  ist die zeitliche Länge der Animation in Sekunden. Dabei wird eine Sekunde üblicherweise in einzelne Frames unterteilt, die den einzelnen Bildern entsprechen. So ist etwa die
  Dauer von 10:20 eine Animation mit 10 Sekunden Länge und 20 zusätzlichen Frames,
  was bei 25 Bildern pro Sekunde weitere 80 Hundertstel Sekunden ausmacht.

- Geschwindigkeit
  ist das Verhältnis der Abspielgeschwindigkeit zur Standardgeschwindigkeit. Die Standardgeschwindigkeit ist jene, bei der eine „normale" Bewegung ausgeführt wird. Bei
  punktorientierter, konservierter Animation würde die Standardgeschwindigkeit jene sein,
  mit der sie konserviert wurde. Ist die Geschwindigkeit die Hälfte, so wird die Animation
  in „Zeitlupe" gesehen, ist sie doppelt so groß, so entsteht der „Zeitraffer"-Effekt.

Da diese vielen Parameter bei der Wiedergabe hohe Rechenkapazität erfordern, wird oft die
objektorientierte Technik nur zur Generierung verwendet, daraus dann aber ein rein punktorientiertes Ausgabeformat erstellt.

---

[1] vgl. Punkt 4.5.5.1
[2] Die Parameter des Echtzeitverhaltens sind definiert durch Systemantwortzeit kleiner als 100 ms, Generation
von mindestens 16 Bilder pro Sekunde und Präsentation mit mindestens 50 Hz (Krömker, D.: Computeranimation. In: Mertens, 1990, S. 100).

Die Animationstechnik hat inzwischen einen sehr hohen Standard erreicht. Damit können selbst fotorealistische Bewegtbilddarstellungen erzeugt werden, die dann jedoch der Informationsart Film zugerechnet werden müssen.[1]

### 4.5.6.2  Gestalterische Parameter

Die gestalterischen Parameter bei Animationen betreffen – neben den grundsätzlichen visuellen und grafischen Parametern – drei Bereiche.

- Technische Perfektion

- Komplexität

- Dramaturgie

Die technische Perfektion zeigt sich daran, wie viele technischen Parameter zur Gestaltung der Animation ausgenützt worden sind: dreidimensionale Effekte, Schattierungen, Texturen, Muster usw. Die technische Perfektion ist sozusagen die „handwerkliche" Ausführung.

Die inhaltliche Gestaltung betrifft mehr die Frage ob und wann eine Animation sinnvoll eingesetzt werden kann. Bei den meisten lernpsychologischen Untersuchungen steht dabei die technische Perfektion nicht im Vordergrund. Anderson und Mayer verglichen in einem Experiment Textinstruktion, Text und Bildinstruktion mit Animation und Sprache. Nur die Darbietung von Animation und gleichzeitig gesprochener Erläuterung führte zu Vorteilen bei den Problemlöseaufgaben.[2] Kernaussage dieser und ähnlicher Untersuchungen ist, dass die Animation zusammengehörige Informationen gruppiert und die Animation allein unverständlich bleibt, wenn die Texterläuterung nicht die Teile benennt und den Bewegungsablauf kommentiert. Wesentlichster Punkt ist aber, dass die Animation dazu beiträgt, dass der Benutzer sich ein mentales Modell über sich gleichzeitig bewegende Teile bilden kann. Das wird durch Hervorhebung der wesentlichen Zusammenhänge in der Animation und der Reduktion irrelevanter Komplexität erreicht.

In einer Folgeuntersuchung 1994 zeigen Mayer und Sims, dass Personen mit gutem räumlichen Vorstellungsvermögen mehr von gleichzeitiger Bild-Ton Darbietung profitieren, als Per-

---

[1]  Bereits 1985 entstand mit „Young Sherlock Holmes" von Barry Levinson der erste Kinofilm, bei dem ein Akteur (ein Ritter) vollständig computergeneriert wurde. Weitere Animationshighlights in Kinofilmen waren Luxo Jr. (John Lasseter, 1986), Star Trek IV (Leonard Nimoy, 1986), The Abyss (James Cameron, 1989), Terminator 2 (James Cameron, 1991), Death Becomes Her (Robert Zemeckis, 1992), Jurassic Park (Steven Spielberg, 1993), Forrest Gump (Robert Zemeckis, 1994), Die Maske (Chuck Russell, 1994), Casper (Brad Silberling, 1995) und Toy Story (John Lasseter, 1995). Die Animationssequenzen wurden dabei immer länger: von wenigen Sekunden bei Young Sherlock Holmes bis zu den neun Minuten bei Jurassic Park, 40 Minuten bei Casper und zuletzt 77 Minuten bei dem ersten vollständig computergenerierten Kinofilm Toy Story. Die Animationen in Toy Story und Luxo Jr. erzeugte Apple-Pionier Steve Jobs mit seiner Firma Pixar, die anderen stammen von der Firma Industrial Light & Magic (aus Wired #12/ 1995, S. 144f).

[2]  Mayer; Anderson, 1992

sonen mit schwacher räumlicher Vorstellungsfähigkeit.[1] Ein Ergebnis, das sich durch die Lerntyp-These von Vester problemlos erklären lässt:[2] Unterschiedliche Lerntypen bevorzugen unterschiedliche Eingangskanäle, wobei die unterschiedlichen Informationsarten durchaus als unterschiedliche Eingangskanäle gelten können.

Rieber untersuchte mit 70 Kindern der vierten Schulstufe, ob animierte Bildschirmdarstellungen in einem Computerlernprogramm zu besserem Verstehen physikalischer Gesetzmäßigkeiten beitragen können und wie sich diese auf das Lernverhalten der Kinder auswirken.[3] Er stellte fest, dass die Kinder länger lernen und mehr ausprobieren, wenn ihnen Animationen anstelle statischer Bilder angeboten werden. Beim Vergleich mit Simulationen zeigte sich, dass die Nutzung einer Simulation zu den besten Ergebnissen der Untersuchung führte, unabhängig von der Art der Darstellung. Nur wo Aufgaben beantwortet werden mussten, die auf die wesentlichen Inhalte hinwiesen, bewirkten Animationen eine Leistungssteigerung.

Hasebrook berichtet von einer Untersuchungsreihe an der Universität Gießen in der Arbeitsgruppe um Glowalla, bei der untersucht wurde, wie die Animation von Bildern dazu beitragen kann, abstraktes Wissen zu vermitteln.[4] Ergebnis war, dass eine Animation die Verständlichkeit eines Bildes erhöht, aber nur wenn diese vor dem Text dargeboten wird. Die Kombination mit Animation und Sprache nützt bei komplexen Darstellungen wenig; besser ist eine gezielte Kombination aus Bild- und Textabschnitten.

Die Komplexität der Animation ist folglich ein wesentlicher Gestaltungsparameter. Animation ist dann hilfreich, wenn wesentliche Informationen durch die Bewegung gruppiert werden. Die Wirkung kann gesteigert werden, wenn genau dazu abgestimmte Erläuterungen angeboten werden, die nur dann in auditiver Form erfolgen sollen, wenn die Darstellung nicht zu komplex ist.

Komplexität ist aber nicht nur eine Frage der Anzahl der bewegten Teile. Die Fragen: Was soll gezeigt werden? Wie soll es gezeigt werden? Welche Teile sollen zuerst bewegt werden? Soll sich die Zuseherposition dabei ändern? Welcher Ton wird wann wofür eingesetzt? usw. sind Fragen, die eng mit dem Fachgebiet der Dramaturgie verbunden sind. Die Animation als kontinuierliche, visuelle Informationsart, die auch die ihr untergeordneten Informationsarten Sprache und Klang enthalten kann, hat damit als weiteren gestalterischen Parameter die Dramaturgie, die Lehre vom Handlungsablauf eines Geschehens. Dies zeigt sich bereits bei einfachen Animationen des Kinofilms: Zeichentrickfilme zeigen ja auch vereinfachte Darstellungen in schematischer Form, um damit Emotionen auszulösen oder andere (oft groteske) Situationen darzustellen und sind damit der Informationsart Animation zuzurechnen. Bereits

---

[1]  Mayer; Sims, 1994
[2]  vgl. dazu Punkt 3.2.5.2
[3]  Rieber, 1994, S. 153
[4]  Hasebrook, 1995, S. 184 ff

beim ersten Animationsfilm in voller Kinolänge („Schneewittchen und die sieben Zwerge", Walt Disney, 1937) war dabei die Dramaturgie genauso wichtig, wie bei anderen Kinofilmen. Das Storyboard, das Drehbuch, enthielt genauso Anweisungen für die animierten Darsteller.[1] Dies gilt auch in der elektronischen Variante. In dem ersten vollständig computeranimierten Kinofilm („Toy Story", John Lasseter, 1995) wurde ebenfalls ein Drehbuch für die Umsetzung der Dramaturgie eingesetzt.[2]

Für die Handlung einer Animation ist deshalb die Dramaturgie ein entscheidender, gestalterischer Parameter. Er ist aber auch für alle weiteren kontinuierlichen audiovisuellen Informationsarten und für eine ganze multimediale Anwendung wesentlich und wird daher eigens in Punkt 4.6.2 behandelt.

## 4.5.7 Bild

Bild ist eine diskrete Informationsart, die Informationen in fotorealistischer Form visuell darstellt.

Ein Bild konserviert einen Wirklichkeitsausschnitt. Doch ist diese Form der Konservierung nicht als objektiv anzusehen. Der Fotograf, der das Bild aufnimmt, beeinflusst durch Motivwahl, Blickwinkel, Beleuchtung, Filter usw. bereits die Realität. Kracauer bezieht sich in seinem bedeutenden Werk der „Theorie des Films" auf die Grundkomponenten aus der Fotografie und erkennt hier eben diese Zweiteilung zwischen „naturalistischer Tendenz" und „formgebender Tendenz" schon zu Beginn der Fotografie.[3] Das Gegensatzpaar Objektivismus-Subjektivismus findet sich hier in sehr deutlicher Form wieder.

Die Grenze zwischen Bild und Grafik ist dabei nicht so eindeutig wie es scheint. Denn was gilt als Fotorealismus? Ist ein Foto eines kubistischen Gemäldes ein Bild oder – da es schematische Zusammenhänge darstellt – eine Grafik? Ist eine durch Computergrafik erstellte, dreidimensionale, technisch perfekte Darstellung eines geplanten Gebäudes eine Grafik oder – da das fertige Haus wohl irgendwann so aussehen wird – ein Bild? Ist ein Foto einer Schautafel über Verkehrszeichen eine Grafik oder ein Bild?

Die Zuordnung einer diskreten visuellen Darstellung zu einer bestimmten Informationsart aufgrund formeller Unterschiede birgt natürlich Unschärfen in sich. Dennoch ist die formelle Differenz die entscheidende und nicht die technische, wie das Abbild zustande gekommen ist, denn der Mensch als Interpretierer einer Information kümmert sich recht wenig um deren Entstehungstechnik. Es sei denn, es liegt ein krasser Gegensatz vor: ein Foto als Realitätsausschnitt ist der Mensch gewohnt, eine Zeichnung als schematische Darstellung ebenfalls. Eine

[1]  Screen # 3/ 1996, S. 38
[2]  vgl. Wired, # 12/ 1996, S. 149
[3]  Kracauer, 1985, S. 26 ff

Darstellung, die auf den ersten Blick aussieht wie ein Foto, sich aber bei näherem Hinsehen als Zeichnung entpuppt, löst Verwirrung und einen Denkprozess über die Entstehungstechnik aus.

Kracauer liefert einen Erklärungsansatz für dieses Phänomen: das Ästhetische Grundprinzip.[1] Es enthält folgende Kernaussage: Die Leistungen innerhalb eines bestimmten Mediums sind künstlerisch umso befriedigender, je mehr sie von den spezifischen Eigenschaften dieses Mediums ausgehen. Und die spezifische Eigenschaft eines Fotos ist es eben Darstellungen zu schaffen, die – zumindest theoretisch – auch von Menschen mit dem Sehsinn wahrgenommen werden könnten. Und die spezifischen Eigenschaften des Mediums Foto (bzw. Bild) sind nun einmal nicht die einer schematischen Darstellung. Daher die Verwirrung im vorigen Beispiel. Selbstverständlich nehmen Menschen auch visuelle Informationen auf, die schematischer Natur sind. Deshalb wird die Informationsart Grafik auch der Informationsart Bild untergeordnet, da ein Bild ja eben auch einen Lehrer vor einer Tafel mit Verkehrszeichen darstellen kann. Die Verkehrszeichen wären eine Grafik, die sich in einem Bild befindet. Das entspricht auch der alltäglichen Wahrnehmung des Menschen. Nie wird eine schematische Darstellung alleine gesehen, immer auch das entsprechende Drumherum wie Lehrer, Tischplatte usw. Eine Grafik in einer multimedialen Anwendung wird ja auch bereits mit Drumherum (Bildschirm, Schreibtisch usw.) wahrgenommen. Ein Bild in einer Grafik wäre deshalb verwirrend, es widerspräche dem ästhetischen Grundprinzip, es sei denn, das Bild selbst dient als schematisches Symbol für das Wiedererkennen.

### 4.5.7.1 Technische Parameter

Bilder sind visuelle Informationsdarstellungen und haben dementsprechend die allgemeinen technischen Parameter

- Farbtiefe

- Größe

- Auflösung.[2]

Weitere technische Parameter hängen auch hier von der Art des Konstruktionsverfahrens (punktorientiert oder vektororientiert[3]) ab. Die vektororientierte Technik ist erst seit etwa 10 Jahren in der Lage, fotorealistische Darstellungen zu erzeugen. Dazu werden jedoch sehr leistungsfähige Systeme und eine große Anzahl an Entwicklerstunden benötigt. Durch die Technik der Fotografie und der anschließenden (oder sofortigen) digitalen Codierung des Fotos ist ein Bild mit punktorientierter Technik vergleichsweise einfacher zu erzeugen. Besonders für

---

[1]  Kracauer, 1985, S. 36
[2]  vgl. Punkt 4.2.3
[3]  vgl. Punkt 4.2.3

die Wiedergabe fotorealistischer Bilder auf kommerziellen Systemen kommt die vektororientierte Methode derzeit wegen der dafür nötigen Rechenleistungen noch nicht in Betracht.

Für die punktorientierte Technik ist die Auflösung der entscheidende Parameter, da sie im Gegensatz zur vektororientierten Technik geräteabhängig ist.[1] Die Datenmenge als direkt abhängiger Wert von der Auflösung ist dabei die Anzahl der Informationen, die für ein Bild zur Speicherung benötigt wird und beeinflusst dementsprechend wesentlich die Performance bei der Wiedergabe.

Die Datenmenge eines punktorientierten Bildes lässt sich errechnen aus

$$\text{Datenmenge [Bit]} = \text{Farbtiefe [Bit]} * \text{Größe [inch}^2] * \text{Auflösung}^2 \text{ [dpi]}$$

Bei einem Bild mit 24 Bit Farbtiefe und der Größe von 10 x 10 Zentimetern sowie der Bildschirmauflösung von 72 dpi ergibt sich so eine Datenmenge von etwa 241 kByte. Um diese Datenmengen bei punktorientierten Bildern handzuhaben – insbesondere bei zeitlich schnell aufeinander folgenden Bildern (Filme) – wurden unterschiedliche Kompressoren entwickelt, die die Datenmengen um ein Vielfaches reduzieren. Bei einem Kompressionsfaktor von 1:50, hat dann das vorhin beschriebene Bild gerade noch knapp 5 kByte. Die Bildkomprimierung ist eine räumliche Komprimierung. Die Daten der (zweidimensional) räumlich verteilten Bildpunkte werden umstrukturiert, um die Größe der Daten zu verringern. Dazu gibt es zwei Methoden:[2]

a) *Verlustfreie* Komprimierungsmethoden
   erhalten die Originaldaten und stellen sicher, dass das Bild vor und nach der Komprimierung gleich ist. Die meisten verlustfreien Methoden benutzen eine *Lauflängen-Kodierung*, ein Vorgang, der fortlaufende Bereiche gleicher Farbe entfernt. Diese Technik funktioniert sehr gut bei elektronisch erzeugten Abbildungen (z.B. bei Balkengrafiken), in denen flächige Bereiche oft aus einer Farbe gebildet werden. Im allgemeinen ist jedoch eine verlustfreie Komprimierung bei digitalisierten Bildern (z.B. gescannte Fotografien) nicht sehr effektiv, da die Farben in diesen Bildern meist durch starkes Verwischen dargestellt werden und so die Bilder nur wenige Bereiche flächiger Farbe enthalten.

b) *Verlustreiche* Komprimierungsmethoden
   versuchen Bildinformationen zu entfernen, die dem Betrachter in der Regel nicht auffallen. Diese Methoden bewahren die Originaldaten nicht. Bildinformationen gehen verloren und können nicht wiederhergestellt werden. Die Datenmenge, die verlorengeht, hängt vom Grad der Komprimierung ab. Die Reduktion erfolgt dabei auf Kosten der Bildqualität: je

---

[1] vgl. Punkt 4.2.3
[2] vgl. Adobe, 1995, S. 139 f

höher der Kompressionsfaktor, desto größer der Informationsverlust und damit schlechter die Qualität des wieder entkomprimierten Bildes. Außerdem verursachen viele verlustreiche Komprimierungsmethoden einen zusätzlichen Datenverlust, wenn die Bilder erneut komprimiert werden. Dieser zusätzliche Verlust ist abhängig von den jeweiligen Komprimierungsverfahren und -formaten

Die wesentlichsten Verfahren bzw. Formate zur verlustreichen Kompression sind JPEG (Joint Photographic Experts Group) und GIF (Graphics Interchange Format). JPEG komprimiert nur 24-Bit-Bilder, GIF nur 8-Bit Bilder. Einen guten Überblick über Aufbau und Leistungsfähigkeit von Kompressoren bietet Steinmetz, 1993, S. 77 ff.

Die Komprimierung (Methode, Faktor und Format) ist damit ein weiterer technischer Parameter bei der Informationsart Bild. Da bei multimedialen Anwendungen die Kombination von Informationsarten eine wesentliche Rolle spielt, muss die Entwicklungsumgebung die unterschiedlichen Formate der Informationsarten unterstützen. Kompressoren werden dabei meist für den schnellen Zugriff als Algorithmus im Betriebssystem verankert. Bei der Wiedergabe muss der Decoder des entsprechenden Kompressors ebenfalls im Wiedergabesystem vorhanden sein. Da die Speicherkapazitäten immer größer werden, ist ein unkomprimiertes Bildformat – zumindest in 8 Bit Farbtiefe – inzwischen leicht verarbeitbar, so dass, wenn keine besonders aufwendigen Bildfolgen benötigt werden, punktorientierte Abbilder meist unkomprimiert verwendet werden.

Werden zur Erstellung eines Bildes Geräte verwendet, die keine digitalen, sondern analoge Codierungen auf analogen Speichermedien (z.B. Film in der Kamera) liefern, so sind die entsprechenden technischen Parameter dieser Speichermedien ebenfalls noch zu berücksichtigen. In der Fotografie sind so etwa die Filmempfindlichkeit, Exposure Index, Kontrast, Belichtungsspielraum, Korn und Körnigkeit, Schärfe, Schwarzschildeffekt und Format des Filmmaterials, sowie entsprechende Entwicklungsparamter wie Verdünnung usw. relevant.[1]

#### 4.5.7.2 Gestalterische Parameter

Bilder als visuelle Informationsart können die selben Funktionen haben wie Grafiken. Die entsprechenden Aussagen für Abbilder gelten somit analog wie in Punkt 4.5.5.2.2 beschrieben.

Der wesentliche Unterschied zur Grafik ist jedoch das Konservieren eines für uns Menschen nur als Gegenwart visuell wahrnehmbaren Wirklichkeitsausschnitts. Diese Möglichkeit entspricht ein wenig dem Faust´schen Wunsch: „Ach, Augenblick, verweile doch! Du bist so schön!" Das Umgehen der zeitlichen Dimension durch Betrachten eines Bildes von der Vergangenheit oder sogar der Zukunft (z.B. bei dem computergrafisch fotorealistisch erzeugten

---

[1]    siehe dazu die ausführlichen Details über Filme und deren Eigenschaften in Maschke, 1995, S. 10 ff

Abbild eines geplanten Hauses) hat viele Auswirkungen: Vergessene oder übersehene Details können wieder studiert und damit Zusammenhänge erkannt werden, Auswirkungen von Planungen können frühzeitig erkannt werden, usw. Auch die räumliche Dimension wird dadurch aufgehoben. Durch den Transport des Bildes muss der Betrachter die Realität nicht gesehen haben, um einen Eindruck von ihr zu erhalten. Natürlich ist dieser Eindruck nicht vergleichbar mit dem eigenständigen Erlebnis selbst vor Ort gewesen zu sein, denn das würde die Reduktion des Menschen auf sein visuelles System bedeuten. Auch wird eine Person die Realität anders wahrnehmen, als eine andere. Dementsprechend unterschiedlich wird auch die Fotografie ausfallen. Personen einer Reisegruppe, die zur gleichen Zeit an den gleichen Orten mit den gleichen Informationen des Reiseleiters unterwegs waren, bringen deshalb auch die unterschiedlichsten Fotos von der Reise mit. Folgende Parameter beeinflussen diese Unterschiedlichkeit:[1]

- Motivwahl
  ist die Selektion des Wirklichkeitsausschnitts, der konserviert werden soll. Dieser Schritt ist sicher der entscheidende. Der „Blick" für das richtige Motiv macht erst einen guten Fotografen aus. Wird das Thema – oder wie bei der kommerziellen Werbefotografie sogar das Objekt – vorgegeben, so ist immer noch ein entsprechender künstlerischer Freiraum vorhanden, innerhalb dessen sich die Wahl des Motivs bewegen kann. Die Aussage, die mit dem Bild gemacht werden soll, muss transparent werden. Dazu ist eine entsprechende Komplexitätsreduktion wichtig. Jene Bildelemente, die wesentlich sind, sind zu spezifizieren und unwesentliche wegzulassen. Um Zufälligkeiten auszuschließen werden die Motive dazu meist in einer „künstlichen" Umgebung (Studio) gesetzt.

- Kameraposition
  ist die Wahl der Perspektive auf ein Objekt. Perspektiven, die der durchschnittliche Betrachter kennt (z.B. Gesichtshöhe) erscheinen als normal. Wird das Motiv von unten her betrachtet entsteht durch die ungewöhnliche Perspektive ein bedrohlicher Eindruck. Kamerapositionen von oben erzeugen eher das Gefühl der Vogelperspektive, der Überlegenheit.

- Motivschärfe
  ist der Einfluss des Motivs selbst auf den Schärfeeindruck des Bildes. Sie ist abhängig von Form, Aufnahmeentfernung, Atmosphäre (Dunst, Nebel usw.) und Nachvergrößerung.

---

[1]  vgl. dazu Maschke, 1995, S. 27 ff und die Angaben in ORF, 1 und ORF, 2

- Bildwinkel

ist der Winkel des Wirklichkeitsausschnitts, der aus der Sicht des Fotografen konserviert wird. 360° entspricht dabei einer Rundumsicht. Das menschliche Blickfeld hat einen Bildwinkel von etwa 170°. Der Blickwinkel wird durch die Brennweite des Objektivs bestimmt. Ein Normalobjektiv hat 50 mm Brennweite. Das entspricht einem Bildwinkel von etwa 46°. Kleinere Brennweiten ergeben einen größeren Bildwinkel. Die entsprechenden Objektive heißen Weitwinkelobjektive. Größere Brennweiten werden mit Teleobjektiven erzielt und ergeben einen kleineren Bildwinkel.

Die Brennweite hat Auswirkungen auf die Abbildungsgröße. Verdopplung der Brennweite bedeutet bei gleicher Aufnahmedistanz doppelte Abbildungsgröße. Durch die Wahl der Brennweite wird eine Vorentscheidung über die Schärfentiefe getroffen: Kurze Brennweiten ergeben große Schärfentiefe, lange Brennweiten geringere Schärfentiefe.

⇒ Weitwinkel

Das Weitwinkelobjektiv zeigt den Vordergrund im Verhältnis zum Hintergrund besonders groß. Es betont die Perspektive, abhängig von der Brennweite – gemäßigt bis ganz extrem – und zeigt ein Motiv im übergreifenden Zusammenhang.

⇒ Tele

Das Teleobjektiv löst ein Motiv und stellt es vor einen relativ unscharfen Hintergrund. Mit zunehmender Brennweite erscheint das Motiv immer flacher, die räumliche Orientierung geht etwas verloren. Die Proportionen verflachen je nach Brennweite leicht bis stark.

- Objektivschärfe

gibt die Schärfentiefe des Objektivs an. Dabei werden die Unschärfekreise, die ein Objektiv verursacht, bezeichnet. Grundlage ist dabei die Sehschärfe, also die Auflösefähigkeit des menschlichen Auges, zwei benachbarte Punkte gerade noch getrennt wahrzunehmen. Die Sehschärfe liegt bei durchschnittlichem Sehvermögen bei 1/ 60 Grad (= 1 Winkelminute). Die Objektivschärfe ist abhängig von Auflösungsvermögen und Kontrast, eingestellter Blende und Nachvergrößerung.

- Schärfentiefe

ist der Bereich der Schärfe der räumlich hintereinander liegenden Elemente eines Motivs. Große Schärfentiefe bedeutet, dass alle hintereinanderliegenden Elemente (von ganz nahe bis zum Horizont) scharf erscheinen. Geringe Schärfentiefe bedeutet, dass nur Elemente eines Motivs, die innerhalb eines bestimmten Abstandes liegen, scharf sind. Je geringer der Abstand, desto geringer die Schärfentiefe. Sie ist abhängig von der Brennweite, der Blendenöffnung und der Einstellentfernung. Kurze Brennweiten ergeben große, lange Brennweiten geringe Schärfentiefe. Kleine Blendenöffnungen ergeben große Schärfentiefe. Der Schärfentiefebereich verdoppelt sich, wenn sich der Blendenwert verdoppelt. Große Einstellentfernungen ergeben große Schärfentiefe.

- Bewegungsschärfe

  ist die Schärfe eines bewegten Motivs vor einem unbewegten Hintergrund. Sie ist abhängig von Verschlusszeit, Objektivbrennweite, Motivbewegung und Nachvergrößerung.

- Filmschärfe

  ist die Schärfe, die durch das Auflösungsvermögen des Konservierungsmediums Film bedingt ist. Sie ist abhängig von der Filmempfindlichkeit (Filmkorn und Auflösungsvermögen) und Nachvergrößerung. Bei direkter digitaler Abspeicherung ist es die Auflösung der Abtasttechnik.

- Ausleuchtung

  ist die Lichtsituation beim Motiv. Bei Außenaufnahmen ist die Beeinflussung der Ausleuchtung nur im eng begrenztem Raum um die Kamera herum möglich. In Studios wird die Ausleuchtung mit Scheinwerfern erzielt. Zwei Faktoren beeinflussen die künstliche Ausleuchtung:

⇒ Lichtführung

  Die Lichtführung wird durch unterschiedlich starke Scheinwerfer erzielt.

  * Hauptlicht

    auch Führungslicht genannt, ist gerichtetes Licht, das durch die beabsichtigte Schattenwirkung für plastische Bildwirkung sorgt.

  * Spotlicht

    ist ein streng gerichtetes Licht mit engem Austrittsbündel, das als Effektlicht eingesetzt, Details hervorheben kann. Mit anderen Lichtquellen zusammen ist es gut geeignet als Akzentlicht von der Seite oder von hinten, um Glanz in die Haare zu legen oder den Körperumriss mit einem Lichtsaum zu versehen.

  * Flächenlicht

    liefert eine gleichmäßige und weiche Ausleuchtung ohne akzentuierten Schattenwurf sowie eine gleichmäßige Helligkeit über die gesamte beleuchtete Fläche. Dies ist mit entsprechenden Leuchten oder Streuscheiben bzw. Reflexschirmen erzielbar.

  * Aufheller

    kann entweder eine leistungsschwächere Leuchte oder eine Aufhellwand sein. Damit werden Schatten so aufgehellt, dass der Kontrast zwischen hellen und dunklen Bildstellen soweit gemildert ist, dass sich eine gute Bilddurchzeichnung ergibt, ohne dass sich dabei die Lichtstimmung verändert.

⇒ Lichtposition

  ist die Anordnung der Leuchten. Dabei wird unterschieden in:

  * Auflicht

    kommt von vorne direkt aus der Kameraachse. Es ist nahezu schattenfrei, das Motiv wirkt flach, Konturen und Strukturen von Oberflächen treten kaum hervor. Die Trennung von Motiv und Hintergrund ist schlecht.

* Seitenlicht

  bringt starke plastische Modulation und wird zur Aufhellung von Schattenpartien eingesetzt. Eine Sonderform ist Streiflicht von unten. Damit werden „unheimliche" Effekte erzielt.

* Streiflicht

  wird im Winkel von 90° eingesetzt. Starke Schattenmodulation macht Strukturen und Konturen deutlich sichtbar.

* Gegenlicht

  löst das Motiv vom Hintergrund und erzeugt einen Lichtsaum um die Kontur.

* Indirektes Licht

  Die Leuchte wird dabei gegen die Wand, die Decke oder einen Reflektor gerichtet und strahlt das Motiv indirekt an. Es erzeugt sehr weiches und gleichmäßiges Licht.

- Blende

  ist die Öffnung der Iris und bewirkt die Veränderung der Lichtintensität (Helligkeit).

- Kontrast

  ist die Ausprägung der Farbunterschiede zwischen der hellsten und der dunkelsten Stelle im Bild.

- Belichtungszeit/ Verschlusszeit

  ist die Dauer des Wirklichkeitsausschnittes, der auf einem Bild konserviert wird. Je länger die Dauer, desto mehr Information wird durch Überlagerung doppelt codiert. Das Bild wirkt verschwommen.

- Nachbearbeitung

  Durch die digitale Technik gibt es eine Reihe von Nachbearbeitungsmöglichkeiten, die bis zur Montage mit anderen Bildern gehen und somit die Objektivitätsfrage völlig irrelevant macht. Fiktive Zusammenhänge können so virtuell erzeugt werden. Bei der Aufnahme ist dabei das Blue-Box-Verfahren wichtig, bei dem das Motiv vor einem einheitlich färbigen (meist blauen) Hintergrund aufgenommen wird. Bei der Nachbearbeitung kann dann die Hintergrundfarbe einfach herausgefiltert werden und so das Motiv sehr leicht in ein anderes Bild montiert werden.

Die Gestaltung von Bildern ist zu einer Kunstform geworden, die technische Möglichkeiten mit künstlerischem Ausdruck verbindet. Je künstlerischer der Ausdruck, also je mehr der Fotograf die gestalterischen Parameter wirkungsvoll einzusetzen versteht, desto subjektiver die Konservierung des Wirklichkeitsausschnitts. Die sehr vielfältigen gestalterischen Parameter sind nicht leicht beherrschbar. Insbesondere mit der digitalen Nachbearbeitung hat sich ein sehr breites Feld ergeben, in dem die technischen Möglichkeiten nahezu unbegrenzt scheinen und oft erst durch Fragen der Ästhetik, Moral und Ethik gebremst werden.

## 4.5.8   Film

Film ist eine kontinuierliche Informationsart, die Informationen in fotorealistischer Form visuell darstellt.

Die Stärke des Films liegt in seiner Fähigkeit konnotative[1] und denotative[2] Bedeutung zu kombinieren. Durch die große Annäherung an die Realität kann Film präziser Wissen vermitteln, als es durch Sprache geschehen kann, vor allem dann, wenn es sich nicht um die abstrakte Welt handelt, worin eher auf die Beschreibung durch die Sprache zurückgegriffen werden kann. Vor allem die Rückgriffmöglichkeit auf alle anderen kontinuierlichen Informationsarten ermöglicht eine große Vielfalt und die Anwendung aller Gestaltungselemente von Text, Grafik, Bild, Sprache, Klang und Animation. Im Film kumulieren somit alle passiven Informationsarten, jedoch nicht absolut und unbedingt, da auf bestimmte Elemente genausogut verzichtet werden kann.

Der Film hat eine lange Tradition bei der Vermittlung von Wissen.[3] Schulfilme und Schulfernsehen versuchten zunächst Lehrkräfte „beim Lehren" abzufilmen, um durch das Medium Film die knappe Ressource Lehrer quasi „wiederverwerten" zu können. Dieser Traum wurde zu Beginn der multimedialen Ära mit der neuen Technik der computersteuerbaren Videorekorder und Bildplattenspieler weitergeträumt. Aber die reine Aufzeichnung einer Lehrveranstaltung schöpft nicht die Möglichkeiten des Films aus und verstößt in diesem Sinne auch gegen das ästhetische Grundprinzip.[4] Der Konstruktivismus zeigt zudem, dass das einfache Übertragen der Lehrinhalte nicht möglich ist. Der Lerner ist als aktiv Handelnder in der jeweiligen Situation zu sehen und nicht als passiver Rezipient. Durch den digitalen, interaktiven Film schien auch diese Komponente berücksichtigt zu sein. Doch Interaktivität ist mehr als die reine Reduktion auf das jederzeitige Anhalten eines Films und das beliebige Hinspringen zu bestimmten Anfangspunkten.

Der Film ist aber nicht *die* Art der Informationsdarstellung, sondern nur eine Informationsart unter mehreren. Der sinnvolle Einsatz von Film ist erst in Kombination mit einem guten didaktischen Gesamtsetting einer Anwendung möglich.

---

[1]   konnotative Bedeutung: ist die assoziative, emotionale, stilistische, wertende Nebenbedeutung oder Begleitvorstellung eines sprachlichen Zeichens. Ein Wort kann mehrere konnotative Bedeutungen haben: z.B. ein Bleistift für Arbeit, Dichtkunst, Grafik, Linien, Zeigeinstrument

[2]   denotative Bedeutung: ist der begriffliche Inhalt eines sprachlichen Zeichens und damit die offensichtliche und klare Bedeutung eines Wortes: z.B. ein Bleistift als Schreibwerkzeug

[3]   siehe dazu die Sichtung der empirischen Befunde in: Nessmann, 1988

[4]   vgl. Punkt 4.5.7

**4.5.8.1 Technische Parameter**

Filme sind visuelle Informationsdarstellungen und haben dementsprechend auch die allgemeinen technischen Parameter

- Farbtiefe

- Größe

- Auflösung.[1]

Die Verwandtschaft zum Bild drückt sich auch bei den technischen Parametern aus. Auch wenn ein fotorealistischer Film vektororientiert entstanden ist, kommen dennoch für die Wiedergabe – aufgrund der hohen Rechenzeiten – derzeit nur punktorientierte Techniken in Frage. Die punktorientierte Datenmenge für die Informationsart Film ist jedoch enorm. Bei 25 Bildern pro Sekunde für volle Bildschirmgröße mit der Auflösung von 640 x 480 Bildpunkten und 24 Bit Farbtiefe beträgt die Datenrate etwa 23 MByte pro Sekunde. Damit diese Datenraten handhabbar sind, wurden zunächst reine Hardware-Kompressoren geschaffen, die inzwischen auch rein softwaretechnisch verfügbar sind. Die Kompressoren ermöglichen eine Reduktion der Datenrate um ein Vielfaches, je nach Art des Kompressors und der noch vertretbaren Qualität. Dazu gibt es zwei Methoden:[2]

a) *Räumliche* Komprimierung

komprimiert die Daten jedes einzelnen Bildes (Frames). Sie ist in der Regel immer eine verlustreiche Komprimierung.[3] Häufig auftretende Nebenwirkungen der räumlichen Komprimierung ist Verschwimmen, Blockbildung (kleine Blöcke flächiger Farbe anstelle von Farbverläufen im Original), Streifen (Linien gleicher Farbe) und Konturbildung (Bereiche gleicher Farbe).

b) *Zeitliche* Komprimierung

minimiert dieDatenmenge für die Darstellung jedes Bildes im Film dadurch, dass nur jene Daten des Einzelbildes gespeichert werden, die Änderungen im Vergleich zum vorhergehenden Einzelbild enthalten. Zeitliche Komprimierung ist verlustfrei.[4] Sie eignet sich gut, wenn ein Film nur wenig Bewegung und damit einen relativ hohen Anteil an Wiederholung von einem Einzelbild zum nächsten enthält. Diese Methode speichert die Daten aus bestimmten Schlüsselbildern, sogenannten „Key-Frames", und lässt die restlichen Daten außer acht. Eine häufig auftretende Nebenwirkung dieser Komprimierungsmethode ist eine Art von Blockbildung innerhalb des Films.

---

[1] vgl. Punkt 4.2.3
[2] vgl. Adobe, 1995, S. 140
[3] siehe dazu Punkt 4.5.7.1
[4] siehe dazu Punkt 4.5.7.1

Die meisten Kompressionsalgorithmen arbeiten mit beiden Methoden, wobei das Verhältnis zwischen Raum- und Zeitkomprimierung vielfach einstellbar ist.

Bei bewegten Bildern ist der derzeitige Standard Motion JPEG (MJPEG, schnittauglich) oder MPEG (Version 1 bis 4, nur abspieltauglich). Darauf bauen teilweise weiterreichende Betriebssystemkomponenten wie Microsofts Video for Windows oder Apples QuickTime auf.[1] Die Qualität ist zu der Kompression indirekt proportional. Je größer der Kompressionsfaktor, desto schlechter die Qualität. Durch verbesserte Algorithmen (andere Kompressoren) und asymmetrische Kompressionsverfahren (jene, die zum Komprimieren mehr Zeit benötigen als zum Entkomprimieren) werden jedoch schon Schnittsysteme mit Hardwarekompression im Heimbereich-Preissegment angeboten, die ein digitales Schneiden in SVHS-Qualität ermöglichen. Kompressionsmethode, Kompressionsfaktor und Kompressorformat ist somit ein weiterer technischer Parameter der Informationsart Film.

Durch die kontinuierliche visuelle Darstellung im Film gibt es hier auch die gleichen zeitkritischen technischen Parameter wie bei der Animation:[2]

- Bilder pro Sekunde

- Dauer

- Geschwindigkeit

Weitere technische Parameter hängen noch vom ersten Material ab, auf das gespeichert wurde (Film, Videoband usw.).

Als organisatorische Erleichterung und zur Zuordnung der einzelnen Bildsequenzen werden noch folgende Begriffe verwendet:

- Szene
  ist eine Sequenz mit ein oder mehreren Einstellungen innerhalb des gleichen Bildes (Hintergrund, Drehort usw.).

- Einstellung
  ist eine Aufnahmesequenz mit den gleichen Einstellungen von einem Schnitt zum nächsten.

- Klappe (Take)
  ist die fortlaufende Numerierung der Aufnahmeversuche, die für eine Einstellung einer Szene benötigt werden, wenn technische oder künstlerische Pannen die Umsetzung der im Drehbuch festgelegten Handlung nicht ausreichend ermöglichen.

---

[1] zur Kompressortechnik siehe Steinmetz, 1993, S. 77ff. Die wichtigsten Softwarealgorithmen sind derzeit Microsoft Video1, Microsoft RLE, Cinepak, Intel Indeo und Apple QuickTime.

[2] vgl. Punkt 4.5.6.1

- Clip

  ist ein gelungener und für den Schnitt geeigneter Take.

- Rolle (Reel)

  ist die Bezeichnung der physischen Filmrolle, auf der die einzelnen Szenen aufgenommen werden. Bei anderen Aufzeichnungsverfahren kann diese Bezeichnung analog verwendet werden für Videoband, Digitalband oder Massenspeichermedium.

- Regal (Rack)

  ist historisch gesehen das Ablagebrett, auf dem die für den zu schneidenden Film benötigten Filmrollen zusammen abgelegt wurden. Diese Bezeichnung wird auch im nonlinearen digitalen Schnitt nach wie vor verwendet, um einzelne, zusammengehörige Clips in einer Einheit zu ordnen.

Diese Begriffe reichen schon weit in die Technik der Filmgestaltung und der Schnitt- und Montagetechnik hinein.

### 4.5.8.2 Gestalterische Parameter

Der Film ist aus der Fotografie entstanden. Der Film konserviert ebenso einen Wirklichkeitsausschnitt wie das Bild, nur noch etwas realistischer, da nicht ein Zeitpunkt, sondern ein Zeitbereich konserviert werden kann. Die gestalterischen Aussagen und die Grundparameter der filmischen Gestaltung entsprechen daher denen der Informationsart Bild:[1]

- Motivwahl
- Kameraposition
- Motivschärfe
- Bildwinkel
- Objektivschärfe
- Schärfentiefe
- Bewegungsschärfe

- Filmschärfe
- Ausleuchtung
- Blende
- Kontrast
- Belichtungszeit/ Verschlusszeit
- Nachbearbeitung

Da der Film zeitkritisch ist, gelten für die Gestaltung auch die Aussagen, die für die Animation zutreffen. Neben den grundsätzlichen visuellen und grafischen Parametern sind es die drei Bereiche[2]

---

[1]  siehe Punkt 4.5.7.2
[2]  siehe dazu Punkt 4.5.6.2

1. Technische Perfektion

2. Dramaturgie

3. Komplexität

die die Wirkung von Filmen ausmachen. Technische Perfektion ist auch hier die „handwerkliche" Ausführung, gemessen am gewohnten Standard. Dramaturgie ist – wie bei der Animation – notwendig, um den Handlungverlauf in den linear ablaufenden Sequenzen festzulegen.
Die Dramaturgie manifestiert sich letztlich im Drehbuch. Dramaturgie liegt aber der gesamten
multimedialen Anwendung zugrunde und wird deshalb in einem eigenen Kapitel behandelt.[1]
Komplexität ist wiederum eine Frage der Bildgestaltung, wobei im Film die Komplexitätsreduktion nicht das primäre Ziel darstellt, da ja gerade das Konservieren von Wirklichkeitsaus-
schnitten mit der ihnen innewohnenden Komplexität die Stärke des Films ist. Selbstverständlich wird bei technisch perfekten Filmen kein Bildelement dem Zufall überlassen, aber die
Komplexität ist dabei mehr eine Frage des gestalterischen Ausdrucks und der damit beabsich-
tigten Wirkung. Gerade die Wirkung von Filmen ist jedoch nie eindeutig vorhersehbar. Selbst
die mit großem technischen, künstlerischen und finanziellen Aufwand produzierten Holly-
wood-Streifen können manchmal die erhoffte Resonanz im Publikum nicht erzielen. Kandorfer beschreibt den Film als „ein Massen-Kommunikationsmittel im Status eines Wirtschafts-
gutes und der Potenz einer Kunst."[2] Auch wenn er dabei nicht gerade den Einsatz des Filmes
auf Computerbildschirmen vor Augen hat, gelten die Aussagen dennoch analog. Gerade diese
„Potenz einer Kunst" ist allerdings problematisch und entzieht den Film der wissenschaftlichen Aufarbeitung. Denn was Kunst ist und was nicht, ist nach wie vor nicht eindeutig geklärt.[3] Kracauer hat mit seinem Werk „Theorie des Films"[4] zwar einen theoretischen Rahmen
geschaffen, aber die Technologie, die Umsetzung dieser Theorie, ist immer noch Heuristiken
unterworfen. Kandorfer hat in seinem Standardwerk „Lehrbuch der Filmgestaltung" solche
Heuristiken im Film umfassend angeführt.[5] Dem breiten Spektrum dieses Werkes hier auch
nur einigermaßen gerecht zu werden ist unmöglich. Nur die wichtigsten Gestaltungs- und
Klassifizierungsparameter sollen als Anhaltspunkt für die Vielfalt der Möglichkeiten aufgezeigt werden.

Der Kern des Wesens des Films liegt für Kandorfer in der Kameraführung. Die Ausdrucksmöglichkeiten der Kamera entstehen dabei durch Variation folgender Parameter:[6]

---

[1]  siehe Punkt 4.6.2
[2]  Kandorfer, 1994, S. 20
[3]  vgl. Brockhaus, 1991
[4]  Kracauer, 1985
[5]  Kandorfer, 1994
[6]  Kandorfer, 1994, S. 75 ff sowie ORF, 2

- Einstellungsgrößen

  Die Einstellungsgröße ist der Bildausschnitt. Je kleiner der Bildausschnitt, desto subjektiver und emotionaler wirkt die Kameraführung. Dabei gibt es die filmischen Fachbegriffe

  ⇒ Totale

  sie zeigt den Überblick über eine Szene und zeigt die maximale Bildfläche mit allen dort agierenden Personen.

  ⇒ Halbtotale

  sie schränkt das Blickfeld etwas ein. Sie zeigt eine wichtige Personengruppe in der Größe, dass sie die Bildfläche voll ausfüllt.

  ⇒ Halbnah

  Bei Halbnah-Aufnahmen sind Personen oder Personengruppen mit etwa zwei Dritteln ihrer Gesamthöhe abgebildet. Dabei entsteht ein Teilausschnitt aus der Bildfläche, der noch eine Aussage über die unmittelbare Umgebung des Hauptmotivs erlaubt.

  ⇒ Naheinstellung

  Sie zeigt den Akteur mit einem Drittel seiner Körpergröße. Die Kamera trifft dabei Wertungen, sie wählt aus.

  ⇒ Großaufnahme

  Zeigt einen kleinen Ausschnitt des totalen Ganzen. Der Kopf des Akteurs erscheint bildfüllend.

  ⇒ Detailaufnahme

  Sie ist ein Superlativ der Großeinstellung und zeigt nur Teile des menschlichen Gesichts wie etwa Augen oder Mund.

- Bewegung

  entsteht entweder durch die Handlung oder durch die Kamera. Horizontale und vertikale Kamerabewegungen heißen Schwenk, mit den Geschwindigkeiten Langsamer-, Geleitender-, Schneller- und Reißschwenk sowie der Kamerafahrt.

- Gestaltung des Filmbildes

  entspricht der Motivwahl und damit dem Bildaufbau aus den Bildgrundelementen Vordergrund, Mittelgrund und Hintergrund.

- Physikalische Aufnahmebedingungen

  ⇒ Abstand zum Objekt

  ⇒ Aufnahmerichtung

  ⇒ Objektwiedergabe durch mechanische Mittel (z.B. Blende), fotografische Arbeitsgänge (z.B. Objektivwahl) und gestalterische Aspekte (z.B. Beleuchtung)

- Bild Variationen

  ist das Zeigen des gleichen Motivs in unterschiedlichen Varianten, je nach Handlungs-verlauf.

- Nahaufnahmen

  Die Kamera zerlegt das abgebildete Objekt in Teilbilder. Dabei wird nicht ein ganzes Bild in verschiedene Bildteile aufgeteilt, sondern einzelne Details zu einer Szene synthe-tisiert.

- Raum- und Zeitphänomene

  räumliche und zeitliche Bezüge können dargestellt werden durch

  ⇒ Blende                       ⇒ Einstellungslänge

  ⇒ Überblendung                 ⇒ Zwischenbild

  ⇒ Rückblende                   ⇒ Kamerabewegung

  ⇒ Zeitraffer und Zeitlupe

- Schnittechnik (Montage)

  ist die Kombination des Rohmaterials und der einzelnen Takes zu einem Film. Die Mon-tage oder das Schneiden eines Filmes macht erst das filmische aus und ist zu einer eige-nen Kunstform geworden. Je schneller die Szenen wechseln und je schneller die Schnitt-folge, desto hektischer und unruhiger wirkt der Film. Kandorfer unterscheidet 25 verschiedene Montagearten, die sich in zeitlich-räumlichen, assoziativen und formalen Eigenschaften unterscheiden.[1] Wichtigste Techniken zur Montage sind

  ⇒ Hartschnitt

  ist die nahtlose Aneinanderreihung von Takes.

  ⇒ Auf- oder Abblende

  ist der zeitlich gestaffelte Übergang von Schwarz zu einem Take bzw. umgekehrt.

  ⇒ Überblendung

  ist der zeitlich gestaffelte Übergang von einem Take zum anderen.

  ⇒ Überblendeffekte

  Durch die digitale Technik sind sehr viele effektvolle Übergänge von einem Take zum anderen möglich, etwa das „Hereinpurzeln" des nächsten Takes aus dem rechten oberen Eck. Diese Effekte werden verstärkt bei Sportübertragungen eingesetzt. Kandorfer warnt vor dem übermäßigen Einsatz digitaler Effekte. Sie können vom eigenen Unver-

---

[1]   da hier nicht der Platz ist, alle Formen detailliert zu beschreiben, verweise ich auf die Originalliteratur: Kandorfer, 1994, S. 240 ff

mögen ablenken und zur Spielerei werden. Als Argument führt er an, dass die wichtigsten filmischen Meisterwerke ganz und gar ohne diese „special effects" auskommen.[1]

Weiteres wesentliches Gestaltungselement ist der Ton. Sowohl Sprache als auch Klang müssen aufeinander abgestimmt sein. Spezielle Funktionen der Filmmusik, die auch für den Einsatz von Musik in MM-Applikationen Gültigkeit besitzen, sind:

- Musik verstärkt Wirkungen, indem sie Szenen oder Sequenzen verdeutlicht und erklärt.

- Musik schafft dramaturgische Einheit durch wiederholt vorkommende Leitmotive. Insofern kann dem Zuschauer auch eine Bildschirmänderung durch Musik oder musikalische Effekte verdeutlicht werden.

- Musik tritt funktional auf: Spannungssteigerung und anschließende Spannungslösung, Mitteilung, Kommunikation, Kommentar.

- Musik als Stilisierung realer Geräusche.

- Musik als Stimmungshintergrund

Die im Film integrierten Informationsarten Klang und Sprache haben weitere gestalterische Parameter, die in Kombination mit der filmischen Bewegung eingesetzt werden.[2]

Alle genannten Parameter werden unter dem Gesichtspunkt des darzustellenden Inhalts des Films verändert und aufeinander abgestimmt. Dieser Prozess wird durch die Art des Films bzw. seinem Zweck und Inhalt wesentlich beeinflusst und durch den Regisseur koordiniert. Nach inhaltlich-gestalterischen Kriterien gegliedert gibt es folgende Varianten des Films:[3]

- Spielfilm
  Der Spielfilm legt den Schwerpunkt auf Unterhaltung, Ablenkung und Entspannung. Die Ursprungsform war das „fotografierte Theater", bei dem lediglich Bühnenstücke abgefilmt wurden. Nach und nach entwickelte sich aber der Spielfilm als eigenständige Kunstform. Die wesentlichen Unterschiede zum Theater sind dabei

  ⇒ die Variabilität der Entfernung zwischen Zuschauer und Geschehen innerhalb derselben Szene.

  ⇒ Aufteilung des totalen Bildes der Gesamtszene in verschiedene Detailbilder.

  ⇒ Wechsel des Blickwinkels (Perspektive)

  ⇒ Montage (Schnitt)

---

[1] Kandorfer, 1994, S. 223
[2] siehe dazu die Ausführungen in den jeweiligen Punkten 4.5.2 und 4.5.4
[3] siehe Kracauer, 1985, S. 56 ff und Kandorfer, 1994, S. 27 ff

- Inhaltlich werden Spielfilme einzelnen Genres zugeordnet, wie etwa Abenteuer-Film, Agenten-Film, Familien-Film, Gangster-Film, Kriegsfilm, Liebesfilm, Kriminalfilm, Science fiction, Western usw.

Nach dem Ursprung des Stoffs unterscheidet Kracauer die

⇒ Theatralische Story

Ihr Protoyp ist das Theaterstück. In ihr werden die menschlichen Charaktere und Beziehungen stark betont. Kracauer hält die theatralische Story für unfilmisch, da sie das ästhetische Grundprinzip verletzt. Entweder überschattet die Handlungskomposition die filmische Erweiterung der Story oder sie selbst beherrscht die ursprüngliche Handlung und damit den gesamten Film.

⇒ Literatur- (Roman-) Verfilmung

Die Vorlage zur Handlung ist ein Roman. Vier formale oder strukturelle Eigenschaften eines Romans ergeben dabei Probleme bei der filmischen Umsetzung: Zeit, Tempo, Raum und Gesichtswinkel.[1]

⇒ Gefundene Story

ist die Bezeichnung für alle Vorlagen, die im Material der gegebenen physischen Realität gefunden werden. Sie ist das Gegenteil der Theatralischen Story und in höchstem Grad filmisch.

⇒ Episodenfilm

Die Vorlage setzt sich aus einer Gruppe von Ereignissen zusammen, die sich aus einer größeren Serie, etwa der des perönlichen Lebens, der Geschichte oder der Schöpfung deutlich und gewichtig herausheben.[2]

- Tatsachenfilm

Der Tatsachenfilm unterscheidet sich vom Spielfilm dadurch, dass er weitgehend unverfälschte Fakten zum Inhalt hat. Dabei gibt es folgende (nicht immer trennscharfe) Varianten:

⇒ Dokumentarfilm

hat den Anspruch der Objektivität und versucht die Wirklichkeit zu beobachten und sie in eindrucksvolle, dramatische Form zu kleiden. Dieser Widerspruch in sich zeigt, dass der Objektivitätsanspruch nicht haltbar ist. Bekannt sind hier die Dokumentarfilme von Hans Hass und Jaques Cousteau.

⇒ Nachrichtenfilm

ist eine journalistische Form des Films. Das filmische Moment ist dem publizistischen

---

[1] ausführlicher dazu Kracauer, 1985
[2] Kandorfer, 1994, S. 31

untergeordnet. Der Nachrichtenfilm gilt als eine der ältesten Filmarten und ist in den Fernsehnachrichtensendungen nach wie vor verbreitet.

⇒ Kulturfilm

Der Kulturfilm ist keine nach Form und Inhalt eindeutig abzugrenzende Filmgattung. Sein Ursprung basiert im wesentlichen auf bestimmten Formen des Dokumentarfilms. Er dient der vorwiegend dokumentarischen Darstellung kultureller, zivilisatorischer, naturwissenschaftlicher, anthropologischer, soziologischer und ähnlicher Objekte und Sachverhalte. Er unterscheidet sich vom Spielfilm durch das Merkmal, dass ihm Spielhandlungen zu Unterhaltungszwecken fehlen. Missbrauch hat der Kulturfilm u.a. im Dritten Reich für Propagandazwecke erfahren.

⇒ Lehrfilm

Der Lehrfilm ist nicht nur inhaltlich, sondern auch in seiner Gestaltungsform unter didaktischen Gesichtspunkten auf die Zielgruppe ausgerichtet.

⇒ Wirtschaftsfilm

dient dazu Verständnis für technische und wirtschaftliche Vorgänge zu wecken. Er fällt in den schwer abgrenzbaren Bereich der Public Relations.

⇒ Werbefilm/ Propagandafilm

Der Werbefilm ist Produktwerbung mittels filmischer Ausdrucksmöglichkeiten. Das Ziel ist Absatz, Umsatz und Verkauf von (Gebrauchs-) Gütern. Der Propagandafilm will keine Ware, sondern eine Idee, eine Ansicht oder ein Programm „verkaufen".

⇒ Wissenschaftsfilm

Der Wissenschaftsfilm ist formal meist deckungsgleich mit Dokumentar- und Lehrfilmen, manchmal auch mit Filmberichten. Er unterscheidet sich aber in Bezug auf seine wissenschaftliche Themenstellung, die Zielgruppenbegrenzung auf Wissenschafter, Assistenten, Studenten und akademische Bildung und das überdurchschnittliche inhaltliche Niveau.

⇒ Experimentalfilm/ Abstrakter Film

entsteht durch eine unkonventionelle Handhabung technischer Mittel unter Missachtung bestehender Regeln von Form und Inhalt.

Die Funktionen, die ein Film in einer multimedialen Anwendung wahrnehmen kann, hängen stark von der Art des Filmes ab. Ein Spielfilm hat ein anderes Setting als ein Dokumentarfilm. Deshalb sind auch deren Funktionen unterschiedlich.

Allgemein sind die Funktionen des Films ähnlich denen der Abbilder.[1] Durch die Realitätsnähe eignet sich der Film besonders für die Situierungsfunktion. Die Cognition and Technology

---

[1]  vgl. dazu die Ausführungen in Punkt 4.5.5.2.2

Group at Vanderbilt in Nashville nützt diese Funktion des Films für ihr Konzept der Anchored Instruction.[1] Dabei gehen sie von Problemen des trägen Wissens aus, das zwar vorhanden ist, aber in Problemsituationen nicht abgerufen und angewandt werden kann. Zentrales Merkmal für diese Art von Lernumgebungen ist ein narrativer Anker, der Interesse erzeugt, den Lernenden die Identifizierung und Definition von Problemen erlaubt sowie die Aufmerksamkeit auf das Wahrnehmen und Verstehen dieser Probleme lenkt. Die Umsetzung dieser Idee besteht in den Abenteuergeschichten des Jasper Woodbury. Die Jaspergeschichten werden auf Bildplatte präsentiert, wobei in einem etwa 15 bis 20 Minuten langen Film jeweils ein Abenteuer des Helden dargestellt und aus verschiedenen Perspektiven beleuchtet wird. Am Ende des Films steht der Protagonist (bzw. eine Gruppe, deren Mitglied Jasper ist) vor einer Herausforderung, die es zu bewältigen gilt. Hier bricht der Film ab. Der Lerner wird durch die Darbietungsform in die Geschichten verwickelt, so dass er selbst Lernprozesse initiiert, statt eine passive Rolle einzunehmen und Lerninhalte nur zu rezipieren. Er muss dabei versuchen, auftretende Probleme zu entdecken und Lösungsvorschläge zu erarbeiten, die gründlich durchdacht sind und die er argumentativ stützen kann.

Die Reihe von gestalterischen Parametern zeigt schon die Vielfalt der Informationsart Film und der Reihe von Spezialisten, die für einen guten Film nötig sind: Drehbuchautoren, Regisseure, Kameraleute, Tontechniker, Effektingenieure, Schauspieler, Musiker usw., kurz die ganze Palette aller möglichen Oscarnominierungen. Es bedarf schon großer Experten, um einen Spielfilm von mehr als eineinhalb Stunden Länge noch interessant und nicht langatmig für das Publikum zu gestalten. Bei multimedialen Anwendungen ist die zeitliche Länge des Films begrenzt, um die Interaktivität und damit den entscheidenden Vorteil der multimedialen Technik nützen zu können. Zu lange Filmpassagen ohne Interaktionsmöglichkeit für den Anwender führen zu einem passiven Verhalten. Der Film wird somit wohl nicht in seiner gesamten Kunstform, die eben in vielen Fällen eine bestimmte Länge für den Handlungs- und Spannungsaufbau benötigt, sondern eher in rudimentären Formen des Tatsachenfilms in multimedialen Lern- und Masseninformationssystemen eingesetzt.

### 4.5.9 Objekt

Objekt ist eine diskrete, visuelle und aktive Informationsart, bei der der Betrachtungspunkt (Perspektive) des Betrachters fixiert ist und die Ansicht, Lage oder Größe der dargestellten Informationseinheit vom Betrachter verändert werden kann.

Objekt ist damit eine aktive Informationsart, da das Aussehen des Objektes erst durch den Benutzer direkt bestimmt wird. So kann beispielsweise in einer CBT-Anwendung eine Versuchsanordnung eines chemischen Experiments zu erstellen sein. Die einzelnen dazu nötigen

---

[1]    siehe dazu CTGV, 1990, CTGV, 1992 und CTGV, 1994

Elemente wie Kondensator, Verbindungsrohre usw. werden dem Lerner zur Verfügung gestellt und die Aufgabe besteht darin, die Elemente richtig anzuordnen. Die einzelnen Elemente entsprechen dann der Informationsart Objekt, da ihr endgültiges Aussehen (Lage, Drehung) durch den Benutzer bestimmt wird. Dieses noch sehr einfache Beispiel kann erweitert werden durch 2½ D Darstellungen, in denen Drehungen des Objektes in jede Richtung, sowie ein Vergrößern („zoomen") und Verkleinern des Bildausschnittes möglich sind.

Neben den allgemeinen, visuellen technischen Parametern Farbtiefe, Auflösung und Größe hat die Informationsart Objekt folgende zwei technische Parameter:

- Bewegungsrichtung

   ist die Richtung, in die das Objekt bewegt werden kann. Bei zweidimensionalen Objekten ist nur eine Verschiebung zwischen links/ rechts sowie oben/ unten möglich. Bei der dreidimensionalen Darstellung ergibt sich noch zusätzlich die Achse vorne/ hinten, was einer Vergrößerung oder Verkleinerung des dargestellten Objekts entspricht.

- Bewegungswinkel

   ist der Winkel den das Objekt, ausgehend von der Standardposition, einnehmen kann. Bei zweidimensionalen Darstellungen gibt es nur einen Bewegungswinkel (Links- oder Rechtsrotation), bei dreidimensionalen zwei (zusätzlich noch Auf- oder Abrotation).[1] Der Bewegungswinkel kann auch nur in bestimmten Schritten angesprungen werden (z.B. 45° und 90°-Schritte).

Die Informationsdarstellung ist entweder als Grafik oder Bild möglich. Als Technik dafür können dabei punkt- oder vektororientierte Techniken oder deren Kombination eingesetzt werden, die entsprechende technische Parameter haben.[2] Bei dreidimensionalen (2½ D) Darstellungen haben die vektororientierten Techniken Vorteile, da räumliche Drehungen durch Errechnung der neuen Koordinatenpositionen einfacher möglich sind. Bei komplexeren (insbesondere fotorealistischen) Darstellungen sind hier aber durch die hohen Rechenzeiten Grenzen gesetzt. Räumliche punktorientierte Darstellungen haben bei fotorealistischen Darstellungen Vorteile. Bei dreidimensionalen Darstellungen ergibt sich aber das Problem der nur zweidimensionalen Pixel, die eine räumliche Drehung des Objekts nicht erlauben. Daher wurde als dreidimensionales Pendant zum Pixel das Voxel[3] entwickelt. Bei der 3D-Modellierung mit Voxeln wird ein entsprechender Teil des Raumes vollständig in gleichartige, quaderförmige Zellen (Voxel) zerlegt. Objekte lassen sich dann approximativ dadurch beschreiben, dass für jedes Voxel angegeben wird, ob es zum Objekt gehört (also mit dem Material des Körpers belegt ist) oder ob es leer ist. Die 3D-Modellierung mittels Voxeln ist zwar von der

---

[1]   detailliertere mathematische Ausführungen über die sphärische Geometrie in virtuellen Welten finden sich in Vince, 1995, S. 231ff

[2]   vgl. Punkt 4.5.5.1 und 4.5.7.1

[3]   Voxel (engl.) wurde abgeleitet aus „volume element" als räumliches Äquivalent zum Pixel.

Grundidee sehr einfach und die Rechenzeiten sind eher gering, hat aber den Nachteil des hohen Speicherplatzbedarfs, wenn die Zerlegung des Raumes in Voxel zur Erreichung einer guten Approximation der 3D-Objekte entsprechend fein vorgenommen wird. Deshalb hat sich die punktorientierte 3D-Modellierung mit Voxeln bisher nicht in breitem Maßstab durchgesetzt.[1]

Die Einbindung von Objekten in eine multimediale Anwendung ist stark von dem didaktischen Konzept der Anwendung abhängig. Gerade durch die interaktive Komponente lassen sich konstruktivistische Paradigmen damit hervorragend unterstützen. Allerdings betrifft dies nur Aufgaben, die räumliche oder funktionale Bezüge aufweisen. Dies trifft insbesondere in naturwissenschaftlichen Gebieten zu.

### 4.5.10 Welt

Welt ist eine kontinuierliche, visuelle und aktive Informationsart, bei der der Betrachtungspunkt (Perspektive) des Betrachters zu den dargestellten Informationseinheiten vom Betrachter kontinuierlich verändert werden kann.

Neben den allgemeinen, visuellen technischen Parametern Farbtiefe, Auflösung und Größe hat die Informationsart Welt aufgrund ihrer kontinuierlichen Darstellung und der aktiven Handlungsdarstellung die technischen Parameter

• Bilder pro Sekunde

• Bewegungsrichtung

• Bewegungswinkel

in Anlehnung an die Informationsarten Animation und Objekt.[2]

Der wesentliche Unterschied zur Informationsart Objekt ist, dass nicht der Benutzer das Objekt bewegt, sondern er den Eindruck hat, dass er sich bewegt. Damit ändern sich die Ansichten der einzelnen Objekte in der Welt je nach der virtuellen Position des Benutzers. Die Informationsart Welt hat starke Affinität zur Virtuellen Realität.[3]

Welt ist eine aktive Informationsart, da die Ausprägung der Informationsdarstellung erst durch den Benutzer direkt bestimmt wird. So wurde in der von mir mitentwickelten SOWI-CD der Stadtplan von Innsbruck als zweidimensionale Welt ausgeführt. Der Benutzer sieht in einem Fenster einen Ausschnitt von dem Stadtplan. Durch Drücken der Pfeiltasten oder den entsprechenden virtuellen Navigationstasten kann er sich im Stadtplan bewegen.[4] Dieses noch

---

[1] Iwainsky; Wilhelmi, 1994, S. 296

[2] vgl. Punkt 4.5.6.1 und 4.5.9

[3] vgl. dazu Punkt 2.5.3.1

[4] siehe Oberkofler; Schuster, 1995, S. 131 f

sehr einfache Beispiel kann erweitert werden durch 2½ D Darstellungen, in denen Bewegungen in alle Richtungen, und somit ein Vergrößern („zoomen") und Verkleinern des Bildausschnittes möglich sind.

Auch fotorealistische Darstellungen können erzeugt werden. So wurde auf der Weltkonferenz ED-Media 95 in Graz, als Einführung von Keith Andrews, aus dem Forscherteam um Hermann Maurer, ein virtueller Stadtbummel durch Graz gezeigt. Dabei konnte von einer Vogelperspektive kontinuierlich in eine Gasse navigiert und dort entlang „spaziert" werden.

Ein weiteres, kommerzielles Beispiel ist die kanadische Firma Discreet Logic, die in Innsbruck ein System mit dem Titel „Virtuelles Studio" entwickelt hat und seit 1995 vertreibt. Das Virtuelle Studio ist ein Echtzeitsystem für Nachrichtensendungen bei Fernsehgesellschaften, bei dem der Präsentator vor einem blauen Hintergrund sitzt (Blue Box Technik) und alle anderen Studioeinrichtungen (Schreibtisch, Pflanzen usw.) im Computer generiert werden. Dabei ist die Kameraposition ein Parameter, aus dem die Darstellung der Studioeinrichtungen ermittelt wird.

Eine virtuelle Welt wurde bereits früher vorgestellt. Loeffler präsentierte erstmals auf der Virtual Reality Konferenz 1993 in Wien eine virtuelle Welt, in der sich zwei Personen von zwei verschiedenen Orten aus gleichzeitig bewegen und begegnen konnten. Loeffler navigierte seine Person in Wien, während sein Partner in Tokio via Internet seine Figur ebenfalls in dieser virtuellen Welt bewegte.[1] Negroponte berichtet vom ersten ARPA-Projekt 1978, in dem die Stadt Aspen für die Erzeugung einer virtuellen Welt mit 1 Bild pro Meter im Computer abgebildet wurde.[2]

Doch für entsprechend ansprechende Darstellungen sind, durch die Kombination von punkt- und vektororientierten Techniken, sehr leistungsfähige Systeme nötig. Erst durch bessere Algorithmen und unter dem Druck der Spieleindustrie ist es inzwischen auch möglich eine Welt auf Standard-PC´s zu erzeugen, die aber vom Fotorealismus noch ein Stück entfernt ist.[3] Die Informationsart Welt wird derzeit verstärkt in Computerspielen und für Raumplanungs- und Architekturlösungen eingesetzt. Die Forschungsarbeit auf dem Gebiet der virtuellen Welten findet allerdings nach wie vor hauptsächlich in den drei Bereichen Militär, Kraftfahrzeugindustrie und Unterhaltungsindustrie statt.[4]

Die Informationsart Welt ist die höchste Stufe der Abbildung von Modellen der Realität im Computer. In der Welt können alle anderen Informationsarten vorkommen: Grafiken und Bilder als Objekte, sogar Filme auf sich bewegenden Objekten usw. Dazu vermittelt die Mög-

---

[1]  vgl. Loeffler, 1993
[2]  Negroponte, 1995, S. 86
[3]  vgl. Huddly, 1993
[4]  Eine gute geschichtliche Übersicht über realisierte Projekte und weitere Anwendungsmöglichkeiten finden sich in Kalawsky, 1994 und Vince, 1995. Berichte über am MIT entwickelte Systeme im Zuge des Athena-Projekts liefern Hodges; Sasnett, 1993.

lichkeit der aktiven Navigation durch die Welt dem Benutzer auch tatsächlich das Gefühl, sich in ihr zu befinden. Werden dazu noch Ein- und Ausgabegeräte aus der Virtuellen Realität (Datenhandschuh, Datenhelm usw.) verwendet, ergeben sich für Menschen tatsächlich Orientierungsprobleme in der realen Welt.[1] Der Einsatz dieser Informationsart ist nur dort sinnvoll begründbar, wenn Darstellungen von räumlichen Gegebenheiten oder Zusammenhängen notwendig sind.

## 4.5.11 Entwicklungsaufwand der Informationsarten

Je nach Informationsart lassen sich unterschiedliche Kostenklassen bilden. Witte hat in einer breit angelegten Untersuchung über Teachware die Nutzeffekte des Einsatzes und die Kosten für deren Entwicklung im deutschen Sprachraum untersucht. Dazu betrachtete er 72 Teachwaresysteme. Er klassifiziert vier Modellvarianten mit der Präsentation von Lerninhalten

- lediglich in textueller Form

- gleichgewichtig in textueller und grafischer Form

- gleichgewichtig in diskreter (Text, Grafiken) und kontinuierlicher Form (Animation, Film)

- überwiegend in kontinuierlicher Form

In Tabelle 26 sind die wichtigsten Ergebnisse über die Aufwand- und Kostenschätzungen zusammengestellt.

| | Modell A überwiegend Text | Modell B Text und Grafik | Modell C diskret und kontinuierlich | Modell D überwiegend kontinuierlich |
|---|---|---|---|---|
| Gesamtaufwand in Personentagen | 91 | 147 | 253 | 312 |
| Erstellungsverhältnis Teachwarestunde zu Erstellungsstunden | 1 : 182 | 1 : 294 | 1 : 505 | 1 : 624 |
| Geschätzte Entwicklungskosten in öS für eine Teachwarestunde (1 Entwicklerstunde = ca. 700 öS) | 128.000,- | 206.000,- | 354.000,- | 437.000,- |

*Tabelle 26: Aufwand- und Kostenschätzungen für unterschiedliche Teachwaremodelle nach Witte[2]*

Auch wenn diese Werte nur grobe Schätzungen liefern und mit fortschreitender Technik und entsprechender Erfahrungskurve noch große Einsparungspotentiale möglich sind, stellen sie

---

[1]  vgl. Brody; Gathman, 1993
[2]  siehe Witte, 1995, S. 169. Die Zahlen sind von mir entsprechend dem Schätzcharakter gerundet und in öS umgerechnet.

erste Anhaltspunkte für die Kostenentwicklung dar.[1] Im Modell der Informationsarten würde das bedeuten, dass die vorgeschlagene Hierarchie[2] sich ebenso auf den Entwicklungsaufwand niederschlägt. Durch persönliche Erfahrungen aus 15 Projekten kann ich diesen Trend nur bestätigen.

Dabei muss jedoch eingeschränkt werden, dass jede Informationsart unterschiedliche Qualität aufweisen kann. So kann Sprache entweder professionell in einem Studio mit ausgebildeten Sprechern aufgenommen werden, oder einfach über ein kleines Mikrofon in den Laptop gesprochen werden. Bei allen anderen Informationsarten ist es ähnlich. Je technisch perfekter die Informationsart ausgeführt ist – je mehr technische und gestalterische Parameter also verwendet werden – desto aufwendiger deren Erzeugung. Somit lässt sich der hypothetische Zusammenhang in Abbildung 39 konstruieren.

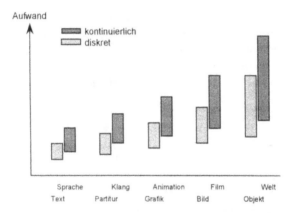

*Abbildung 39: Hypothetischer Zusammenhang zwischen Informationsart und Aufwand*

Diskrete Informationsarten sind tendentiell einfacher herzustellen. Wenn sie aber technisch sehr perfekt sind (z.B. 2 ½ D-Grafik mit komplexen Polygonen und Schattierungen), so können sie gleich aufwendig oder sogar noch aufwendiger zu erstellen sein als ihr jeweiliges kontinuierliches Pendant. Die technische Perfektion der einzelnen Informationsarten hat somit direkte Auswirkungen auf die Entwicklungskosten. Die Höhe der jeweiligen Fläche und der Kurvenverlauf ist nur vermutet und im Prinzip variabel. Dennoch sind die Relationen plausibel, da ja jede Informationsart die ihr „untergeordnete" Informationsart enthalten kann. Die

---

[1]  weitere Anhaltspunkte sind laufende Schätzungen von Experten oder die regelmäßig veröffentlichten Preise bei Multimedia-Firmen in Fachzeitschriften. Siehe dazu z.B. die 10teilige Workshop-Serie über Multimedia-produktionen in Screen ab #5/ 95 oder die Zahlenangaben in Issing; Klimsa, 1995, S. 208

[2]  siehe Punkt 2.4.6

Kombination dürfte dabei nach dem Ansatz der ontologischen Schichtung jeweils mehr Aufwand verursachen, als die Summe der beiden. Deshalb ist der Verlauf der Oberkante der beiden Reihen auch nicht linear, sondern leicht progressiv dargestellt. Auch sind keine Skalenwerte angegeben, da die Skala ohnehin schwer bestimmbar ist. Der Aufwand ist dabei holistisch zu sehen und inkludiert Sach- und Personenaufwand.

Die Entwicklungskosten der Informationsarten müssen bei der Produktion berücksichtigt werden. Nach einigen Entwicklungen wird jedes Unternehmen, das multimediale Anwendungen produziert, durch entsprechende Erfahrungskurven und Wettbewerbsvorteile eine eigene Kostenstruktur für die Informationsarten entwickeln müssen, um seriöse Angebote machen und konkurrenzfähige Produkte entwickeln zu können. Dabei ist der vorhin beschriebene Zusammenhang ein Anhaltspunkt für die Gestaltung von Kostenrahmen.

### 4.5.12 Kombination und Einsatz der Informationsarten

Die Kombination der unterschiedlichen Darstellungsmöglichkeiten in einem einzigen System hat die Multimedia-Euphorie Ende der achtziger Jahre beflügelt. Besonders bei Lernsystemen waren die Erwartungen besonders hoch. Abbildung 40 zeigt die naiven Erwartungen über die Wirkung von Sinnesmodalitäten und Lernaktivitäten auf das Behalten. Diese Darstellung ist in vielen Publikationen sehr populär, eine wissenschaftlich fundierte Quelle ist jedoch nicht zu finden.

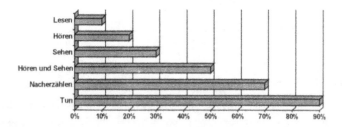

*Abbildung 40: Naive Annahmen über die Wirkung von Sinnesmodalitäten und Lernaktivitäten auf das Behalten[1]*

Weidenmann zeigt, dass solche Erwartungen auf einer Summierungshypothese basieren. Danach ist die Behaltensleistung von Hören und Sehen genau die Summe der beiden Kanäle (20% + 30% = 50%), ganz nach dem Motto: „Viel hilft viel!" Für diese Summierungshypothese werden zwei Theorien als Argumentation angeführt: die Doppelcodierungs-Theorie von

[1]   aus Weidenmann, 1995a, S. 68

Paivio (dual coding theory)[1] und die Theorie der Hemisphären-Spezialisierung. Beide Theorien gehen von der Annahme aus, dass Informationen je nach Codierung von unterschiedlichen kognitiven Systemen verarbeitet werden. Die Summierungshypothese wurde jedoch durch empirische Arbeiten nicht bestätigt, sondern insofern falsifiziert, dass noch weitere Faktoren wie Vorwissen, Reihenfolge, Inhalt usw. eine entscheidende Rolle bei der Behaltensleistung spielen.[2]

Die Unterschiedlichkeit der Arten der Informationsdarstellung legt jedoch den Verdacht nahe, dass sie für unterschiedliche Zwecke geeignet sind. Dazu wurden eine Reihe von Versuchen unternommen, sie nach einem oder mehreren Merkmalen zu klassifizieren und sie didaktischen Funktionen zuzuordnen. Die Informationsdarstellungen wurden dabei als Medien bezeichnet. So wurde eine Reihe von Medientaxonomien mit unterschiedlichen Merkmalskategorien entwickelt, die auf dem allgemeinen pädagogischen Wissen über direkte und indirekte bzw. medienvermittelte Erfahrungsprozesse aufbauten. Die meisten der heute noch vertretenen Vorstellungen zur Anwendung von multimedialen Informationsdarstellungen beruhen auf Quellen aus den Nachkriegsjahren. Dale schlug in seinem 1946 erstmals erschienenen Werk über audio-visuelle Schulungsmethoden vor, den Prozess des Wissenserwerbs nach seiner Konkretheit in einen „Erfahrungskegel" zu gliedern.[3] Lediglich symbolische Erfahrungen vermitteln verbale und visuelle Symbole wie Texte, Zahlen oder Diagramme. Ikonische Erfahrungen ermöglichen Fotos, Film und Fernsehen, aber auch Ausstellungen und Experimente. Direkte Erfahrungen kann ein Lerner aber nur mit Modellen, Simulationen und in direktem, zielbewusstem Handeln sammeln.

Als eine der ersten Medientaxonomien gilt die 1965 von Gagné erstellte Medien-Bewertungstabelle, in der er eine Auswahl von Medien bezüglich ihrer Eignung zur Übernahme von Lehrfunktionen bewertete.[4] Das Gagné-Modell ist vergleichsweise empirisch gut untersucht, zeigt aber bereits starke Unbestimmtheiten innerhalb einzelner Informationsarten auf. Ein Indiz dafür, dass nicht nur die Informationspräsentation für das Behalten wichtig ist und die These des „viel hilft viel" auch hier nicht haltbar ist.

Marmolin[5] versucht die Eignung von Informationsdarstellungen mit dem Vorwissen und der Erfahrung des Lerners zu korrelien. Er unterscheidet dabei ähnlich wie Baumgartner[6] zwischen Problembereichen, die für den Benutzer völlig neuartig sind (Anfänger) und Bereiche, in denen der Benutzer bereits über einschlägige Kenntnisse und Erfahrungen verfügt (Experten). Für Anfänger schlägt Marmolin eine Darstellungsform vor, die es dem Benutzer ermög-

[1]   vgl. Paivio, 1971
[2]   siehe dazu die Übersicht in Weidenmann, 1995a, S. 69 ff oder Hasebrook, 1995, S. 176 ff
[3]   Dale, 1946
[4]   siehe Gagné, 1965
[5]   Marmolin, 1992
[6]   vgl. Punkt 3.1.4

licht, das Problem grundsätzlich zu erfassen und kennenzulernen. Dazu sollen konkrete und realitätsnahe Darstellungen verwendet werden. Wird der Benutzer hingegen als Experte eingestuft, so ist eine Darstellung in Form von Texten sinnvoll. Zwischen diesen beiden Extremformen ist die grafische Darstellungsform angesiedelt, die offensichtlich den besten Kompromiss darstellt.

Ähnliche Empfehlungen liefert Hasebrook aufgrund seiner mit Glowalla durchgeführten Experimente über animierte, text- oder bildbasierte Inhaltsübersichten an der Universität Gießen: „Verfügen die Lernenden einmal über genug Vorwissen, um eine Übersichtsgrafik verstehen zu können, dann profitieren sie beim Aufbau eines mentalen Modells über die abstrakte Wissensstruktur des Textes am meisten von einer Bilddarstellung."[1] Er bettet seine – vergleichsweise mageren – empirischen Befunde in sein größeres Modell über das Denken der Menschen ein, übersieht dabei aber, dass die Unterschiede, die empirisch gefunden wurden, in manchmal nur minimalen Abweichungen der Fehlerraten bestehen.

Eine Reihe weiterer Medientaxonomien wurde entwickelt, die sich jedoch alle theoretisch wie praktisch als unbefriedigend erwiesen haben. Die Klassifizierungen waren sowohl in Bezug auf Medien als auch auf Lehrfunktionen und Lernziele zu allgemein, um eine psychologisch-didaktische Rahmentheorie für die Medienverwendung abzugeben.[2] Sie konzentrierten sich auf die didaktischen Funktionen, ließen aber die Lernprozesse außer acht. Zudem wurden außerdidaktische Faktoren wie Kosten, Organisation, Zeitaufwand usw. nicht entsprechend ihrem tatsächlichen Einfluss einbezogen.

Der Aptitude-Treatment-Interaction-Ansatz[3] (ATI) versucht die Lernprozesse und die persönliche Struktur des Lerners mit einzubeziehen. Er geht von der Annahme aus, dass das Lernen im allgemeinen und Lerneffekte im besonderen das Ergebnis von Wechselwirkungen zwischen unterrichtlichen Maßnahmen (treatments), einschließlich der Verwendung von Medien, und individuellen Merkmalen (aptitudes/ traits) des einzelnen Lerners sind. Issing zieht Resumée über diesen Ansatz und kommt zum Schluss, dass die ATI-Forschung – was den Medienaspekt betrifft – nur wenig Erkenntnisse gebracht hat, die eine gewisse Allgemeingültigkeit beanspruchen können.[4]

Wenn die individuelle Struktur des Lerners ausschlaggebend für die Behaltensleistung ist, so scheint es nur mehr als selbstverständlich, dass eben jeder die Informationsdarstellungen anders erlebt und eben keine allgemeingültigen Aussagen gemacht werden können. Die Klassifikation der Lerntypen von Vester[5] liefert ein sehr überzeugendes Argument für diese Position. Damit wird die Art der Informationsdarstellung sekundär. Auch Weidenmann vertritt die

---

[1]  Hasebrook, 1995, S. 186
[2]  siehe Issing, 1988, S. 536
[3]  siehe dazu die gute Darstellung dieses Konzeptes und seiner Vertreter in Issing, 1988, S. 537 f
[4]  Issing, 1988, S. 537
[5]  vgl. Vester, 1980. Siehe dazu die Ausführungen in Punkt 3.2.5.2

These, dass die instruktionale Methode Vorrang vor der Präsentationsweise hat.[1] Aufgrund der Ausführungen in Kapitel 3 schließe ich mich ebenfalls dieser Argumentation an.

Wenn aber die Instruktionsweise – also der inhaltliche Aufbau abhängig vom Kenntnisstand – und nicht die Informationsart für die Behaltensleistung wichtig ist, so erübrigt sich die Diskussion um Multimedia, denn dann genügt eine gut aufbereitete Textform. Doch so ist Weidenmanns Aussage nicht gemeint. Vorrang bedeutet das Grundsetting der Anwendung, das Festlegen der Benutzerrolle, der Aufgaben und der Situation, ganz nach dem Würfelmodell von Baumgartner und der Elemente der UCIT.[2] Erst nachdem diese Punkte festgelegt sind, ist die Informationspräsentation wichtig.

Wie kann nun aber die Informationsrepräsentation richtig zur Instruktionsmethode gewählt werden, wenn Vesters Modell zeigt, dass Personen ganz unterschiedlichen Lerntypen zuzuordnen sind? Die logische Konsequenz daraus wäre, jeden Inhalt in allen Informationsarten darzustellen und den Benutzer dann wählen zu lassen, welche Darstellungsform ihm am besten entspricht. Diese Konsequenz ist jedoch für jeden Produzenten und Designer einer multimedialen Anwendung wohl eher ein Angstszenario, denn damit kann weder ein abgestimmtes Screendesign aufrechterhalten, noch ein Kostenrahmen eingehalten werden. Allenfalls können noch Benutzerklassen definiert und so vielleicht einige wenige Abschnitte entsprechend den Benutzerklassen präsentiert werden. Aber auch hier ist der Aufwand bereits enorm, denn die Erstellung von multimedialen Anwendungen ist sehr kostenintensiv.[3]

Wenn es nun keine eindeutigen verallgemeinerbaren Korrelationen zwischen Behaltensleistung, Persönlichkeitsstruktur oder Vorwissen des Lerners und den Informationsarten gibt, so lässt sich nun vermuten, dass es sich eben umgekehrt verhält: Die einzelnen Informationsarten selbst haben ganz bestimmte Stärken und Schwächen. Werden sie sinnvoll kombiniert, so können sie sich entweder gegenseitig unterstützen oder aber den Effekt zunichte machen. Die Stärken und Schwächen der Informationsarten treffen dann beim Benutzer auf dessen individuelle Stärken und Schwächen („Lerntyp") und können so, je nach Konstellation (Stärke trifft auf Schwäche oder umgekehrt) positive oder negative Effekte auslösen. Was können nun die Stärken der einzelnen Informationsarten sein?

Kracauer liefert dazu eine Idee mit seinem Konzept des „ästhetischen Grundprinzips":[4] Die Leistungen innerhalb eines bestimmten Mediums sind künstlerisch umso befriedigender, je mehr sie von den spezifischen Eigenschaften dieses Mediums ausgehen. Demnach kann es für die einzelnen Informationsarten spezifische Eigenschaften geben, anhand derer ihr Einsatz in jedem Fall bei jeder Anwendung neu entschieden werden kann. In der folgenden Aufstellung

---

[1]  Weidenmann, 1995a, S. 78
[2]  siehe Kapitel 3.3.7
[3]  vgl. dazu Punkt 4.5.11
[4]  Kracauer, 1985, S. 36

werden spezifische Eigenschaften der Informationsarten andiskutiert. Kombinationen der Informationsarten sind innerhalb einer Zeitdarstellung (kontinuierlich oder diskret) bereits in den Punkten 4.5.1 bis 4.5.10 angesprochen worden.

- *Text*

  Spezifische Eigenschaft der Informationsart Text ist die individuell steuerbare Studiergeschwindigkeit. Jeder Leser hat seinen eigenen Rhythmus. Er kann dabei Sätze erneut lesen, die Formulierung überdenken usw. Der Text ist eine redundante Sprache. Durch diese Redundanz ist es möglich, dass der Inhalt flexibel aufgefasst werden kann.[1] Er ist für vertieftes Studieren geeignet. In multimedialen Anwendungen ist durch die geringe Bildschirmauflösung ein längeres Lesen von Text eher erschwert. Text gehört somit besser in gedruckte Formate, z.B. in ein Buch, in das man sich vertiefen kann. Text in multimedialen Anwendungen hat mehr dekorativen und Symbolcharakter für Anweisungen oder Bezeichnungen in Grafiken.

- *Sprache*

  Sprache ist kontinuierlich. Auch wenn der gesprochene Satz wiederholt werden kann, so ist dennoch kein gründliches Studieren möglich. Sprache kann einführen, Überblicke geben, anregen, auffordern. Da die Sprache zwischen Menschen einen Dialog fordert und der Computer zu einem natürlichsprachlichen Dialog (noch) nicht fähig ist, kann sie in solchen Systemen nur als zusätzliche Information verwendet werden. Vor allem dort, wo das visuelle System durch zusätzliches Textlesen überlastet wäre. Sprache ist als Erläuterung einer Animation ideal, wenn sie mit den Ereignissen am Bildschirm synchronisiert ist. Sprache als Sprachmelodie (z.B. als Reim) kann starke Erinnerungseffekte bewirken.

- *Partitur*

  Die Partitur hat ihre Stärke beim Komponieren oder Analysieren von Musik bzw. Klang. Sie ist der Text der Melodie und eignet sich für jene, die sie reproduzieren oder studieren wollen, also in weitestem Sinne für Musiker. Ideal ist die Kombination mit Klang, wenn dabei die gerade gespielten Töne visuell hervorgehoben oder gekennzeichnet werden.

- *Klang*

  Der Klang als Musik oder Geräusch ist in der Lage Emotionen zu wecken. Musik kann Stimmungen anregen oder Entspannungszustände hervorrufen. Klang kann zum Erkennungszeichen, zum Leitmotiv werden oder durch Kombination mit Interaktionsarten ein „Gefühl" für entsprechende Handlungen entwickeln (z.B. akustischer Knopfdruck). Ideal ist die Kombination von Klang mit Animation, Film, Objekt und Welt um realitätsnahe Effekte zu erzeugen.

---

[1]  siehe dazu die emotionale Stellungnahme für den Text von Postman, 1988, S. 91 ff

- *Grafik*

  Die Stärke der Grafik ist es, einen Zusammenhang darzustellen, wenn dieser in der Realität nicht konservierbar oder zu komplex ist, um ihn zu erkennen. Grafik ist diskret. Betrachtungszeitpunkt und Dauer bestimmt der Benutzer selbst. Damit ist sie sehr geeignet für das individuelle Studieren und Analysieren von Zusammenhängen. Ein elektrischer Schaltplan etwa ist ein prädestiniertes Beispiel für eine Grafik. Gut ist die Kombination mit Text, da beides diskrete Darstellungen sind, wenn im Text auf die Grafik genau Bezug genommen wird. Grafik lässt mehr Interpretationen zu als das Bild und kann besser zur Unterstützung für mentale Modelle herangezogen werden.

- *Animation*

  Die Animation hat ihre Stärke bei der Darstellung zeitlicher Abhängigkeiten, die in der Realität entweder nicht konservierbar oder zu komplex sind, um deren Zusammenhänge zu verstehen. Im Vergleich zur Grafik liegt der Vorteil bei Zusammenhängen, bei denen erst die Bewegung die Funktion erklärt. So ist etwa die Funktionsdarstellung eines Motors sehr geeignet für eine Animationsdarstellung. Ideal ist die Kombination mit Sprache und/ oder Klang. Synchrone Sprache hilft die Darstellungen zu verstehen und macht den Blickwechsel zum hier weniger geeigneten Text überflüssig. Eine weitere Stärke der Animation ist die Dekorationsfunktion. Durch Effekte kombiniert mit Klang kann Interesse und Aufmerksamkeit geweckt werden. Animationen unterstützen, wie die Grafik, die Bildung mentaler Modelle.

- *Bild*

  Das Bild stellt einen ganzheitlichen Zusammenhang dar. Durch seine fotorealistische Darstellung ist das Bild sehr auf den konkreten Inhalt bezogen. Im Gegensatz zum Text sind die Inhalte unflexibel interpretierbar. So wie das Bild eine Sache zeigt, so ist sie. Bild hat die Stärke der guten Situierungsfunktion. Durch die Realitätsnähe ist ein Wiedererkennen der im Bild dargestellten Inhalte leicht möglich. Durch sinn- und formgebende Bilder können auch Stimmungen erzeugt werden. Dabei ist die Kombination mit Klang sehr effektiv. Bilder eignen sich genauso gut für das ausgiebige Betrachten und das Erkennen von Details wie für das Verbinden von Assoziationen.

- *Film*

  Der Film zeigt zeitliche Abhängigkeiten in realistischer Form. Seine Stärke ist die Authentizität als Tatsachenfilm oder das Wecken von Emotionen im Spielfilm. Durch die Möglichkeiten der Montagetechnik sind zeitliche und räumliche Entfernungen ohne sprachliche Kommunikation vermittelbar. Ideal ist die Kombination mit Sprache und Klang um entweder größere Realität oder stärkere Emotionen zu erzeugen. Auch hier ist der Erinnerungseffekt und die Situierungsfunktion sehr hoch, aber ebenfalls mit dem Effekt der geringen Flexibilität: so wie der Film es zeigt, so ist es, nicht anders.

- *Objekt*

  Die Stärke des Objekts liegt im Zulassen von vielen Möglichkeiten, im Ausprobieren, im Kombinieren von Elementen. Komplexe Einheiten, die nur selbst erfahren werden können, sind sinnvolle Inhalte. Hier ist die Interaktivität hoch. Konstruktivistische Paradigmen lassen sich damit umsetzen. Alle diskreten Informationsarten können mit ihren jeweiligen Stärken und Schwächen als Objekt vorhanden sein. Die Kombination mit Klang kann die Erfahrungswerte noch steigern, wenn Aktionen auditiv codiert werden.

- *Welt*

  Die Stärke der Welt liegt in der räumlichen Visualisierung und Orientierung. Durch dreidimensionale Darstellungen lassen sich starke emotionale und spielerische Bezüge aufbauen. Durch Kombination mit Objekten und allen anderen Informationsarten lassen sich eindrucksvolle Szenarien erstellen, die den Benutzer emotional binden können.

Durch nonlineare Techniken gibt es aber meist keine ausschließliche Informationsdarstellung. Durch Hyperlinks können z.B. Bildinformationen zusätzlich mit Text belegt, eine Animation aufgerufen oder Grafiken zur Erläuterung gezeigt werden. Einen interessanten Ansatz dazu liefert die multimediale Lernanwendung von Pesendorfer,[1] die im Rahmen des von mir geleiteten Projekts „Multimedia Computerbased Training" am Institut für Wirtschaftsinformatik in Innsbruck entwickelt wurde.[2] Hier ist der Überblick über das Thema stark multimedial aufbereitet: Grafiken, Animationen, Bilder überwiegen. Interessiert sich der Lerner für einen Bereich genauer, so wird ihm die Möglichkeit geboten, eine Ebene tiefer in die Anwendung einzusteigen, bei der mehr Information, aber weniger multimediale Aufbereitung erfolgt. Insgesamt gibt es dazu drei Ebenen. Bei der letzten erfolgt fast ausschließlich eine reine, aber dafür ausführliche Textdarstellung.

Der Einsatz und die Kombination von Informationsarten ist von vielen Faktoren abhängig. Einige sind hier andiskutiert, viele liegen noch im Bereich der künftigen Forschung. Die stets neue Kombination oder Ausführung von Informationsarten lassen aber immer neue Möglichkeiten erscheinen. In vielen Fällen kann ein bestimmter Mix aber auch zum „Markenzeichen" eines Produzenten werden und Informationsarten können so quasi „artfremd" unter Verletzung des ästhetischen Grundprinzips eingesetzt werden, aber dennoch begründete Effekte erzielen.

---

[1] vgl. Pesendorfer, 1993, S. 24 ff
[2] vgl. Tätigkeitsbericht des Instituts für Wirtschaftsinformatik 1994

# 4.6 Das Storyboard

## 4.6.1 Überblick

Bei der Entwicklung multimedialer Systeme hat sich in den letzten Jahren die Erkenntnis durchgesetzt, dass dazu ein ähnliches Konzept notwendig ist, wie bei Theater- oder Filmproduktionen. Entwickler aus unterschiedlichen Fachgebieten sind sich darin einig, dass eine Art „Drehbuch" für die Entwicklung sinnvoll ist.[1] Dies ist nicht sehr überraschend, da für die Produktion sequentieller Abfolgen eine strukturierte Form vorliegen muss. Reichen in der klassischen Programmiertechnik noch Ablaufdiagramme und Struktogramme aus, so wird bei der Erstellung einer multimedialen Anwendung neben dem reinen Ablauf auch noch der Inhalt stark relevant. Diese Problematik hat sich schon bei den ersten geplanten sequentiellen Abläufen mit darstellendem Charakter ergeben: den Dramen im griechischen Theater. Die Schauspiele im späteren europäischen Drama benötigten ebenso eigene Theatervorlagen wie die zu Beginn des 20. Jahrhunderts erwachende Filmindustrie. Gerade die Filmindustrie hatte durch das hohe finanzielle Engagement und die hohen Produktionskosten geradezu die Notwendigkeit, schriftliche Vorlagen für die Dreharbeit zu entwickeln, um die teuren Drehtage so effizient wie möglich zu nutzen. Das Drehbuch wurde die literarische Vorlage für Filme und Fernsehspiele. Es enthält neben den Dialogen meist genaue Angaben für die Regie und den technischen Stab. So sind darin auch Informationen über Beleuchtung, Kameraeinstellung und Ton vorhanden.

Bei multimedialen Anwendungen besteht weitgehend ein ähnliches Problem wie beim Film: Inhaltliche Sequenzen müssen mit technischen Anweisungen und Ablauffolgen kombiniert werden. Mit einem wesentlichen Unterschied: Multimediale Systeme laufen nicht sequentiell ab, sie sind nicht linear. Der Zuseher hat einen Einfluss auf Zeitpunkt und Dauer einzelner Sequenzen, darum ist auch kein Drehbuch im klassischen Sinn möglich. Hier wird deshalb der englische Ausdruck „Storyboard" verwendet, um diesen Unterschied deutlich werden zu lassen und um im Sprachgebrauch auch international „kompatibel" zu sein.

Das Storyboard ist der Kern zur Entwicklung multimedialer Systeme. Im Storyboard manifestieren sich die Modelle aus Lerntheorie und Wahrnehmungspsychologie. Interaktionsart und Informationsart werden in einem evolutionären, kreativen Prozess, in den die Elemente der UCIT einfließen, miteinander kombiniert. Im Storyboard zeigt sich die Umgebung, die „Story", die Rahmenhandlung, genauso wie die einzelnen Informationsdarstellungen und deren Auslöser.

---

[1] vgl. dazu Lopuck, 1996, S. 14 ff, Strzebkowski, 1995, S. 290 ff, Issing; Klimsa, 1995, S. 211, Laurel, 1993, S. 169 ff, Hoppe; Nienaber; Witte, 1995, S. 19 ff, Merten; Rapp, 1995, S. 5, Rükgauer, 1995, S. 3, Screen # 6/ 95, S. 72, Bodendorf, 1990, Steppi, 1989, Götz; Häfner, 1991 und Jarz; Kainz; Walpoth, 1995, S. 263 f

Um der Aufgabe des Storyboardings gerecht zu werden, werden in den folgen Kapiteln zunächst die dramaturgischen und drehbuchtechnischen Fundamente gelegt. Die Ausführung des Storyboards wird im Kapitel „Inhalt und Aufbau" näher betrachtet. Die Art des Einflusses des Benutzers auf die Informationsdarstellungen wird im Kapitel „Navigation" behandelt. Abschließend werden Gestaltungsgrundsätze für die Entwicklung einer Anwendung präsentiert und kulturelle Einflüsse diskutiert.

## 4.6.2 Dramaturgische Fundamente

Der Begriff „Drama" stammt aus dem Griechischen und bedeutet „Handlung". Die Ursprünge des europäischen Dramas liegen in der griechischen Antike. Aus einem Chor, der zu Ehren Dionysos sang, löste sich ein Einzelsänger und wurde zum Schauspieler. Als Äschylus einen zweiten Schauspieler einführte, konnten in Rede und Gegenrede, Spiel und Gegenspiel, Götter- und Menschenschicksale abgehandelt werden. Ein dritter Schauspieler folgte bei Sophokles, dem eigentlichen Klassiker der griechischen Tragödie.

Der ebenfalls aus dem Griechischen stammende Ausdruck „Dramaturgie" bezeichnet die Wissenschaft von den Wesen-, Wirkungs- und Formgesetzen des Dramas und seiner Aufführung.[1] Dramaturgie beschäftigt sich also mit dem Verlauf einer Handlung.

Sobald eine Handlung als zeitlich bestimmter Ablauf vorliegt, ist die Dramaturgie als Wissenschaft gefordert. Dies trifft bei schriftlichen Werken, bei Theateraufführungen, Hörspielen, Film und Fernsehsendungen zu. Überall dort werden Regeln der Dramaturgie angewandt. In Zusammenhang mit Computern ist die Verwendung des Begriffes noch relativ jung, hat aber durchaus seine Berechtigung, denn alle kontinuierlichen Informationsarten weisen eben durch ihre Zeitabhängigkeit einen Handlungsverlauf auf. Die Informationsart Film ist ja gerade jenes Genre, dessen Entwicklung die Dramturgie im 20. Jahrhundert erneut herausforderte.

Laurel war eine der ersten, die den Begriff der Dramaturgie mit Computern verband. Als ehemalige Studentin der Theaterwissenschaft und spätere Software-Designerin bei Atari fielen ihr Ähnlichkeiten zwischen Computersoftware und den dramaturgischen Grundlagen auf. In ihrem Buch Computers as Theatre[2] bezieht sie sich aber nicht nur auf einzelne Informationsdarstellungen am PC, sondern auf die Mensch-Computer-Interaktionsform insgesamt. Dabei stützt sie sich auf die älteste dramaturgische Schrift: die „Poetik" von Aristoteles.[3] Die Poetik ist zugleich das Werk auf das sich auch heute noch Buch-, Film- und Theaterdramaturgen beziehen, denn Aristoteles hat damit ein Modell geschaffen, das ganzheitlichen theoretischen Charakter hat. In der ihm eigenen analytischen Art hat Aristoteles das Wesen des Dramas beobachtet, analysiert und die Ergebnisse niedergeschrieben. Obwohl sich viele spätere

[1] vgl. Brockhaus, 1991
[2] Laurel, 1993
[3] Aristoteles, 1976

Dramaturgen[1] mit der Theorie des Dramas beschäftigt haben, hat keiner eine so integrierte und umfassende Arbeit vorgelegt wie Aristoteles.[2]

Das Hauptaugenmerk richtete Aristoteles auf die Tragödie. Die Hauptelemente daraus und der Handlungsverlauf lassen sich grafisch in der etwas neueren Darstellung der Franzschen Pyramide zeigen (Abbildung 41), die damit auch das Wesen der Komödie charakterisiert.

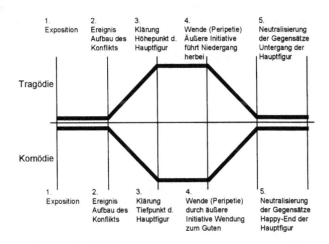

*Abbildung 41: Grundform des Handlungsverlaufs in der Franzschen Pyramide[3]*

Während der Einleitung wird der Zuseher mit der Ausgangslage bekanntgemacht. Vorgeschichte und Hauptfiguren werden eingeführt. Der sich anbahnende Konflikt wird bereits spürbar. Nach der Einleitung setzt ein Ereignis einen Konflikt in Gang. Gegenspieler wenden sich gegen die Hauptfigur. Eine Auseinandersetzung beginnt, die Zuwendung des Publikums steigt. Die Verhältnisse beginnen sich schließlich nach und nach zu klären. Bei der Tragödie erlangt die Hauptfigur den Höhepunkt, an dem sich Möglichkeiten abzeichnen, Gegenspieler oder Widerstände zu überwinden. Bei der Komödie erreicht die Hauptfigur den Tiefpunkt, die Lage scheint aussichtslos. Die Zuseher identifizieren sich in dieser Phase intensiv mit der Hauptfigur. Die darauf folgende Wende in der Handlung führt bei der Tragödie durch unerwartete Initiativen oder Aktivitäten des Gegenspielers zum Niedergang der Hauptfigur. Bei der Komödie verkehrt eine unerwartete, äußere Initiative die Verhältnisse zum Guten. Anschließend erfolgt die Neutralisierung der Gegensätze, die bei der Tragödie zum Untergang der Hauptfigur, bei der Komödie zum Happy-End führt. Neben diesen beiden Grundformen

---

[1]  u.a. auch Friedrich Schiller und Berthold Brecht
[2]  vgl. dazu Laurel, 1993, S. 36
[3]  aus Kandorfer, 1994, S. 238

der Tragödie und der Komödie gibt es noch die Schauspiele, die bei ernster Grundstimmung zu einer positiven Lösung des Konflikts führen und die Tragikomödie, in der sich tragische und komische Elemente verbinden.

Nach diesem Schema des einfachen, dramaturgischen Bogens aufgebaute Handlungen sind einem Zeitlimit unterworfen. 10 bis 20 Minuten sind dabei die obere Grenze. Kandorfer begründet dies so: „Etwa sechzehn Stunden verbringt der Mensch täglich bei Bewusstsein. Sollte er versuchen, alles Erlebte zu speichern und zu verarbeiten, wäre er in kürzester Zeit völlig überfordert. Deshalb vergisst der Mensch den überwiegenden Teil des Erlebten sofort. Nur die Höhepunkte werden richtig wahrgenommen, registriert, verarbeitet. Sie sind fast ausschließlich dramatischer Art und zeugen meist von Konflikten zwischen Menschen oder Ideen. Elementare Empfindungen beim Erleben eines Dramas sind deshalb

- Erfolg        • Trauer

- Niederlage    • Liebe

- Freude        • Hass."[1]


Vesters kybernetisches Konzept bestätigt Kandorfers Ausführungen. Die Selektion der Wahrnehmung für das Langzeitgedächtnis wird durch die Schlüsselfunktion der Hormonreaktion stark beeinflusst.[2]

Um diese zeitlichen Limits auszunutzen und doch über längere Zeit die Spannung aufrecht zu erhalten, kennt die Filmkunde einige Grundregeln:[3]

- Der einfache dramaturgische Bogen darf nicht künstlich in die Länge gezogen werden.

- Einfache dramaturgische Bögen dürfen nicht episodenhaft aneinander gereiht werden.

- Der erste dramaturgische Bogen darf nicht enden, bevor ein anderer beginnt. Der Übergang darf jedoch nicht zufällig, sondern muss unter allen Umständen zwingend erforderlich sein.

- Dramaturgisch geschickt aufgebaute Konstruktionen verfügen über einen großen Bogen (der die Handlung „zusammenhält") und mehrere kleinere dramaturgische Einheiten.

- Handlungsverläufe mit großem Bogen und kleineren Einheiten benötigen außer den Hauptfiguren (Hauptfigur und Gegenspieler) auch Nebenfiguren. Ihre Schicksale und Konflikte müssen mit der Haupthandlung direkt verbunden sein und sie empfindlich beeinflussen.

---

[1] Kandorfer, 1994, S. 237
[2] vgl. Punkt 3.2.5.2
[3] Kandorfer, 1994, S. 239

- Dramaturgische Handlungskonstruktionen sind nur dann optimal, wenn sie über ein ständiges Nebeneinander von abfallenden und ansteigenden Abläufen verfügen. Durch diese „integrierten Konstruktionen" führt der Autor mehrmals Wenden herbei, die das Interesse der Zuschauer wachhalten.

Das Interesse wird duch die Spannung gesteigert. Die Spannung ist ein Sammelbegriff für die Erzeugung starker emotionaler Zuwendung. Um die erforderliche Zuwendung zu erzielen, muss sich der Zuseher möglichst weitgehend mit Figuren oder Sachverhalten im Film identifizieren. Zu- oder Abneigung hervorzurufen, ist eine wesentliche Voraussetzung zur Konstruktion eines filmdramaturgischen Spannungsfeldes. Dazu gibt es folgende wesentliche emotionale Elemente:[1]

- Kontraste und Paradoxien
  erwecken den Wunsch nach Aufklärung

- Unwissenheit der Handelnden
  z.B.: der Zuseher weiß mehr als die Darsteller

- Überraschung

- Neugierde

- Retardierung[2]
  z.B.: Die Problemlösung wird durch Parallelhandlung hinausgeschoben, wodurch die Neugierde steigerbar ist.

- Erregung
  z.B.: Sex, krasse soziale Unterschiede (Wohlstand - Armut)

- Humor

Diese Elemente eignen sich auch für den Einsatz in Lernprogrammen. Strzebkowski hat dazu, basierend auf der Kandorferschen Einteilung, einen Versuch unternommen.[3]

Aber die dramaturgischen Grundregeln lassen sich nur dort eins zu eins übernehmen, wo auch lineare Abläufe vorhanden sind und so der Handlungsverlauf zumindest einigermaßen gewährleistet ist. Kann jedoch der Benutzer eines Systems unterschiedliche Ereignisse zu unterschiedlichen Zeiten auslösen, so ist zwischen kontinuierlichen Sequenzen die „richtige" Handlungsreihenfolge, die zum Aufrechterhalten der Spannung nötig ist, nicht mehr gewährleistet. Laurel geht hier einen Schritt weiter und bezeichnet jede Sitzung mit einem Computer als dramaturgische Einheit, egal ob mit einer Textverarbeitung oder einem Tabellenkalkulati-

---

[1] Kandorfer, 1994, S. 237
[2] Retardierung = Verzögerung, Verlangsamung
[3] Strzebkowski, 1995, S. 293 f

onsprogramm oder sonstigem.[1] Der Computer ist dabei nicht mehr alleinige Bühne, die entsprechende Software liefert nicht mehr die alleinigen Darsteller und der Benutzer ist nicht mehr nur Zuseher. Vielmehr spielt der Benutzer in dem ganzen Stück mit, er ist mit der Software verbunden, steht sozusagen mit deren Darstellern auf der gleichen Bühne der Mensch-Maschine-Schnittstelle. Interessant ist hier Laurels Vergleich mit dem Experimentaltheater der Avant Garde in den sechziger Jahren, bei der auch die Zuschauer zum spontanen Mitspielen aufgefordert wurden.[2] Die Aktionen, die der Benutzer dabei setzt, haben dann natürlich Auswirkungen auf den Handlungsverlauf, der so zu unterschiedlichen Endpunkten gelangt. Laurel spricht dabei von dem „Flying Wedge", dem „fliegenden Keil", der entsteht, wenn die vollen Handlungsmöglichkeiten durch diverse Aktionen nach und nach eingeschränkt werden und letztlich zu einem variablen Ende kommen.[3] Laurels Vorschlag ist dazu die Einbeziehung des Benutzers in die Szene in Form eines Agenten. Dieser Agent kann unterschiedlich ausgeführt sein: als virtuelle Hand in Kombination mit einem Datenhandschuh, als (Animations- oder Film-) Figur eines Erzählers oder als veränderlicher Mauszeiger.[4] Erste konkrete Umsetzung des Konzepts machte sie im Forschungsteam der Advanced Technology Group of Apple Computer. Ausgangspunkt des Forschungprojektes war die Suche nach effektiveren Methoden als die existierende Hypertext- oder räumlich-visuelle Metapher (Landkarten, Indexfelder) für die Navigation und den Zugang zur Information in komplexverknüpften und für den Benutzer nicht überschaubaren und abschätzbaren multimedialen Datenbasen wie etwa Hypermedia-Umgebungen oder das World Wide Web. Die Guides (oder Agenten) führen den Benutzer abhängig von seinem Interesse und seinem Wissensstand durch eine solche Datenbasis und präsentieren ihm die Information in zeitlich-narrativer Form. Die Guides sind meistens personifizierte Figuren, die sich dem Benutzer entweder als Videoaufnahmen realer Personen oder als Animationen präsentieren. Das Aufgabenspektrum der Guides erstreckt sich von der Betreuung des Lernenden bei der Programmbedienung über eine gezielte Führung zur gewünschten Information (Guided Tour) und deren Präsentation bis hin zur individuellen Beratung, in der der Guide dem Lernenden Vorschläge für die nächsten Arbeitsschritte unterbreitet.

---

[1] Laurel, 1993, S. 88 ff

[2] vgl. Laurel, 1993, S. 17. In dem Theaterstück „Gott – ein Drama" von Woody Allen, in dem ich bei einer Produktion des Innsbrucker Kellertheaters 1983/ 84 die Gelegenheit hatte, die Titelrolle in über 170 Vorstellungen zu spielen, ist diese Möglichkeit im Script vorgegeben. Allerdings nur zum Schein. Als Zuschauer getarnte Mitglieder des Ensambles meldeten sich aufs Stichwort aus dem Publikum. Als bei einer Vorstellung Anhänger des Experimentaltheaters, die von dem Schein gehört hatten, sich ebenfalls meldeten und die Bühne betraten, um mitzuspielen, brach natürlich der gesamte Handlungsaufbau zusammen, der Schein wurde – nach anfänglichen Rettungsversuchen – aufgedeckt. Erst durch Hebung der Situation auf die Metaebene (der Direktor des Theaters kündigte an nicht weiterzuspielen und deutete den entgangenen Kunstgenuss für die zahlenden Zuschauer an), konnten die Personen dazu bewegt werden, die Bühne zu verlassen.

[3] Laurel, 1993, S. 72

[4] Laurel, 1993, S. 108 ff

In dieser Arbeit möchte ich nicht so weit gehen wie Laurel und jede Sitzung mit dem Computer als dramaturgisches Erlebnis werten. Für die Anwendung in multimedialen Lern- und Masseninformationssystemen erscheint mir aber der Ansatz durchaus berechtigt zu sein: die Handlung kann unterschiedliche Wendungen nehmen, die Informationsarten unterschiedlich aufgerufen werden usw. Insbesondere die Guide-Rolle ist ein Element, das ganz wesentlich für das dramaturgische Setting ist. Ob dabei der Guide personifiziert ist, oder sich durch die Interaktionsmöglichkeiten ergibt, ist für das Konzept unerheblich.[1]

### 4.6.3 Drehbuchtechnische Fundamente

Das Drehbuch ist die literarische Vorlage für Filme und Fernsehspiele. Es wird in der Regel von eigenen Drehbuchautoren entweder geschrieben oder aus Fremdvorlagen adaptiert und meist von der Regie und der Darstellung her beeinflusst und im Verlauf der Dreharbeiten verändert.

Die Erstellung des Drehbuchs ist ein Prozess. In diesem Prozess werden vier immer konkreter werdende Stufen unterschieden:[2]

- Idee/ Filmskizze

  Die Idee steht am Anfang des Entstehungsprozesses. Sie kann entweder nur einen einzigen Gedanken umfassen oder aber auch bereits sehr konkrete Vorstellungen. Sie lässt sich in wenigen Sätzen zusammenfassen.

  Die allererste schriftliche Form eines Filmthemas ist die Filmskizze. Sie enthält kurz zusammengefasst die „Story", die Geschichte des Films. Die wesentlichen Hauptfiguren und die wichtigsten Wendungen sind darin bereits ausgeführt.

- Exposé

  Im Exposé sind der Filmstoff nach Aufbau und Handlungsablauf in großen Zügen konzipiert. Der Handlungsentwurf im Exposé lässt die filmische Form unberücksichtigt und umfasst nur eine oder wenige Seiten. Dabei müssen die Charaktere der Hauptfiguren bereits deutlich zu erkennen sein. Für das Exposé sind normalerweise Recherchen erforderlich, um eine entsprechend realistische Darstellung zu gewährleisten. Dabei wird vor allem bei Fernsehproduktionen auf drei Ebenen parallel recherchiert:

  ⇒ Thematische Recherche

    Die thematische Recherche entspricht einer Inhaltsanalyse des Themenbereichs. Dabei werden Fakten zum Thema zusammengetragen und auf ihre Brauchbarkeit für den Stoff geprüft.

---

[1] vgl. dazu die weiteren Ausführungen in Punkt 4.6.6
[2] Der folgenden Zusammenstellung liegen die Quellen von Kandorfer, 1994, S. 227 ff und Schwarz, 1992 zugrunde.

⇒ Programmtechnische Recherche

Hier werden grobe Produktionstermine geklärt, Aussehen und Beschaffenheit des Drehortes, Stromanschlüsse, Dreherlaubnis, akustische Bedingungen usw.

⇒ Produktionstechnische Recherche

Dabei wird auf organisatorisch-technische Belange Rücksicht genommen. Produktionszeiten, Beweglichkeit, Entfernung und Aktualität werden geprüft.

- Treatment

Das Treatment wird auch Filmerzählung genannt und gibt bereits verhältnismäßig detailliert Auskunft über das Filmprojekt und seine filmische Form. Die Länge des Treatments ist je nach Art des Films und Arbeitsweise des Autors unterschiedlich: zwischen 5 und 15 Seiten bei Kulturfilmen und zwischen 20 und 50 Seiten bei Langfilmen.

Das Treatment gibt den Inhalt ziemlich genau wieder. Außerdem gibt es Aufschluss über die Motive der Hauptakteure. Charakteristisch für diese Phase ist die Aufteilung in einzelne szenische Komplexe, in denen bereits wichtige Dialogabschnitte enthalten sein können. Formal ist das Treatment dem Drehbuch ähnlich: Hier findet sich schon die übliche Aufteilung in Bild- (links) und Ton- Spalte (rechts).

Das Treatment stellt sowohl für den Autor als auch für den Dramaturgen eine wichtige Zwischenstufe des schöpferischen Prozesses dar. Das Werk lässt in dieser Phase einen recht guten Überblick über seine dramaturgisch-kompositionelle Struktur zu, so dass erforderliche Korrekturen rechtzeitig vorgenommen werden können. Gleichzeitig bietet das Treatment eine erste Planungsgrundlage. Es erlaubt Schätzungen über das künstlerisch-qualitative Niveau des Films, ermöglicht Vorentscheidungen in Besetzungsfragen und gibt Aufschluss über die Schauplätze.

- Drehbuch

Mit Exposé und Treatment sind die wesentlichsten Voraussetzungen für das Schreiben eines Drehbuchs erfüllt. Während das Exposé den Inhalt grob skizziert, beschreibt das Treatment die filmischen Mittel wenigstens andeutungsweise. Die genaue Ausarbeitung des Filmstoffs bis hin zur Produktionsreife obliegt nun dem Drehbuchautor. Die Entstehung eines Drehbuchs ist jedoch kein einmaliger schöpferischer Akt, der mit dem Vorliegen der ersten Fassung abgeschlossen ist, sondern ein Prozess, in dem mit Regisseur und Dramaturgen aus dem ersten Rohdrehbuch (auch: Szenarium) die endgültige Drehvorlage entsteht. Das Szenarium muss alle dramaturgisch wichtigen Einzelheiten enthalten, die im Film zu sehen oder zu hören sein sollen. Die dramaturgisch-kompositionelle Struktur des Filmprojekts erhält im Szenarium ihre Form. Die in seiner Bildfolge festgelegten Bildanschlüsse werden nicht nur nach thematischen, sondern zugleich auch nach konkret visuell-akustischen Gesichtspunkten festgelegt. Das bedeutet, dass folgende Bild- und Handlungscharakteristika beschrieben werden müssen:

⇒ Einstellungsgröße der Kamera (total, halbtotal, halbnah, nah, groß, detail) [1]

⇒ Lichtgestaltung

⇒ Farbgestaltung

⇒ Handlungsbedingte Tageszeiten

⇒ Naturzustand

⇒ Atmosphäre

- Beim Drehbuch wird die Seite vertikal in zwei Hälften gegliedert. Die linke Seite enthält alle visuellen Anweisungen (Bild), die rechte alle auditiven Anweisungen (Ton). Folgende ergänzende Angaben des Szenariums führen zur produktionsreifen Drehbuchfassung:

⇒ Präziser Charakter der Einstellung

⇒ Blickwinkel der Kamera

⇒ Kamera-Bewegungen

⇒ sonstige aufnahmetechnische Vermerke (z.B. Blenden)

⇒ Szenenangaben (Bildnummer, Einstellung, Tageszeit, Aufnahmeort, Naturzustand, Rollen- und Komparserie-Beschreibung, Requisitenangaben, Aufnahmetechnik)

⇒ Einstellungsbezeichnung

- Formell enthält das Drehbuch noch Angaben über die Fakten des Films: Titel, Autoren, Dramaturgen, Regisseure, Kameraleute, Filmbilder, Komponisten, Produktionsleiter, Aufnahmeleiter, Liste aller Schauplätze, Rollenverzeichnis, Angaben zur Musik, Liste aller Inserts (grafische Abbildungen), Liste aller Blenden und Trickaufnahmen, Metrage-Liste nach Bildern und Einstellungen.

Das Drehbuch im Film ist somit ein weitreichendes Konzept, das neben den inhaltlichen Angaben auch noch eine Reihe produktionstechnischer Angaben enthält. Damit sind zwei Prozesse zu identifizieren: einerseits der kreative Teil, in dem der Inhalt (das Drama, die Dramaturgie) entwickelt wird, und andererseits der handwerkliche Teil mit konkreten formalen Umsetzungsangaben. Die Ausbildung zum Drehbuchautor erfolgt an vielen US-amerikanischen Kursen für kreatives Schreiben, inzwischen aber auch in europäischen „Drehbuchwerkstätten" (z.B. Stuttgart, Hamburg, München, Berlin und Wien). [2] Die Kurse dauern zwischen einem und drei Jahre.

---

[1]  vgl. Punkt 4.5.8.2
[2]  siehe dazu die Beiträge in Schwarz, 1992

Ein Drehbuch ist für den Film gemacht und enthält die dafür entsprechenden Elemente. Für multimediale Anwendungen ist die Form des Drehbuchs aber nicht ausreichend. Sowohl der Handlungsablauf als auch der zeitliche Ablauf sind variabel. Die Interaktionsmöglichkeiten des Benutzers müssen mit einbezogen werden. Das Konzept des Drehbuchs kann nur als Anhaltspunkt, als Idee dafür gelten, wie die Erarbeitung seines Äquivalents – das multimediale Storyboard – ablaufen kann.

### 4.6.4 Erarbeitung des Storyboards

Der Versuch das filmische Konzept des Drehbuchs für multimediale Anwendungen zu adaptieren stößt auf eine wesentliche Schwierigkeit: Der Handlungsablauf ist nicht linear. Der Benutzer hat wesentlichen Einfluss auf die Abfolge der einzelnen Sequenzen, insbesondere in stark hypermediaorientierten Systemen. Damit können zwar jene Teilsequenzen, die linear ablaufen, mit einem konventionellen Drehbuch konzipiert werden, nicht aber die gesamte Anwendung. Für die gesamte Anwendung gibt es nämlich einen weiteren Akteur, eine weitere Rolle: den Benutzer. Der Benutzer ist im Gegensatz zu den in der Anwendung konservierten Akteuren, die in kontinuierlichen Informationsarten auftreten (z.B. Schauspieler, Interviewpartner, Animationsfiguren usw.), nicht festlegbar, er unterscheidet sich in seinen Handlungen von Mensch zu Mensch. Um dieser Unberechenbarkeit einigermaßen planbare Momente abzuringen, wird der Handlungsspielraum des Benutzers in einer Anwendung eingeschränkt. Nur mehr jene Aktionen sind ausführbar, die der Entwickler der Anwendung vorgesehen hat. Damit werden Handlungsintentionen des Benutzers kategorisiert und antizipiert. Der Handlungsspielraum reduziert sich auf diese geplanten (Inter)Aktionen. Das Spiel, das Drama, funktioniert nur, wenn diese Interaktion von beiden Seiten, also sowohl vom Benutzer, als auch vom Entwickler aufeinander abgestimmt werden. Damit treten zwei neue Hauptfiguren in dem Konzept des Drehbuchs auf: die Rolle des Benutzers und die Rolle des Systems, das nur bestimmte Interaktionen zulässt. Durch die Zuweisung von unterschiedlichen Rollen lassen sich die dahinter stehenden Personen abstrahieren. Die Willkürlichkeit wird durch genau abgestimmte Interaktionen planbar gemacht.

**User-Rolle**

Die Rolle des Users legt fest, welche externe Sicht dem jeweiligen Benutzer der Anwendung auf die darin enthaltenen Informationen zugänglich ist. Damit kann indirekt das Informationsverhalten beeinflusst werden. Durch die Einführung von Rollen und damit unterschiedlichen Situationsszenarien ist es möglich, den Schwierigkeitsgrad der Aufgabenstellung zu verändern.

Nach Völz sind theoretisch folgende Ausprägungen (von der Anfänger-Rolle bis zur Experten-Rolle) möglich:[1]

- Situationsszenarien, die routinemäßig bearbeitbar sind. Durch die Anwendung von bekannten Methoden und Werkzeugen wird die Lösung gefunden. Diese Aufgaben setzen gut strukturierte Probleme und vollständige Information voraus.

- Situationsszenarien, die durch logisch-rationale Regeln zu lösen sind. Die Aufgaben sind komplizierter und erfordern bereits eigene Entscheidungen auf Grund unvollständiger Information.

- Situationsszenarien, welche heuristische, unscharfe Methoden für die Lösungsfindung voraussetzen. Die Aufgabenstellung ist sehr komplex, die Lösung ist auf Grund weniger Schlüsselinformationen zu finden.

- Situationsszenarien, die intuitive, kreative Lösungen erfordern. Es gibt nur wenig und/ oder vage Ausgangsinformationen.

Diese Szenarien entsprechen weitgehend den Lerninhalten im Würfelmodell von Baumgartner/ Payr und zeigen die entsprechenden korrespondierenden Lernziele zwischen Anfänger und Experten auf.[2]

### Guide-Rolle

Neben diesen benutzerbezogenen Rollen gibt es auch Situationsszenarien für die multimediale Anwendung selbst. Diese werden als Guide bezeichnet.[3] Die Guide-Rolle bewirkt, dass der Ablauf der Anwendung auf Benutzerinteraktionen "reagiert". Wie diese Reaktion erfolgt, ist Inhalt des Guide-Rollenkonzepts. Es steuert damit direkt oder indirekt das Handlungsgeschehen. Die Guide-Rolle kann entweder durch Film oder Animation mit Sprache personifiziert werden, oder aber durch die Benutzerführung implizit ausgedrückt sein. Gerade das implizite Konzept verlangt dabei strenge Funktionskonstanz, damit tatsächlich beim Benutzer ein Eindruck entsteht, dass er mit einer Art Guide, einem kalkulierbaren ganzheitlichen Konzept, konfrontiert ist. Das wirkt sich besonders bei der Navigation im System aus.[4]

Die Entwicklung des Storyboards beinhaltet auch die Entwicklung der User- und der Guide-Rolle. Die Storyboardentwicklung ist wie die Drehbuchentwicklung ein evolutionärer Prozess. Auch hier gibt es mehrere Entwicklungsstufen.[5]

---

[1]   Völz, 1994, S. 144.
[2]   siehe Punkt 3.4.8
[3]   vgl. Jarz; Kainz; Walpoth, 1995, S. 362 und Strzebkowski, 1995, 296
[4]   siehe dazu Punkt 4.6.6
[5]   vgl. dazu Punkt 4.6.3

- Idee – **Projektskizze**

Ähnlich wie beim Drehbuch steht beim Storyboard ebenfalls eine Idee am Anfang des Entstehungsprozesses. Das Leitmotiv der Idee dient wie eine Strategie zur „Fortbildung des ursprünglich leitenden Gedankens entsprechend den stets sich ändernden Verhältnissen".[1] Design- und Navigationsentscheidungen während des Projektverlaufs können so an diesem zentralen Gedanken ausgerichtet werden.

Die schriftliche Form der Idee ist die Projektskizze.[2] Sie enthält kurz zusammengefasst die Intention und das Problem, das mit der multimedialen Anwendung gelöst werden soll. Dabei werden die beiden entscheidenden Rollen schon grob umrissen. Die Benutzerrolle wird bei Lernsystemen eine Beschreibung zwischen Anfänger und Experte benötigen, bei Masseninformationssystemen wird die Beschreibung eher als Zielgruppenbeschreibung vorliegen. Die Guide-Rolle wird entsprechend ihrer Grundkonzeption in einer Form wie Lehrer, Tutor oder Coach beschrieben werden. Die Projektskizze ist kurz (ein bis zwei Seiten) und nur in Textform ausgeführt.

- **Exposé**

Das multimediale Exposé ist ebenfalls ein schriftlicher Entwurf von wenigen Seiten. Für das Exposé werden die Inhalte recherchiert, die vermittelt werden sollen. Der Rahmen wird abgesteckt, das Material zusammengetragen. Wichtig sind dabei die Abgrenzungen zu nicht relevanten Inhalten. Auf dieser Inhaltsanalyse aufbauend werden die Guide-und die User-Rolle etwas näher spezifiziert. Die Ergebnisse der Inhaltsanalyse werden dabei als Basis herangezogen und entsprechend den Spezifikationen der User-Rolle angepasst.

Im Exposé erfolgt damit der wichtige Schritt der Erarbeitung der analytischen Komponenten der UCIT: die 4 Komponenten: Lernende (User-Rolle), Lernumgebung (Guide-Rolle), Lernaufgaben, Bezugsrahmen; die 3 Prozesse: Wissensnutzung, Wissenserwerb, Wissensspeicherung und die Möglichkeiten-Grenzen-Systeme.[3]

- **Treatment**

Das multimediale Treatment hat zunächst die Aufgabe, die synthetischen Elemente der UCIT (rekonstruierte Lernaufgabe und Lernumgebung) vorzustellen.[4] Der ursprüngliche Ansatz in der Projektskizze wird durch die Analysephase im Exposé korrigiert und im Treatment neu gestaltet. Die „ideale" Lernumgebung wird exakt umrissen angegeben. Die Lernaufgaben werden genau spezifiziert.

Neben diesen schriftlichen Beschreibungen enthält das Treatment eine bereits recht klare

---

[1]  Moltke in Hinterhuber, 1990, S. 50
[2]  Ein Beispiel für eine Projektskizze ist in Oberkofler; Schuster, 1995, S. 105 f zu finden.
[3]  Universal Constructive Cognitive Instructional Theory. Siehe dazu Punkt 3.3.7
[4]  vgl. Punkt 3.3.7

Vorstellung der Form des multimedialen Systems. Lopuck nennt es das „Paper Design".[1] Dabei werden die Ergebnisse des Exposé umgesetzt. Das Treatment hat folgende Elemente:

⇒ Informationszusammenhänge (information chunk)

Die aus der Inhaltsanalyse des Exposé hervorgehenden Inhalte werden in einzelne, zusammenhängende Einheiten gegliedert. In einer Einheit werden jene Inhalte zusammengefasst, die logisch-semantische oder ablauflogische Gemeinsamkeiten aufweisen. Bei der bereits beschriebenen Multimedia-Fallstudie[2] waren die Informationszusammenhänge die Geschäftsprozesse, die innerhalb der dargestellten Fluggesellschaft existierten. Bei der SOWI-CD waren Informationszusammenhänge die Geschichte, Zukunft, Aktivitäten, Ausbildung sowie die einzelnen Institute der SOWI-Fakultät der Universität Innsbruck.

⇒ Szenenbeschreibung

Die einzelnen Szenen (z.B. Bildschirmseiten oder eine Anzahl von Bildschirmseiten, die eine visuelle Einheit bilden), die in der Anwendung enthalten sein sollen, werden ausführlich beschrieben. Jede Szene wird dabei mit einem ersten Entwurf zeichnerisch – entweder Handskizzen (den sogenannten „Scribbles") oder bereits mit ersten computerunterstützten Präsentationen – beschrieben. Die Interaktionselemente werden in jeder Szene spezifiziert. Die dargestellten Informationsarten werden genau angeführt. Die Szenenbeschreibung ist die erste Manifestation der kreativen Arbeit. Zur Gestaltung der Szenenbeschreibung können die *Gestaltungsgrundsätze* von Punkt 4.6.7 herangezogen werden.

⇒ Funktionenspezifizierung

Dabei werden die Funktionen, die dem Benutzer generell oder in einer Szene zur Verfügung stehen sollen, schriftlich bezeichnet. Szenenspezifische Funktionen werden direkt in der Szenenbeschreibung erläutert.

⇒ Ablaufdiagramm

Sofern es hierarchische oder sonstige überschaubare Gliederungen in der Anwendung gibt, wird durch das Ablaufdiagramm die Abfolge der einzelnen Szenen abgebildet.

• Das Treatment ist der erste, wesentlich kreative Teil bei der Entwicklung einer multimedialen Anwendung. Der Sprung von den analytischen Elementen zu den synthetischen Elementen der UCIT ist groß und entscheidend für den Erfolg einer Anwendung. Die beschriebenen Möglichkeiten der gestalterischen Parameter der Informationsarten, sowie der Interaktionsmöglichkeiten der Interaktionsarten stellen nur ein Potential dar, das aus-

[1] vgl. Lopuck, 1996, S. 14
[2] vgl. Punkt 3.4.6

genützt werden kann, aber nicht muss. Sie sind nur Palette und Pinsel. Das Bild, das daraus entsteht, hängt vom jeweiligen Maler ab. Wie bei einer Klaviatur stehen sehr viele Tasten zur Verfügung. Manchmal werden nur sehr wenige benötigt, um ein ansprechendes Lied zu spielen, manchmal braucht es das gesamte Spektrum. Das ist abhängig vom Komponisten, von der Stimmung, die das Lied ausdrücken soll, vom Interpreten, der die Stimmung umzusetzen versteht und letztlich natürlich vom Zuhörer, bei dem das Stück je nach Geschmack und Situation wirkt.

- **Storyboard**
  Das Storyboard ist die Ausarbeitung des Treatments zur produktionsfähigen Vorlage. Dabei ist auch hier das Storyboard nicht als endgültig anzusehen. Es ist ein lebendiges Dokument und wird laufend während der Produktion vom Entwicklerteam verändert. Das Storyboard besteht aus inhaltlichen und formalen Elementen.

⇒ *Formale Elemente*
dokumentieren, welche Ereignisse der Benutzer auslösen kann und welche geplanten Reaktionen darauf erfolgen. Sowohl Art der Auslösung, (Interaktionsart) als auch die Art der Reaktion (Navigation, Funktionsaufruf oder Aufruf einer Informationsart) wird dokumentiert, damit bei der Implementierung die Zusammenhänge nicht verloren gehen. Die formalen Elemente entsprechen dem Funktionsentwurf des Systems.

⇒ *Inhaltliche Elemente*
beschreiben, welche Informationen der Benutzer erhält. Die inhaltlichen Zusammenhänge werden aufgegliedert und die Teile einzelnen Informationsarten des User-Interfaces zugeordnet. Diese *Informationsbausteine* (information chunks) sind die kleinste Einheit der geplanten Reaktionen.[1] Zwischen den Informationsbausteinen bestehen *Informationszusammenhänge* (information links), die aus dem Inhalt der Informationsbausteine ersichtlich sein müssen.

⇒ Im Storyboard wird noch die endgültige *Informationsart-Entscheidung* darüber getroffen, welche Informationsart bei welchen Informationsbausteinen eingesetzt wird.

Das Storyboard spezifiziert die Inhalte so weit wie möglich. Kontinuierliche Informationsarten im Storyboard unterliegen einem eigenen Entwicklungsprozess, bei dem das vom Film bekannte Drehbuch benötigt wird.[2] Bei längeren Sequenzen sind auch hier die unterschiedlichen Entwicklungsphasen des Drehbuchs (Filmskizze, Exposé, Treatment, Drehbuch) notwendig. Das Storyboard muss also bei kontinuierlichen Informationsarten auch noch die einzelnen Drehbücher dafür umfassen.

---

[1] vgl. zu den geplanten Reaktionen siehe McMenamin; Palmer, 1988, S. 12.
[2] siehe Punkt 4.6.3

### 4.6.5 Inhalt und Aufbau des Storyboards

Das Storyboard ist das Ergebnis des Entwicklungsprozesses aus Projektskizze, Exposé und Treatment. In das Storyboard fließen somit folgende Elemente ein:

- UCIT als Handlungsrahmen und Denkmuster

- Modell der Realität

- Dimensionen des Lernens

- Lernmodell

- Dramaturgie

- Inhaltliche Elemente (Informationsart, information chunk, information link)

- Formale Elemente (Navigation, Funktionsaufruf, Aufruf v. Informationsarten)

- Gestalterische Elemente („Kunst")

- Wahrnehmungspsychologie

Dramaturgie geht über die Gestaltung einer einzelnen Sequenz hinaus und beinhaltet als zentrales Element die Spannung, die einen Benutzer veranlasst, sich weitere Informationen mit dem System zu erarbeiten. Die Anwendung und das Umfeld, in dem die Anwendung eingesetzt wird, müssen derart aufeinander abgestimmt sein, dass der Benutzer "Spaß" an der Anwendung empfindet und Informationshunger – im Sinne des Anwenders/ Entwicklers – entwickelt. Das „look and feel" der Anwendung muss dem Informationsgehalt und den Erwartungen der Benutzer entsprechen, um eine intuitive Bedienung des Systems zu ermöglichen. Die Dramaturgie der Anwendung ist ein zentraler Erfolgsfaktor bezüglich der Akzeptanz. Die in Punkt 4.6.2 gezeigten dramaturgischen Fundamente, die in Punkt 4.5 aufgelisteten gestalterischen Parameter und die in Punkt 4.6.6 angeführten Gestaltungsgrundsätze sind Anhaltspunkte dafür.

Da das Storyboard eine produktionsfertige Vorlage ist, muss es hinreichend genaue Angaben über die einzelnen Elemente machen. Damit eignet es sich aber nicht nur als Vorlage, sondern auch direkt als Arbeitsbasis und zur Dokumentation. Das Problem besteht darin, dass bestimmte Informationen zusammenhängen und eine Einheit bilden, vom Benutzer aber nicht unbedingt zeitlich hintereinander aufgerufen werden. Diese Einheit sind die Informationszusammenhänge (information-link). So war beispielsweise bei der Entwicklung der Tyrolean-Fallstudie[1] der Geschäftsprozess der Reservierung ein Informationszusammenhang. Der wurde aber auf mehrere Einheiten aufgeteilt, so dass der Benutzer sie in einem konstruktiven Prozess wieder für sich rekonstruieren musste. Die einzelnen Einheiten sind die Informationsbau-

---

[1]  vgl. Punkt 3.4.6

steine (information-chunk). Ein Informationsbaustein kann dabei aus mehreren Elementen bestehen (z.B. fünf Schnitte eines Films). Informationsbausteine sind in einer Szene gemeinsam angeordnet.

Die Komponenten, zu denen das Storyboard Angaben machen muss, sind:

- Szene

  Eine Szene ist die Gesamtheit aller Informationsbausteine, die für den Benutzer eine audiovisuelle Einheit bilden. Eine Szene kann dabei entweder eine Bildschirmseite oder nur ein Teil des Bildschirms (z.b. Navigationsleiste) oder etwa auch ein Abschnitt in einer Welt sein.

- Informationsbaustein (information-chunk)

  Der Informationsbaustein ist die kleinste Einheit der geplanten Reaktionen[1] in einer Informationsart.

  Der Inhalt des Informationsbausteins hat Auswirkungen auf die Auswahl der Informationsart. Andererseits beeinflussen die Möglichkeiten der medialen Umsetzung auch den Inhalt der Informationsbausteine. Eine spezielle Problematik ergibt sich aufgrund der nicht-perfekten Technologie[2]: Mit "perfekter Technologie" – wie das theoretische Konstrukt von McMenamin/ Palmer zeigt – könnten die Benutzer des Systems mit einer (natürlichsprachlich gestellten) Abfrage sofort auf die zugehörige Antwort (Informationsbaustein) zugreifen. Die Verwaltung der geplanten Reaktion wäre nicht nötig und die geplanten Reaktionen besser auf die Objekte aufteilbar. Mit nicht-perfekter Technologie ergibt sich allerdings die Problematik des richtigen Auslösens der erwarteten geplanten Reaktion. Der Anwender sollte aufgrund des Auslösers (Texthinweis usw.) abschätzen können, welche Inhalte er in der Reaktion erwarten kann. Dazu muss im Storyboard auch der Auslöser des Informationsbausteins spezifiziert werden. Das bedeutet z.B. dass, wenn der Inhalt des Informationsbausteins eine mündliche Information in Form eines Videos ist, der Auslöser eine Fragestellung sein kann. Da der Anwender nicht wie in der Realität bei teilweise unverständlichen Aussagen nachfragen kann, müssen sowohl die Auslöser als auch die Informationsbausteine genau abgegrenzt und aufeinander abgestimmt sein. Da der Anwender die Auslöser (z.B. diverse Fragen) sieht, kann er bereits gewisse Informationen aus den Auslösern ablesen. Wenn er beispielsweise einen unbekannten Fachbegriff in einem Auslöser entdeckt, wird er vielleicht andere Auslöser mit dem gleichen unbekannten Fachbegriff suchen und so eventuell bereits ohne geplante Reaktion Rückschlüsse auf Zusammenhänge machen können. Zusätzlich ist bei der Entwicklung darauf zu achten, dass unbekannte Fachbegriffe tatsächlich (in einem Informationsbaustein) erläutert werden.

---

[1]  Geplante Reaktionen sind Systemantworten auf Ereignisse, vgl.McMenamin; Palmer, 1988, S. 12.

[2]  vgl. die Forderungen von McMenamin; Palmer, 1988, S. 25 ff. Siehe dazu auch Punkt 2.5.2.8

- Informationselement

  Ein Informationsbaustein kann aus mehreren Elementen bestehen. Ist etwa ein Informationsbaustein ein Film, so kann dieser aus mehreren Einstellungen bestehen, die getrennt aufgenommen und weiterverarbeitet werden, in der multimedialen Anwendung aber letztlich eine Einheit bilden.

- Informationszusammenhang (information-link)

  Der Informationszusammenhang ist die inhaltliche Verbindung von Informationsbausteinen. Die Verbindungsinformationen zwischen einzelnen Informationsbausteinen können in den Bausteinen als Links enthalten sein. Diese Links sind Hinweise auf Auslöser an anderen Stellen in der Anwendung. Die Informationszusammenhänge sind eine Art "roter Faden", anhand dessen es möglich ist, tatsächlich alle relevanten Informationen aufzuspüren. Dazu benötigt der Anwender einen Hinweis auf den Beginn des roten Fadens. Von dort aus sind die Informationszusammenhänge organisiert, um den Überblick zu gewährleisten.

- Link

  ist die inhaltliche Verbindung zwischen Informationsbausteinen oder zwischen Informationszusammenhängen. Der Link kann entweder im Informationsbaustein als Hinweis verankert sein, oder aber nur dem Entwicklerteam bekannt sein.

- Funktionsaufruf (Action)

  Der Funktionsaufruf zeigt den Zusammenhang zwischen Benutzerinteraktion und geplanter Reaktion. Damit wird spezifiziert, welche Funktionen in einer Szene aufgerufen werden können (z.B. Aufruf eines Informationsbausteins, Wechsel zu einer neuen Szene, Aufruf einer bestimmten Funktion).

Das Dokumentieren der Zusammenhänge zwischen all diesen Komponenten kann in Form von einzelnen Blättern erfolgen. Dabei müssen die Informationszusammenhänge auf einem eigenen Blatt beschrieben werden. Die Szenen mit den Funktionsaufrufen, deren Beschreibungen und die Informationsbausteine können ebenfalls auf einem eigenen Blatt festgehalten werden. Lopuk zeigt ein Beispiel für diese Art des manuellen Storyboards, das die Firma KidSoft benutzt.[1]

Die nonlineare Struktur der Anwendung wirkt sich auf das Storyboard aus. Bei komplexeren Informationszusammenhängen ist es schwierig alle Links im Überblick zu halten. Eine elektronische Unterstützung drängt sich hier auf. Eine einfache Möglichkeit dazu ist an der Universität Göttingen am Institut für Wirtschaftsinformatik entwickelt worden.[2] Doch diese rein grafische Unterstützung wird den Produktionsanforderungen nicht gerecht. Meist wird eine

---

[1]  Lopuck, 1996, S. 15
[2]  siehe dazu Hoppe; Nienaber; Witte, 1995, S. 20

multimediale Anwendung von einem Team erstellt. Eine groupwareorientierte Datenbankunterstützung ist deshalb sinnvoll. In einer weiteren Ausbauphase ist das Storyboard gleichzeitig auch Dokumentations- und Medienspeicher für die Anwendung.

Abbildung 42 zeigt die Grundstruktur des Datenmodells für ein relationales, mehrbenutzerfähiges, produktionsunterstützendes Storyboard.

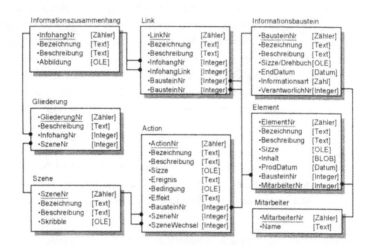

*Abbildung 42: Relationales Grund-Datenmodell für das Storyboard*

Dieses Datenmodell erlaubt die plattformunabhängige Implementierung des Storyboards. Durch die relationale Struktur ist es sowohl je nach Aufgabengebiet ausbaufähig als auch redundanzfrei. Die digital produzierten Elemente werden als Binary Large Objects (BLOB) direkt in der Datenbank gespeichert. Die Informationsbausteine werden über die Action mit der Szene verbunden. Die Action bestimmt in welcher Szene bei welchem Interaktionsereignis[1] (z.B. Klick) unter welchen Nebenbedingungen welcher Informationsbaustein aufgerufen wird. Die Bedingung(en) kann in Form einer Entscheidungstabelle dargestellt werden. Beim Interaktionsereignis Timer und dem Zeitintervall $\Delta t = 0$ werden die entsprechenden Informationsbausteine sofort beim Wechsel auf diese Szene aufgerufen.

Ein Storyboard in dieser elektronischen Form ermöglicht den Überblick über die entsprechenden Zusammenhänge und ist Produktionsvorlage sowohl für jene Mitarbeiter, die die einzelnen Medien erstellen, als auch für die Programmierer. Dieses Storyboard impliziert ein Vorgehensmodell, das in Punkt 5.5 beschrieben ist. Es lassen sich dabei Projekttermine eintragen und abgleichen, der Stand der Ausarbeitung ist jederzeit feststellbar und die Produktion der

---

[1]  siehe dazu Punkt 2.4.5

multimedialen Anwendung wird dokumentiert und besser planbar. Zudem unterstützt es den lebendigen Charakter des Storyboards: Änderungen sind leicht durchführbar und sofort für alle Mitarbeiter nachvollziehbar.

### 4.6.6 Navigation

Die Informationsdarstellungen in hypermedialen Systemen sind nonlinear verfügbar. Wie weit diese Nonlinearität ausgenützt wird, ist eine Frage des Settings der Anwendung. Wie der Anwender von einer Informationsdarstellung zur nächsten gelangt, ist eine Frage der Navigation. Sind die Informationsdarstellungen sehr lose bis überhaupt nicht strukturiert (wie beispielsweise bei einem Lexikon), so muss der Anwender sich jederzeit darüber bewusst sein[1]

- was er möchte,

- wo er sich befindet,

- wohin er möchte und

- ob er Hilfestellung braucht.

Dazu lassen sich folgende Formen des Informationszugriffs unterscheiden:[2]

- Browsing
  entspricht einem „Stöbern" und „Herumschmökern" in der Informationsbasis. Dabei gibt es nach Kuhlen zwei Formen:[3]

  ⇒ Ungerichtetes Browsing
    Hier besteht kein konkreter Plan eine bestimmte Information zu finden. Lassen sich Benutzer dabei allein von der Attraktiviät des Informationsangebots leiten, so erfolgt das Browsing assoziativ.

  ⇒ Gerichtetes Browsing
    Hier erfolgt die Exploration der Informationsbasis mit der Zielsetzung eine bestimmte Information zu finden.

- Gezielte Suche
  Dabei erfolgt die Suche nach einer bestimmten Information in der Informationsbasis. Voraussetzung ist dabei allerdings, dass die Informationen in der Datenbasis zusätzlich mit bestimmten Schlüsselbegriffen oder anderen Bezeichnungen zur Identifikation versehen wurden, die den jeweils verwendeten Suchalgorithmen entsprechen. Bei Textinfor-

---

[1] vgl. Schoop, 1991, S. 202
[2] Tergan, 1995, S. 127
[3] Kuhlen, 1991

mationen ist die gezielte Suche naturgemäß einfacher. Schwieriger wird die Suche nach Inhalten anderer Informationsarten. Negroponte spricht in diesem Zusammenhang von „Bits über Bits" und meint damit etwa die strukturierte, codierte Beschreibung des Inhalts eines Films, eines Bildes usw.[1]

- Folgen von Pfaden
  Pfade geben eine bestimmte Reihenfolge von Informationsdarstellungen vor. Der Benutzer bestimmt lediglich das „wann". Abweichungen von Pfaden sind in der Regel möglich.

- Internes Navigieren
  ist das Aufrufen von Informationsbausteinen, die innerhalb eines Pfades angeboten werden.

- Externes Navigieren
  ist das Aufrufen von Informationsbausteinen über externe Orientierungshilfen, wie etwa Stichwort- und Inhaltsverzeichnisse, grafische Übersichten usw.

Für die Navigation müssen dem Benutzer Interaktionseinrichtungen zur Verfügung gestellt werden. Solche Interaktionseinrichtungen sind:

- Navigationsfunktionen

  ⇒ Zurück
    erlaubt die Rückkehr zu dem Punkt, von dem aus die aktuelle Informationsdarstellung angesprungen wurde. Durch weiteres Rückverfolgen gelangt der Benutzer so wieder zu dem Ausgangspunkt, an dem er begonnen hat.

  ⇒ Vorwärts
    erlaubt den nächsten Schritt entlang eines vorgegebenen Pfades oder den nächsten Schritt entlang des bereits gegangenen Weges, wenn entlang diesem bereits einmal die Funktion „Zurück" aufgerufen wurde.

  ⇒ Sprung zu einem definierten Ausgangspunkt („home").

  ⇒ Markieren einer Stelle (Lesezeichen oder bookmark) und Eintragen von Notizen.

  ⇒ Sprung zu einer markierten Stelle

  ⇒ Verzweigung zu neuen Informationsdarstellungen (Hyperlink)

- Übersichten
  Dazu zählen textbasierte Übersichten wie Inhaltsverzeichnis und Glossar, aber auch grafische Übersichten, Auswahlmenüs, Fischaugensichten[2], Leseprotokolle usw.

---

[1]  Negroponte, 1995, S. 17 ff
[2]  Fischaugensichten (fisheye views) geben analog zu einer Linse mit großem Winkel eine detaillierte Sicht der nahen Umgebung und eine weniger detaillierte Sicht der weiteren Umgebung wieder.

- Positionsanzeige

  Die Positionsanzeige zeigt dem Benutzer seine aktuelle Position in der Anwendung an. Je nach Struktur kann die Positionsanzeige hierarchische oder zeitlich/ räumliche Bezüge herstellen. Die Positionsanzeige ist ein sehr wesentliches Instrument bei der Navigation in stark Hypermedia-orientierten Systemen. In baumähnlich strukturierten Systemen lassen sich dabei die Verzweigungstiefe und der gerade aktuelle Ast codieren. Sinnvoll ist dabei eine Doppelcodierung, z.b. Text für die Tiefe und Farbe für den Ast. Durch Kombination einer hierarchischen Positionsanzeige mit Navigationsfunktionen können alle vorhergehenden Baumverzweigungen auch sofort wieder angesprungen werden. In der von mir mitentwickelten SOWI-CD-Anwendung haben wir eine Statuszeile am unteren Bildschirmrand implementiert, die farblich den gerade aktuellen Ast der fünf großen Informationszusammenhänge codiert. Die unterschiedlichen Hierarchieebenen haben wir als anwachsenden Balken dargestellt und die Art der jeweiligen Ebenenknoten wurde textlich codiert. Durch die Kombination der Texte mit virtuellen Tasten konnten die entsprechenden Hierarchieebenen direkt angesprungen werden (Hierarchiedirektwahl). Die aktuelle Position wurde durch die invertierte Darstellung der virtuellen Taste markiert. [1]

- Multitracking

  ist ein Konzept, bei dem parallel mehrere Informationsdarstellungen gleichzeitig ablaufen (z.B. Bild, Ton, Film). Der Benutzer kann über die Wahl von einzelnen Spuren nur bestimmte Informationsdarstellungen wählen (z.B. nur Bild und Film).

Die Koordination dieser vielen Parameter erfordert einen „mündigen" Benutzer, der aktiv in einem konstruktivistischen Paradigma agiert. Zahlreiche Untersuchungen belegen, dass dieser mündige Benutzer eher die Ausnahme als die Regel ist.[2] Dabei zeigt sich eine starke Korrelation mit der Lernstufe des Benutzers. Anfänger wählen eher eine lineare Navigation. Sie nützen die vorgegebenen Pfade aus. Experten wählen eher die nonlineare Navigation. Sie wollen sofort zu der für sie interessanten Information gelangen. Diese Ergebnisse stärken das Würfelmodell von Baumgartner/ Payr, in dem Anfänger in objektivistischen Paradigmen und Experten in subjektivistischen Paradigmen lernen.[3] Lineare Navigation ist dabei mit dem objektivistischen, nonlineare mit dem subjektivistischen Paradigma vergleichbar.

Conklin[4] hat in seiner Analyse empirischer Befunde zur Nutzung von nonlinearen Strukturen eine Reihe von Lernproblemen identifiziert, die sich zwei Grundtypen zuordnen lassen:

---

[1]  siehe dazu Oberkofler; Schuster, 1995, S. 148 f
[2]  siehe die Übersicht in Hasebrook, 1995, S. 223 oder die Berichte in Schoop, 1991, S. 202 über die Anwendung des Systems HERMES.
[3]  vgl. Punkt 3.4.8
[4]  Conclin, 1987

- Desorientierung und

- kognitive Überlast.

Das Problem der Desorientierung bezeichnete er als „lost in hyperspace". Der Lernende ist dann nicht mehr in der Lage, seinen Standpunkt im Netzwerk und seine Herkunft zu bestimmen sowie die möglichen Auswege zu finden.[1] Kognitive Überlast entsteht, wenn der Benutzer überfordert ist, alle bereits aufgesuchten Informationsbausteine im Gedächtnis zu behalten. Dabei fehlt ihm auch der Überblick darüber, auf welchem Weg er zu ihnen gelangt ist, welchen Inhalt sie hatten, welche Informationen noch aufgesucht werden sollten, welche Navigation zur Verfügung steht, welche Funktion die einzelnen Navigationsmittel erfüllen usw.

Um ein einheitliches Navigationskonzept zu erarbeiten, das sowohl das „lost in hyperspace"-Phänomen, als auch die kognitive Überlast reduziert, gibt es neben der sinnvollen Anordnung der Interaktionseinrichtungen weiterreichende Ansätze sowohl bei der User-Rolle als auch bei der Guide-Rolle.

### 4.6.6.1 Navigationskonzepte bei der User-Rolle

Navigationskonzepte bei der User-Rolle versuchen unterschiedliche User-Rollen durch „Clusterung" von diversen Merkmalen zu entwickeln und in Benutzerklassen zusammenzufassen. Solche Merkmale können sein

⇒ Benutzerkompetenz (Anfänger - Experte)

⇒ soziodemografische Daten

⇒ Lerntyp usw.

Bodendorf liefert dafür eine Übersicht über Benutzermodelle,[2] die einem System erlauben, sich auf die Ziele, Kenntnisse und Präferenzen des jeweiligen Benutzers einzustellen. Dabei wird davon ausgegangen, dass unterschiedliche User-Rollen unterschiedliche Zugänge zu den Informationsdarstellungen und Interaktionseinrichtungen haben. Mertens spricht in diesem Zusammenhang von Zugangssystemen.[3] Mertens unterscheidet dabei Zugangssysteme im engeren und im weiteren Sinn, wobei Zugangssysteme im weiteren Sinn Erweiterungen eines Anwendungssystems sind, die einem nicht spezialisierten Benutzer helfen, mit diesem Anwendungssystem fehlerfrei umzugehen. Ein Zugangssystem im weiteren Sinn beinhaltet ein Zugangssystem im engeren Sinn, das der Benutzung vorgeschaltet ist, und ein Abgangssystem, das dem Benutzer die vom System erarbeiteten Ergebnisse interpretiert und verständlich macht. Beide Elemente haben noch aktive und passive Hilfefunktionen. Zentraler Ansatz der

---

[1] ausführlicher zu den Problemen beim „lost in hyperspace" in Tergan, 1995, S. 133 f
[2] Bodendorf, 1992b
[3] Mertens, 1992a

Zugangssysteme ist das Benutzermodell, auf das die einzelnen Elemente zugreifen bzw. auf ihnen aufbauen. Mertens zeigt eine Reihe von Beispielen aus dem Bereich der Wirtschaftsinformatik, die Zugangssysteme entwickelt haben.

Die Möglichkeit der Bildung unterschiedlicher Benutzerrollen (Benutzermodelle) und dementsprechend unterschiedlicher Reaktionen wird als Adaptivität bezeichnet und entspricht ganz der Ablaufsteuerungskomponente im Eulerschen Grundmodell.[1] Danach wird unterschieden in[2]

- inadaptive Systeme
  haben keine Möglichkeit zur Bildung unterschiedlicher User-Rollen. Der Benutzer hat keinen Einfluss auf die Informationsdarstellung im System.

- adaptierbare Systeme
  erlauben dem Benutzer eine Anpassung von Systemkomponenten an seine Bedürfnisse und seine Arbeitssituation (Arbeitsaufgabe, Arbeitsumgebung). Die Initiative geht dabei allein vom Benutzer aus, der damit auch Kenntnisse über Möglichkeiten und Umfang der Adaption besitzen muss.

- adaptive Systeme
  passen sich selbsttätig an den Benutzer und seine Arbeitssituation an. Sie werden auch als auto-adaptiv bezeichnet, da sie das Benutzermodell während der Benutzerinteraktionen selbständig bilden. Die notwendigen Informationen über die Benutzermerkmale werden entweder direkt dem Interaktionsprozess über Protokollauswertungen entnommen oder von außen, z.B. durch den Benutzer selbst, eingegeben. Somit stützt sich die Adaptivität auf eine vom System durchgeführte Interpretation der Handlungsmuster des Benutzers.

Die Möglichkeiten der Adaption betreffen – insbesondere bei Lernsystemen – die Bereiche:[3]

- Adaption des Instruktionsumfangs und der Lernzeit

- Adaption der Instruktionssequenz
  In Abhängigkeit davon, welchen Fehler der Lerner bei der Bearbeitung einer Aufgabe begeht, wird er zu einer ganz bestimmten Folgeaufgabe verzweigt. Dieser Adaptionsfall war ein wesentliches Merkmal des Programmierten Unterrichts in den 60er Jahren und Ausdruck eines objektivistischen Paradigmas.

- Adaption der Aufgaben-Präsentationszeit und adaptive Antwortzeitbegrenzung
  Dabei wird die Zeit, die für die Präsentation und Beantwortung folgender Aufgaben zur Verfügung gestellt wird, nach der Dauer oder der Richtigkeit der Beantwortung der vor-

---

[1] vgl. Punkt 3.4.2
[2] vgl. Friedrich, 1990, S. 181 ff
[3] vgl. Leutner, 1995, S. 144 ff

hergehenden Frage bestimmt.

Interessanter Effekt bei Experimenten mit Mathematikaufgaben von Leutner[1] war, dass der Lerneffekt größer war, wenn nach einer falsch beantworteten Aufgabe die Zeit für die Bearbeitung der nächsten Aufgabe *kürzer* vorgegeben wurde und erst bei richtiger Aufgabenlösung wieder verlängert wurde. Hatten die Lerner die Aufgabe innerhalb einer gewissen Zeit nicht gelöst, wurde die Lösung der aktuellen Aufgabe erläutert und die nächste Aufgabe erschien auf dem Bildschirm. Die Darbietungsdauer jeder Aufgabe wurde verkürzt je mehr Fehler gemacht wurden, oder je mehr Aufgaben nicht innerhalb der geforderten Zeit gelöst wurden. Durch die verkürzte Darbietungsdauer erhielten schwache Lerner mehr Aufgaben und Erläuterungen zu ihrer Lösung. Starke Lerner hingegen hatten mehr Zeit, über die Lösung der Aufgaben nachzudenken.

Diese Form der Adaption wird zur Beschleunigung des Übergangs vom deklarativen zum prozeduralen Wissen vorgeschlagen.[2] Berücksichtigt man die Ergebnisse des Konstruktivismus, so ist diese Aussage bei der doch recht objektivistischen Vorgangsweise zumindest kritisch zu betrachten.

- Adaption der Aufgabenschwierigkeit

  Die Idee ist dabei den Lerner bei seinem Kenntnisstand „abzuholen", und ihn sukzessive zu schwierigeren Aufgaben zu führen (ihn mit den Aufgaben „mitwachsen" zu lassen).

- Adaptive Hilfen beim entdeckenden Lernen

  Dabei wird dem Lerner ein Hinweis genau dann gegeben, wenn der Hinweis in der aktuellen Situation nützlich ist und von dem Lerner bisher noch nicht zur Kenntnis genommen worden ist.

- Adaptive Definition neu zu lernender Begriffe

  Hier besteht die Idee, dass neue Wissensinhalte adaptiv in genau jenen Begriffen eingeführt werden, die kurz zuvor erworben wurden.

- Adaptiver Informationszugriff

  Die grundlegende Überlegung hier ist die, dass dem Benutzer automatisch jene Informationsbausteine angeboten werden, die möglichst viel mit dem gemeinsam haben, für das er sich augenblicklich zu interessieren scheint.

- Adaption der Navigationselemente

  Dabei werden die Navigationselemente flexibel gestaltet und der Benutzer kann sie für sich konfigurieren.

Die Schwierigkeit der Adaption besteht darin, Variablen zu definieren, die eine Operationalisierung der Benutzerklasse zulassen. Außerdem muss eine direkte Beziehung zwischen den

---

[1] vgl. Leutner; Schumacher, 1990

[2] Leutner, 1995, S. 145

einzelnen Benutzerklassen und der entsprechenden Konsequenz in der multimedialen Anwendung bestehen. Dazu muss eine eindeutige Hypothese vorliegen, wie z.B. eine Lerntyp-Hypothese.[1] Nach der Lerntyp-Hypothese könnten so etwa die Inhalte in unterschiedlichen Informationsarten codiert werden und je nach adaptierter Benutzerklasse eben nur mehr vorwiegend jene gezeigt werden, die dem jeweiligen Lerntyp entsprechen. Die Bildung und die Konsequenz solcher Hypothesen ist aber nicht einfach und wird erschwert durch die geradezu normative Macht des Faktischen, dass sich ein Multimedia-Produzent vermutlich eine Mehrfachcodierung von Inhalten nicht leisten kann.[2] Viel hängt bei der Ablaufsteuerung vom didaktischen Grundkonzept ab. Bei objektivistischen Paradigmen lassen sich durch die eher lineare Struktur einigermaßen konkrete Benutzerhypothesen und entsprechende Anpassungen in Abfolge, Zeit und Inhalt machen. Einigermaßen praktikabel scheint auch jenes adaptierbare Konzept zu sein, bei dem bestimmte Navigationselemente, wie z.B. eine Funktionspalette, vom Benutzer konfiguriert werden können (z.B. als floating Window, als horizonale Zeile oben oder unten oder als vertikale Leiste links oder rechts). Doch auch hier hängt die Sinnhaftigkeit von der Zeit ab, die ein Benutzer mit dem System verbringt. Bei langer Dauer ist dieses Konzept eher sinnvoll, bei nur kurzer Dauer (z.B. Kiosk) ist es für den Benutzer geradezu störend, viele Einstellungen vorzunehmen. Die Navigation muss auf den ersten Blick „guessable" sein.[3]

### 4.6.6.2 Navigationskonzepte bei der Guide-Rolle

Die Guide-Rolle lässt sich als Widerpart der User-Rolle im multimedialen Drama sehen.[4] Dieser Widerpart existiert im Prinzip bei jeder Maschine. Jede Maschine reagiert in irgendeiner Form auf Benutzeraktionen: Auto und Fahrrad bewegen sich vorwärts, ein Flaschenzug hebt Lasten usw. Auch das Nicht-Reagieren kann als eine Form der Reaktion gesehen werden. Erst bei etwas komplexeren Maschinen lässt sich jedoch ein durchgängiges Konzept wahrnehmen, da bei einfachen Maschinen schlichtweg nicht genügend Referenzhandlungen möglich sind, damit sich der Mensch ein Schema, ein mentales Modell[5], über die Reaktionen der Maschine zurechtlegen kann. Im Prinzip repräsentiert aber jede Maschine in irgendeiner Form letztlich die Gedankengänge und den Weltbezug des Entwicklers dieser Maschine: Hebel sind entsprechend angeordnet, die Symbole darauf deuten deren Funktion an, die Auswahl der Funktionen entspricht einem bestimmten Bedarf usw. Das Design und das Verhalten der Maschine werden meist von selbst durch den Benutzer personifiziert, insbesondere dann, wenn

[1]   vgl. Vester, 1980. Siehe dazu die Ausführungen in Kapitel 3.2.5.2
[2]   siehe dazu die Ausführungen über den Entwicklungsaufwand der Informationsarten in Punkt4.5.11 und auch
      ähnliche Kosten-Nutzen-Überlegungen zur Adaptivität bei Leutner, 1995, S. 146
[3]   vgl. dazu die Ausführungen in Punkt 4.5.5.3
[4]   vgl. dazu Punkt 4.6.2
[5]   vgl. dazu Kapitel 3.1.3

das Verhalten der Maschine nicht mehr eindeutig nachvollziehbar ist.[1] Diese Personifizierung ist nichts anderes als das Erkennen einer Widerpart-Rolle.

Diese Widerpart-Rolle lässt sich gezielt gestalten und wird so zur Guide-Rolle. Dabei kann die Guide-Rolle

- personifiziert oder

- nicht personifiziert

werden. Die Guide-Rolle ist eine Einheit von Navigationshilfen, die sich durch eine in sich konsequente Funktionsverwendung und Informationsdarstellung auszeichnet, und die der Benutzer einfach in ihrem Zusammenhang ganzheitlich erfassen kann. Guide-Rollen können nach ihren Aufgaben unterschieden werden in:[2]

- Agent
  Ein Agent führt wie ein persönlicher Assistent für einen Benutzer Interaktionen durch. Wenn eine Reihe von komplexen Interaktionen notwendig ist, um eine Funktion auszuführen, wird der Agent aufgerufen, der diese Aktionen ausführt. Agenten erledigen bestimmte Aufgaben, die sie als Auftrag entweder direkt von dem Benutzer oder von einem Guide bekommen, wie z.B. die Durchforstung bestimmter Datenbestände oder eine Informationszusammenstellung.[3]

- Guide
  Ein Guide ist eine vereinfachte Form des Agenten. Er macht Vorschläge oder hilft während der Interaktion. Das Aufgabenspektrum des Guides erstreckt sich von der Betreuung des Benutzers bei der Programmbedienung über eine gezielte Führung zur gewünschten Information (Guided Tour) und deren Präsentation bis hin zur individuellen Beratung, in der der Guide dem Benutzer Vorschläge für die nächsten Arbeitsschritte unterbreitet. Der Guide kann bei längerer Benutzung der Anwendung auch störend wirken, wenn der Benutzer lediglich eine Information gezielt sucht, der Guide aber immer das komplette Programm abspielt. Bei der multimedialen Lernanwendung von Jäger, 1994, die im Rahmen des von mir geleiteten Projekts „Computerbased Training" am Institut für Wirtschaftsinformatik in Innsbruck entwickelt wurde, wird eine animierte Karikatur (Mister Bytex) mit eigener Stimme als Guide verwendet, der Kapitel einführt, Anweisungen zur Navigation gibt und Sachverhalte über Grundlagen der Hardware erklärt. Für diese Anwendung wurde bereits auch ein Drehbuch erstellt.

---

[1] eine Eigenheit, die jedem Autoliebhaber genauso bekannt ist wie mir als Leiter von Lehrveranstaltungen über anwendungsorientierte Informatik: „Er mag mich nicht!" ist eine oft gehörte Phrase über Computer, wenn eine Software nicht den Erwartungen entsprechend reagiert.

[2] vgl. dazu auch Lopuck, 1996, S. 58 ff

[3] vgl. Strzebkowski, 1995, S. 295

- Charakter

  Charaktere sind personifizierte Guide-Rollen, die in einer Anwendung existieren und erzählenden (narrativen) Charakter haben. Charaktere sind Teile des Inhalts der Anwendung. Sie können auf Benutzerinteraktionen reagieren oder einfach Teil einer Präsentation sein. In der multimedialen Lernanwendung von Schuster, 1995, die ebenfalls im Rahmen des von mir geleiteten Projekts „Computerbased Training" am Institut für Wirtschaftsinformatik in Innsbruck entwickelt wurde, sind solche Charaktere mit der Informationsart Film eingebaut. Unterschiedliche Personen (darunter auch der Autor) erklären die Bedeutung von Normen, Maßen und Standards in der Informations- und Kommunikationstechnik.

Bei personifizierten Guide-Rollen wird dem Benutzer an der Benutzerschnittstelle eine Navigationshilfe zur Verfügung gestellt, die meist dem menschlichen Charakter nachempfunden ist. Diese Guide-Rollen können dabei visuell, audiovisuell oder nur auditiv ausgeführt sein. In der von mir mitentwickelten Anwendung der SOWI-CD haben wir beispielsweise eine rein auditiv personifizierte Guide-Rolle verwendet. Beim Sprung auf Übersichts- oder Einführungsszenen in der Anwendung erklang eine immer gleich bleibende Erkennungsmusik als Leitmotiv und eine Sprecherin wies auf die Möglichkeiten in der Szene hin oder gab einen kurzen Überblick.[1] Bei dem von mir in einem Kooperationsprojekt mit dem Linzer Marktforschungsinstitut Market entwickelten multimedialen Fragebogen[2] über den Vergleich zweier Fernsehspots war ebenfalls ein narrativer, rein auditiver Guide implementiert, der die Anweisungen für die durchzuführenden Schritte gab.

Die Guide-Rolle muss aber nicht unbedingt personifiziert sein. Auch nicht personifizierte Guide-Rollen können Agenten- oder Guidefunktionen erfüllen. Ein Beispiel für nicht personifizierte Agenten ist der von der Firma Microsoft verwendete Assistent zur Diagrammerstellung. Einen nicht personifizierten Guide haben wir bei der bereits beschriebenen Multimedia-Fallstudie[3] implementiert. Dabei ist die Bedienung der Anwendung so konzipiert, dass aufgrund der konstanten Funktionsauslösung und der einprägsamen Bildmetaphern die Bedienung der Fallstudie intuitiv möglich ist. Beim Benutzer entsteht dabei der Eindruck, dass die Anwendung ihn „von selbst" zu den einzelnen Informationsbausteinen führt.[4] Die Guide-Rolle ist indirekt durch die Anordnung der Funktionen für den Benutzer erschließbar („guessable").

Das Konzept der Guide-Rolle ist noch relativ jung. Die Forschungen gehen in die Richtung der intelligenten Agenten oder der intelligenten Guides oder Tutoren. In der angelsächsischen Fachliteratur wird dazu auch der Begriff „Intelligent Front-End" benutzt. Dabei wird versucht

---

[1]  Oberkofler; Schuster, 1995, S. 150
[2]  Wir gaben der Anwendung den Namen CAPI = Computer Assisted Personal Interviewing.
[3]  siehe dazu Punkt 3.4.6
[4]  vgl. Jarz; Kainz; Walpoth, 1996

den Guide-Rollen dynamische Konzepte zugrunde zu legen, die sich automatisch an die jeweilige Situation und vor allem an die Eigenheiten und Vorlieben des jeweiligen Benutzers anpassen.[1] Dazu eignen sich wissensbasierte oder neuronale Komponenten. Langfristiges Ziel kann dabei nur sein, ein vergleichbares, menschliches Äquivalent in elektronischer Form zu schaffen. Größtes Problem dieser Forschungen ist dabei die Transformation von Semantik zur Syntaktik. Der semantische Inhalt, den der Benutzer als Wunsch äußern kann, muss in entsprechende syntaktische Codierungen transformiert werden. Problem dabei ist, dass Rückschlüsse auf den tatsächlichen Willen des Benutzers nur über Auswertungen bereits getätigter Interaktionen erfolgen können. Solange nur teilintelligente Guide-Rollen erzeugt werden können, die lediglich den Eindruck erwecken, sie könnten den Benutzerwillen richtig interpretieren, scheint mir die Verwendung dieser visuell codierten, teilintelligenten, personifizierten User-Rollen nicht sinnvoll. Es würden dabei Erwartungshaltungen geweckt, die nicht erfüllt werden können und dann entweder zur Frustration oder zur Lächerlichkeit führen.

### 4.6.7 Gestaltungsgrundsätze

Multimediale Lern- und Masseninformationssysteme sind Softwaresysteme und müssen somit sowohl den allgemeinen Kriterien menschengerechter Arbeit als auch speziellen Kriterien zur Bewertung ergonomischer Software entsprechen. Dazu existiert eine breite Basisliteratur, die auch in Normungsgremien wie der ISO und der DIN Eingang gefunden hat.[2] Für die hier behandelte Themenstellung sind sie zwar als Rahmenbedingungen relevant, gelten aber für alle anderen Systeme analog. Deshalb wird hier auf die Literatur verwiesen,[3] und nur auf die speziell für das Storyboard wichtigen Grundsätze näher eingegangen. Diese hier präsentierten Grundsätze sind von mir induktiv vorgenommene Abstraktionen sowohl aus eigenen Erfahrungen bei der Entwicklung multimedialer Systeme, als auch aus unterschiedlichen Literaturquellen, die mehr oder weniger explizit auf diese Prinzipien hinweisen. Letztlich sind diese Grundsätze jedoch heuristische Thesen.

Die gestalterischen Grundsätze[4] kommen beim ersten Screendesign – beim Skribble im Treatment – zum Tragen. Dabei sind sie als Grundsätze im österreichischen Sinn zu verstehen, das heißt, es gibt Ausnahmen vom Grundsatz, die bewusst zu bestimmten, gewünschten – oft sogar sehr kreativen – Effekten führen können.

---

[1]  vgl. Schoop, 1992
[2]  siehe z.B. die Grundsätze zur Dialoggestaltung in der DIN 66 234, Teil 8: Aufgabenangemessenheit, Selbsterklärungsfähigkeit, Steuerbarkeit, Verlässlichkeit, Fehlertoleranz und Fehlertransparenz
[3]  Siehe z.B. Bullinger, 1985 oder Balzert, 1990. Eine etwas konkretere Ausführung für multimediaspezifische Belange findet sich in Eberharter, 1995, S. 77ff
[4]  siehe dazu auch erste Ausführungen bei Lopuck, 1996, S. 52

- **Mehrfachcodierung**

  Der Erinnerungseffekt von Informationsdarstellungen kann durch das gleichzeitige Ansprechen mehrerer Eingangskanäle gesteigert werden. Wesentliche Elemente sollten mehrfach codiert sein. Eine Mehrfachcodierung lässt sich erreichen

  ⇒ innerhalb der Informationsart

  Hier werden unterschiedliche Inhaltsbereiche (Informationszusammenhänge), die mit der gleichen Informationsart dargestellt werden, über allgemeine Gestaltungsparameter wie z.B. Farbe oder Elementenanordnung, unterschiedlich codiert. So kann etwa die Farbe des Hintergrunds in einem Informationszusammenhang rot, in einem anderen grün sein. Diese Mehrfachcodierung innerhalb einer Informationsart haben wir bei der SOWI-CD eingesetzt. Die Anwendung hatte fünf große Informationszusammenhänge: Geschichte, Zukunft, Organisationen und Aktivitäten der SOWI-Fakultät Innsbruck und die angebotene Ausbildung. Dazu kam noch die Übersichtsszene. So wurden sechs unterschiedliche Farben für die gleiche Hintergrundstruktur gewählt. Die Farbwahl erfolgte dabei nach psychologischer Ordnung der Farben: Grau für die Übersicht, Dunkelblau für die Geschichte, Gelb für die Zukunft, Rot für die Aktivitäten, Grün für die Organisationen und Hellblau für die Ausbildung.

  ⇒ durch unterschiedliche Informationsarten

  Entsprechend der Dual-Coding-Theory von Paivio[1] und dem Lernmodell von Vester[2] ist es sinnvoll, die gleichen Informationsinhalte durch eine Kombination von unterschiedlichen Codierungen (Informationsarten) anzubieten. Die Wahl der richtigen Kombination der Informationsarten sollte gemäß deren Stärken und Schwächen erfolgen.[3]

- **Interaktionstransparenz**

  Der Grundsatz der Interaktionstransparenz bedeutet, dass der Benutzer jederzeit erkennen kann, sowohl welche Interaktionseinrichtungen ihm in einer Szene zur Verfügung stehen, als auch was die Auswirkungen seiner Interaktion sind. Ein Beispiel dazu ist das Drücken einer virtuellen Taste (Button) mit der Maustaste. Wenn der Benutzer die Maus über die Taste bewegt, so löst er das Ereignis „Eintritt“ aus[4] und es erscheint beispielsweise statt dem Zeiger als Mauscursor eine symbolisierte Hand mit ausgestrecktem Zeigefinger. Dem Benutzer wird so angezeigt, dass hier ein aktivierbarer Informationsbaustein vorliegt. Wenn der Benutzer den Button gedrückt hat, so sieht er sofort die Auswirkung seiner Interaktion dadurch, dass z.B. der Button invertiert, also „gedrückt“ dargestellt ist. Rükgauer[5] berichtet aufgrund der Evaluation seines elektronischen Möbelkatalogs, dass

---

[1]  vgl. Paivio, 1971
[2]  vgl. Vester, 1980
[3]  vgl. dazu den Punkt 4.5.12
[4]  siehe dazu Punkt 2.4.5
[5]  Rükgauer, 1996

die Benutzer dadurch verwirrt waren, dass Buttons in einer bestimmten Szene zwar vorhanden, aber nicht aktivierbar waren, ohne dass dies visuell angezeigt worden ist (z.B. grau oder invertiert).

- **Metaphernkonsistenz**

  Der Grundsatz der Metaphernkonsistenz besagt, dass die Stilmittel, die in der Anwendung verwendet werden, mit den kognitiven Modellen aus der Alltagswelt der Benutzer übereinstimmen sollen. Grundlegend für die Metaphernbildung sind die literarischen Begriffe der *Metonymie* und *Synekdoche*, die die konnotative Bedeutung prägen. Metonymie ist eine Redewendung, in der ein assoziiertes Detail benutzt wird, um eine Idee oder eine Vorstellung darzustellen. Also etwa die Krone als Zeichen für die Idee des Königtums. Synektoche ist eine Redewendung, in der ein Teil für das Ganze oder das Ganze für einen Teil steht. Also z.B. das Auto für den Motor oder das Rad für das Auto.[1] Wenn beispielsweise in der Anwendung eine virtuelle Taste betätigt wird, so ist eine sinnvolle Metaphernkonsistenz etwa ein Ton, der das Klicken einer physikalischen Taste simuliert. Dadurch wird die Metapher konsistent, der Benutzer hat den Eindruck, tatsächlich eine Taste gedrückt zu haben. Wesentlich für die Metaphernkonsistenz ist vor allem die visuelle Codierung. Die grafischen Symbole müssen „guessable"[2] sein. Was jedoch für Benutzer eine richtige Metapher ist, ist von Kultur zu Kultur verschieden. Rükgauer[3] zeigt in der Evaluation seiner Anwendung, dass die Metapher des Einkaufswagens in seinem elektronischen Möbelkatalog falsch interpretiert worden ist. Die Benutzer dachten, sie müssten das ausgewählte Mobiliar tatsächlich kaufen, obwohl die Funktion dieser Taste eigentlich nur zum Zusammenstellen unterschiedlicher Möbel gedacht war.

- **Interaktionskonsistenz/ Funktionskohärenz**

  Gleiche Funktionen sollen innerhalb einer Anwendung immer am selben Platz und in der selben Informationsdarstellung präsentiert werden. Umgekehrt müssen aber auch gleiche Informationsdarstellungen (z.B. ein Symbol) immer die gleiche Funktion zur Verfügung stellen. Wenn beispielsweise Klangelemente verwendet werden, um jene Bereiche zu kennzeichnen, die „aktiv" sind, also wo geplante Reaktionen erfolgen, so sollte in der gesamten Anwendung keine aktive Stelle vorkommen, die nicht mit einem Klang gekennzeichnet ist. Hasebrook zeigt dazu Ergebnisse einer empirischen Untersuchung an der Universität Darmstadt mit Textverarbeitungsprogrammen. Ein Programm mit konsistenten Tastenbefehlen wird schneller erlernt, als ein inkonsistentes.[4] Der Grundsatz der Interaktionskonsistenz/ Funktionskohärenz lässt sich auch auf die Konsistenz von Funktionsaufrufen zwischen Anwendungen anwenden. So sind beispielsweise Anwender von

---

[1] Monaco, 1980, S. 149

[2] vgl. dazu Punkt 4.5.5.3

[3] Rükgauer, 1996

[4] Hasebrook, 1995, S. 219

grafischen Betriebssystemen der Firma Microsoft gewohnt, dass durch drücken der F1-Taste eine Hilfefunktion aufgerufen wird. Dementsprechend muss auch bei multimedialen Anwendungen, die auf diesem Betriebssystem aufsetzen, ebenfalls die Hilfefunktion mit der F1-Taste aktiviert werden können. Bei plattformübergreifenden Anwendungen ist dabei zu berücksichtigen, dass Anwenderkreise jedes Betriebssystems unterschiedlicher Hersteller eine eigene Kultur bilden, die unterschiedliche Funktionen erwarten. So wird etwa in Windows-Umgebungen mit der Tastenkombination „Alt-F4" eine Anwendung beendet. Bei Anwendungen auf dem Betriebssystem von Apple wird diese Funktion über die Tastenkombination „Befehlstaste-Q" erreicht.

- **Erwartungsmapping**
  Der Grundsatz des Erwartungsmappings geht davon aus, dass Benutzer eine bestimmte Vorstellung, eine Erwartung von einer Anwendung haben. Das Erwartungsmapping ist dann erfolgreich, wenn die Erwartungen erfüllt oder übertroffen werden. Rükgauer berichtet von missglücktem Erwartungsmapping bei Teilen seines elektronischen Möbelkatalogs. Die Benutzer erwarteten aufgrund der multimedialen, färbigen Aufmachung, alle Möbel als Bild zu sehen und waren enttäuscht, als sie für viele Möbelstücke nur Grafiken (Skizzen) zu sehen bekamen.[1] Der Grundsatz des Erwartungsmappings führt dazu, dass die multimedialen Anwendungen einen immer höheren Standard erreichen. Was der Benutzer erwartet, richtet sich so nach dem bereits Gesehenen. Damit wird die Entwicklungsspirale und das Lebenszyklusmodell auch hier deutlich: Informationsarten wie 2 ½ D-Objekte und Welten, die noch eher selten zu finden sind, werden schon in Kürze zum Standard gehören und in nicht allzu ferner Zeit schon fast ein Muss darstellen.

- **aktive Orientierungsunterstützung**
  Bei der Navigation in komplexen Systemen müssen dem Benutzer einerseits durchgängige Informationsdarstellungen zur Verfügung gestellt werden, die ihm jederzeit anzeigen, wo er sich befindet und ihm gleichzeitig durch diese Anzeige die Möglichkeit geben, zu den benachbarten oder den hierarchisch vorausgegangenen Elementen zu springen.

- **Weniger ist mehr**
  Der Grundsatz des „weniger ist mehr" meint die Reduktion der Funktionen auf jene wichtigen Elemente, die ein Benutzer in einer Szene zur selben Zeit gerade braucht. Überfüllte und überladene Bildschirme verwirren mehr, als sie nützen.[2]

- **Transparenz**
  Transparenz bedeutet, dass ein gutes Interface-Design unbemerkt bleibt. Wenn Benutzer erst viel Zeit investieren müssen, um die Möglichkeiten des Interface-Designs herauszu-

---

[1]  Rükgauer, 1996
[2]  Dieser Grundsatz ist vergleichbar mit dem Konzept des KISS (keep it simple and short).

finden, werden sie vom Inhalt abgelenkt. Transparenz heißt, dass das System weitgehend auch selbsterklärend arbeitet und Hilfefunktionen eigentlich unnötig macht.

- **Interaktionsminimierung**

  Zum Erreichen wichtiger und häufig benötigter Funktionen sollten nicht mehr als drei Interaktionen (z.B. Mausklicks) benötigt werden.[1] Zu tief verschachtelte Hierarchien verstoßen oft gegen diesen Grundsatz, wenn sie keine direkten Sprungmöglichkeiten, von z.B. Ebene 3 in Ast 2 zu Ebene 4 in Ast 1, erlauben. In diesem Beispiel wären so 5 Interaktionen notwendig.

Folgende technische Grundsätze lassen sich für das Storyboard als Richtlinien für die Entwicklung ableiten:

- **Benutzerkontrolle**

  Der Benutzer muss jederzeit die Kontrolle über das System erlangen können. Insbesondere bei kontinuierlichen Informationsarten muss der Benutzer in der Lage sein, diesen linearen Vorgang zu steuern bzw. abzubrechen. Mathis berichtet in seiner Evaluierung des ersten multimedialen Lernsystems, das am Institut für Wirtschaftsinformatik der Universität Innsbruck entstanden ist,[2] dass Animationen, die nicht abgebrochen werden konnten, vom Benutzer als massive Störung empfunden wurden.[3]

- **Akzeptable Qualität der Informationsdarstellungen**

  Die technische Perfektion der Informationsarten spielt eine wesentliche Rolle bei der Benutzerakzeptanz. Vor allem kontinuierliche Informationsarten haben in Standard-PC-Systemen meist noch nicht jene Qualität, die der Benutzer aus Film und Fernsehen gewohnt ist. Auch hier hängt die Qualität stark von den Erwartungen der Benutzer ab. War 1990 eine rein digitale Informationsdarstellung als Film auf herkömmlichen PC-Systemen noch eine Sensation, bei der die Briefmarkengröße und die nicht ganz synchrone Abfolge akzeptiert wurde, so sind die Erwartungen der Benutzer inzwischen soweit gestiegen, dass ruckelnde Filme nicht mehr als zeitgemäß empfunden werden. In der von mir gemeinsam mit Kainz und Walpoth entwickelten Multimedia-Fallstudie[4] war bei den ersten drei Teams, die damit arbeiteten, die Farbtiefe für die Grafikkarte falsch eingestellt und die Filmsequenzen erschienen leicht ruckartig und nicht in gewohnter Farbqualität. Dieser technische Mangel wurde bei der Evaluierung sofort kritisiert und als "schlecht gefallen" bewertet. Der Mangel hatte signifikante Auswirkungen auf die Gesamtbewertung der Fallstudie dieser drei Teams.

---

[1] siehe auch Lopuck, 1996, S. 52

[2] vgl. Pesendorfer, 1993

[3] Mathis, 1994

[4] siehe dazu die Ausführungen in Punkt 3.4.6 bzw. Jarz; Kainz; Walpoth, 1996

- **Systemfeedback in akzeptablen Antwortzeiten**

Das System muss dem Benutzer auf seine Interaktionen ein Feedback in akzeptabler Antwortzeit liefern. Werden die Antwortzeiten überschritten, so ist die Systemreaktion für den Benutzer nicht mehr eindeutig seiner Interaktion zuordenbar. Es kommt zur Störung des Interaktionsprozesses. Die Aufmerksamkeit des Benutzers wird abgelenkt und der Gedankenfluss unterbrochen. In Tabelle 27 sind gerade noch akzeptable Antwortzeiten als Ergebnisse einer empirischen Untersuchung von Istanbulli angegeben.

| Tätigkeit | Definition der Antwortzeit (Zeit zwischen...) | Annehmbares Maximum in Sekunden |
|---|---|---|
| Eingabe im System | Tastenbetätigung und Antwort | 0,1 bis 0,2 |
| Eröffnung des Dialogs (Aufruf des Systems) | Anfrageende und Antwort | 3,0 |
| Einfache Anfragen | Anfrageende und Antwort | 2,0 |
| Komplexe Anfragen | Anfrageende und Antwortanfang | 5,0 |
| Seiten blättern | Anfrageende und die ersten sichtbaren Zeilen | 1,0 |
| Querlesen einer Seite | Anfrageende und Fortschreiben des Textes | 0,5 |
| Funktion auswählen | Funktionsauswahl und Antwort | 2,0 |
| Zeigen (Markieren) | Eingabe des Markierpunktes und Erscheinen des Punktes | 0,2 |
| Manipulative grafische Darstellung | Anfrageende und Antwortanfang | 10,0 |
| Eingabe durch Lichtstift | Betätigung des Lichtstifts und Antwort | 1,0 |

*Tabelle 27: Maximal akzeptable Antwortzeiten[1]*

In Tabelle 28 sind zusammenfassend die beschriebenen Grundsätze angeführt.

| Gestaltungsgrundsätze | Technische Grundsätze |
|---|---|
| • Mehrfachcodierung<br>• Interaktionstransparenz<br>• Metaphernkonsistenz<br>• Interaktionskonsistenz/ Funktionskohärenz<br>• Erwartungsmapping<br>• Aktive Orientierungsunterstützung<br>• Weniger ist mehr<br>• Transparenz<br>• Interaktionsminimierung | • Benutzerkontrolle<br>• Akzeptable Qualität der Informationsdarstellungen<br>• Systemfeedback in akzeptablen Antwortzeiten |

*Tabelle 28: Überblick über die Grundsätze multimedialer Anwendungen*

---

[1] nach Istanbulli, 1985

Die gestalterischen und technischen Gestaltungsgrundsätze sind vergleichbar mit notwendigen Bedingungen, die für die Akzeptanz einer multimedialen Anwendung wichtig sind. Sie sind allerdings keine hinreichenden Bedingungen für den Erfolg der Anwendung. Damit lässt sich ein Vergleich mit der Zwei-Faktoren-Theorie von Herzberg[1] herstellen: die Gestaltungsgrundsätze sind eine Art Hygienefaktor, die nur eine Unzufriedenheitsskala beeinflussen. Sind sie ausreichend erfüllt so ergibt sich nur eine geringe Unzufriedenheit, werden sie missachtet, so wächst die Unzufriedenheit. Von der Unzufriedenheitsskala völlig unabhängig ist die Zufriedenheitsskala, die als Motivationsfaktor zu sehen ist, und die vom gesamten inhaltlich-didaktischen Setting nach der UCIT[2] beeinflusst wird.

## 4.6.8 Kulturelle Einflüsse

Die Entwicklung des Storyboards ist durch kreative, persönliche Elemente geprägt. Jeder Entwickler hat einen spezifischen kulturellen Hintergrund, der sowohl vom geografischen Kulturraum, als auch vom milieubedingten Umfeld geprägt ist. Zusätzlich entstehen noch Einflüsse aus der jeweiligen spezifischen Unternehmenskultur. Der Benutzer hat ebenfalls einen nicht minder komplexen kulturellen Hintergrund. Decken sich die Kulturen in ihren Geisteshaltungen, Werten, Normen, Riten und Sprachgewohnheiten weitgehend, so werden sich Akzeptanzprobleme einer multimedialen Anwendung in Grenzen halten. Ist der kulturelle Hintergrund von Entwickler(team) und Anwender nur wenig deckungsgleich, treten Kommunikationsschwierigkeiten auf. Die Möglichkeiten dieser Schwierigkeiten sind in Watzlawicks Konzept der Dreiteilung in Konfusion-Desinformation-Kommunikation plastisch dargestellt.[3]

Bei der Entwicklung multimedialer Anwendungen muss auf diese Kulturdifferenz geachtet werden. Dazu dient die Analyse der Benutzerrolle und des Bezugsrahmens im Exposé.[4] Die dabei gewonnenen Einsichten in kulturelle Besonderheiten der Benutzerrolle haben Auswirkung in folgenden wesentlichen Bereichen:

- Bildschirmaufteilung und Screendesign
  Beide Elemente sind wesentlich von den Schreib- und Lesegewohnheiten abhängig.

- Wirkung von Farben
  Farben haben in vielen Kulturkreisen ganz spezifische Bedeutungen, die letztlich auf den Inhalt semantisch abgestimmt werden müssen.

- Wirkung von Sprache
  Jeder Kulturraum hat eine spezifische Sprache mit spezifischer Sprachfärbung (Dialekt),

---

[1] vgl. Herzberg, 1966
[2] siehe dazu Punkt 3.3.7
[3] vgl. Watzlawick, 1995
[4] vgl. Punkt 4.6.4

die Sprecher von anderen Kulturräumen als „Fremde" identifizieren, und damit entsprechende Abwehrhaltungen oder völlige Kommunikationsbarrieren bewirken können.

- Wirkung von Grafiken
  Die Komposition von Grafiken für dekorative Funktionen ist wesentlich von der Eigenheit des kulturellen Hintergrunds geprägt. Insbesondere Aufmachung und Stil einer Grafik lassen Rückschlüsse auf die kulturelle Abstammung zu.

- Erkennung von Symbolen
  Symbole sind sehr kulturspezifisch. Selbst Verkehrszeichen sind von Land zu Land unterschiedlich. Symbole sind tief mit einer Kultur verbunden und daher ist deren richtige Interpretation entscheidend vom kulturellen Hintergrund abhängig. Symbole mit unterschiedlicher Bedeutung können sehr schnell zur Frontenbildung beitragen, da sie meist emotional besetzt sind. Da in multimedialen Anwendungen sehr viele Symbole verwendet werden (z.B. Icons), ist die Beachtung von Unterschieden bei der Symboldarstellung bereits im Entwurf wichtig.

- Metaphernkonsistenz
  Benutzer haben ihrem Kulturraum entsprechend bestimmte Schemata. Die wesentlichen Metaphern einer Anwendung müssen diesen Schemata angepasst werden, um den Grundsatz der Metaphernkonsistenz aufrechtzuerhalten.

- Interaktionskonsistenz/ Funktionskohärenz
  Gewohnte Interaktionseigenheiten existieren nicht nur innerhalb eines geografischen, sondern auch innerhalb eines betriebssystemspezifischen Kulturraums. Anwender, die auf „ihr" Betriebssystem schwören, erwarten sich auch gewohnte Funktionen mit der gewohnten Bedienung.

Die Entwicklung einer Anwendung ist somit nicht einfach von einem Kulturraum in den nächsten übersetzbar. In jedem Fall sollte zumindest eine Überprüfung stattfinden, ob und welche kulturellen Differenzen bestehen. Da die Entwicklung multimedialer Systeme kostenintensiv ist, ist das Bestreben nach einem größeren Markt und damit der Export in andere Kulturräume als legitimes Ziel der Wirtschaftlichkeit anzusehen. Unter dieser Diktion wird jedoch auf eine kulturelle Adaption meist verzichtet. Dieses Manko wird aber durch die Möglichkeiten und Wirkungen von internationalen Massenmedien relativiert. In der Werbebranche werden deshalb Werbungen, die ja gerade kulturelle Eigenheiten beachten müssen, nicht mehr länderspezifisch (mit Ausnahme der Sprache) entwickelt, sondern mehr nach Kundensegmenten, die sich – zumindest in der für die Konsumgüterindustrie wichtigen Ersten Welt – länderspezifisch nicht mehr sehr voneinander unterscheiden.[1] Der Benutzer wird damit zum Kosmopolit, die Kultur wächst nicht mehr von innen, sondern wird durch Firmenphilosophien

---

[1]  Schweiger; Schrattenecker, 1992, S. 174ff

geradezu vorgegeben. Die Marktstrategie von Coca Cola ist bestes Beispiel dafür. Kulturelle Einflüsse lassen sich aber dennoch nicht negieren und sind in der Design- oder Adaptionsphase eines guten multimedialen Lern- oder Masseninformationssystems zu berücksichtigen.

# 5 BESONDERHEITEN BEI DER SYSTEMPLANUNG VON MULTIMEDIALEN LERN- UND MASSEN-INFORMATIONSSYSTEMEN

## 5.1 Systemplanung als Gestaltungsansatz

Multimediale Lern- und Masseninformationssysteme sind Anwendungssoftwareprodukte. Durch die ingenieurmäßige Methodik des Software-Engineerings wurde versucht den Prozess zur Entwicklung von Software zu rationalisieren und auf hohem technischen Niveau zu gestalten. Der Begriff des Software Engineering wurde Ende der 60er Jahre geprägt, zu einer Zeit, als sich die Softwareentwicklung bei zunehmendem EDV-Einsatz in einer kritischen Phase befand. Die Kosten der Softwareentwicklung stiegen absolut und relativ zu den Hardwarekosten. Zahlreiche große EDV-Projekte scheiterten oder waren sehr fehleranfällig. Die Softwareentwickler wurden den zunehmenden Anforderungen der Softwareprodukte nicht mehr gerecht.[1] In dieser Situation, in der von einer Softwarekrise gesprochen wurde, entstand die Suche nach methodischen Ansätzen, die sich an wissenschaftlich fundierten Prinzipien und Theorien orientieren sollten. Die Mehrzahl der Softwareengineering-Vertreter, vor allem aus dem akademischen Hochschulbereich, setzten ausschließlich auf neue technische Methoden (z.B. Programmiertechniken) für die eigentliche Softwareerstellung, um der Softwarekrise zu entkommen.

Den meisten der in der Softwaretechnik diskutierten Methoden und Modellen ist gemein, dass sie sich vorwiegend der operativen Ebene eines Softwareengineering-Projekts zuordnen lassen. Ihr konkreter Einsatz im Rahmen einer professionellen Systementwicklung muss jedoch noch nicht festgelegt sein. Die Einordnung ihrer Anwendung in Softwareengineering-Projekten erfolgt durch Softwareprozessmodelle.

Softwareprozessmodelle oder auch nur Vorgehensmodelle stellen somit einen Versuch dar, einen systematischen Rahmen für das Zusammenwirken und die Anwendungsweise von einzelnen Methoden und Modellen der eigentlichen Softwareentwicklung zu liefern. In den 60er Jahren wurde der „klassische" Modellansatz des Lebenszyluskonzeptes entwickelt, der die wichtigsten Tätigkeiten und Vorgehensweisen der Softwareentwicklung in angemessener Weise zu beschreiben vermag und bis heute einen nachhaltigen Einfluss auf die Organisation

---

[1]    vgl. Gabriel, 1990, S. 259

von Softwareengineering-Projekten ausgeübt hat. Das Lebenszyklusmodell postuliert einen Entwicklungsprozess, der aus einer Sequenz von aufeinanderfolgenden Phasen besteht.[1]

Als Eingabe für die einzelnen Phasen werden wohldefinierte Informationen in Form von Produkten und/ oder Dokumenten verlangt, die anschließend in bestimmten Prozessen verarbeitet werden. Meist werden folgende Projektphasen voneinander abgegrenzt: Problemanalyse und Anforderungsdefinition, Grob- und Feinspezifikation, Realisierung, Systemtest, Inbetriebnahme und Wartung. Die Ergebnisse einer einzelnen Phase werden an die nächste Phase weitergeleitet. Die einzelnen Phasen sind klar voneinander abgegrenzt und werden erst dann verlassen, wenn in einem Verifikations- und Validierungsschritt ihre Ergebnisse bestätigt worden sind. Dieses Phasenmodell entspricht bildlich einem Wasserfall, bei dem die Phasen einzelne Stufen darstellen und die Phasenergebnisse von einer Stufe zur nächsten fließen.

Insgesamt betrachtet endet jede Phase im Wasserfall-Modell mit der Erstellung eines Dokumentes, in dem die Ergebnisse der Arbeit festgehalten sind und nach Möglichkeit für die darauffolgende Phase aufbereitet werden. Aus diesem Grund wird das Wasserfall-Modell von Boehm[2] auch als "document-driven" charakterisiert, was dazu führen kann, dass der Komplexität der zu erstellenden Softwareprodukte eine komplexe Softwarebürokratie entgegengestellt wird. Boehm kritisiert in diesem Zusammenhang, dass der Projektfortschritt dann häufig mit dem Durchsatz an Dokumenten gleichgesetzt wird.

Mit dem Phasenschema des Lebenszyklusansatzes (Software life cycle) und darauf aufbauenden präskriptiven Aufgabenkatalogen, ist die traditionelle Auffassung über Vorgehensmodelle in der Softwareentwicklung im wesentlichen umrissen. In den späten 60er Jahren zeigte sich, dass beim Projektmanagement nach dem Wasserfall-Modell erhebliche Probleme auftraten. Da Rückmeldungen über die Qualität der Software erst zu späten Zeitpunkten im Projektablauf eingeplant sind, findet Qualitätssicherung erst kurz vor der Inbetriebnahme statt. Sommerville weist darauf hin, dass Fehler, die in frühen Phasen begangen werden und für lange Zeit unerkannt bleiben, in den späten Phasen außerordentlich hohe Kosten verursachen. In der einschlägigen Literatur wird dem klassischen Lebenszyklusmodell daher nur noch der Status eines generellen Modells eingeräumt. Eine eingehende Kritik des Wasserfall-Modells wird von Keller[3] angeboten:

- Das Modell geht von der falschen Annahmen aus, dass der Entwicklungsprozess völlig geradlinig verläuft und Iterationen nur im Ausnahmefall erforderlich sind.

- Das sequentielle Vorgehen in diesem Modell impliziert, dass fertige Produkte oder Zwischenergebnisse erst sehr spät vorliegen. Infolgedessen müssen sich Benutzer und Auftraggeber lange gedulden, bis ihnen "greifbare" Ergebnisse vorgelegt werden können.

---

[1]   siehe Pomberger, 1990, S. 206
[2]   siehe Boehm, 1991, S. 32
[3]   Siehe Keller, 1989, S. 21 f

Auf diese Weise sind die Entwickler auch gezwungen, auf ein frühes Feedback zu verzichten.

- Das Konzept fordert, dass an den Phasenenden die Zwischenprodukte jeweils vollständig vorliegen, was in der Projektpraxis aber nur in Ausnahmefällen möglich ist.

- Die strenge Trennung der einzelnen Phasen in sequentielle Input/ Output-Folgen stellt eine unzulässige Idealisierung dar, da sich in der Projektpraxis die in den Phasen enthaltenen Tätigkeiten überlappen und sich das Zusammenwirken der verschiedenen Phasen als komplexer Vorgang gestaltet.

- Phasenübergreifende Vorgänge wie Qualitätskontrolle, Ressourcenverteilung oder Verifikation werden vernachlässigt.

- Auch wenn manche Phasentätigkeiten mit Methoden und Werkzeugen technisch wirkungsvoll unterstützt werden können, eignet sich das Modell insgesamt wenig, den Entwicklungsprozess zu automatisieren.

Trotz dieser Kritik ist es in der Projektpraxis jedoch keine Ausnahme, dass man sich vor allem in großen Softwareengineering-Projekten noch immer an dieser Modellvorstellung orientiert, wie dies etwa die Studie von Aschersleben et al.[1] belegt. Ausgedehnte Rückmeldungsschleifen in diesem Modell erhöhen die Projektaufgabenunsicherheit und damit auch die Gefahr des Scheiterns eines Projekts. Um die Rückmeldungszyklen in der Projektarbeit zu verkürzen, werden in der einschlägigen Literatur als alternative Systembeschreibungsmodelle vor allem das Prototyping-Modell, aber auch das wissensbasierte Modell genannt. Von diesen beiden Modellen hat sich bisher nur der Prototyping-Ansatz in der Projektpraxis bewährt.[2]

Ausgangspunkt des Prototyping ist ein generisch offenes Lebenszyklusmodell, bei dem die Phasen zusammen mit ihren Ein- und Ausgaben je nach situativer Zweckmäßigkeit unterschiedlich definiert und erweitert werden können. Beim Prototyping kann es auch zulässig sein, gleichzeitig Tätigkeiten, die verschiedenen Phasen angehören, auszumerzen. Weiters ist es auch denkbar, die Voraussetzung fallen zu lassen, in jeder Phase nur mit dem Gesamtsystem zu arbeiten. Statt dessen ist es möglich, mit Teilsystemen oder Vorversionen mit unterschiedlicher Komplexität zu arbeiten. Dieses iterativ-zyklische Projektablaufmodell ermöglicht zwar eine Verkürzung der Rückmeldungsschleifen, aber diese müssen jetzt erst durchlaufen werden.

Prototyping ist kein eindeutiges Verfahren, sondern bezeichnet eine Reihe von denkbaren Vorgehensweisen zur Verbesserung des Softwareprozesses. Dabei findet sich in der Literatur

---

[1]  Siehe Aschersleben, 1989
[2]  vgl. Pomberger, 1990, S. 228

häufig die Einteilung in exploratives, experimentelles und evolutionäres Prototyping, die sich aus den unterschiedlichen Zielen des Prototyping ergibt.[1]

- Exploratives Prototyping

   hat als Ziel eine möglichst vollständige Systemspezifikation. Der Zweck ist, den Entwicklern einen Einblick in den Anwendungsbereich zu ermöglichen, mit den Anwendern verschiedene Lösungsansätze zu diskutieren und die Realisierbarkeit des geplanten Systems in einem gegebenen organisatorischen Umfeld abzuklären. Ausgehend von ersten Vorstellungen über das geplante System wird ein Prototyp entwickelt, der es erlaubt, die Vorstellungen anhand konkreter Anwendungsbeispiele zu prüfen und die erwünschte Funktionalität sukzessive auszuloten. Maßgeblich dabei ist nicht die Qualität der Konstruktion des Prototyps, sondern die Funktionalität, die leichte Veränderbarkeit und auch die Kürze der Entwicklungszeit.

- Experimentelles Prototyping

   Das Ziel ist eine vollständige Spezifikation der softwaretechnischen Aspekte als Grundlage für die Implementierung. Der Zweck ist, die Tauglichkeit von Objektspezifikationen, von Architekturmodellen und von Lösungsideen für einzelne Systemkomponenten experimentell nachzuweisen. Ausgehend von ersten Vorstellungen über die Zerlegung des Systems wird ein Prototyp entwickelt, der es erlaubt, die Wechselwirkungen zwischen den Systemkomponenten zu simulieren, anhand konkreter Anwendungsbeispiele die Adäquanz der Schnittstellen und die Flexibilität der Systemzerlegung im Hinblick auf Erweiterungen im Experiment zu erproben. Für die Qualität der Prototypen gilt Gleiches wie beim explorativen Prototyping.

- Evolutionäres Prototyping

   Das Ziel ist eine inkrementelle Systementwicklung, d.h. eine sukzessive Entwicklungsstrategie, bei der zunächst ein Prototyp für die von vornherein klaren Benutzeranforderungen erstellt wird. Das Ergebnis dient als Basissystem für den Anwender und für den nächsten Schritt, in dem neue Benutzeranforderungen integriert werden und der Prozess von neuem beginnt. Damit verliert Systementwicklung den Charakter eines abgeschlossenen Projekts und wird ein Prozess, der die Anwendung ständig begleitet. Die Grenzen zwischen Prototyp und Produkt verschwimmen dabei.

Neben verschiedenen Arten des Prototyping lassen sich auch bei den Prototypen selbst verschiedene Arten unterscheiden wie beispielsweise vollständiger und unvollständiger Prototyp einerseits, sowie Wegwerf- und wiederverwendbarer Prototyp andererseits.

Zusammenfassend zeigt sich sowohl beim "klassischen" Lebenszyklusmodell als auch beim Prototyping, dass keine expliziten Größen vorgegeben werden, die dem Umfang und der

---

[1]   vgl. z.B. Pomberger, 1990, S. 226 oder Heinrich, 1990, S. 209

Komplexität eines Softwareengineering-Projekts Rechnung tragen. Darüber hinaus fehlen Anhaltspunkte für die Festlegung des weiteren Vorgehens, wenn Alternativen bestehen. Solche Alternativen sind beim Wasserfall-Modell beispielsweise die Möglichkeiten zum Zurückspringen in vorhergehende Phasen sowie der vorzeitige Projektabbruch. So wird zwar durch die Definition der Phasen die Komplexität der Aufgabensituation reduziert, aber die Unsicherheit bezüglich der Ergebnisse bzw. das tatsächliche Projektrisiko bleibt weitgehend unberücksichtigt.

Dieser Mangel an Steuerungsgrößen in herkömmlichen Softwareprozessmodellen wird von Boehm und Belz[1] ausführlich kritisiert. Sie fordern statt dessen Modelle, in denen anhand messbarer Größen Aussage über den Stand der Entwicklung und über das weitere Vorgehen getroffen werden können. Als typisches Beispiel nennt Boehm das von ihm entwickelte Spiralmodell, welches im Gegensatz zum dokumentengesteuerten Wasserfall-Modell dem hohen Projektrisiko in der Softwareentwicklung gerecht werden soll. Dies erfolgt seiner Meinung nach dadurch, dass zum frühest möglichen Zeitpunkt existierende Projektrisiken untersucht und somit berücksichtigt werden können. Deshalb nennt Boehm sein Spiralmodell auch ein risikogesteuertes Softwareprozessmodell, in dem das verbleibende Risiko als Steuerungsgröße dient. Boehm unterstreicht beim Spiralmodell, dass es sich um ein offenes Softwareprozessmodell handelt, da es beispielsweise andere Modelle wie das Wasserfall-Modell oder Ansätze wie das Prototyping beinhalten kann. Er vermeidet mit seinem Ansatz auch die in der Projektpraxis kaum durchführbare Forderung des Wasserfall-Modells, dass die gesamten Anforderungen bereits in den frühen Phasen des Requirement-Engineering erarbeitet werden müssen. Damit der Abbruch einer Softwareentwicklung in einem wesentlich späten Projektstadium nicht mit einem allzu hohen Ressourcenverbrauch verbunden ist, kommt im Spiralmodell eine rollierende Entwicklung zum Einsatz. Der Projektfortschritt selbst wird im Spiralmodell durch die bereits angefallenen Kosten ermittelt. Esswein et al.[2] kritisieren in diesem Zusammenhang, dass die Betonung der bereits verbrauchten Ressourcen eine objektive Beurteilung des verbleibenden Restrisikos erschwert. Demzufolge wird suggeriert, dass die angefallenen Kosten nur bei einem Projektabbruch verloren gehen, bei einer noch so aufwendigen Projektfortführung jedoch sinnvoll eingesetzt werden. Weiters werden nach Meinung der Autoren in Boehms Spiralmodell keine Aussagen darüber gemacht, welche organisatorisch zu trennenden Funktionsbereiche im Softwareengineering-Projekt zu unterscheiden sind. Statt dessen konzentriert sich das Spiralmodell überwiegend auf Durchführungsaspekte der operationalen Softwareentwicklung und weniger auf dispositive Gesichtspunkte des Projektmanagements. Weiters muss eine mangelnde Festlegung der noch erforderlichen Ressourcen kritisiert werden, da im Spiralmodell lediglich die bereits aufgebrauchten Einsatzmittel berücksichtigt werden. Esswein et al. fordern deshalb in der Softwareentwicklung ein überge-

---

[1] Boehm, 1989
[2] Siehe Esswein, 1994, S. 31

ordnetes Managementmodell, damit Führungsaufgaben und sonstige dispositive Mechanismen wie beispielsweise die Vergabe und Koordination der Verantwortung für ein Softwareengineering-Projekt zur Verfügung stehen.

Heinrich weist darauf hin, dass diese und ähnliche Kritikpunkte am Konzept der Systemplanung auf zwei Arten von Missverständnissen zurückzuführen sind:[1] Erstens darauf, dass es *eine* Methodik der Systemplanung geben könne und zweitens darauf, dass es keine vom Planungskontext abhängigen Varianten der Methodikansätze geben könne. Letzteres ist aber aufgrund der Unterschiedlichkeit der Teilobjekte der Systemplanung und der Unterschiedlichkeit der Persönlichkeit und der Qualifikation der Systemplaner unwahrscheinlich. Die Frage der unterschiedlichen Methodik beantwortet Heinrich mit der Feststellung, dass die Systemplanung als Planungsmethodik durch

- die Verwendung eines Vorgehensmodells

- die Berücksichtigung des Systemansatzes

- die konsequente Unterscheidung zwischen logischen und physischen Modellen

- Datenorientierung

- Prototyping

gekennzeichnet ist.[2] Damit ist die Systemplanung eine vorausschauende, systematische Vorgangsweise, die als Gestaltungsansatz einen integrativen Methodenmix erlaubt, der mehr oder weniger eine Frage der persönlichen Präferenzen der einzelnen Systemplaner ist.

Für die Planung multimedialer Lern- und Masseninformationssysteme gilt dementsprechend der Systemplanungsansatz analog. Witte zeigt in seiner empirischen Untersuchung im deutschen Sprachraum, dass sich zur Entwicklung von Teachwaresystemen Phasenkonzepte und Prototypingkonzepte in etwa die Waage halten.[3] Auch die empirische Untersuchung von Biethahn, Hoppe und Kracke an Lehrstühlen der Mitglieder der WKWI[4] zeigt, dass exakt zu 50% Prototypingkonzepte und zu 50% Phasenschemata zur Entwicklung von Teachware eingesetzt werden.[5] Wird dabei beides als Methodikmix innerhalb der Systemplanung gesehen, so stärkt dies die Position des Systemplanungsansatzes als Handlungsrahmen, der auch für diese Arbeit Gültigkeit hat.

---

[1]  siehe Heinrich, 1990, S. 207
[2]  Heinrich, 1990, S. 209
[3]  vgl. Witte, 1995, S. 139
[4]  WKWI = Wissenschaftskommission Wirtschaftsinformatik
[5]  vgl. Biethahn; Hoppe, 1995, S. 13

## 5.2 Vergleich und Auswahl von Phasenschemata

Die Konstruktion von multimedialen Lern- und Masseninformationssystemen wird durch systematische Vorgangsweisen unterstützt. Durch die starke Benutzerorientierung multimedialer Systeme wurden allerdings bestehende Systemplanungskonzepte nicht (oder nur gering) berücksichtigt. Viele Autoren erstellten deshalb eigene Vorgehensmodelle.[1] Hoppe, Kretschmer, Teuber und Witte von der Universität Göttingen untersuchten die vier relativ konsistenten und speziell für Teachwaresysteme geeigneten Phasenmodelle von Lusti, 1992, Steppi, 1989, Götz; Häfner, 1991 und Bodendorf, 1990. Auf dem Vergleich aufbauend entwickelten sie ebenfalls ein eigenes, auf evolutionärem Prototyping basierendes Rahmenmodell zur Entwicklung von Teachware.[2]

In fast allen eigens für Teachware entwickelten Konzepten lassen sich jedoch die typischen Phasenschemata der Systemplanung wiederfinden, nur sind sie entweder nicht explizit dargestellt oder nicht entsprechend tief ausgeführt. Selbst im Göttinger Modell finden sich die Grundelemente des Phasenkonzeptes wieder. Da die Vorgehensmodelle für Teachwaresysteme nur die Entwicklung von Lernsystemen erlauben, sind sie in ihrer Anwendbarkeit relativ begrenzt. Damit wird unterstellt, dass das Vorgehen zur Entwicklung einer Software von der Art der Software abhängt. Somit müsste eigentlich für jede Anwendungskategorie ein eigenes Vorgehensmodell entwickelt werden. Diese Argumentation scheitert mit der Kategorisierung von Software, da eine überschneidungsfreie Klassifizierung nicht möglich ist. Würde also dieser Ansatz der „speziellen Phasenschemata" extrapoliert, so bräuchte es letztlich für jede Software ein eigenes Schema. Dann erübrigt sich jedoch jedes Schema, denn es muss bei jeder Neuentwicklung eigens erstellt werden und verliert somit die Berechtigung eines Schemas.

Die Alternative ist, dass ein allgemeines Phasenschema allgemein genug und ausreichend bestimmt ist, um für alle Arten von Software einen Anhaltspunkt zu bieten.[3] Die Details eines allgemeinen Technologiekonzepts sind zwar immer abhängig von den Inhalten, Personen und organisatorisch-technischen Rahmenbedingungen im Projekt, lassen sich dabei aber als konkrete Ausprägung des allgemeinen Konzepts verstehen. Dieser Ansatz ist insofern argumentierbar, da jedes Projekt „einmalig" ist und die daran arbeitenden Personen ohnehin ihre Kommunikations- und Vorgehenskultur entwickeln müssen.[4] Allgemeine Vorgehensmodelle müssen daher tatsächlich „Schemacharakter" haben, also einen Denkrahmen vorgeben, der Variablen aufweist.[5]

---

[1]  siehe z.B. Hoppe et al., 1993 und Euler, 1992 oder Kerres, 1990 sowie Faraday; Sutcliffe, 1993 und Merten; Rapp, 1995 oder Rükgauer, 1995 und auch Issing, 1995

[2]  vgl. Hoppe et al., 1993

[3]  vgl. dazu die wissenschaftstheoretischen Ausführungen über Allgemeinheit und Bestimmtheit beim Informationsgehalt von Aussagen in Chmielewicz, 1979, S. 124 f

[4]  zu diesen Kommunikationsaspekten in Software-Projekten siehe die ausführliche Arbeit von Schiestl, 1995.

[5]  vgl. dazu die allgemeinen Kennzeichen von Schemata in der Wissenspsychologie in Punkt 3.1.3

Da in dieser Arbeit nicht nur multimediale Lernsysteme, sondern gleichzeitig auch multimediale Masseninformationssysteme betrachtet werden, ist die Orientierung an einem allgemeinen Phasenschema nur sinnvoll. Deshalb ist der Ansatz dieser Arbeit *kein* eigenes Phasenkonzept zu entwickeln, sondern ein ausgewähltes Systemplanungskonzept um die Ausführungen zu den Besonderheiten multimedialer Systeme zu bereichern.

In der Literatur existieren eine Reihe von „klassischen" Vorgehensmodellen zur Systemplanung. Tabelle 29 zeigt einen Überblick über ausgewählte Phasenkonzepte im deutschen Sprachraum. Die einzelnen Phasen eines Vorgehensmodells werden durch Blockstrukturen repräsentiert. Blöcke, die sich horizontal auf einer Ebene befinden, stimmen inhaltlich weitgehend überein.

| Stahlknecht[1] | Balzert[2] | Boehm[3] | Biethahn[4] | Heinrich[5] |
|---|---|---|---|---|
| Projektbegründung | Planungsphase | Durchführbarkeit | Problemspezifikation | Vorstudie |
| Ist-Analyse | Definitionsphase | Anforderungen | Systemspezifikation | Feinstudie |
| Grobkonzept | | Produktentwurf | | Grobprojektierung |
| Detailentwurf | Entwurfsphase | Detaillierter Entwurf | Systemkonstruktion | |
| Programmierung | | Codieren | Systemimplementierung | Feinprojektierung |
| | | Integration | Systemverifikation | |
| | Implementierungsphase | | | |
| Einführung | Abnahme- und Einführungsphase | Implementation | Systemeinführung und Übergabe | Installierung |
| | Wartungs- und Pflegephase | Wartung | Systemwartung | |
| | | Endphase | | |

*Tabelle 29: Überblick über ausgewählte Phasenkonzepte*

In allen Modellen fehlen explizite Hinweise in Hinblick auf multimediale Lern- und Masseninformationssysteme. Nach eingehendem Vergleich der in Tabelle 29 angeführten Systemplanungsmodelle erweist sich das Schema von Heinrich als am besten für die Integration multimedialer Aspekte geeignet. Argumente dafür sind:

• Heinrich versteht Systemplanung als ganzheitliches Denkmodell.

• Der Aufbau ist klar, übersichtlich und hat die geringste Anzahl an einzelnen Phasen. In Hinblick auf die ohnehin kritische Abgrenzung der Phasen erlaubt dies am besten eine einfache Adaption für multimediale Zwecke.

---

[1]  Stahlknecht, 1994
[2]  Balzert, 1986
[3]  Boehm, 1986
[4]  Biethahn et al., 1994
[5]  Heinrich SP1, 1994 und Heinrich SP2, 1994

- Heinrich versteht die Phasen zwar als abgegrenzte Einheiten, aber er sieht sie in erster Linie als Klassen von Aufgaben der Systemplanung an. Damit können leicht weitere Klassen hinzugefügt werden. Außerdem ist es generell nicht erforderlich, dass die einzelnen Phasen eines Projektes ohne Unterbrechung aufeinander folgen.

- Die Systempflege und die Systemwartung sind keine Phasen der Systemplanung. Auch der Systemtest ist keine eigene Phase, sondern das Testen der Analyse-, Entwurfs- und Entwicklungsergebnisse ist in alle Phasen integriert. Dies entspricht sehr dem evolutionären Charakter multimedialer Systeme.

- Die Systemdokumentation ist ebenfalls in den einzelnen Phasen bereits integriert. Das kommt den unterschiedlichen Etappen in der Storyboarderstellung sehr entgegen. [1]

- Heinrich bietet ein integratives Konzept für das Prototyping innerhalb des Systemplanungsansatzes. Da Prototyping einen wichtigen Schritt bei der Entwicklung multimedialer Systeme darstellt, erweist sich das Phasenmodell auch in dieser Hinsicht als sehr geeignet.

Abbildung 43 zeigt die Integration des Prototyping im Phasenschema von Heinrich.

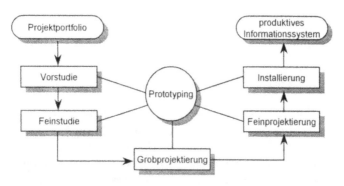

*Abbildung 43: Integration des Prototyping in das Phasenschema von Heinrich[2]*

Damit können Prototypingkonzepte in allen Planungsphasen eingesetzt werden. Diese prototypingorientierte Systemplanung verkürzt die im Phasenschema erforderlichen Rückkopplungen (z.B. die Rückkopplung zwischen der Installierung in der Feinprojektierung und dem Festlegen der Anforderungen in der Vorstudie durch exploratives Prototyping). Heinrich sieht damit auch das Prototyping als eine Vorgehensweise zur Qualitätssicherung, indem es das Einhalten definierter Qualitätsanforderungen unterstützt.

---

[1]  vgl. Punkt 4.6
[2]  aus Heinrich SPl, 1994, S. 59

Die Konzeption von Heinrich kommt in Summe multimedialen Systemen sehr entgegen. Deshalb werden Besonderheiten im Systemplanungsprozess von multimedialen Lern- und Masseninformationssystemen anhand des Systemplanungskonzeptes von Heinrich beschrieben. Jene Bereiche, die für Softwareengineering-Projekte im allgemeinen gelten, und damit auch die Entwicklung multimedialer Systeme betreffen, werden in dieser Arbeit nicht weiter dargestellt. Lediglich die Besonderheiten werden besprochen. Somit gilt in diesem Sinne das objektorientierte Vererbungsprinzip: Für jene Punkte der Systemplanung, die in den folgenden Ausführungen nicht behandelt werden, gelten die Aussagen in Heinrich SP1, 1994 und Heinrich SP2, 1994.

Die Aussagen in den folgenden Punkten sind weitgehend geronnene Erkenntnisse aus meiner persönlichen Erfahrung von 12 multimedialen Projekten, in denen ich während des gesamten Projektverlaufs mehr oder weniger aktiv involviert war. Dazu dienten die schriftlichen Arbeiten von Diplomanden und die bestehenden Projektpläne und Dokumentationen zu den einzelnen Projekten als Grundlage. Hinzu kommen Eindrücke aus intensiven Gesprächen mit Projektmitgliedern und induktive Verallgemeinerungen über Abweichungen von Projektverläufen. Zudem fliessen die Betrachtungen aus den vorigen Kapiteln als theoretischer Input in diesen Abschnitt ein.

## 5.3  Vorstudie

### 5.3.1  Planungsziele

Das Ziel der Vorstudie ist, in relativ kurzer Zeit und mit möglichst geringem Ressourceneinsatz Aussagen darüber zu liefern, ob der Istzustand verändert werden soll und – wenn ja – welches unter einer Reihe möglicher neuer Systemkonzepte das optimale ist. Input der Vorstudie sind die Planungsziele aus der strategischen Informationssystem-Planung. Als Output liefert die Vorstudie die Grundkonzeption. Dazwischen liegen die Ausarbeitung der Sachziele, der Formalziele und der Projektplanung.[1]

Die Ableitung der Sachziele erfolgt für multimediale Lernsysteme (mLS) tendenziell anders als für multimediale Masseninformationssysteme (mMIS). mLS brauchen einen pädagogischen Rahmen, in dem sie eingesetzt werden sollen. Das übergeordnete Ausbildungskonzept liefert die Spezifikationen dafür. So war für den Einsatz unserer bereits beschriebenen Multimedia-Fallstudie[2] das Curriculum des Instituts für Wirtschaftsinformatik, für die Ausbildung von Studenten der Betriebswirtschaftslehre im zweiten Studienabschnitt mit Spezialisierung

---

[1]  Heinrich SP1, 1994, S. 242 f
[2]  siehe Punkt 3.4.6

in Betriebsinformatik, der übergeordnete pädagogische Rahmen. In Unternehmen werden Personalentwicklungs- und Organisationsentwicklungskonzepte den Ausgangspunkt für die Planungsziele liefern. Damit sind aber auch die Planer von PE und OE in einem Unternehmen gefordert, den Einsatz von mLS mit in Erwägung zu ziehen. [1]

Der Rahmen für mMIS wird klassisch aus dem Projektportfolio abgeleitet. Eine Besonderheit ergibt sich in Hinblick auf das Marketingkonzept. Da mMIS starke Außenwirkungen haben, ist die Einbettung in den Marketingmix einer Unternehmung notwendig. Produkt-, Programm-, Preis- und vor allem Distributionspolitik sind in Hinblick auf mMIS zu überdenken. Auch Corporate-Identity-Konzepte und dabei insbesondere das Corporate Design bilden Anknüpfungspunkte zur betriebswirtschaftlichen Gesamtsicht. Dabei können mMIS sowohl Wirkung als auch Mittel sein: Wirkung in dem Sinn, dass sie aus einem ganzheitlichen Plan heraus entstehen, Mittel in dem Sinn, dass sie als Projekt Initialcharakter haben und erst zur Entwicklung eines umfassenderen CI Anlass geben. Bei der Entwicklung unserer SOWI-CD-ROM der Sozial- und Wirtschaftswissenschaftlichen Fakultät der Universität Innsbruck war z.B. die CD Wirkung und Ausdruck einer umfassenderen Imageprofilierung der Fakultät.[2] Dass der Projektablauf entscheidend von der unterschiedlichen Ausgangssituation zwischen Wirkung und Mittel geprägt ist, liegt auf der Hand. Da dies aber nicht nur auf mMIS zutrifft, wird hier nicht näher darauf eingegangen.

### 5.3.2 Grundkonzeption

Der Ausgangspunkt zum Entwurf der Grundkonzeption ist die UCIT.[3] Die vier analytischen Komponenten Lernende, Lernaufgaben, Lernumgebung und Bezugsrahmen müssen grob umrissen werden. Primäre Beachtung finden zunächst die Lernenden. Die User-Rolle wird erstmals spezifiziert. Eine erste Klassifizierungsmöglichkeit bietet sich nach dem Würfelmodell von Baumgartner/ Payr.[4] Danach können Neuling, Anfänger, Kompetente, Gewandte und Experten als Stufen der Lernziele identifiziert werden. Das gilt für mLS genauso wie für mMIS. Anhaltspunkt für die Eingliederung ist dabei die Art des zu vermittelnden Wissens.[5] Wird eher Faktenwissen als Lerninhalt gesehen, so wird die entsprechende User-Rolle sich eher im Anfängerbereich bewegen. Wird Anwendungs- oder Handlungswissen als Lerninhalt angestrebt, so wird die User-Rolle eher dem eines Kompetenten oder Experten entsprechen. Dabei ist zu berücksichtigen, dass sich Benutzer durch die Verwendung des Systems von Anfängern weg und in Richtung Experten entwickeln. Diese sich ändernde Benutzerrolle hat

---

[1] Ansätze für einen integrierten Einsatz von CBT-Systemen in betrieblichen Aus- und Weiterbildungskonzepten finden sich in Möhrle, 1996
[2] siehe dazu Oberkofler; Schuster, 1995, S. 105 f
[3] Universal Constructive Instructional Theory. Siehe dazu die Ausführungen in Punkt 3.3.7
[4] siehe dazu Punkt 3.4.8
[5] vgl. Kapitel 3.1

massive Auswirkungen. Die Guide-Rolle und damit das gesamte Navigationskonzept muss darauf ausgerichtet werden. Ist eine durchgängige Anpassung gewünscht, muss das System einen gewissen Grad an Adaptivität vorsehen. Dabei erhebt sich die Frage, wie weit die Erreichung der Lernstufen durch ein mLS unterstützt werden kann. Berücksichtigt man die immer stärker werdende implizite Komponente entlang der Lernstufen wird deutlich, dass ein mLS allein diese Entwicklung nicht unterstützen kann. Dazu ist die Einbettung in ein größeres didaktisches Konzept und vor allem die Möglichkeit zur Handlung notwendig. Simulationen oder Fallstudien gehen stark in diese Richtung, können aber nicht ausschließlich computergestützt erfolgen, da meist mehrere Lösungen „richtig" sein können und die bestehenden Softwaremöglichkeiten den Sprung Semantik-Syntaktik nicht zulassen. Auch die Vermittlung sozialer Kompetenzen wie Teamfähigkeit usw. ist durch ein reines mLS eher schwer möglich. Dies bestätigt auch die empirische Untersuchung von Hoppe et al., bei der sich zeigte, dass mLS vorwiegend zur Vermittlung von Basiswissen der Wirtschaftsinformatik eingesetzt werden.[1] Erst durch die Einbettung von mLS in Lehrveranstaltungen sind auch gruppendynamische Prozesse auslösbar, wie das Beispiel unserer Multimedia-Fallstudie zeigt.[2] Diese Überlegungen des makrodidaktischen Settings und der groben Beschreibung der User-Rolle stehen am Beginn der Grundkonzeption.

Eine weitere Spezifizierung kann durch eine Zielgruppenanalyse mit den Techniken der Marktforschung erfolgen.[3] Aufgrund dieser festgelegten User-Rolle lassen sich bereits erste Anhaltspunkte für die Guide-Rolle erkennen. Nach dem Würfelmodell bieten sich die drei großen Optionen Lehrer-Tutor-Coach an, wobei diese idealerweise mit den Lernzielstufen korrelieren. Eine nähere Spezifizierung lässt sich aufgrund der Ausführungen zum Navigationskonzept in Punkt 4.6.6 vornehmen. Fragen der Adaptivität[4] müssen dabei zumindest ungefähr beschrieben werden. Angaben zum Ort der Anwendung des Systems, bzw. die Situation, in der die Anwendung eingesetzt wird, vervollständigt die Beschreibung der Lernumgebung. Die Nennung der ungefähren Lernaufgaben bei mLS bzw. der ungefähren Inhalte bei mMIS und des Bezugsrahmens der Anwendung komplettiert die Grundkonzeption.

Im Zuge der Grundkonzeption ist auch eine Alternativendiskussion zu führen. Als Alternativen zu mLS kommen traditionelle Lehrmethoden in Frage. Alternativen zu mMIS sind traditionelle MIS (wie z.B. das OMS-System bei den Olympischen Spielen in Los Angeles 1984)[5] sowie die Ausnützung bzw. Optimierung traditioneller Kommunikationskanäle wie Massenmedien, Prospekte, Telefon usw. Dabei ist der Vergleich zwischen den Alternativen nicht immer einfach. Die Kosten-Nutzen-Überlegung hängt stark von dem quantitativ schwer zu

---

[1] vgl. Hoppe; Nienaber; Witte, 1995, S. 17 f
[2] vgl. Punkt 3.4.6
[3] siehe dazu z.B. Kroeber-Riel, 1990, S. 201 ff
[4] vgl. Punkt 4.6.6.1
[5] vgl. dazu Preece et al., 1994, S. 360 ff

bestimmenden Nutzen ab. Als Methode eignet sich die Nutzwertanalyse.[1] Anhaltspunkte für die Kostenschätzung sind die Ausführungen über die Entwicklungskosten der Informationsarten in Punkt 4.5.11. Für qualitative Nutzenüberlegungen sind besonders die spezifischen Eigenheiten eines multimedialen Systems zu berücksichtigen. Ein Stärke-Schwächen-Katalog über die Möglichkeiten und Grenzen des zu planenden Systems kann mit traditionellen betriebswirtschaftlichen Methoden zu einem Portfolio entwickelt werden, in dem Wettbewerbsvorteile und Attraktivität der Alternativen bewertet werden.[2]

Das Ergebnis der Grundkonzeption manifestiert sich in der Projektskizze, die als kurzes Schriftstück somit die Idee des Projekts festhält. Diese Idee hat den Rang einer Strategie, anhand der im Projekt die Entscheidungen orientiert werden können.[3] Durch die Anführung der analytischen Elemente der UCIT liefert die Projektskizze das didaktische Makrodesign[4] der Anwendung.

### 5.3.3  Projektmanagement

In der Phase der Vorstudie erweist es sich aus Sicht des Projektmanagements als sinnvoll, zunächst ein Redaktionsteam und einen Redakteur einzurichten. Obwohl die organisatorische Funktion dem eines Projektteams und eines Projektleiters entspricht, deutet bereits die Umbenennung in Redaktionsteam und Redakteur auf andere inhaltliche Aufgaben hin, die bei multimedialen Systemen eher dem Umfeld in der Zeitungs-, Fernseh- und Filmbranche entsprechen. Das Redaktionsteam hat bei mLS und mMIS ähnliche Aufgaben. Bei mMIS, die laufend aktuelle Informationen anbieten sollen, ist es sinnvoll das Redaktionsteam so zusammenzustellen, dass alle wichtigen Bereiche der Organisation, die nach der Installierung mit dem Aktualisieren der Informationen betraut sind, bereits im Redaktionsteam vertreten sind.

Die Aufgaben des Redaktionsteams betreffen drei Bereiche:

- Inhalt

- Mediendesign

- Programmierung.

Daraus lässt sich ein Designteam für den Inhalt, ein Medienteam für die Produktion der Medien und ein Programmierteam für die programmtechnische Umsetzung bilden. Je nach Umfang des Projekts werden ein bis mehrere Personen das Redaktionsteam bilden. Dementsprechend sind die drei Teams eher als Aufgabenbereiche denn als Personenkonglomerat zu sehen.

---

[1]  siehe Heinrich SP1, 1994, S. 162 ff
[2]  zu dieser Methodik siehe Heinrich, 1992, S. 308 ff
[3]  siehe dazu Punkt 4.6.4
[4]  vgl. dazu Kerres, 1990

Das *Designteam*

ist verantwortlich für den inhaltlichen Aufbau. Im Designteam wird das didaktische Grundsetting, das Instruktionsdesign erarbeitet. Das Designteam ist mit den Drehbuchautoren beim Film vergleichbar. Es hat ähnlich wie diese die kreative Aufgabe, Szenarios zu bilden und Ideen zu generieren, die die Anwendung ansprechend machen. Das Designteam muss über die technische Ausführung der Programmierung nicht Bescheid wissen. Wichtig ist nur, dass das Designteam die prinzipiellen Möglichkeiten der Interaktionsart und der Informationsart, wie in den Punkten 2.4.5 und 4.4 sowie 2.4.6 und 4.5 beschrieben, kennt. Die programmiertechnischen Grenzen der Informationsarten sind für das Designteam nicht relevant, da eine diesbezügliche Einschränkung ohnehin im Zuge des Projekts erfolgt. Der kreative Fluss darf aber zu Beginn nicht durch Machbarkeitsprobleme beschränkt werden, da sonst innovative Lösungen behindert werden. Zudem sind machbarkeitstechnische Probleme sehr innovationsabhängig. Stellt sich ein Problem, so muss später entschieden werden, ob der Erfolg der Anwendung entscheidend von der Lösung dieses Problems abhängt, oder ob ein umsetzungstechnischer Kompromiss eingegangen werden kann. Statt der Programmierkompetenz sollte das Designteam vor allem für mLS ein lerntheoretisch fundiertes Wissen haben. Die Ausführungen in Kapitel 3 stellen dazu eine grundlegende Übersicht dar. Für mLS ist die Einbindung von ausgebildeten Didakten im Designteam empfehlenswert.

Die Mitglieder des Designteams müssen mit dem Prozess der Erstellung des Storyboards vertraut sein (siehe dazu Kapitel 4.6). Die Art und die Technik des Storyboardings und die entsprechenden dramaturgischen Grundlagen müssen ihnen bekannt sein.

Im Designteam müssen auch Aufgaben aus dem jeweiligen Fachbereich gelöst werden, um den Inhalt der Komponente Lernaufgaben abzudecken. Die Hinzuziehung von entsprechenden Experten für die Inhaltsanalyse in der Feinstudie ist dabei sinnvoll.


Das *Medienteam*

ist verantwortlich für die Erstellung der einzelnen Informationsarten. Dazu müssen ihnen die gestalterischen und technischen Parameter der Informationsarten, wie in Punkt 4.5 beschrieben, bekannt sein. Das ist ein weites Aufgabenspektrum, denn für jede Informationsart gibt es eigene Berufsgruppen, die sogar meist noch nach technischen und gestalterischen Merkmalen Spezialisierungen aufweisen. Tabelle 30 zeigt exemplarisch wichtige Berufsgruppen auf, die für die Erstellung von Informationsdarstellungen in den Informationsarten in Frage kommen.

| diskrete Informationsart | Berufsgruppe | Kontinuierliche Informationsart | Berufsgruppe |
|---|---|---|---|
| Text | • Setzer<br>• Drucker<br>• Schriftsteller | Sprache | • Sprecher<br>• Toningenieur |
| Partitur | • Komponist<br>• Arrangeur | Klang | • Tontechniker/ Mischer<br>• Musiker<br>• Sänger<br>• Sound Effects |
| Grafik | • Layouter<br>• Desktop Publisher<br>• Maler und Zeichner<br>• Grafik-Designer<br>• Computergrafiker | Animation | • Trickzeichner<br>• Modellierer<br>• Computer Animator<br>• Digital Assistent |
| Bild | • Fotograf<br>• Retuschierer<br>• Bildbearbeiter | Film | • Regisseur<br>• Drehbuchautor<br>• Kameramann<br>• Schauspieler<br>• Lichttechniker/ Beleuchter<br>• Cutter<br>• Digital Effects & Assistent |
| Objekt | • Architekten<br>• Modellierer<br>• Computergrafiker | Welt | • Architekten<br>• Computergrafiker<br>• Echtzeitspezialisten<br>• VR-Designer |

*Tabelle 30: Ausgewählte, wesentliche Begrufsgruppen für die Erstellung von Informations-arten*

Diese Bandbreite an Spezialisierungen ist von einer Person nur schwer abzudecken. Bei Allroundtalenten geht dabei deren Generalisierung zu Lasten der Perfektion. Lopuck formuliert es so: „In general, creative people who have a wide and varied interest in media of all kinds are ripe for multimedia. However, it is important to have a focus. People who say they can do video, sound, and a little programming indicate that not only do they lack understanding of the intricacies of those areas, but they also are probably not very good at any of them. In my opinion, a jack of all trades is a master of none."[1] Je nach finanziellem Umfang des Projekts werden in einem Medienteam deshalb zumindest die wichtigsten Positionen für Bild und Ton mit eigenen Experten besetzt sein. Für kleinere Multimedia-Produktionen wird man sich vielfach um bereits vorhandene Informationsarten umsehen, um diese „wiederzuverwerten." Dabei wird dann allerdings die Frage des Urheberrechts aktuell.[2]

Das Medienteam muss sich nicht nur mit dem Entwurf der Informationsarten beschäftigen, sondern auch um die entsprechende technische Aufbereitung. Dazu müssen die Schnittstellen

---

[1] Lopuck, 1996, S. 3<br>
[2] zu Urheberrechtsfragen in Zusammenhang mit multimedialen Systemen siehe Höller, 1992

der Informationsbausteine zum Programmierteam exakte Beschreibungen anhand der technischen Parameter[1] der jeweiligen Informationsart beinhalten. Die Entwicklung eigener Informationsdarstellungen erfordert viel handwerkliches Können. Der professionelle Charakter einer multimedialen Anwendung hängt damit stark von den beteiligten Personen ab. Je nach Budget kann die Medienproduktion im Zuge von Outsourcingüberlegungen auch ausgelagert werden. Diese betriebswirtschaftliche Überlegung ändert jedoch nur den budgetären Rahmen. Der Medienlieferant wird dennoch dem Medienteam angehören.

Zur Unterstützung bei der Entwicklung der Informationsbausteine gibt es für jede Informationsart mehrere Software- und Hardwareprodukte, deren Bedienung dem Medienteam bekannt sein sollte.[2] So haben wir beispielsweise bei der Entwicklung der SOWI-CD mehr als 30 Softwareprodukte eingesetzt. Auch wenn sich diese Zahl durch eine entsprechende Erfahrungskurve minimieren lässt, gibt es doch immer wieder Produkte, die unterschiedliche Stärken und Schwächen je nach Informationsart und Raumdarstellung aufweisen. Dennoch sollte das Medienteam zumindest gute Kenntnisse in der Bedienung eines eigenen Werkzeugs für jede verwendete Informationsart und Raumdarstellung besitzen.

Das *Programmierteam*
ist verantwortlich für die programmtechnische Umsetzung des Storyboards. Dazu müssen sowohl alle Informationsbausteine eingebunden werden, als auch die entsprechende Navigation und Ablaufsteuerung implementiert werden. Das Arbeiten mit mehreren Informationsarten in einer integrierten Anwendung bringt das Problem des Datenaustausches mit sich. Das Programmierteam muss somit detaillierte Kenntnisse über die technischen Parameter der Informationsarten und die Ereignisse und Ergebnisse der Interaktionsarten (vgl. Punkt 2.4.5 und 4.4) besitzen. Beide Elemente müssen dabei sowohl auf der entsprechenden Entwicklungsumgebung als auch auf der Anwendungsumgebung beherrscht werden. Da als Entwicklungskonzept für multimediale Systeme vorwiegend objektorientierte Sprachen verwendet werden, sind die Grundkenntnisse der Objektorientierung[3] ebenfalls notwendig.

Der *Redakteur*
koordiniert das Redaktionsteam in inhaltlicher Hinsicht. Er ist mit dem Regisseur bei Theater, Film und Fernsehen direkt vergleichbar. Er übernimmt die gestalterische und inhaltliche Leitung des Projekts. Meist wird der Redakteur auch organisatorische Funktionen im Sinne eines Projektleiters annehmen. Wird das Projekt zu umfangreich, ist es sinnvoll die organisatorischen Belange an eine Redakteur-Assistenz (in Analogie zur Regieassistenz bei Theater, Film und Fernsehen) oder eine getrennt agierende Produktionsleitung zu verlagern.

---

[1]  vgl. dazu Punkt 4.5
[2]  einen guten Überblick für das Betriebssystem Windows bietet dazu Frater; Paulißen, 1994
[3]  siehe dazu z.B. Heuer, 1992

Durch die starke Benutzerorientierung von multimedialen Systemen ist es sinnvoll den Benutzer auch an der Systementwicklung zu beteiligen. Als erster Schritt ist dazu der Aufbau eines durchgängigen Evaluierungskonzepts bereits in der Vorstudie notwendig. Dazu eignet sich in der Vorstudie eine formative Evaluierung.[1] Dieses Beratungsmodell erfordert bereits in dieser Phase die – zumindest teilweise – Einbeziehung des Benutzers in das Redaktionsteam. Dazu eignet sich z.b. auch das Lead-User Konzept[2] aus dem Marketing, bei dem bestimmte Benutzer Anwendungsprobleme mit Produkten vor anderen erkennen, bestehende Produkte modifizieren oder komplette Eigenlösungen anstreben, da die benötigte Problemlösung (das Produkt) kommerziell nicht verfügbar ist. Diese Lead-User müssen dazu identifiziert werden. Sie können schon in einer frühen Projektphase eingebunden werden, um zu einem besseren Verständnis der Anwenderprobleme beizutragen. Eine weitere Möglichkeit zur Benutzereinbindung stellt das Konzept der Planungszellen dar, bei der nach dem Zufallsprinzip ausgewählte Personen ab 18 Jahren, die keine Affinität zur Problematik haben (keine Experten sind), eingeladen werden, ein Konzept zu entwickeln.[3] Die Planungszelle ist dabei auf wenige Personen begrenzt. Diesen Personen werden etwa drei Tage lang sukzessive Informationen über die Problemstellung des Projekts gegeben und sie werden aufgefordert, eine Lösung zu entwickeln. Dabei stehen ihnen zur Rückfrage Experten zur Verfügung. Lead-User- und Planungszellenkonzepte werden vor allem zur Neuproduktentwicklung eingesetzt. Beide Ansätze sind noch recht jung und werden zur Zeit im Marketing untersucht und diskutiert.[4]

## 5.4 Feinstudie

Das Ziel der Feinstudie ist, den durch die Grundkonzeption beschriebenen Untersuchungsbereich in der Gesamtheit der technischen, organisatorischen, personellen und sozialen Bedingungen und Regelungen des bestehenden Informationssystems so weit im Detail zu erfassen und zu analysieren, wie dies zur Überprüfung der Zweckmäßigkeit der Grundkonzeption bzw. zu deren Anpassung notwendig ist, um mit der Präzisierung des Systementwurfs der Grundkonzeption aus der Vorstudie in der Grobprojektierung fortfahren zu können. Dazu erfolgt zunächst eine Istzustandserfassung und dabei die Istzustandsanalyse, die zu einem Stärken-/Schwächenkatalog führt. Danach wird der Istzustand optimiert und die Grundkonzeption angepasst.[5]

Die Feinstudie hat analytischen Charakter. Besonderheiten in Bezug auf multimediale Systeme ergeben sich im Bereich des Storyboarding-Prozesses. In der Feinstudie wird das Expo-

---

[1]  vgl. Glowalla; Schoop, 1992, S. 280 f
[2]  vgl. Hippel, 1986
[3]  vgl. Dienel, 1992
[4]  vgl. dazu die Übersicht in Bstieler, 1996
[5]  Heinrich SP1, 1994, S. 333

sé erarbeitet.[1] Im Prinzip ist das Exposé eine detailliertere Ausführung der Projektskizze. Dabei werden die vier Komponenten (Lernende, Lernumgebung, Lernaufgaben, Bezugsrahmen), die drei Prozesse (Wissensnutzung, Wissenserwerb, Wissensspeicherung) und die Möglichkeiten-Grenzen-Systeme der UCIT[2] genau erarbeitet und ausformuliert. Die einzelnen Elemente können durch Beantwortung von Fragen analysiert werden:

a) Die **User-Rolle** (Lernende) wird genau betrachtet. Dazu sind folgende Fragen zu klären:

⇒ Was sind die entscheidenden Merkmale des Users?

⇒ Welche Merkmale können zu einem Cluster zusammengefasst werden?

⇒ Welches Vorwissen hat der User?

⇒ Gibt es mehrere User-Rollen?

⇒ Welche kulturellen Besonderheiten weist die User-Rolle auf?

⇒ Welche Erwartungen hat der User?

• Um die User-Rolle auch als Zielgruppe zu spezifizieren werden „Mood charts" verwendet, die einen Eindruck des sozialen und kulturellen Umfelds, in dem die Anwendung ihren Platz finden soll, vermitteln. Für ein Mood chart werden alle Informationen ausgewertet, die über eine Zielgruppe vorhanden sind, und visuell dargestellt. So können für eine bestimmte Zielgruppe spezifische Bilder über Lieblingsbeschäftigungen, Szeneeindrücke, Zeitschriftenfotos usw. lose gruppiert werden.[3]

b) Die **Guide-Rolle** (Lernumgebung) wird spezifiziert durch Beantwortung der Fragen:

⇒ Wie sieht die bestehende Lernumgebung aus? (für mLS)

⇒ Wie erfolgte bisher der Informationsaustausch? (für mMIS)

⇒ Werden die User-Rollen bereits unterschiedlich unterstützt und wenn ja welche Art der Unterstützung erhalten sie (Lehrer, Tutor, Coach, Entertainer usw.)?

⇒ Wie sieht die bisherige Guide-Rolle aus[4]?

⇒ Wie sieht die physische Umgebung aus, in der der Benutzer bisher arbeitet (Systemanforderungen und Eigenschaften, Raumsituation usw.)?

⇒ Wie werden Informationen bisher dargestellt?

⇒ Welche zusätzlichen Informationen stehen dem Benutzer zur Verfügung (Bücher, Werkzeuge, reale Objekte)?

---

[1] vgl. dazu die Ausführungen zum Storyboarding in Punkt 4.6.4
[2] siehe dazu die einzelnen Elemente der Universal Constructive Instructional Theory in Punkt 3.3.7
[3] Ein Beispiel für ein Mood Chart findet sich in Screen # 6/ 95, S. 72
[4] siehe dazu Punkt 4.6.6

c) Die **Lernaufgaben** werden spezifiziert durch Klärung der Fragen:

⇒ Wie sieht die bisherige Situation aus? Wie wurden welche Information(en) bisher vermittelt?

⇒ Was ist der Inhalt, der vermittelt werden soll (Inhaltsanalyse)? Wesentlich ist dabei die Strukturierung des zu vermittelnden Wissens in die Wissensklassen.[1] Diese Frage ist tendenziell für mMIS aufwendiger zu erarbeiten. Meist sind die Informationen weit über eine Organisation verstreut. Zudem kann es zu mikropolitischen Schwierigkeiten durch Organisationsmitglieder kommen.

⇒ Welche Aufgaben soll der Benutzer mit dem System oder nach Benützung des Systems lösen können? Diese Frage kann in mLS gleichgesetzt werden mit der Bestimmung des „Bruttolehrstoffs", also jener Kompetenz, die der Lerner erwerben soll.

d) Für den **Bezugsrahmen** müssen folgende Fragen beachtet werden:

⇒ In welchem gesellschaftlichen Rahmen findet das System Anwendung? Ist ein mLS beispielsweise eingebettet in ein umfassenderes Ausbildungskonzept wie etwa einer Lehrveranstaltung, eines Curriculums oder eines Personalentwicklungskonzeptes? Ist z.B. ein mMIS Teil einer umfassenden Kommunikationspolitik?

⇒ In welchem kulturellen Raum soll das System eingesetzt werden? Sind dabei spezielle kulturelle Eigenheiten (Wertvorstellungen und Tabus) zu berücksichtigen?

e) Der Prozess der **Wissensnutzung** kann analysiert werden durch die Fragen:

⇒ In welcher Problemsituation benötigt der Benutzer das durch das System zu vermittelnde Wissen?

⇒ Welche Art von Wissen wird in dieser Problemsituation benötigt?[2]

f) Der Prozess des **Wissenserwerbs** kann charakterisiert werden durch Beantwortung der Fragestellung:

⇒ Welche Ausprägungen der Dimensionen des Lernens sind für das in der Problemsituation benötigte Wissen relevant?[3]

g) Der Prozess der **Wissensspeicherung** kann mit der Frage untersucht werden:

⇒ Welche Faktoren können zur Unterstützung der Verankerung im Langzeitgedächtnis angeboten werden?[4] Dazu können die Interaktions- und Kombinationsmöglichkeiten der Informationsarten als Ausgangspunkt dienen (vgl. Punkt 4.4.5).

---

[1] vgl. Punkt 3.1
[2] siehe dazu die Ausführungen zur Wissensklassifikation in Punkt 3.1
[3] siehe dazu die Ausführungen in Punkt 3.2
[4] vgl. dazu Punkt 3.2.5.2 und 3.4.7

h) Die **Möglichkeiten und Grenzen** werden analysiert mit der Fragestellung:

⇒ Welche besonderen Möglichkeiten bestehen durch das System um die Prozesse der Wissensnutzung, des Wissenserwerbs und der Wissenspeicherung zu unterstützen und wo liegen dabei die entsprechenden Grenzen? Zur Beantwortung dieser Frage dient das Würfelmodell von Baumgartner/ Payr und die Ausführungen in den Punkten 4.4 und 4.5. Dabei ist besonders der Vergleich mit alternativen Möglichkeiten wichtig. Was sind die Möglichkeiten und Grenzen (Stärken und Schwächen) eines mLS im Vergleich zu Buch, Lehrer, Klassenunterricht, Schulfernsehen usw., und was sind die Möglichkeiten und Grenzen eines mMIS im Vergleich zu Prospekt, Telefonauskunft, Anschlagbrett usw.?

Die Beantwortung dieser acht Fragenkomplexe liefert ein ziemlich genaues Bild von den Erwartungen, die mit dem Projekt verbunden sind. Dabei ergibt sich aufgrund der Möglichkeiten und Grenzen-Systeme der UCIT der Stärken-/ Schwächenkatalog, der zur Anpassung der Grundkonzeption führt. Die angepasste Grundkonzeption findet ihren Ausdruck im schriftlichen Exposé.

Neben diesen rein benutzerorientierten Analyseschritten sind auch noch wesentliche technische Fragen zu untersuchen. Entscheidend ist die Kapazität und vor allem die Datenrate des zu verwendenden Systems. Derzeitige multimediale Entwicklungen werden vielfach aufgrund des günstigen Verhältnisses von Kosten pro Megabyte auf CD-ROM transportiert.

Die Feinstudie muss hier die in Betracht kommenden Distribuierungskanäle und Speichermedien untersuchen, anhand der wesentlichen Kriterien wie Aktualität und Datenrate bewerten und damit den Rahmen für die weitere Planung der Grobprojektierung – insbesondere in Bezug auf die Art der möglichen Informationsdarstellung bzw. deren Restriktionen – abstecken.

## 5.5 Grobprojektierung

### 5.5.1 Systemgliederung

Das Ziel der Grobprojektierung ist, ausgehend von der angepassten Grundkonzeption, das logische Modell des Informationssystems mit dem Detaillierungsgrad zu erarbeiten, der eine rationale Entscheidung über die einzusetzenden Techniksysteme ermöglicht und der damit die Grundlagen für die Feinprojektierung bis zur Installierungsreife des Informationssystems schafft. Dazu erfolgen die Schritte der Systemgliederung, des Systementwurfs, der Bestimmung der Systemtechnik und der Systemauswahl, deren Entwurfsergebnisse zum Pflichtenheft führen.[1]

Die Systemgliederung führt zu Teilplanungsaufgaben, die durchgängig in der Grob- und Feinprojektierung eigenständige Bearbeitungen erlauben. Dazu gibt es die beiden Varianten der Gliederung in Teilsysteme nach funktionalen Gesichtspunkten oder in Teilprojekte mit gleichartigen Entwurfsaufgaben. Heinrich schlägt die Gliederung nach Teilprojekten vor.[2] Multimediale Systeme haben zwar einen starken Schwerpunkt bei Funktionen, dennoch ist auch hier die Gliederung nach Teilprojekten und nicht nach Funktionen sinnvoll. Der Grund dafür liegt in der besseren integrativen Gesamtsicht in der Feinprojektierungsphase. Die Einteilung Heinrichs in die Teilprojekte

- Datensystem

- Methodensystem

- Arbeitsorganisation

- Transportsystem

- Sicherungssystem

kann analog übernommen werden, obwohl gerade bei mLS diese Einteilung auf den ersten Blick nicht sinnvoll erscheint. Bei näherer Betrachtung lassen sich aber auch hier Parallelen finden.[3] Durch die Betonung der Benutzerorientierung in multimedialen Systemen und die im Vordergrund stehende Funktionalität ist die zusätzliche Einführung eines Funktionssystems sinnvoll.

Die parallele Bearbeitung aller Teilprojekte ist zwar anzustreben, dennoch ist eine Art Anfangspunkt oder Bearbeitungsreihenfolge nötig, die die Entwurfsentscheidungen in den anderen Teilprojekten beeinflussen. Heinrich unterscheidet hier:

- Primat des Datensystems (datenorientierter Ansatz)
  Die Entwürfe in den anderen Teilprojekten orientieren sich am Datensystem-Entwurf.

- Primat des Methodensystems (funktionsorientierter Ansatz)
  Die Entwürfe in den anderen Teilprojekten orientieren sich am Methodensystem-Entwurf.

Er präferiert den datenorientierten Ansatz, da infrastrukturelle Maßnahmen beim funktionsorientierten Ansatz eher unterbleiben.

---

[1]   vgl. Heinrich SP2, 1994, S. 13 f
[2]   Heinrich SP2, 1994, S. 102 f
[3]   vgl. die Ausführungen in Punkt 5.5.2

318

In multimedialen Systemen hat die Benutzerorientierung einen hohen Stellenwert. Die Entwicklung eines mLS oder mMIS hängt sehr stark von den jeweiligen Funktionen ab, die abgedeckt werden sollen. Zudem steht besonders bei mLS weniger die infrastrukturelle Maßnahme, sondern mehr der Benutzerdialog im Vordergrund. Daher wird hier die Auffassung vertreten, dass für mLS tendenziell der funktionsorientierte Ansatz Vorteile bietet. Für mMIS hängt die Art des Ansatzes von der Art des Einsatzes ab. Ist es nur für einmalige Informationsdarstellungen konzipiert, so stehen ebenfalls funktionsorientierte Konzepte im Vordergrund. Wird hingegen auf eine starke organisatorische Verankerung Wert gelegt, bei der die Informationsinhalte bzw. Informationsbausteine laufend gewartet werden, so hat der datenorientierte Ansatz mehr Vorteile. Exemplarisch soll hier der funktionsorientierte Ansatz beschritten werden. Einerseits, um der aktuellen Praxis gerecht zu werden, der die meisten Entwickler folgen, andererseits um eine alternative Konzeption zu präsentieren.

Abbildung 44 zeigt somit die funktionsorientierte Vorgehensweise bei der Grobprojektierung multimedialer Systeme.

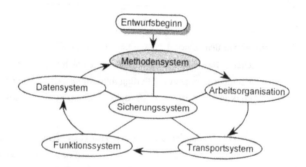

*Abbildung 44: Vorgehensweise bei der Grobprojektierung multimedialer Systeme im funktionalen Ansatz*

Die Darstellung orientiert sich an Heinrich,[1] das Sicherungssystem hat Querschnittscharakter, der Ausgangspunkt für die Entwicklung ist das Methodensystem. Die Teilprojekte laufen parallel ab, beeinflussen sich aber gegenseitig. Für das Sicherungssystem ergeben sich außer der größeren Datenmengen keine wesentlichen Besonderheiten bei multimedialen Systemen. Deshalb wird im weiteren darauf nicht näher eingegangen.

---

[1]  Heinrich SP2, 1994, S. 104

## 5.5.2 Systementwurf

### 5.5.2.1 Methodensystem

Das Methodensystem ist bei dem hier beschrittenen funktionsorientierten Ansatz Ausgangspunkt zum Systementwurf. Ziel ist die Entwicklung des logischen Methodenmodells. In Analogie zwischen Datensystem und Methodensystem braucht jede Methode Daten, um angewendet werden zu können; sie braucht nicht irgendwelche Daten, sondern die Daten müssen zur Methode passen (Methodenadäquanz der Daten).[1]

Die Methodenbasis, von der bei mLS und mMIS ausgegangen werden kann, enthält folgende besondere Methoden, die weitgehend in den Kapiteln 3 und 4 beschrieben wurden:

- Didaktik/ Pädagogik (Punkt 3)

- Dramaturgie (Punkt 4.6.2)

- Layout/ Screendesign (Punkt 4.2.1)

- Gestaltung der Informationsarten (Punkt 4.5)

- Benutzermodellierung/ Adaptivität (Punkt 4.6.6)

- Gestaltungsgrundsätze (Punkt 4.6.7)

- Storyboarding (Punkt 4.6)

- Prototyping (Punkt 5.1)

- Kreativitätstechnik

- Evaluierung

- Lernaufgaben

Die Projektmitglieder benötigen unterschiedliche Methoden. Dabei kommen die Methoden der Didaktik/ Pädagogik sowie der Dramaturgie und der Gestaltungsgrundsätze weitgehend dem Kreativitätsteam zu, die Methoden des Layouts, Screendesigns und Gestaltung der Informationsarten wird das Medienteam benötigen, während das Programmierteam vorwiegend die Methoden der Benutzermodellierung und der Adaptivität beanspruchen wird. Eine strikte Methodentrennung ist schwer durchführbar, dennoch ist eine Spezialisierung notwendig.

### 5.5.2.2 Arbeitsorganisation

Dem Bereich der Arbeitsorganisation kommt bei multimedialen Systemen besondere Bedeutung zu. Hier entsteht der eigentliche Ablauf der Anwendung, das „Drama". Der Input ist die

---

[1] Heinrich SP2, 1994, S. 31

angepasste Grundkonzeption (das Exposé) und das Methodensystem. Der Output ist das logische Modell der Arbeitsorganisation, dessen wichtigstes Dokument bei multimedialen Systemen das Treatment ist.[1] Damit wird die nächste Stufe im Prozess des Storyboardings erreicht.

Die synthetischen Elemente der UCIT, die Reconstructed Learning Task (RLT) und das Reconstructed Learning Environment (RLE)[2] werden in einem kreativen, evolutionären Prozess erarbeitet.[3] Der erste Schritt dazu ist die *Aufgabenanalyse*. Dabei werden die Inhalte aus der Inhaltsanalyse der angepassten Grundkonzeption (Exposé) in Informationszusammenhänge[4] gegliedert. Dabei können die Informationszusammenhänge untereinander strukturiert werden. Aus Gründen der Übersichtlichkeit empfiehlt sich eine hierarchische Gliederung. Bei komplexeren Inhalten ist eher eine matrixartige Gliederung sinnvoll. Die Informationszusammenhänge werden auf einzelne Informationsbausteine aufgeteilt. Dieser analytische Schritt hat bereits eine wesentliche lerndidaktische Bedeutung. Das Ausmaß der Atomisierung der Informationszusammenhänge in Informationsbausteine ist eine Gradwanderung zwischen Objektivismus und Subjektivismus. Je nach der später folgenden Synthese ist eine mehr oder weniger starke Atomisierung notwendig. Je größer der Informationsbaustein, desto tendenziell komplexer ist der Informationsinhalt, aber desto mehr didaktische, gestalterische und dramaturgische Komponenten müssen bereits im Informationsbaustein berücksichtigt werden. Je kleiner der Informationsbaustein, desto mehr verlagern sich die didaktischen, gestalterischen und dramaturgischen Komponenten auf die Auslöser der Informationsbausteine und damit auf die Szene.

Die *ablaufbezogene Aufgabensynthese* kommt der synthetischen Komponente der rekonstruierten Lernaufgabe (RLT) in der UCIT gleich. Die Informationsbausteine werden so kombiniert, dass sie didaktisch eine sinnvolle, situationsgerechte Einheit bilden. Die Lernaufgaben werden neu erstellt. Die Ausführungen in Kapitel 3 sind Anhaltspunkte dazu. Hier ist besonders das Designteam gefordert – eventuell unter Einbeziehung von Didakten – kreative Lösungen für die neu zu erstellende Lernaufgabe zu entwickeln.

Die *ablaufbezogene Aufgabenzuordnung* entspricht der Aufteilung der Ergebnisse der aufgabenbezogenen Aufgabensynthese in der Lernumgebung. Damit sind alle Elemente der Lernumgebung zu betrachten, also auch Lehrer, Bücher, Kommunikationseinrichtungen wie Telefon, Video Conferencing usw. Jene Teilaufgaben, die nicht vom mLS oder mMIS wahrgenommen werden können oder sollen, müssen spezifiziert und anderen Aufgabenträgern überantwortet werden. Heinrich bezeichnet dies als nicht systemunterstützte Teilaufga-

---

[1]  vgl. Punkt 4.6.4
[2]  vgl. Punkt 3.3.7
[3]  vgl. dazu den Prozess der Storyboarderstellung und hier die Ausführungen zum Treatment in Punkt 4.6.4
[4]  vgl. Punkt 4.6.5

ben.[1] Dies spielt insbesondere bei der Vermittlung von Lerninhalten komplexer Situationen, Gestalt- und Mustererkennung eine große Rolle. Je mehr die Positionierung der Lernumgebung sich in der rechten, oberen, hinteren Ecke des Würfelmodells von Baumgartner/ Payr befindet, desto mehr werden umfassendere Lernkonzepte notwendig werden, deren Aufgabenträger ein Coach bzw. gruppendynamische, komplexe Prozesse sein werden. Hier erfolgt die Einbettung in ein übergeordnetes Curriculum bzw. in PE- oder OE-Konzepte. Jene RLTs, die durch das mLS oder mMIS abgedeckt werden sollen, müssen genau spezifiziert werden.

Die Teilung der RLTs in Sachaufgaben und Interaktionsaufgaben[2] bei der ablaufbezogenen Aufgabenzuordnung entspricht der Teilung in Inhalt (Sachaufgabe) und Navigationskonzept (Interaktionsaufgabe). Die Grenzen sind dabei fließend, denn gerade bei mLS kann die Interaktionsaufgabe impliziter Teil der Sachaufgabe sein. So war bei der beschriebenen Multimedia-Fallstudie die Art und Reihenfolge der abgerufenen Interviews wesentlicher Teil der Sachaufgabe. Denn nur durch die richtige Kombination konnten die Benutzer die Informationszusammenhänge (Geschäftsprozesse) erkennen.

Die *strukturbezogene Aufgabensynthese* kommt der synthetischen Komponente der rekonstruierten Lernumgebung (RLE) in der UCIT gleich. Auf das mLS und mMIS-System bezogen bedeutet dies die Erarbeitung der Guide-Rolle.[3] Der Einsatz des mLS und des mMIS in einer Organisation wird durch entsprechende Stellenbildung beschrieben. Damit erfolgt die organisatorische Einbettung des Systems. Sowohl jene Stellen, die für den Einsatz als auch für die Wartung des Systems nötig sind, werden beschrieben. Die strukturbezogene Aufgabensynthese ist somit zweigeteilt und betrifft einerseits das multimediale System und andererseits dessen Einbettung.

Bei Systemen mit dynamischen Inhalten wie z.B. online-mMIS oder Courseware[4]-mLS kommen hier die „klassischen" Aufgaben der Stellenbildung zum Tragen. Hier wird spezifiziert, welche Stellen für die Wartung der Informationsdarstellungen verantwortlich sind. Dies ist aufgrund des Erstellungsaufwands von Informationsarten, die nicht Text sind, schwierig. Verfügbare Techniken dazu sind für reine Anwender noch immer recht komplex. So ist es zwar sehr leicht Text einzugeben, aber bei der Eingabe von Bildern oder einer Animation bzw. eines Filmes werden bereits weitreichendere Kenntnisse (Beleuchtung, Computergrafik, Dramaturgie usw.) benötigt, die das Medienteam zwar haben sollte, einem Anwender des erstellten Systems aber nicht so ohne weiteres geläufig sind. Lösungsmöglichkeiten sind entwe-

---

[1]  Heinrich SP2, 1994, S. 51
[2]  vgl. Heinrich SP2, 1994, S. 51
[3]  vgl. dazu Punkt 4.6.6.2
[4]  Courseware-Systeme sind elektronische vernetzte Lernsysteme, bei denen der Gedanke zugrunde liegt, die Einheiten mit aufwendig zu erstellenden Informationsarten in einer zentralen Datenbasis zu speichern und je nach Lehrveranstaltung (Course) neu zusammenzustellen. Dabei kann je nach Inhalt des Kurses nur die gerade benötigte Animation oder der gerade notwendige Film abgerufen werden. Siehe dazu z.B.Freeman; Ryan, 1995 und Andrews et al., 1995a.

der gezielte Schulungen für die Stelleninhaber oder die Bildung einer zentralen technischen Supportstelle, vergleichbar mit der Produktionstechnik beim Fernsehen, die die inhaltlichen Inputs der Stelleninhaber technisch umsetzen. Folgende Fragen sollten letztlich beantwortet sein:

⇒ Wie soll die ideale Lernumgebung aussehen?

⇒ Wie soll die Arbeitsplatzumgebung aussehen (Kiosk, Online, Offline, Raumsituation usw.)?

⇒ Wie soll die Guide-Rolle ausgeführt sein (personifiziert, direkt, indirekt) [1]?

⇒ Welche Art der Unterstützung soll welche User-Rolle erhalten (Lehrer, Tutor, Coach, Entertainer)?

⇒ Welche Informationsarten sollen zur Verfügung stehen?

⇒ Wie soll die physische Umgebung aussehen, in der der Benutzer mit dem System arbeitet (Systemanforderungen und Eigenschaften, Raumsituation usw.)?

⇒ Von welchen Stellen wird die Aktualisierung der Inhalte gewartet?

⇒ Welche zusätzlichen Informationen stehen dem Benutzer zur Verfügung (Bücher, Werkzeuge, reale Objekte)?

⇒ Wie und in welchem Intervall erfolgt die Wartung und Aktualisierung der Informationsinhalte?

Die *strukturbezogene Aufgabenzuordnung* bedeutet die Zuordnung der in der strukturbezogenen Aufgabensynthese erarbeiteten Guide-Rolle und Stellen zu konkreten Softwareelementen bzw. zu Personen. Damit wird letztlich die rekonstruierte Lernumgebung vollständig spezifiziert. Es bedeutet die organisatorische Verankerung des mLS bzw. mMIS. Es kommt zur Aufgabenteilung zwischen systemunterstützer Teilaufgabe (Guide-Rolle) und nicht systemunterstützter Teilaufgabe (Lehrer, Bücher usw.).

Die strukturbezogenen und aufgabenbezogenen Komponenten finden ihre Synthese in der Szene. Die Kreation einer Szene mit allen in dieser Szene für den Benutzer möglichen Interaktionen ist somit die kleinste Einheit der rekonstruierten Lernaufgabe (RLT) der UCIT. In weiterreichenden Konzepten ist eine Szene nicht nur auf die Informationsdarstellungen im Computer beschränkt, sondern beinhalten auch die Einbeziehung der gesamten Lernumgebung, also auch eines Lehrers. Dies wird vor allem bei Handlungswissen der Fall sein. Durch die Abgrenzung dieser Arbeit in Punkt 2.4.7 beschränke ich mich jedoch in den weiteren Ausführungen ausschließlich auf die konservierten Informationsdarstellungen im Computer.

---

[1]   siehe dazu Punkt 4.6.6

Die Erstellung der Szenen, die Art der Informationsdarstellung und die Interaktionsart sind der eigentliche Kern eines multimedialen Systems. Dazu ist das Designteam gefordert zwei Fragenkomplexe zu beantworten:

⇒ Wie kann die Lernaufgabe (Inhalt) geeignet aufbereitet werden? Dieser Punkt ist wohl der schwierigste im gesamten Prozess. Er betrifft das gesamte didaktische Setting. Anhaltspunkte sind die Ausführungen in Kapitel 3. Das Würfelmodell von Baumgartner/ Payr und die Einteilung der Lerninhalte nach Wissensklassen sind dabei ein fundierter Ansatz. Die Stärken und Schwächen der Informationsarten[1] liefern weitere Anhaltspunkte. Hier erfolgt die Auswahl der entsprechenden Informationsart und die Aktivierung mit einer entsprechenden Interaktionsart.

⇒ Welche Aufgaben soll der Benutzer während der Bearbeitung lösen und wie erfolgt dabei das Feedback vom Guide? Diese Frage leitet sich aus der vorigen ab. Bei Drill-and-Practice-Programmen lassen sich so eher Multiple-Choice-Tests identifizieren, bei Masseninformationssystemen wird sich die Aufgabe im Suchprozess (Browsing) und eventueller Buchung bei Online-Systemen erschöpfen. Je mehr Handlungswissen erworben werden soll, desto konstruktiver müssen die entsprechenden Aufgaben sein.

Aufgabensynthese und Aufgabenzuordnung bedingen sich gegenseitig genauso, wie Struktur und Ablauf sich gegenseitig beeinflussen. Die beschriebenen Arbeitsschritte sind mehr als Anhaltspunkt der Elemente, die berücksichtigt werden müssen zu verstehen, als streng voneinander abgegrenzte Gebiete. Damit ist die Entwicklung der Szenen ein höchst kreativer Prozess, in den alle Methoden der vorher beschriebenen Methodenbasis hineinspielen. Beteiligte in diesem Prozess sind primär das Designteam und das Medienteam. Das Programmierteam hat dabei mehr eine Auskunftsfunktion über das technisch Machbare. Diese Funktion sollte zu Beginn dieses Prozesses nur wenig ausgeübt werden, um die Kreativität nicht von vornherein einzuschränken. Technische Restriktionen kommen noch früh genug, und im Lauf der Entwicklung ist abzuwägen, ob die technische Restriktion durch andere technische Ansätze verringert werden kann, oder ob aufgrund der Restriktion ein vertretbarer Kompromiss eingegangen werden kann. Das Programmierteam kann auch einen kreativen Input liefern, indem es die bestehenden technischen Möglichkeiten und neue Kombinationen aufzeigt.

---

[1]  vgl. dazu Punkt 4.5 sowie insbesondere die Ausführungen über die Kombination und den Einsatz von Informationsarten in Punkt 4.5.12.

Kandorfer meint dazu:

> *„Die technische Möglichkeit ist die wirksamste Inspiration. Sie ist die Muse selbst. Nicht die Maler haben die ersten Farben erfunden und nicht die Bildhauer den Hammer und den Meißel. ... In der Kunst sind zuerst die Mittel da. Das Gefühl, das nach Worten sucht, wurde zuerst von Worten gesucht und geweckt."*[1]

Die Erstellung des Treatments wird zunächst eher ein „Paperdesign" sein. Dabei sind hier zwei Methoden besonders wichtig:

- Prototyping

- Evaluierung

Der Einsatz von Prototypen ist in dieser Phase besonders wichtig. Mit explorativem Prototyping können erste Eindrücke von Szenen, Informationsbausteinen usw. erstellt werden. Zunächst werden Abläufe und Skizzen eher noch in Papierform vorliegen, sollten dann aber sinnvollerweise mit einem ersten Prototyp umgesetzt werden. Dabei ist die Funktionalität zunächst zweitrangig. Wesentlicher ist ein erster optischer Eindruck. Nach und nach kann dann Funktionalität hinzugefügt werden, so z.B. die Interaktionsmöglichkeiten in einer Szene. Mit dem Prototyp können auch weitere Inspirationen für das Treatment entstehen, sodass der Prototyp zum Kreativwerkzeug wird. Am besten eignen sich für Prototypen Autorensysteme,[2] die eine rasche Entwicklung erlauben. Dabei muss das jeweilige Autorensystem nicht alle später verwendeten Informationsarten unterstützen. Wichtig ist nur, dass visuelle und auditive Darstellungen vorstellbar werden. Bodendorf weist auf den Unterschied zwischen Programmiersprachen, Autorensprachen und Autorensystemen hin. Programmiersprachen erlauben eine hohe Flexibilität, dafür aber eher geringe Benutzerfreundlichkeit und Produktivität. Autorensysteme haben geringe Flexibilität, aber hohe Benutzerfreundlichkeit und Produktivität. Autorensprachen liegen in der Mitte.[3] Abbildung 45 zeigt die Zusammenhänge.

Dieser erstellte Prototyp ist tendenziell eher ein Wegwerf-Prototyp. Auch wenn die Anwendung mit der gleichen Autorenumgebung wie der Prototyp umgesetzt wird, empfiehlt es sich, das System neu aufzusetzen und nur Teile des Prototypen wieder zu verwenden.

---

[1] Kandorfer, 1994, S. 264

[2] die derzeit gebräuchlichsten Autorenwerkzeuge sind die auf Windows und Macintosh verfügbaren Produkte Authorware und Macromind-Director der Firma Macromedia, Toolbook von der Firma Asymetrix für eine Windows-Umgebung, Hypercard von Apple für eine Macintosh-Umgebung.

[3] Bodendorf, 1990, S. 79

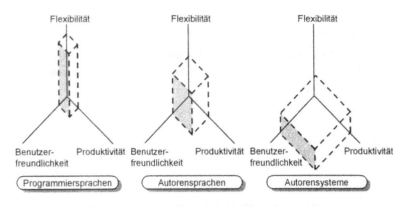

*Abbildung 45: Merkmale von Autorenwerkzeugen[1]*

Der Prototyp kann für eine erste formative Evaluierung herangezogen werden. Dazu werden Personen, die die Spezifika der Benutzerrolle erfüllen, eingeladen, den Prototyp zu besichtigen bzw. erste Aufgaben mit ihm zu erstellen. Für die Evaluierung kommen zwei Bereiche in Frage: Erstens das didaktische Setting, also inwieweit die inhaltliche Konzeption des Systems tragfähig ist, und zweitens die Frage des Screendesigns. Beide Bereiche lassen sich nicht exakt trennen, da sie sich teilweise gegenseitig beeinflussen. Die Evaluation des inhaltlichen Konzepts ist tendenziell erst summativ, also nach der Erstellung der ersten Version, möglich. In der Grobprojektierungsphase ist es weniger eine Evaluation, sondern mehr eine Neuproduktentwicklung mit Anwenderkooperation. Die neueren Ansätze des Marketing wie Lead-User- und Planungszellen-Konzepte[2] sind dabei zwei extreme Ausprägungen der Benutzereinbindung. Die Schnittstelle zum Marketing und zur Produktpolitik soll an dieser Stelle nur aufgezeigt werden. Eine ausführliche Diskussion dieser wesentlichen Komponente, insbesondere bei kommerziellen Software-Produkten, würde den Rahmen dieser Arbeit sprengen und gilt außerdem für jede Produktentwicklung, stellt also keine spezifische Besonderheit von mLS und mMIS dar.

Zur Evaluation im allgemeinen und Multimedia im speziellen gibt es eine ausführliche Literatur, auf die hier nicht eingegangen werden kann.[3] In Anbetracht des Ziels des Prototypings, möglichst rasche Rückmeldungen über ein noch unstrukturiertes Gebiet zu bekommen, wird jedoch ein qualitativer Ansatz besser geeignet sein. Die Methoden der Aktionsforschung sind ein fundierter Ausgangspunkt dafür. Diesem eigenen Forschungsgebiet kann im Rahmen die-

---

[1] aus Bodendorf, 1990, S. 79
[2] vgl. Punkt 5.3.3
[3] einen groben Überblick dazu bietet Fricke, 1995. In Mathis, 1994 findet sich das Evalutions-Meta-Modell, das am Institut für Wirtschaftsinformatik eingesetzt wurde.

ser Arbeit nicht entsprechend Rechnung getragen werden, deshalb verweise ich auf die ausführliche Zusammenstellung in Altrichter, Posch, 1994.

Zur Evaluation des Screendesigns können auch Techniken aus dem Marketing herangezogen werden. Schweiger/ Schrattenecker zeigen Möglichkeiten zur Messung der Werbewirkung anhand der Informationsverarbeitung auf:[1]

- Beobachtung des Lese- bzw. Fernsehverhaltens

- Blickaufzeichnung

- Tachistoskop

- Messung des elektrischen Hautwiderstandes

Zusätzlich bieten sie noch quantitative Methoden zur Messung der Werbebotschaft an, die ebenso verwendet werden können.

Eine interessante, einfache Methode zur Verbesserung des Screendesigns ist als Alternative zur anfälligen und kostenintensiven Blickaufzeichnung die Mock-Up-Methode. Dabei werden Bildschirmseiten ausgedruckt und den Benutzern vorgelegt. Die Benutzer werden angewiesen „virtuelle Mausklicks" durch Ankreuzen jener Bereiche des Bildschirms zu machen, die sie interessieren. Dabei haben sie die Möglichkeit ein, zwei oder drei Kreuze zu vergeben, je nach Interesse. Aufgrund der Anzahl der Kreuze in den Bereichen kann auf den primären Aufmerksamkeits-Fokus der Benutzer und damit auf die Attraktivität der Seite geschlossen werden. Rauterberg zeigt, dass die Ergebnisse der Mock-Up-Studien im Vergleich zu den Blickaufzeichnungsverfahren recht gut sind: „Now, we can interpret the results of mock-ups in the way, that the marks on the screen dumps are in 50% of all cases reliable and valid empirical indicators for the users´ primary attention foci in a later usage situation."[2]

Unter pragmatischen – und vermutlich mindestens genauso effektiven – Gesichtspunkten wird sich jedoch die formative Evaluierung meist auf ein narratives Interview reduzieren, bei dem subjektive Meinungen des beratenden Benutzers als Feedback über den Prototyp in einem Dialog mit dem Design- und Medienteam zur Verbesserung des Settings herangezogen werden.[3]

---

[1]  Schweiger, Schrattenecker, 1992, S. 219 ff
[2]  Rauterberg, 1995, S. 800
[3]  für den detaillierten Aufbau und Ablauf solcher Interviews und Gespräche siehe Altrichter, Posch, 1994, S. 126 ff
Bei der Entwicklung der bereits öfters erwähnten SOWI-CD haben wir z.B. laufend mit dem Prototyp Rückmeldungen gesammelt. Dazu wählten wir Personen aus dem Freundes- oder Bekanntenkreis, die uns als „kritischer Freund" Rückmeldungen zu Screendesign und Aufbau gaben. Ihnen allen sei an dieser Stelle nochmals herzlich gedankt.

Die Entwicklung der Ablauforganisation ist der entscheidende Teil von mLS und mMIS. Abbildung 46 zeigt zusammenfassend die beschriebenen Arbeitsschritte beim Entwerfen der Arbeitsorganisation in Anlehnung an das Konzept von Heinrich.

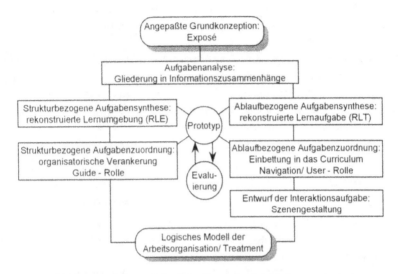

*Abbildung 46: Arbeitsschritte beim Entwerfen der Arbeitsorganisation[1]*

Diese Schritte sind in einem evolutionären Prozess zu sehen und nicht als abgeschlossene sequentielle Schritte. Das Ergebnis der Arbeitsorganisation ist das logische Modell der Arbeitsorganisation und das Treatment.

### 5.5.2.3 Transportsystem

Die Besonderheit multimedialer Systeme im Transportsystem liegt einerseits in den großen Datenmengen, die besonders bei kontinuierlichen Informationsarten anfallen, als auch bei den sehr unterschiedlichen Datenformaten aufgrund der technischen Parameter der Informationsarten.

In Bezug auf die Datenmengen ist ein entsprechend leistungsfähiges Transportsystem zu entwerfen. Dies betrifft bei multimedialen Systemen zunächst die Art der Distribuierung der Daten im Systembetrieb.[2] Dazu stehen bei multimedialen Systemen die beiden Varianten des online oder des offline zur Diskussion. Bei mLS werden eher offline-Varianten in Betracht kommen, da die Aktualität hier nicht so entscheidend ist. mMIS werden tendenziell eher on-

---

[1]  in erweiterter Anlehnung an Heinrich SP2, 1994, S. 50
[2]  vgl. dazu Kainz, 1992, S. 114 ff

line-Varianten bevorzugen, wenn entsprechende Aktualität gefordert ist. Entscheidendes Kriterium ist bei der Distribuierung die durchschnittliche Datenrate [kBit pro Sekunde]. Billige Massenspeicher – wie etwa die Compact-Disc (CD-ROM) oder magnetooptische Speicher – sind einfach in der physischen Distribuierung und lassen inzwischen Datenraten für kontinuierliche Informationsarten in ausreichender Qualität zu. Der Nachteil ist die kaum machbare Aktualität. Vernetzte online-Systeme – wie etwa das Internet – haben den Vorteil der einfachen Wartbarkeit und u. U. auch der Verfügbarkeit, garantieren derzeit aber nur sehr geringe Datenraten, die eine Bewegtbilddarstellung in akzeptabler Echtzeitqualität noch nicht zulassen. Durch den forcierten Ausbau von ISDN-Netzen sowie dem Digitalfernsehen dürften aber diese technischen Schranken nicht mehr allzu lange bestehen. Allerdings sind – sofern kommerzielle Online-Dienste in Anspruch genommen werden – die Kosten pro Bit im Vergleich zu Massenspeichern noch enorm hoch.

Um die Problematik Aktualität/ Datenrate einer halbwegs brauchbaren Lösung zuzuführen gibt es die Möglichkeit, einen gemischten Betrieb vorzusehen. Die großen Datenmengen sind dann auf billigen Massenspeichern verfügbar, die Aktualisierung erfolgt über ein Netzwerk, über das im wesentlichen nur mehr Änderungen bzw. Steuerungen erfolgen.

Eine weitere Besonderheit ist die Abstimmung des Transportsystems auf das System des Endanwenders. Wenn sich das Entwicklungs-Betriebssystem und das Anwendungs-Betriebssystem unterscheiden, so muss das Transportsystem darauf abgestimmt werden. So gibt es z.B. entsprechende Hybrid-CD-ROMs, die sowohl auf Windows-Systemen als auch auf Macintosh-Systemen betrieben werden können.

Die Besonderheit der unterschiedlichen Datenformate besteht durch die Anzahl der verwendeten unterschiedlichen Informationsarten. Bereits bei der Konstruktion ist es sehr wesentlich, dass jene Informationsarten, die später in das System eingebaut werden sollen, exakt spezifiziert werden. Dazu müssen Redaktionsrichtlinien erstellt werden, die dem Medienteam die zielgerichtete Produktion der einzelnen Informationsbausteine erlaubt. Die Redaktionsrichtlinien müssen folgende Angaben enthalten:

- Klassen von Informationsbausteinen mit gleichen technischen Parametern[1]

- Exakte Beschreibung der technischen Parameter von den einzelnen Klassen von Informationsbausteinen.

- Aussagen zur strategischen Linie des Produkts, die Anhaltspunkte zur Verwendung der gestalterischen Parameter der Informationsarten darstellt. Damit soll ein einheitliches Design aller Informationsarten gewährleistet werden, wie z.B. die Vorgabe, dass alle Informationsdarstellungen in 2 ½ D erfolgen sollen, oder dass die Informationsdarstellungen dem Geschmack einer Zielgruppe entsprechen sollen.

---

[1] zu den technischen Parametern siehe Punkt 4.5

- Intervall der Aktualisierung (bei online-Systemen)

- Transportweg und Ablageverwaltung der Informationsbausteine

- Strukturbezogene und ablaufbezogene Aufgabenzuordnungen

Der Output des Transportsystems sind das Logische Transportmodell und die Redaktionsrichtlinien.

### 5.5.2.4 Funktionssystem

Eine Besonderheit multimedialer Systeme ist die hohe Funktionsorientierung durch den funktionsorientierten Ansatz. Das macht die Bildung eines eigenen Funktionssystems notwendig. Hier erfolgt das Herausfiltern von systemspezifischen, allgemeinen Funktionen aus der Arbeitsorganisation und dem Transportsystem.

Das Treatment beschreibt Szenen mit bestimmten Interaktionsmöglichkeiten für den Benutzer. Aus diesen Möglichkeiten müssen Funktionsklassen gebildet werden. Ein erster Ausgangspunkt ist dazu das Konzept der Interaktionsarten.[1] Gemeinsam ablaufende Funktionen müssen dabei zusammengefasst werden. So wird es z.B. eine Funktion „Betätigen einer Taste" geben, die beschrieben werden kann mit „Auslösen eines bestimmbaren Ereignisses durch Betätigen der Maustaste, wenn der Mauszeiger sich über einem grafisch dargestellten Symbol befindet. Durch die Betätigung der Maustaste wird das grafisch dargestellte Symbol durch ein anderes Symbol (z.B. invertiert oder grau) dargestellt." Diese Darstellung klingt vielleicht abstrakt, ist aber notwendig, um für die Feinprojektierung eine Checkliste zur Verfügung zu stellen, welche Funktionen noch zu entwickeln sind: Positionsabfrage und Veränderung des Mauszeigers, Abfangen von Tastaturcodes und -ereignissen, usw. Dabei können die Funktionen auch den Datenaustausch mit Datenbanken oder anderen Dokumenten betreffen. Ein weiterer Anhaltspunkt für Grundfunktionen sind Funktionen zur Steuerung der technischen Parameter der einzelnen, verwendeten Informationsarten. So etwa Ablaufsteuerungen von kontinuierlichen Informationsarten, Übergangsfunktionen wie z.B. Vergrößern, Verkleinern, Überblendung usw. Auch durch das Transportsystem ergeben sich Funktionen. Installierungsfunktionen wie Setup-Routinen oder Datenzugriffsmöglichkeiten via Internet usw. sind im wesentlichen zusammengefasste Abläufe, die bei der Feinprojektierung die Grundlage für die Funktionalität des Systems darstellen.

Zur Abstraktion von Funktionen kann die SADT-Methode eingesetzt werden.[2] Ergebnis des Funktionssystems ist das logische Funktionsmodell, das einen Katalog von Grundfunktionen, die im zu erstellenden System benötigt werden, enthält. Die Erstellung des Kataloges ist vorwiegend Aufgabe des Programmierteams.

---

[1]  vgl. Punkt 2.4.5 und 4.4
[2]  vgl. Heinrich SP1, 1994, S. 108 ff

### 5.5.2.5 Datensystem

Die Besonderheit vieler bestehender multimedialer Systeme ist, dass sie meist nicht auf einem strukturierten Datenmodell aufbauen, sondern eher einem File-System gleichen, in dem vor allem kontinuierliche Informationsarten abgelegt sind. Der Zugriff erfolgt im wesentlichen über Autorensysteme. Der Grund dafür ist sicher, dass die meisten Autorensysteme mehr Wert auf eine einfach zu bedienende Oberfläche legen. Die redundanzfreie Struktur der Daten wird dabei weitgehend vernachlässigt.

Beim Versuch das multimediale Treatment in ein relationales Datenmodell zu strukturieren ergeben sich zwei Probleme:

- Dynamische Strukturen lassen sich damit nur schwer abbilden

- Wenn in einem Informationsbaustein – wie etwa einem geschriebenen Text – eine Verbindung zu einem anderen Informationsbaustein – z.b. einem Bild – besteht und die Verbindung durch das Aktivieren eines Hotspots (z.B. Hotword) erfolgt, so ist dieser Hotspot Teil des Informationsbausteins. Damit ist keine Trennung der Dialog- und Informationskomponente möglich. Deshalb ist es nicht möglich, auf vorhandene Informationen redundanzfrei zurückzugreifen oder neue Informationen anderen Anwendungen zur Verfügung zu stellen.[1] Es ist daher sinnvoll, eine Trennung von Informationsbeständen und Dialogsteuerung vorzusehen.

Das klassische Datenmodell für Hypermedia ist das node-link Modell, das auf Nelson, den Pionier des Hypertextes zurückgeht.[2] Das node-link Modell sieht eine Hypermedia-Datenbank als ein Netzwerk von nodes (Knoten), die durch links (Verknüpfungen) verbunden sind. Die Knoten sind dabei die Informationsbausteine. Entsprechend der Art der Beziehung zwischen den verknüpften Informationsbausteinen werden syntaktische, semantische und pragmatische Verknüpfungen unterschieden.[3] Semantische Verknüpfungen betreffen die Herstellung von semantischer Kohärenz zwischen den Informationsknoten, um das Verständnis von Hypertextinhalten zu erleichtern. Pragmatische Verknüpfungen gelten der Herstellung von Verbindungen zwischen Informationsknoten, die in einem spezifischen funktionalen oder kontextuellen Zusammenhang stehen. Kuhlen, 1991 unterscheidet ferner referenzielle und typisierte Verknüpfungen. Als referenzielle Verknüpfungen werden jene bezeichnet, die ausschließlich auf formalen syntaktischen bzw. assoziativen Prinzipien gründen, ohne dass die zwischen den Informationsknoten bestehenden semantischen Beziehungen eine Rolle spielen und explizit spezifiziert werden.

---

[1] Kerres, 1990, S. 74.

[2] Nelson, 1965, vgl. dazu Punkt 2.5.3.2

[3] vgl. Tergan, 1995, S. 125

Aktuelle Trends bei der Bildung logischer Datenmodelle konzentrieren sich auf die Art wie die Verknüpfungen zwischen den Knoten repräsentiert, manipuliert und gespeichert werden können. Diese Trends lassen sich in zwei Klassen einteilen:[1]

- Lokale Verknüpfungen
  Die Datenmodelle betten Verknüpfungen in einfache Knoten ein.

- Globale Verknüpfungen
  Die Datenmodelle stellen die Verknüpfungen als frei adressierbare Objekte zur Verfügung.

Das node-link Modell hat zwei wesentliche Nachteile bei der Erstellung, Wartung und der Navigation in großen, dynamischen – und eventuell verteilten – Hypermedia Datenbasen:[2]

- Die Knoten repräsentieren nur einfache Informationsbausteine.

- Die Links verbinden nur einfache Knoten. Sie enthalten keinen semantischen Inhalt und sie sind statisch in dem Sinn, dass sie unabhängig von Benutzerinteraktionen sind. Editieren von Links ist umständlich und das Löschen eines Knoten kann zu ernsten Inkonsistenzproblemen führen.

Deshalb wurde im Oktober 1988 im Dexter Inn in Sunapee, New Hampshire, ein Workshop von Leggett und Walker organisiert, bei dem eine ausgewählte Gruppe von Hypermedia-Systemdesignern ein Modell zur Struktur von Hypermedia-Systemen entwickelte.[3] Das in mehreren Treffen daraus entstandene Modell wurde in der Hypermedia-Literatur unter dem Namen „Dexter-Referenz-Modell" bekannt.[4] Das Modell ist in drei Ebenen eingeteilt: Die Speicherebene beschreibt das Netzwerk der Knoten und Verknüpfungen. Die Runtime-Ebene beschreibt Mechanismen, die die Benutzerinteraktion mit dem Hypertext unterstützen. Die Within-Component-Ebene enthält den Informationsinhalt und die Strukturen innerhalb der Hypertextknoten. Auf diesem Modell aufbauend gab es eine Reihe von Entwicklungen.[5]

Maurer et al. stellen eine der konsequentesten Entwicklungen vor:[6] Ein Autorensystem (HM-Card auf Windows), in dem die Verknüpfungen weder zu individuellen Knoten, noch zu globalen, adressierbaren Objekten gehören. Sie sind eingebunden in einem Hypermedia-Container, den „s-collections". Per Definition können Links nicht nach außerhalb ihrer s-collections führen. Links können nur Mitglieder der gleichen s-collection verbinden. S-collections repräsentieren damit abgegrenzte Informationsbausteine, die ihr eigenes, bekanntes Interface haben. Das bekannte Interface einer s-collection ist ein Set von Operationen, das

---

[1] vgl. Andrews et al., 1995a, S. 70
[2] vgl. Maurer; Scherbakov; Schneider, 1995
[3] vgl. Leggett; Schnase, 1994
[4] vgl. Halasz; Schwartz, 1994
[5] siehe z.B. Grønbaek; Trigg, 1994b, Grønbaek; Trigg 1994a oder Leggett; Schnase, 1994
[6] Maurer; Scherbakov; Schneider, 1995

auf eine bestimmte s-collection angewendet werden kann und andere nicht beeinflusst. Deshalb können s-collections in verschiedenen variablen Kontexten verwendet werden. Damit eignet sich dieses Konzept sehr zur Umsetzung des Storyboards. Auch große vernetzte Datenbanken, wie das ebenfalls am Institut für Hypermedia Systems des Joanneum Forschungszentrums in Graz entwickelte Hyper-G,[1] lassen sich mit diesem Modell abbilden.

Eine Zwischenstellung zwischen dem HM-Datenmodell und Modellen ohne Trennung von Informations- und Dialogkomponente stellen Kombinationen von Standard-Autorensystemen mit Datenbanken dar. Dabei speichern die Autorensysteme dynamische Strukturen in ihrer proprietären Umgebung ab und greifen über eine Schnittstelle auf eine (relationale) Datenbank zu, die die entsprechenden Informationsbausteine enthält. Das Autorensystem steht so nur als Front-End zur Verfügung und speichert die Verknüpfungen in lokalen Objekten (z.B. virtuelle Tasten). Damit können jedoch keine Interaktionsereignisse innerhalb eines Informationsbausteins ausgelöst werden. So ist z.B. ein Hotword innerhalb eines in der externen Datenbank gespeicherten Textes damit nur schwer realisierbar.

Welche Art des logischen Datenmodells für das mLS oder mMIS gewählt wird, hängt vom Inhalt des Treatments und dem Grad der Aktualisierungsnotwendigkeit ab. In online-Systemen wie Courseware oder mMIS, bei denen laufend inhaltliche Aktualisierungen notwendig sind, ist eine saubere Trennung von Dialog- und Informationskomponente wichtig. Datenmodelle mit einer rein lokalen Verknüpfungsunterstützung sind damit schwer wartbar und eher nicht geeignet. Sie sind dafür einfach und leicht zu entwickeln. Diese Modelle bieten meist auch ungenügende Sicherheitskonzepte der Datenbestände. Die Informationsbausteine sind gegen unbefugten Zugriff nur schwer zu schützen. Die Mischvariante Frontend-Datenbank bietet hier bereits eine bessere Lösung. Das Sicherheitskonzept der Datenbank erlaubt die entsprechende Security, die Verknüpfungen sind jedoch noch lokal im Front-End eingebettet. Stark hypermediaorientierte Systeme mit laufenden Verbindungen von Informationsbaustein zu Informationsbaustein – insbesondere bei kontinuierlichen Informationsarten – lassen sich dabei nur schwer systematisch unterstützen. Es lässt sich so beispielsweise ein Film mit einem Schwenk über eine Stadt in der Datenbank abspeichern und über eine virtuelle Taste aufrufen, aber auf den im Film dargestellten Stadtturm kann nicht geklickt und eine zusätzliche Textinformation aufgerufen werden. Solche Funktionen sind nur mit vollständig globalen Verknüpfungen lösbar. Inwieweit das didaktisch-dramaturgische Konzept diese Funktionen auch fordert, ist im Treatment zu entscheiden. Dabei zeigen Kompromisse zwischen dramaturgischer Notwendigkeit und technischem Aufwand die wechselseitige Abhängigkeit auf.

Die Wahl des logischen Datenmodells hängt somit sehr stark vom logischen Modell der Arbeitsorganisation und vom Treatment ab und schränkt die Möglichkeiten bei der Auswahl der Entwicklungsumgebung entscheidend ein.

---

[1]   vgl. Andrews et al., 1995a

### 5.5.3 Systemtechnik

Als Grundlage für die Bestimmung des Technikbedarfs dienen in multimedialen Systemen die Anforderungen aus dem Systementwurf. Die Unterstützung der im Treatment spezifizierten zu verwendenden Informationsarten und Interaktionsarten muss durch das technische System ermöglicht werden. Wesentliche, allgemeine methodische Besonderheiten für multimediale Systeme ergeben sich nicht.

Auch hier sind die vier Arbeitsschritte mit[1]

• Bestimmung des qualitativen Technikbedarfs

• Bestimmung des quantitativen Technikbedarfs

• Bestimmung des Nettobedarfs

• Decken des Technikbedarfs

umschrieben. Lediglich die hohen Datenmengen, Rechenzeiten und die für kontinuierliche Informationsarten wichtigen hohen Datenraten sind entsprechend den technischen Parametern der Informationsarten zu ermitteln und bei der Spezifizierung des Technikbedarfs heranzuziehen. Durch die rasanten Marktentwicklungen auf dem multimedialen Gebiet ist zur Spezifizierung eine ausführliche Marktrecherche erforderlich, insbesondere was Einbindung und Kombination der verwendeten Informationsarten betrifft.

Die Frage der Eigenerstellung versus Fremdbezug stellt sich dabei auf der Gesamtsystemebene und auf der Ebene der Produktion von Informationsbausteinen. Die Ausschreibung für das Gesamtsystem ist aufgrund des noch recht jungen Gebietes zwar eher ungewöhnlich, denn meist werden die Arbeitsschritte bis zur Systemtechnik auch bereits ausgelagert, ist aber durchaus mit konventionellen Systemen vergleichbar. Wesentlicher Unterschied ist die Beilage des Treatments.

Bei der Produktion der Informationsbausteine ist allerdings eine teilweise Auslagerung nicht nur möglich, sondern auch aufgrund der vielfältigen Berufsgruppen, die für die einzelnen Informationsarten existieren,[2] sinnvoll. Insbesondere die Produktion von kontinuierlichen Informationsarten kann aus Überlegungen zur technischen Perfektion ausgelagert werden. Auch die Mittel des Transportsystems, wie etwa billige Massenspeicher (CD-ROM), werden aus Gründen der technischen Perfektion eher durch Fremdbezug abgewickelt.

---

[1] vgl. Heinrich SP2, 1994, S. 86 f
[2] vgl. Punkt 5.3.3

### 5.5.4 Systemauswahl

Die wesentliche Besonderheit bei der Systemauswahl multimedialer Systeme ist die Form der Beschreibung des Pflichtenhefts. Dabei sind die Ergebnisse des Systementwurfs und der Systemtechnik der zentrale Ausgangspunkt. Neben dem logischen Modell der Arbeitsorganisation, dem logischen Transport-, Funktions- und Datenmodell, dem Sicherungs- und Technikbedarf sind die multimediaspezifischen Eigenheiten, das multimediale Treatment und die Redaktionsrichtlinien.

Das Treatment ist in seiner Form noch zu wenig geeignet, um eine echte Produktionsunterstützung zu sein. Dazu muss das Treatment noch genauer spezifiziert werden. Es erfolgt dabei der letzte Schritt im Prozess des Storyboardings: die Erstellung des Storyboards. [1]

Vorlage für das Storyboard ist das Treatment. Dennoch ist es sinnvoll das Storyboard völlig neu zu erstellen. Dadurch ergeben sich oft wesentliche Verbesserungen durch ein Neudurchdenken des Konzepts. Die Erstellung des Storyboards kann elektronisch durch ein Werkzeug unterstützt werden. Das exemplarische Datenmodell für dieses Werkzeug ist in Abbildung 42 dargestellt.

Zunächst werden alle Informationszusammenhänge beschrieben. Dabei werden sowohl hierarchische Zusammenhänge als auch Zusammenhänge quer zur hierarchischen Ordnung beschrieben, wobei die Verbindung dieser Zusammenhänge angegeben wird. So war beispielsweise bei der SOWI-CD ein Informationszusammenhang die einzelnen Institute der Fakultät, während ein anderer, quer verlaufender Zusammenhang, alle Mitarbeiter der Fakultät bezeichnete. Abbildung 47 verdeutlicht die Verschachtelungen der Informationszusammenhänge bei dem Produkt der SOWI-CD.

Die Verbindung zwischen den Informationszusammenhängen wird mit dem Link beschrieben. Anschließend erfolgt die Erfassung der im Treatment entwickelten Szenen. Dabei sind Szenenskizzen, Skribbles oder bereits erste Prototypenergebnisse bei der Beschreibung der Szenen einzubauen. Die Verbindung der Informationszusammenhänge mit den Szenen wird in der Gliederung festgehalten, wobei gleichzeitig überprüft wird, ob tatsächlich alle Inhalte des Informationszusammenhangs in Szenen abgedeckt werden.

---

[1] vgl. dazu die Ausführungen in Punkt 4.6.4

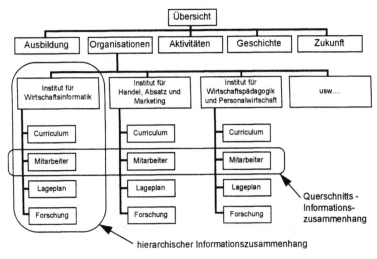

*Abbildung 47: Verschachtelung von Informationszusammenhängen bei der SOWI-CD-ROM*

Der nächste Schritt ist die Aufgliederung der Informationszusammenhänge auf einzelne Informationsbausteine. Die Informationsbausteine werden dabei genau beschrieben und eventuell mit einer Skizze oder auch ersten Prototypenergebnissen versehen. Die Informationsart bzw. deren Kombination wird dabei genau bestimmt. Die Zugehörigkeit der Informationsbausteine zu einem bestimmten Informationszusammenhang wird im Link festgehalten. Im Link wird auch beschrieben wie und welcher Hinweis im Informationsbaustein auf einen anderen Informationszusammenhang oder auch auf einen anderen Informationsbaustein erfolgt. So vermerkten wir z.B. bei der Tyrolean-Fallstudie bei der Beschreibung einer Interviewantwort jeweils gleich den dort vorkommenden Fachbegriff als Link zu der entsprechenden Erläuterung im Glossar. Die Informationsbausteine werden noch etwas detaillierter beschrieben, z.B. wenn sie sich aus mehreren Informationsarten zusammensetzen. Dazu werden die produktionstechnischen einzelnen Elemente des Informationsbausteins festgehalten. So werden etwa Sprache und Musik zu einer Animation getrennt produziert, bilden aber letztlich einen Informationsbaustein. Bei komplexeren Informationsbausteinen, wie etwa einem Film, ist hier noch das filmische Drehbuch zu erstellen, damit dieser Produktionsvorgang beschrieben werden kann.

Die Zuteilung der Informationsbausteine zu den einzelnen Szenen wird über die Action beschrieben. Diese beinhaltet die genaue Beschreibung der Interaktionsart und des Interaktionsereignisses, sowie die Bedingungen, die erfüllt sein müssen, damit der entsprechende Informationsbaustein aufgerufen wird. Auch der Szenenwechsel und der Übergang dazu wird dabei festgehalten. Dazu ist es auch hilfreich, skizzenartige Entwürfe beizulegen oder erste prototypische Ergebnisse anzuführen. Die Verwendung der Entscheidungstabellentechnik für die Bedingungskonstellationen bietet sich dabei an.

Das so spezifizierte Storyboard ist die Basis für die Feinprojektierung des mLS bzw. mMIS. Dabei stellt es keine absolute Vorgabe dar, sondern wird im Verlauf der Ausarbeitung sukzessive verändert werden. Die Erstellung des Storyboards ist dabei wesentliche Aufgabe des Designteams und kommt dem Drehbuchschreiben beim Film nahe. Hier erfolgt die dramaturgische Feinarbeit. Die Veränderung des Storyboards bei der Feinprojektierung ist hingegen Sache der Regie. Regie und Dramaturgie überlappen sich zwar teilweise, dennoch steht in der Grobprojektierung verstärkt die Dramaturgie und in der Feinprojektierung die Regie im Vordergrund.

Bei einfachen und wenig strukturierten mLS und mMIS wird vielfach auf eine exakte Ausarbeitung des Storyboards verzichtet werden. Die Produktionsvorlage beschränkt sich dann auf das Treatment. Je komplexer allerdings das System wird, desto wichtiger wird die genaue Ausarbeitung des Storyboards, damit die Koordination mehrerer Personen und Teams, die an der Entwicklung arbeiten, erleichtert und der Überblick gewahrt wird.

## 5.6 Feinprojektierung

Das Ziel der Feinprojektierung ist es, die Entwurfsergebnisse der Grobprojektierung, unter Berücksichtigung der Eigenschaften der einzusetzenden Techniksysteme, so weit zu präzisieren, dass sie implementiert werden können. In der Feinprojektierung wird das logische Modell sukzessiv mit physischen Attributen belegt und so in eine ganz bestimmte Implementierungsform – das physische Modell – überführt. Das erfolgt in den Schritten der Systementwicklung und der Systemintegration. Ergebnis ist das physische Modell im Sollzustand.[1]

Die in der Grobprojektierung erarbeiteten logischen Modelle der Teilprojekte Methodensystem, Arbeitsorganisation, Transportsystem, Funktionssystem, Datensystem und Sicherungssystem werden in der Feinprojektierung ausgearbeitet. Die Ausarbeitung erfolgt dabei weitgehend parallel.

In dieser Phase sind die Probleme und Techniken bei multimedialen Systemen weitgehend mit traditionellen Systemen ident. Daher wird im weiteren auf eine detaillierte Darstellung verzichtet und nur punktuelle Unterschiede herausgegriffen.

Die wichtigste Entscheidung zu Beginn dieser Phase betrifft das **Datensystem**. Die Funktionen des logischen Funktionsmodells aus der Grobprojektierung stellen die Anforderungen für die Entwicklungs- und Anwendungsumgebung dar. Das logische Datenmodell enthält weitere Kriterien, die für den Vergleich von Entwicklungs- und Anwendungsumgebungen zur Verfügung stehen. Die Vorgaben aus dem Marketingkonzept über die Zielgruppe können weitere

---

[1]  vgl. Heinrich SP2, 1994, S. 174 f

Einschränkungen z.B. auf bestimmte Betriebssysteme darstellen. Auch die Anforderungen des logischen Transportsystems enthalten weitere zu erfüllende Parameter.

Anhand dieses Kriterienkatalogs werden bestehende Entwicklungsumgebungen überprüft, inwieweit sie die gewünschten Kriterien des logischen Modells erfüllen. Dabei kommen alle Arten von Programmiersystemen,[1] Autorensprachen und Autorensystemen in Frage. Eine eingehende Marktrecherche ist dazu notwendig. Werden von keiner Umgebung alle Kriterien erfüllt, so müssen Kompromisse eingegangen werden. Die Überprüfung des Kriterienkatalogs mit z.B. einer Nutzwertanalyse ist dabei Aufgabe des Programmierteams. Muss auf wichtige Funktionen verzichtet werden, so ist ein Redesign des Storyboards mit dem Designteam notwendig.

Das Ergebnis der Überprüfung ist die Festlegung auf eine Entwicklungsumgebung. Dieser Schritt ist entscheidend für den weiteren Verlauf des Projekts, deshalb ist die Auswahl besonders sorgfältig vorzunehmen. In der Literatur wie in der Praxis scheinen sich dabei objektorientierte Konzepte besonders für multimediale Systeme zu eignen. Nach der Festlegung kann die Entwicklung des physischen Datenmodells erfolgen.

Parallel dazu wird die Entwicklung des physischen **Funktionsmodells** ablaufen. Die wichtigsten Grundfunktionen müssen zuerst auf der Entwicklungs- und Anwendungsumgebung getestet und optimiert werden. Sollten hier noch grobe Probleme auftreten, ist die Entscheidung für die Umgebung zu überdenken. Nach und nach müssen letztlich alle Funktionen des logischen Funktionsmodells in physische Funktionen umgesetzt werden. Die Entwicklung des physischen Funktionsmodells ist ebenfalls Aufgabe des Programmierteams. Dazu ist der Ansatz eines experimentellen Prototypings gut geeignet. Der dabei entstehende experimentelle Prototyp ist ein Wegwerfprototyp.

Eine besondere Bedeutung bei der Entwicklung des physischen **Transportsystems** kommt der Umsetzung der Redaktionsrichtlinien zu. Erst wenn die Entscheidung für eine Entwicklungsumgebung gefällt worden ist, können die genauen Beschreibungen der Klassen von Informationsbausteinen spezifiziert werden. Die Erarbeitung der Redaktionsrichtlinien ist Aufgabe des Redakteurs in Zusammenarbeit mit dem gesamten Redaktionsteam. Die Redaktionsrichtlinien sind notwendige Voraussetzung für die Implementierung der Informationsbausteine und damit Arbeitsgrundlage für das Medienteam.

Die Entwicklung der **Arbeitsorganisation** ist der Schwerpunkt der multimedialen Feinprojektierung. Einerseits ist das physische Modell der Arbeitsorganisation, bei der organisatorische Verankerungen vorgenommen werden, zu entwickeln, und andererseits die Umsetzung des Storyboards. Die struktur- und ablaufbezogenen Aufgabenzuordnungen müssen erfolgen.

---

[1]  vgl. Heinrich SP2, 1994, S. 193 f

Dazu ist das Redaktionsteam gefordert, bereits in dieser Phase jene Personen einzubinden, die später das System tragen sollen.

Der Schwerpunkt multimedialer Systeme liegt bei der Entwicklung und beim Ablauf der Szenen. Die Ablauf- und Interaktionssteuerung wird vom Programmierteam in Kooperation mit dem Medienteam erstellt. Das Medienteam liefert dazu erste Informationsbausteine für Navigationseinrichtungen im experimentellen Prototyp. Die Gestaltung der Szenen und damit die Gestaltung der Benutzerschnittstelle hat zu Beginn Priorität. Das Screendesign und vor allem die Guide-Rolle wird in diesem Stadium entwickelt. Anhaltspunkte sind die Gestaltungsgrundsätze.[1] Dazu ist eine begleitende, formative Evaluierung am Prototyp sinnvoll.

Die Produktion der Informationsbausteine ist Aufgabe des Medienteams, das dabei die Redaktionsrichtlinien einhalten muss. Die Produktion der Informationsbausteine kann weitgehend unabhängig von der restlichen Arbeitsorganisation erfolgen. Dazu ist eine Spezialisierung innerhalb des Medienteams auf die einzelnen Informationsarten sehr sinnvoll. Die Beherrschung der technischen und gestalterischen Parameter der einzelnen Informationsarten ist dabei Voraussetzung für das Medienteam. Die Produktion der Informationsbausteine ist der kostenintensivste und zeitraubendste Teil der multimedialen Systementwicklung. Im Hinblick auf die technische Perfektion ist hier die Outsourcingentscheidung zu treffen. Werden einzelne Informationsbausteine oder Elemente von bestehenden Entwicklungen übernommen, so sind die Urheberrechtsfrage[2] und eventuelle Lizenz- oder Tantiemenzahlungen zu klären.

Die **Integration der Systementwicklung** schließt den Prozess der Feinprojektierung ab. Dabei ist diese Integration eher ein schrittweiser Vorgang, bei dem Datensystem, Funktionssystem, Methodensystem, Arbeitsorganisation und Transportsystem sukzessive integriert werden. Bei der Integration der Informationsbausteine in den einzelnen Szenen ist die Feinabstimmung der Informationsarten notwendig. Dies ist Aufgabe des Redakteurs und des Medienteams. Dialog- und Informationskomponente werden zusammengeführt, die Links werden festgelegt. Die Integration ist abgeschlossen, wenn alle Beschreibungen im Storyboard umgesetzt worden sind. Ergebnis ist ein lauffähiger Typ, der durch summative Evaluierung getestet wird. An den Test schließt das Debugging an, das zyklisch mit erneuten Tests zur installierungsfähigen Version führt.

---

[1] siehe dazu Punkt 4.6.7
[2] siehe dazu Höller, 1992

## 5.7 Installierung

Das Ziel der Installierung ist, dass das Informationssystem so in die Nutzungsphase überge-
führt werden soll, dass es den definierten Anforderungen der Aufgaben und der Aufgabenträger entspricht, das heißt, dass es produktiv verwendet werden kann. Damit wird die vollständige, den Planungszielen entsprechende Einfügung eines neu geschaffenen oder wesentlich
veränderten Informationssystems in eine bestehende Informationsinfrastruktur angestrebt.[1]

Installierungsziele sind Formalziele, die sowohl mit den Projektzielen als auch mit den Aussagen der Informatik-Strategie abgestimmt sein müssen. Sie lassen sich in die Zielarten

• Terminziele

• Kostenziele

• Leistungsziele

• Qualitätsziele

• Akzeptanzziele

einteilen.

Durch formalen Charakter der Installierung ergeben sich für die Entwicklung multimedialer
Systeme keine Besonderheiten im Vergleich zu traditionellen Systemen. Dieser Umstand bedeutet jedoch nicht, dass die Installierungsphase weniger wichtig wäre. Nur wird bei multimedialen Systemen diese Phase meist vernachlässigt. Lediglich für die Migration wurden
Konzepte in Form von Setup-Routinen entwickelt.

Die Aufgaben der Installierung sind jedoch weitreichender als das Pressen einer CD und das
Vorsehen von Setup-Routinen. Sie werden gegliedert in

• Vorbereiten der Installierung

• Durchführen der Installierung

Vor allem in Zusammenhang mit übergeordneten Curricula bzw. PE- und OE- Konzepten ist
die Vorbereitung der Installation wesentlich. Dazu gehören personelle, organisatorische,
räumliche, gerätetechnische, programmtechnische und auch datentechnische Aufgaben. Insbesondere die personelle, organisatorische und räumliche Aufgabe wurde bei der Entwicklung
von mLS und mMIS bislang weitgehend vernachlässigt. Je nach Lernziel ist jedoch, wie in
den Ausführungen in Kapitel 3 gezeigt wurde, gerade die Einbindung in diese übergeordneten
Konzepte notwendig. Doch darin unterscheiden sich multimediale Systeme aus systemplanerischer Sicht nicht von anderen Informations- und Kommunikationssystemen.

---

[1]   vgl. Heinrich SP2, 1994, S. 352

Die Durchführung der Installation ist ebenfalls ein formaler Akt mit den klassischen Aufgaben des inhaltlichen und funktionalen Testens, der Abnahme und der Übergabe des Systems. Wesentliche Besonderheit multimedialer Systeme ist die Erarbeitung eines Redaktionsplans, der bei der Übergabe eingeführt wird. Der Redaktionsplan dient zur Wartung der Informationsinhalte nach der Einführung. Dies spielt speziell bei online-Systemen, wie etwa Courseware (mLS) oder vernetzter mMIS (z.B. Internet) eine wesentliche Rolle. Da die meisten Informationsarten eher Spezialwissen bei der Erstellung benötigen, stehen die bereits in Punkt 5.5.2.2 beschriebenen beiden Möglichkeiten der Benutzerschulung oder der Bildung einer zentralen Stelle zur Unterstützung offen. Der Redaktionsplan muss in Analogie zu den Redaktionsrichtlinien Aussagen enthalten über

- Stellen

- Zuordnung der Informationsbausteine zu Stellen

- Strukturbezogene und ablaufbezogene Aufgabenzuordnungen der Stellen zu Personen

- Klassen von Informationsbausteinen mit gleichen technischen Parametern

- Exakte Beschreibung der technischen Parameter der einzelnen Klassen von Informationsbausteinen

- Aussagen zur strategischen Linie des Systems, die Anhaltspunkte zur Verwendung der gestalterischen Parameter der Informationsarten darstellen. Damit soll ein einheitliches Design der Informationsarten gewährleistet werden

- Intervall der Aktualisierung

- Transportweg und Ablageverwaltung der Informationsbausteine

Nach der Installierung kann durch eine summative Evaluierung die Akzeptanz und Funktionsfähigkeit des Systems überprüft werden. Ergebnisse der Evaluierung führen dann entweder zu schrittweisen Verbesserungen oder stoßen den gesamten Systemplanungsprozess von vorne wieder an.

# 6 ZUSAMMENFASSUNG UND AUSBLICK

Die vorliegende Arbeit beschäftigt sich mit der Systemplanung multimedialer Lern- und Masseninformationssysteme. Dazu wurde der bisherigen Techniklastigkeit auf diesem Gebiet ein interdisziplinärer Ansatz entgegengestellt, der einerseits theoretische Konzepte bespricht und andererseits daraus abgeleitete Gestaltungsparameter und Modelle vorstellt.

Dazu wurde im Kapitel 1 zunächst das Erkenntnisobjekt abgegrenzt. Aus Gemeinsamkeiten und Inkonsistenzen bestehender Multimedia-Definitionen entstand nach allgemeinen Betrachtungen über die Mensch-Maschine-Mensch-Kommunikation eine tragfähige Multimedia-Definition. Das Erkenntnisobjekt multimedialer Lern- und Masseninformationssysteme wurde anhand von allgemeinen Merkmalen der Mensch-Maschine-Mensch-Kommunikation abgegrenzt.

Im Kapitel 4 erfolgte die systematische Aufarbeitung von Theorien und Modellen zum Wissenserwerb. Ausgangspunkt war die Klassifikation von Wissen, die aus unterschiedlichen Gesichtspunkten diskutiert wurde. Darauf aufbauend erfolgte die Aufarbeitung von Lerntheorien nach fünf Dimensionen des Lernens, anhand derer anschließend auch Modelle zur Förderung des Wissenserwerbs und letztlich auch die Möglichkeit des Einsatzes von Computern zur Förderung des Wissenserwerbs besprochen wurden. Zwei Modelle erwiesen sich für die weitere Arbeit als brauchbar: Das allgemeine Modell der Universal Constructive Instructional Theory (UCIT) von Schott[1] und das Würfelmodell von Baumgartner/ Payr,[2] das sich in die UCIT integrieren und konkretere Gestaltungsaussagen zulässt.

Im Kapitel 5 wurden Gestaltungselemente multimedialer Lern- und Masseninformationssysteme vorgestellt. Nach allgemeinen Betrachtungen über visuelle und auditive Wahrnehmung des Menschen wurde ein Schema der Mensch-Maschine-Mensch-Kommunikation erarbeitet, das einerseits die Einwirkungsmöglichkeiten des Menschen auf die Maschine Computer durch die Interaktionsart und andererseits die Einwirkungsmöglichkeiten der Maschine Computer auf den Menschen durch die Informationsart vollständig beschreibt. Die einzelnen technischen und gestalterischen Parameter von Interaktions- und Informationsart wurden ausführlich aufgezeigt und dienten als Grundlage für die Integration in den Prozess der Planung multimedialer Systeme. Dazu wurde das Konzept der Erstellung des Storyboards vorgestellt, das in Anlehnung an das Drehbuch bei Theater, Film und Fernsehen ein mehrstufiger Vorgang mit den immer konkreter werdenden Stufen Projektskizze, Exposé, Treatment und Storyboard ist. Der Einfluss der UCIT als Handlungsrahmen und des Würfelmodells als Denkmuster,

---

[1] vgl. Schott; Kemter; Seidl, 1995
[2] vgl. Baumgartner; Payr, 1994

sowie die Einbeziehung der formalen Elemente der Interaktionsart und der inhaltlichen Elemente der Informationsart in die dramaturgische Konzeption des Storyboards wurde dargestellt.

Im Kapitel 6 wurden Besonderheiten bei der Systemplanung von multimedialen Lern- und Masseninformationssystemen besprochen. Nach der Diskussion über den Prozess der Systemplanung als Gestaltungsansatz wurde das allgemeine Phasenschema von Heinrich[1] für die weiteren Ausführungen zur Systemplanung zugrunde gelegt. Nach diesem Konzept wurde ein Vorgehensmodell für die Entwicklung multimedialer Lern- und Masseninformationssysteme beschrieben, in das die Ausführungen der Kapitel 3, 4 und 5 integriert wurden. Tabelle 31 zeigt zusammenfassend die wichtigsten Besonderheiten auf.

| Vorstudie | Feinstudie | Grobprojektierung | Feinprojektierung | Installierung |
|---|---|---|---|---|
| • Grobe Beschreibung der vier Komponenten der UCIT (Lernende = User Rolle, Lernaufgaben, Lernumgebungen = Guide Rolle, Bezugsrahmen) <br> • Installation von Redaktionsteam <br> • Designteam <br> • Medienteam <br> • Programmierteam <br> • Redakteur <br> • Stärken/ Schwächen-Katalog <br> • Formative Evaluierung | • Analyse der vier Komponenten der UCIT unter Berücksichtigung der drei Prozesse und der SPC <br> • Klassifizierung der Wissensarten <br> • Klärung von Fragen der PE, OE bzw. des Marketing <br> • Analyse der Distributionskanäle | • Erarbeitung der synthetischen UCIT-Elemente RLT (User Rolle) und RLE (Guide Rolle) <br> • Entwicklung des Treatments <br> • Logische Modelle <br> • Methodensystem <br> • Arbeitsorganisation <br> • Transportsystem <br> • Funktionssystem <br> • Datensystem <br> • Sicherungssystem <br> • Exploratives Prototyping mit formativer Evaluierung <br> • Anforderungen für Entwicklungs- und Anwendungsumgebung durch die Informations- und Interaktionsarten | • Erarbeitung der physischen Modelle <br> • Auswahl der Entwicklungs- Produktions- und Anwendungsumgebung <br> • Experimentelles Prototyping mit formativer Evaluierung <br> • Produktion d. Informationsbausteine <br> • Mediafeinabstimmung/ Regie <br> • Umsetzung des Storyboards <br> • Summative Evaluierung | • Inhaltliches und funktionales Testen <br> • Debugging <br> • Klärung von Aktualisierungsfragen <br> • Summative Evaluierung |
| ⇒ Projektskizze | ⇒ Exposé | ⇒ Storyboard, Redaktionsrichtlinien, logische Modelle | ⇒ lauffähiger Typ | ⇒ Redaktionsplan |

*Tabelle 31: Besonderheiten bei der Systemplanung multimedialer Lern- und Masseninformationssysteme*

Die allgemeine Kritik von Phasenmodellen muss allerdings auch bei dem vorgestellten Vorgehensmodell aufrechterhalten werden. Die Entwicklung einer multimedialen Anwendung ist keineswegs so linear und reibungslos, wie die Ausführungen zu den Phasen vermuten lassen. Insbesondere die Entwicklung des Treatments ist ein äußerst kreativer, evolutionärer Prozess,

---

[1] vgl. Heinrich SP1, 1994 und Heinrich SP2, 1994

der sich nur schwer formalisieren lässt. Dem wurde zwar versucht durch Prototyping und Einbindung von künftigen Benutzern mittels formativer Evaluierung einen Rahmen zu geben, doch letztlich ist es immer das jeweilige Redaktionsteam, das gefordert ist, kreative Lösungen in einer konflikt- und interessenbeladenen Situation zu erarbeiten. Das beschriebene Vorgehensmodell kann dafür nur einen Anhaltspunkt liefern.

Viele der in dieser Arbeit aufgestellten impliziten Thesen und Einteilungen bedürfen noch einer empirischen Fundierung. Die Arbeit liefert aber Anhaltspunkte für den Rahmen der empirischen Forschung und kann als Grundgerüst für Falsifizierungen auf dem Weg zu einer „multimedialen Theorie" dienen. Damit entspricht sie wohl eher dem Goethe zugeschriebenen Zitat: „Was nicht umstritten ist, ist auch nicht sonderlich interessant." In diesem Sinne bietet dieses Buch sehr viele Anknüpfungspunkte. Insbesondere die ausgegrenzten „weißen" Felder in der Tabelle 15 lassen einen weiten Bereich künftiger Forschung offen. Speziell die Fälle der Generierung oder die transaktiven Kommunikationswege, sowie die Konvertierung von Informationsarten sind technische Bereiche der weiteren Forschung. Auf dem soziotechnischen Gebiet bedarf es noch einer wesentlich stärkeren Einbeziehung verhaltensorientierter Ansätze in Systemplanungsprozesse und einer verbesserten Aufgabenteilung zwischen Menschen und Computer. Jene Inhalte, die durch ein multimediales System abdeckbar sind, sollten forciert über solche Systeme kommuniziert werden, während die nicht abdeckbaren, wichtigen, menschlichen Bereiche im Menschen-Menschen-Dialog verstärkt werden sollten. Bei mLS würde diese Konzeption so zum vermehrten Einsatz bei Grundlagenwissen führen, damit für die zwischenmenschliche Kommunikation bei unsicheren und komplexen Situationen mehr Raum zur Verfügung steht.

In dem Zusammenhang ist ein Anliegen dieses Buches nicht unhinterfragt neue Techniken einzusetzen, sondern sie immer in Zusammenhang mit größeren Rahmenbedingungen zu sehen und ein wenig über die Grenzen des jeweiligen Forschungsbereichs zu blicken, um Synergieeffekte zu nutzen und Einblicke in andere Sichtweisen zu bekommen.

# 7  LITERATURLISTE

| | |
|---|---|
| Abbot, 1982 | Abbot, E. A.: Flatland. A Romance in Many Dimensions, 6. Auflage.- New York: Dover Publications, 1952. Dt. Ausgabe: Flachland – Eine phantastische Geschichte in vielen Dimensionen.- Stuttgart: Klett-Cotta, 1982 |
| Ackermann, 1991 | Ackermann, P.: Computer und Musik : eine Einführung in die digitale Klang- und Musikverarbeitung.- Wien u.a. : Springer, 1991 |
| Adkins, 1986 | Adkins, A. L.: Data Prepatation: From Shoestring to Super Systm. In: CD ROM. The new papyrus.- Redmons, USA: Microsoft Press, 1986 |
| Adobe, 1995 | Adobe Systems Inc.: Adobe Premiere LE Handbuch.- Edinburgh: Adobe, 1995 |
| Akkerhuis et al., 1991 | Akkerhuis, J. et al.: Multi-media Document Translation: ODA and the EXPRES Project.- New York: Springer, 1991 |
| Albers, 1970 | Albers, J.: Grundlegung einer Didaktik des Sehens.- Köln: DuMont, 1970 |
| Altrichter et al., 1992 | Altrichter, H.; Gorbach, S.; Maier, K.; Maier, V.; Salzgeber, G.; Welte, H.: Reflexion der Praxis; Untersuchung eines Konzeptes und Entwicklung von Bildungsmöglichkeiten.- Innsbruck: 1992 |
| Altrichter; Posch, 1994 | Altrichter, H.; Posch, P.: Lehrer erforschen ihren Unterricht; Eine Einführung in die Methoden der Aktionsforschung, 2. Auflage.- Bad Heilbrunn: Klinkhardt, 1994 |
| Altrichter; Schratz, 1992 | Altrichter, H.; Schratz, M. (Hrsg.): Qualität von Universitäten; Evaluation: Impulse für Innovation?.- Innsbruck: Österr. Studien-Verlag, 1992 |
| Altstaedt, 1987 | Altstaedt, I.: Lernstörung. In: Grubitzsch, S.; Rexilius, G. (Hrsg.): Psychologische Grundbegriffe: Mensch und Gesellschaft in der Psychologie: Ein Handbuch.- Reinbek bei Hambur: Rowohlt, 1987 |
| Alty et al., 1993 | Alty, J. L.; Diaper, D.; Guest, S.: People and Computers VIII; Proceedings of the HCI '93 Conference.- Cambridge: University Press, 1993 |
| Ambron; Hooper, 1990 | Ambron, S.; Hooper, K. (Hrsg.): Learning with interactive multimedia: Developing and using multimedia tools in education.- Redmond, WA: Microsoft Press, 1990 |
| Anderson, 1989 | Anderson, J. R.: Kognitive Psychologie, 2. Auflage: Eine Einführung.- Heidelberg: Spektrum der Wissenschaft Verlagsgesellschaft, 1989 |
| Andrews et al., 1995a | Andrews, K; Nedoumov, A.; Scherbakov, N.: Embedding courseware into the Internet: Problems and solutions. In: Maurer, H. (Hrsg.): Educational Multimedia and Hypermedia; Proceedings of ED-Media 95 - World Conference on Educational Multimedia and Hypermedia.- Graz: AACE, 1995 |
| Andrews et al., 1995b | Andrews, K.; Kappe, F.; Maurer, H.; Schmaranz, K.: On Second Generation Network Hypermedia Systems. In: Maurer, H. (Hrsg.): Educational Multimedia and Hypermedia; Proceedings of ED-Media 95 - World Conference on Educational Multimedia and Hypermedia.- Graz: AACE, 1995 |
| Argyris; Schön, 1978 | Argyris, C.; Schön, D.: Organizational Learning: A Theory of Action Perspective, Reading,- Massachusats, 1978 |
| Aristoteles, 1976 | Aristoteles: Poetik; Eingeleitet und übersetzt von Fuhrmann, M.- München: Dialoge der Antike #7, 1976 |
| Arzberger; Brehm, 1994 | Arzberger, H.; Brehm, K.-H. (Hrsg.): Computerunterstützte Lernumgebungen.- Erlangen: Publicis-MCD-Verl., 1994 |
| Aschersleben, 1989 | Aschersleben, G. et al.: Prototyping als Verfahren zur Softwareentwicklung. In; Zeitschrift fürArbeitswissenschaft, # 1, 1989 |
| Aukstakalnis; Blater, 1994 | Aukstakalnis, S.; Blatner, D.: Cyberspace: Die Entdeckung künstlicher Welten.- Köln vgs, 1994 |

| | |
|---|---|
| Babu, 1995 | Babu, G. P.; Mehtr, B. M.; Kankanhalli, M. S.: Color Indexing for Efficient Image Retrieval. In: Multimedia Tools and Applications, Volume 1, #4, 1995 |
| Balzert, 1986 | Balzert, H.: Die Entwicklung von Software-Systemen: Prinzipien, Methoden, Sprachen, Werkzeuge.- Mannheim et al.: 1986 |
| Balzert, 1990 | Balzert, H.: Softwareergonomie. In: Kurbel, K; Strunz, H.: Handbuch Wirtschaftsinformatik.- Stuttgart: Poeschl, 1990 |
| Bandler; Grinder, 1981 | Bandler, R.; Grinder, J.: Neue Wege der Kurzzeit-Therapie; Neurolinguistische Programme.- Paderborn: 1981 |
| Bandura, 1979 | Bandura, A.: Sozial-kognitive Lerntheorie.- Stuttgart: Klett-Cotta, 1979 |
| Barnes, 1992 | Aristoteles: Metaphysik VII, 1025 b 25. In: Barnes, 1992 |
| Bastian, 1986 | Bastian, H.: Musik im Fernsehen.- Wilhelmshaven: Noetzel, 1986 |
| Bauer, 1993 | Bauer, W.; Riedel, O.: VR in Space- and Building-planning. In: Brody, F.; Morawetz, R. F. (Hrsg.): Virtual Reality Vienna 1993.- Wien: 1993, S. 34 f |
| Bauknecht; Zehnder, 1989 | Bauknecht, K./ Zehnder, C. A.: Grundzüge der Datenverarbeitung, 4. Auflage, Stuttgart 1989 |
| Baumann; Klein, 1990 | Baumann, H.; Klein, M.: Desktop Publishing: Typografie, Layout.- Niedernhausen: Falken Verlag, 1990 |
| Baumgartner, 1993 | Baumgartner, P.: Der Hintergrund des Wissens: Vorarbeiten zu einer Kritik der programmierbaren Vernunft.- Klagenfurt: Kärntner Druck- und Verlagsgesellschaft, 1993 |
| Baumgartner; Payr, 1994 | Baumgartner, P.; Payr, S.: Lernen mit Software.- Innsbruck: Österreichischer Studien-Verl., 1994 |
| Beaumont; Brusilovsky, 1995 | Beaumont, I.; Brusilovsky, P.: Adaptive Educational Hypermedia: From Ideas to Real Systems. In: Maurer, H. (Hrsg.): Educational Multimedia and Hypermedia.- Graz: 1995 |
| Becker, 1986 | Becker, W. C.: Applied Psychology for Teachers; A Behavioral Cognitive Approach.- Chicago: Science Redearch Associates, 1986 |
| Beer, 1992 | Beer, U.: Was Farben uns verraten.- Stuttgart: Kreutz Verlag, 1992 |
| Bergner, 1990 | Bergner, W.: Grundlagen der Typografie.- Leipzig: Fachbuchverlag Leipzig, 1990 |
| Biethahn et al., 1994 | Biethahn, J.; Mucksch, H.; Ruf, W.: Ganzheitliches Informationsmanagement; Band 1: Grundlagen.- München; Wien: Oldenbourg, 1994 |
| Biethahn; Hoppe, 1995 | Biethahn, J.; Hoppe, U.; Kracke, U.: Teachware in der Wirtschaftsinformatik-Ausbildung an Hochschulen im deutschsprachigen Raum.- Göttingen: Arbeitsbericht #7, 1995 |
| Bitzer, 1995 | Bitzer, F. et al.: Medienwirtschaft in der Regio Rheinland; Bestand, Potential und Perspektiven.- Köln; Gelsenkirchen: Zentrum für Interaktive Medien, 1995 |
| Blake; Sekuler, 1985 | Blake, R.; Sekuler, R.: Perception.- New York: Knopf, 1985 |
| Blattner; Dannenberg, 1992 | Blattner, M.M.; Dannenberg, R.B. (Hrsg.): Multimedia Interface Design.- Wokingham u.a.: Addison-Wesley, 1992 |
| Blattner; Greenberg, 1992 | Blattner, M.M.; Greenberg, R.M.: Communicating and Learning Through Non-speech Audio. In: Edwards, A. D. N.; Holland, S.: Multimedia Interface Design in Education.- Berlin; Heidelberg; New York: Springer, 1992 |
| Bodendorf, 1990 | Bodendorf, F.: Computer in der fachlichen und universitären Ausbildung.- München; Wien: 1990 |
| Bodendorf, 1992b | Bodendorf, F.: Benutzermodelle – ein konzeptioneller Überblick. In: Wirtschaftsinformatik #34, 2/ 1992 |
| Bodendorf, 1995 | Bodendorf, F.; Langer, K.: Flexible User-Guidance in Multimedia CBT-Applications using Artificial Neural Networks. In: Pearson, D.W.; Steele, N.C.; Albrecht, R.F. (Hrsg.): Artificial Neural Nets and Genetic Algorithms; Proceedings of the International Conference in Alés, France, 1995.- Wien; New York: Springer, 1995 |

346

| | |
|---|---|
| Bodendorf; Mertens, 1992 | Bodendorf, F.; Mertens, P.: Programmierte Einführung in die Betriebswirtschaftslehre, 7. Auflage, Erlangen-Nürnberg 1992 |
| Boehm, 1986 | Boehm, B.W.: Wirtschaftliche Software-Produktion.- Wiesbaden: 1986 |
| Boehm, 1989 | Boehm, B. et al.: Applying Process Programming to the Spiral Model. In: Boehm, B. (Hrsg.): Tutorial: Software Risk Management.- Washington IEEE Computer Society Press, 1989 |
| Boehm, 1991 | Boehm, B.: Software Risk Management: Principles and Practices. In: IEEE Software, January 1991 |
| Bolter, 1990 | Bolter, D. J.: Der digitale Faust: Philosophie des Computer-Zeitalters.- Stuttart; München: Oktoton, 1990 |
| Börner; Schnellhardt, 1992 | Börner, W.; Schnellhardt, G.: Multimedia.- München: te-wi Verl., 1992 |
| Bradey; Henderson, 1995 | Bradey, S.; Henderson, L.: Voice-Overs and Auditory Cues: Their impact and role in learning through interactive multimedia. In: Maurer, H. (Hrsg.): Educational Multimedia and Hypermedia: World Conference on Educational Multimedia an Hypermedia.- Graz, Austria: Verl. AACE, 1995 |
| Brandsteidl, 1994 | Brandsteidl, S. (Hrsg.): EDV/ Informatik im österreichischen Schulwesen.- Wien: Bericht des Bundesministeriums für Unterricht und Kunst, 1994 |
| Brauner; Bickmann, 1994 | Brauner, J.; Bickmann, R.: Die multimediale Gesellschaft.- Frankfurt am Main: Campus, 1994 |
| Brenner; Kolbe, 1994 | Brenner, W.; Kolbe, L.: Die computerunterstützte Informationsverarbeitung der privaten Haushalte als Herausforderung für Wissenschaft und Wirtschaft. In: Wirtschaftsinformatik, 36 (1994) 4, S. 369-378 |
| Bricken, 1993 | Bricken, W.: Cyberspace 1999: Ein Katalog zur Jahrtausendwende. In: Waffender, M. (Hrsg.): Cyberspace: Ausflüge in virtuelle Wirklichkeiten.- Reinbek bei Hamburg: Rowohlt, 1993 |
| Brockhaus, 1991 | Brockhaus-Enzyklopädie: in 24 Bd. - 19. Auflage.- Mannheim: Brockhaus, 1991 |
| Brody; Gathman, 1993 | Brody, F.; Gathman, P.: Virtual Reality from the celibacy machine to the puer aeternus. In: Brody, F.; Morawetz, R. F. (Hrsg.): Virtual Reality Vienna 1993.- Wien: 1993 |
| Brown, 1995 | Brown, E.: That´s Edutainment.- Berkeley: Osborne McGraw-Hill, 1995 |
| Bruner, 1971 | Bruner, J. S.: Über kognitive Entwicklung (I und II). In: Bruner, J. S. et al. (Hrsg.): Studien zur kognitiven Entwicklung.- Stuttgart: 1971, S. 21-96 |
| Bstieler, 1996 | Bstieler, L.: Viel Lärm um nichts? Über den Erfolg von Innovationskooperationen mit Anwendern.- In: SOWI-Perspektiven: Innsbruck #1/ 1996 |
| Bühler, 1928 | Bühler, C.: Kindheit und Jugend.- Leipzig: 1928 |
| Bullinger, 1985 | Bullinger, H.-J. (Hrsg.): Software-Ergonomie ´85: Mensch-Computer-Interaktion.- Stuttgart: Teubner, 1985 |
| Burns, 1995 | Burns, P. J.: CD-Morph!.- Wokingham u.a.: Addison-Wesley, 1995 |
| Busemann, 1950 | Busemann, A.: Einführung in die pädagogische Jugendkunde.- Bonn: 1950 |
| Cakmakov, 1995 | Cakmakov, D.; Davcev, D.: Information Retrieval and Filtering of Multimedia Mineral Data. In: Multimedia Tools and Applications, Volume 1, #4, 1995 |
| CardEtal, 1992 | Card, S. K.; Mackinlay, J. D.; Robertson, G.: The Design Space of Input Devices. In: Blattner, M.M.; Dannenberg, R.B. (Hrsg.): Multimedia Interface Design.- Wokingham u.a.: Addison-Wesley, 1992 |
| Charwat, 1994 | Charwat, H.-J.: Lexikon der Mensch-Maschine-Kommunikation, 2. Auflage.- München; Wien: Oldenbourg, 1994 |
| Chmielewicz, 1979 | Chmielewicz, K.: Forschungskonzeptionen der Wirtschaftswissenschaft, 2.Auflage.- Stuttgart: Poeschel, 1979 |
| Clark; Craig, 1992 | Clark, R.E.; Craig, T.G.: Research and Theory on Multi-Media Learning Effects. In: Giardina, M. (Hrsg.): Interactive Multimedia Learning Environments; Proceedings of the NATO Advanced Research Workshop on Interactive Multimedia Learning Environments, Quebec, June 1991.- Berlin u. a.: Springer, 1992 |

| | |
|---|---|
| Conclin, 1987 | Conklin, J.: Hypertext – An introduction and a survey. In: IEEE Computer, 20 #9, 1987 |
| Conel, 1970 | Conel, J. L.: Life as revealed by the microscope.- New York: 1970 |
| Corte et al., 1992 | Corte, E.D.; Linn, M.C.; Mandl, H.; Verschaffel, L. (Hrsg.): Computer-Based Learning Environments and Problem Solving; Proceedings of the NATO Advanced Research Workshop on Computer-Based Learning Environments and Problem Solving, Leuven, September 1990.- Berlin; Heidelberg.: Springer, 1992 |
| Costa, 1992 | Costa, E. (Hrsg.): New Directions for Intelligent Tutoring Systems; Proceedings of the NATO Advanced Research Workshop on New Directions for Intelligent Tutoring Systems.- Berlin; Heidelberg.: Springer, 1992 |
| CTGV, 1990 | Cognition and Technology Group at Vanderbilt: Anchored instruction and its relationship to situated cognition.- In: Educational Researcher, 19, 2-10, 1990 |
| CTGV, 1992 | Cognition and Technology Group at Vanderbilt: The Jasper series as an example af anchored instruction: Theory, program, description, and assessment data. In: Educational Psychologist, 27, 291-315, 1992 |
| CTGV, 1994 | Cognition and Technology Group at Vanderbilt: Multimedia environments for enhancing student learning in mathematics. In: Vosniadou, S; De Corte, E.; Mandl, H. (Hrsg.): Technology-based learning environments. Psychological and educational foundations.- Berlin: Springer, 1994 |
| Cunningham, 1992 | Cunningham, S.: Interactive Learning Through Visualization: The Impact of Computer Graphics in Education.- Berlin; Heidelberg; New York: Springer 1992 |
| Dale, 1946 | Dale, E.: Audiovisual methods in teaching.- New York: Holt, Rinehart & Winston, 1946 |
| Datacom | Datacom.- Bergheim: Datacom Zeitschriften-Verlag |
| Dennison, 1988 | Dennison, P.E.; Dennison, G.: Das Handbuch der Edu-Kinestetik für Eltern, Lehrer und Kinder jeden Alters.- Freiburg, 1988 |
| Depover; Quintin, 1991 | Depover, C.; Quintin, J.-J.: Learner Control Versus Computer Control in a Professional Training Context. In: Giardina, M. (Hrsg.): Interactive Multimedia Learning Environments; Human Factors and Technical Considerations on Design Issues.- Berlin u. a.: Springer, 1991 |
| Dette, 1992 | Dette, K. (Hrsg.): PC-Einsatz in der Hochschulausbildung; Das Computer-Investitions-Programm (CIP) in der Nutzanwendung, Mikrocomputer-Forum für Bildung und Wissenschaft 3.- Heidelberg: Springer, 1992 |
| Dette; Haupt; Polze, 1992 | Dette, K./ Haupt, D./ Polze, C. (Hrsg.): Multimedia, und Computeranwendungen in der Lehre; Das Computer-Investitions-Programm (CIP) in der Nutzanwendung, Mikrocomputer-Forum für Bildung und Wissenschaft 5.- Heidelberg: Springer, 1992 |
| Dette; Pahl, 1992 | Dette, K./ Pahl, P.J. (Hrsg.): Multimedia, Vernetzung und Software für die Lehre; Das Computer-Investitions-Programm (CIP) in der Nutzanwendung, Mikrocomputer-Forum für Bildung und Wissenschaft 4.- Heidelberg: Springer, 1992 |
| Dienel, 1992 | Dienel, P.C.: Die Planungszelle; 3. Auflage.- Opladen: Westdeutscher Verlag, 1992 |
| Dijkstra et al., 1992 | Dijkstra, S.; Krammer, H.P.M.; van Merrienboer, J.J.G. (Hrsg.): Instructional Models in Computer-Based Learning Environments; Proceedings of the NATO Advanced Research Workshop on Instructional Models in Computer-Based Learning Environments.- Berlin; Heidelberg.: Springer, 1992 |
| Disterer, 1995 | Disterer, G.: Multimediale Kommunikation am Beispiel von Video-Services. In: Wirtschaftsinformatik 37 (1995) 3, S. 259-272 |
| Dix, 1993 | Dix, A. et al.: Human-Computer Interaction.- New York; London; Toronto; Sydney; Tokyo; Singapore: Prentice Hall, 1993 |
| Dörner, 1989 | Dörner, D.: Die Logik des Mißlingens: Strategisches Denken in komplexen Situationen.- Reinbek bei Hamburg: Rowohlt, 1989 |
| Drewniak, 1992 | Drewniak, U.: Lernen mit Bildern in Texten. Untersuchung zur Optimierung des Lernerfolgs bei Benutzung computerpräsentierter Texte und Bilder.- Münster: Waxmann, 1992 |

| | |
|---|---|
| Dreyfus, 1987 | Dreyfus, H.; Dreyfus, S.: Künstliche Intelligenz. Von den Grenzen der Denkmaschine und dem Wert der Intuition.- Reinbek b. Hamburg: Rowohlt, 1987 |
| Dreyfus, 1989 | Dreyfus, H. L.: Was Computer nicht können: Die Grenzen künstlicher Intelligenz.- Frankfurt am Main: Athenäum, 1989 |
| Dubs, 1995 | Dubs, R.: Lehrerverhalten: Ein Beitrag zur Interaktion von Lehrenden und Lernenden im Unterricht.- St. Gallen: Verlag des Schweizerischen Kaufmännischen Verbandes, 1995 |
| Duden, 1982 | Duden: Fremdwörterbuch.- Mannheim; Wien; Zürich: Bibliografisches Institut, 1982 |
| Duden, 1988 | Duden: Informatik: Ein Sachlexikon für Studium und Praxis.- Mannheim; Wien; Zürich: Bibliografisches Institut, 1988 |
| Duffy et al., 1993 | Duffy, T. M.; Lowyck, J; Jonassen, D. H. (Hrsg).: Designing Environments for Constructive Learning; Proceedings of the NATO Advanced Research Workshop on The Design of Constructivist Learning Environments, Leuven, May 1991.- Berlin; Heidelberg.: Springer, 1993 |
| Duffy; Jonassen, 1992 | Duffy, T. M.; Jonassen, D. H.: Constructivism and the Technology of Instruction; A Conversation.- Hillsdale NJ: Lawrence Erlbaum, 1992 |
| Dums, 1994 | Dums, G.: Objektorientierte Systemplanung.- Innsbruck, 1994 |
| Eberharter, 1995 | Eberharter, M.: Auswirkungen von Multi-Media auf die Mensch-Maschine-Schnittstelle.- Innsbruck: Univ. Dipl. Arb., 1995 |
| Edwards, 1992 | Edwards, A. D. N.; Holland, S.: Multimedia Interface Design in Education.- Berlin; Heidelberg; New York: Springer, 1992 |
| Engel et al., 1992 | Engel, F.; Bouwhuis, D.G.; Bösser, T.; d´Ydewalle, G. (Hrsg.): Cognitive Modelling and Interactive Environments in Language Learning; Proceedings of the NATO Advanced Research Workshop on Cognitive Modelling and Interactive Environments, Mierlo 1990.- Berlin; Heidelberg.: Springer, 1992 |
| Eschmann, 1975 | Eschmann, K.: Die Farbe als Gestaltungselement.- Saarbrücken: Universitätsverlag Saarbrücken, 1975 |
| Esswein, 1994 | Esswein, W. et al.: Führung und Steuerung von Softwareprojekten im Kapsel-Modell. In: Projekt Management # 2/ 94 |
| Euler, 1987 | Euler, D.: Computerunterstützter Unterricht – Möglichkeiten und Grenzen.- Wiesbaden; Braunschweig: 1987 |
| Euler, 1992 | Euler, D.: Didaktik des computerunterstützten Lernens: praktische Gestaltung und theoretische Grundlagen.- Nürnberg: BW Bildung und Wissen Verlag und Software GmbH, 1992 |
| Faraday; Sutcliffe, 1993 | Faraday, P.; Sutcliffe, A.: A Method for Multimedia Interface Design. In: Alty, J. L.; Diaper, D.; Guest, S.: People and Computers VIII; Proceedings of the HCI ´93 Conference.- Cambridge: University Press, 1993 |
| Feather, 1982 | Feather, N.: Expectations and Actions.- Hillsdale NJ: Erlbaum, 1982 |
| Feldman; Ballard, 1982 | Feldman, J; Ballard, D.: Connectionist models and their properties. In: Cognitive Science #6, 1982 |
| Fink, 1994 | Fink, K.: Dimensionen des Terminus Know-how.- Innsbruck, Diplomarbeit am Institut für Wirtschaftsinformatik, 1994 |
| Fisher, 1990 | Fisher, S. S.: Virtual Interface Environments. In: Laurel, B. (Hrsg.): The art of human-computer interface design.- Mountford, USA: Addison-Wesley, 1990 |
| Forbus; Gentner, 1986 | Forbus, K. D.; Gentner, D.: Learning physical domains: Toward a theoretical framework. In: Michalski, R. S.; Carbonell, J. G.; Mitchell, T. M. (Hrsg.): Machine learning, an artificial intelligence approach (Vol. 2).- Los Altos: Morgan Kaufmann Publishers, 1986 |
| Forneck, 1992 | Forneck, H. J.: Bildung im informationstechnischen Zeitalter.- Aarau: Verlag Sauerländer, 1992 |
| Förster; Zwerneman, 1993 | Förster, H.-P.; Zwernemann, M.: Multimedia – Die Evolution der Sinne!.- Neuwied; Kriftel; Berlin: Luchterhand, 1993 |

Fortmüller, 1991    Fortmüller, R.: Lernpsychologie. Grundkonzeptionen – Theorie – Forschungsergebnisse.- Wien: 1991

Frater; Paulißen, 1994    Frater, H.; Paulißen, D.: Das große Buch zu Multimedia.- Düsseldorf: Data Becker, 1994

Freeman; Ryan, 1995    Freeman, H.; Ryan, S.: Supporting the process of courseware development: From concept to delivery. In: Maurer, H. (Hrsg.): Educational Multimedia and Hypermedia; Proceedings of ED-Media 95 – World Conference on Educational Multimedia and Hypermedia.- Graz: AACE, 1995

Fricke, 1995    Fricke, R.: Evaluation von Multimedia. In: Issing, L. J.; Klimsa, P. (Hrsg.): Information und Lernen mit Multimedia.- Weinheim: Psychologie-Verl.-Union, 1995

Friederici, 1988    Friederici, A. D.: Neurobiologische Grundlagen kognitiver Funktionen. In: Mandl, H.; Spada, H. (Hrsg.): Wissenspsychologie.- München, Weinheim: Psychologie- Verlags- Union, 1988

Friedrich, 1990    Friedrich, J.: Adaptivität und Adaptierbarkeit informationstechnischer Systeme in der Arbeitswelt – zur Sozialverträglichkeit zweier Paradigmen. In: Reuter, A. (Hrsg.): GI-20. Jahrestagung I, Informatik auf dem Weg zum Anwender.- Berlin u. a.: 1990, S. 178 - 191

Fuhrmann, 1995    Fuhrmann, G.: Kommunikationselemente von Multimedia(lern)applikationen.- Innsbruck: Univ. Dipl.- Arb., 1995

Gabele, 1992    Gabele, E.: Erfahrungen bei Erstellung und Einsatz interaktiver Lernsoftware zur Buchführung, in: Dette, K. (Hrsg.): CIP, Heidelberg 1992, S. 721

Gabriel, 1990    Gabriel, R.: Software Engineering. In: Kurbel, K; Strunz, H.: Handbuch Wirtschaftsinformatik.- Stuttgart: Poeschl, 1990

Gagné, 1965    Gagné, R. M.: The conditions of learning.- New York: Holt, Rinehart & Winston, 1965

Gagné, 1987    Gagné, R. M. (Hrsg.): Instructional technology: foundations.- Hillsdale, N. J.: Erlbaum, 1987

Gardner, 1993    Gardner, H.: The Mind's New Science: A History of the Cognitive Revolution.- New York: Basic Books, 1993

Gasser, 1995    Gasser, R. V.: Organisation des Wissenstransfers in vernetzten Systemen

Gertler, 1995    Gertler, N.: Multimedia Illustriert.- Haar bei München: Markt und Technik, 1995

Gesell, 1958    Gesell, A.: Jugend: Das Alter von 10-16.- Bad Nauheim: 1958

Giardina, 1992    Giardina, M. (Hrsg.): Interactive Multimedia Learning Environments; Proceedings of the NATO Advanced Research Workshop on Interactive Multimedia Learning Environments, Quebec, June 1991.- Berlin u. a.: Springer, 1992

Gibson, 1984    Gibson, W.: Neuromancer.- New York: 1984

Glowalla; Schoop, 1992    Glowalla, U.; Schoop, E.: Hypertext und Multimedia.- Berlin; Heidelberg; New York: Springer, 1992

Gödel, 1931    Gödel, K.: Über formal unentscheidbare Sätze der Principia Mathematica und verwandter Systeme, I. In: Monatshefte für Mathematik und Physik 38: 173-198, 1931

Goethe, 1994    Goethe, J.W.v.: Die Tafeln zur Farbenlehre und deren Erklärungen.- Frankfurt am Main u.a.: Insel-Verl., 1994

Gorny, 1992    Gorny, P.: Software-ergonomische Umsetzung didaktischer Anforderungen an interaktive Lernsysteme, in Dette, K. (Hrsg.): CIP, Heidelberg 1992, S. 295 ff

Götz; Häfner, 1991    Götz, K.; Häfner, P.: Computerunterstütztes Lernen in der Aus- und Weiterbildung.- Weinheim, 1991

Gregory; Vinson, 1979    Gregory, J.; Vinson, H.: Baß-Gitarre.- Köln: Amsco, 1979

Greif, 1993    Greif, S.: Software-Design und selbstorganisiertes Lernen aus Fehlern.-Osnabrück: Forschungsberichte aus dem Fachbereich Psychologie der Universität Osnabrück #92, 1993

Grønbaek; Trigg 1994a    Grønbaek, K.; Trigg, R.H.: Hyper Media; System Design Applying the Dexter Model.- In: Communications of the ACM, #37(2), February 1994

| | |
|---|---|
| Grønbaek; Trigg, 1994b | Grønbaek, K.; Trigg, R.: For a Dexter-Based Hypermedia System. In: Communications of the ACM, #37(2), February 1994 |
| Großmann et al., 1992 | Großmann, U./ Bankamp, A./ Kerstingjohänner, C./ Krüger, M./ Witthaut, M./ Wruck, B: MILES/ SIB – Ein multimediales Informations- und Lehrsystem für die Ausbildung von Betriebswirten in: Dette, K. (Hrsg.): CIP, Heidelberg 1992, S. 75 ff |
| Grubitzsch; Rexilius, 1987 | Grubitzsch, S.; Rexilius, G. (Hrsg.): Psychologische Grundbegriffe: Mensch und Gesellschaft in der Psychologie: Ein Handbuch.- Reinbek bei Hamburg: Rowohlt, 1987 |
| Haak; Issing, 1992 | Haak, J.; Issing, L.: Multimedia-Didaktik – State of the art. In: Dette, K./ Haupt, D./ Polze, C. (Hrsg.): Multimedia, und Computeranwendungen in der Lehre; Das Computer-Investitions-Programm (CIP) in der Nutzanwendung. Mikrocomputer-Forum für Bildung und Wissenschaft 5.- Heidelberg: Springer, 1992 |
| Habermas, 1973 | Habermas, J.: Philosophische Anthropologie. In: Kultur und Kritik, S. 89-111.- Frankfurt: 1973 |
| Habermas, 1981 | Habermas, J.: Theorie des kommunikativen Handelns; Handlungsrationalität und gesellschaftliche Rationalisierung. Bd1 und 2.- Frankfurt am Main: Suhrkamp, 1981 |
| Habermas, 1988 | Habermas, J.: Erkenntnis und Interesse, 9. Auflage.- Frankfurt am Main: Suhrkamp, 1988 |
| Haefs, 1995 | Haefs, H.: Handbuch des nutzlosen Wissens; Band 1.- Augsburg: Weltbild 1995 |
| Halasz; Schwartz, 1994 | Halasz, F.; Schwartz, M.: The Dexter Hypertext. In: Communications of the ACM, #37(2), February 1994 |
| Hämmerle, 1994 | Hämmerle, M.: Desktop Video am PC.- Wien: Bericht des Bundesministeriums für Unterricht und Kunst, 1994 |
| Hansen, 1986 | Hansen, H. R.: Wirtschaftsinformatik I.- Stuttgart: Fischer, 1986 |
| Hansen, 1994 | Hansen, L.: Computerunterstützte Datenprojektion in der Lehrerbildung: Endbericht zum Evaluationsprojekt.- Wien: Bericht des Bundesministeriums für Unterricht und Kunst, 1994 |
| Hansen; Prosser, 1994 | Hansen, H. R.; Prosser, A.: Entwicklung und Betrieb von Masseninformationssystemen: Schlussfolgerungen aus dem Studenteninformationssystem der Wirtschaftsuniversität Wien. In: Wirtschaftsinformatik, 36 (1994) 3, S. 233-242 |
| Hartshorne; Weiss; Burks, 1958 | Hartshorne, C.; Weiss, P.; Burks, A. (Eds.): The collected Papers of Charles Sanders Peirce.- Harvard: University Press, 1958 |
| Hasebrook, 1995 | Hasebrook, J.: Multimedia- Psychologie: eine neue Perspektive menschlicher Kommunikation.- Heidelberg; Berlin; Oxford: Spektrum, 1995 |
| Hebb, 1949 | Hebb, D. O.: The organization of behavior.- New York: Wiley, 1949 |
| Heinrich SP1, 1994 | Heinrich, L.J.: Systemplanung I: Planung und Realisierung von Informatik-Projekten, 6. Auflage.- München; Wien: Oldenbourg, 1994 |
| Heinrich SP2, 1994 | Heinrich, L.J.: Systemplanung II: Planung und Realisierung von Informatik-Projekten, 5. Auflage.- München; Wien: Oldenbourg, 1994 |
| Heinrich, 1990 | Heinrich, L.J.: Der Prozess der Systemplanung und -entwicklung. In: Kurbel, K; Strunz, H.: Handbuch Wirtschaftsinformatik.- Stuttgart: Poeschl, 1990 |
| Heinrich, 1991 | Heinrich, L. J.: Information Engineering (IE), in: Wirtschaftsinformatik, 33. Jahrgang, Heft 3, Juni 1991 |
| Heinrich, 1992 | Heinrich, L.J.: Informationsmanagement: Planung, Überwachung und Steuerung der Informations-Infrastruktur, 4. Auflage.- München; Wien: Oldenbourg, 1992 |
| Heinrich, 1993 | Heinrich, L. J.: Wirtschaftsinformatik: Einführung und Grundlegung.- München; Wien: Oldenbourg, 1993 |
| Heinrich, 1993 | Heinrich, L. J.: Wirtschaftsinformatik und Grundlegung.- München: Oldenbourg, 1993 |
| Heinrich; Lehner; Roithmayr, 1994 | Heinrich, L. J.; Lehner, F.; Roithmayr, F.: Informations- und Kommunikationstechnik für Betriebswirte und Wirtschaftsinformatiker, 4. Auflage.- München; Wien: Oldenbourg, 1994 |
| Heinrich; Roithmayr, 1995 | Heinrich, L. J./ Roithmayr, F.: Wirtschaftsinformatik-Lexikon, 5. Auflage, München; Wien 1995 |

Heipcke, 1971     Heipcke, H.: Tendenzen in der Lehrprogrammforschung. In: Messner, R.; Rumpf, H. (Hrsg.): Didaktische Impulse: Studientexte zur Analyse von Unterricht.- Wien: Österreichischer Bundesverlag, 1971

Helmert, 1992     Helmert, U.: Multimedia – Vision und Wirklichkeit. In: Dette, K./ Haupt, D./ Polze, C. (Hrsg.): Multimedia, und Computeranwendungen in der Lehre: Das Computer-Investitions-Programm (CIP) in der Nutzanwendung, Mikrocomputer-Forum für Bildung und Wissenschaft 5.- Heidelberg: Springer, 1992

Hensel, 1990     Hensel, M.: Die Informationsgesellschaft: Neuere Ansätze zur Analyse eines Schlagwortes.- München: R. Fischer, 1990

Herzberg, 1966     Herzberg, F. H.: Work and the Nature of Man.- Cleveland, 1966

Heuer, 1992     Heuer, A.: Objektorientierte Datenbanken.- Bonn; München; Paris: Addison Wesley, 1992

Hickethier; Zielsinski, 1991     Hickethier, K; Zielsinski, S.: Medien/ Kultur. Schnittstellen zwischen Medienwissenschaft, Medienpraxis und gesellschaftlicher Kommunikation. -Berlin: Wissenschaftsverlag Volker Spiess Berlin, 1991

Hinterhuber, 1990     Hinterhuber, H.H.: Wettbewerbsstrategie; 2. Auflage.- Berlin; New York: de Gruyter, 1990

Hippel, 1986     Hippel, E.: Lead Users: A source of novel product concepts. In: Management Science # 32/ 7, 1986

Hodges; Sasnett, 1993     Hodges, M.E.; Sasnett, R.M.: Multimedia Computing; Case Studies from MIT Project Athena.- Reading, MA u.a.: Addison-Wesley, 1993

Hoffmann; Möhrle, 1994     Hoffmann, W.; Möhrle, M. G.: Interaktives Erheben von Informationen im computerunterstützten Dialogfragebogen: Idealtypische Ausgestaltunge, mediale Aspekte, Gestaltungsvariation in morphologischer Betrachtung. In: Wirtschaftsinformatik, 36 (1994) 3, S. 243-251

Hoffmann; Scheer, 1995     Hoffmann, W.; Scheer, A.-W.; Hanebeck, C.: Geschäftsprozessmanagement in virtuellen Unternehmen.- Im Stadtwald, Saarbrücken: Institut für Wirtschaftsinformatik, 1995

Hofstadter, 1991     Hofstadter, D. R.: Gödel, Escher, Bach: ein endloses geflochtenes Band.- München: Dt. Taschenbuch-Verl., 1991

Hofstetter, 1994     Hofstetter, F. T.: Multimedia Presentation Technology: With a Sample Presentation on Total Quality Management.- Belmont, USA: Wadsworth, 1994

Holfelder, 1995     Holfelder, W.: Multimediale Kiosksysteme: Informationssysteme zum Anfassen.- Braunschweig, Wiesbaden: Vieweg, 1995

Holland, 1992     Holland, S.: Interface Design for Empowerment: a Case Study from Music. In: Edwards, A. D. N.; Holland, S.: Multimedia Interface Design in Education.- Berlin; Heidelberg; New York: Springer, 1992

Höller, 1992     Höller, J.: Multimedia in der Lehre – Und was sagt das Urheberrecht? In: Dette, K./ Haupt, D./ Polze, C. (Hrsg.): Multimedia, und Computeranwendungen in der Lehre; Das Computer-Investitions-Programm (CIP) in der Nutzanwendung, Mikrocomputer-Forum für Bildung und Wissenschaft 5, Heidelberg 1992

Hoogeveen, 1995     Hoogeveen, M.: Towards a new multimedia paradigm: is multimedia assisted instruction really effective?. In: Maurer, H. (Hrsg.): Educational Multimedia and Hypermedia.- Graz, 1995

Hoppe et al., 1993     Hoppe, U.; Kretschmer, M.; Teuber, T.; Witte, K.-H.: Vorgehensmodelle für die Entwicklung von Teachware: Entwurf eines Rahmenmodells auf der Basis eines Vergleichs ausgewählter Vorgehensmodelle.- Göttingen: Arbeitsbericht #1, 1993

Hoppe; Nienaber; Witte, 1995     Hoppe, U.; Nienaber, K.; Witte, K.-H.: Konzeption und Realisierung einer Teachware zur Einführung in die Wirtschaftsinformatik (TEEWI); Vorgehensmodell, Entwicklungsmethodik und Projektmanagement.- Göttingen: Arbeitsbericht #8, 1995

Huddly, 1993     Huddly, R.: Meeting the performance criterea of VR. In: Brody, F.; Morawetz, R. F. (Hrsg.): Virtual Reality Vienna 1993.- Wien: 1993

352

| | |
|---|---|
| Hugl, 1995 | Hugl, U.: Qualitative Inhaltsanalyse und Mind-Mapping; Ein neuer Ansatz für Datenauswertung und Organisationsdiagnose.- Wiesbaden: Gabler, 1995 |
| ISO/ IEC, 1993 | ISO/ IEC JTC1/ SC29/ WG12: Information Technology: Coded Representation of Multimedia and Hypermedia Objects (MHEG).- ISO Commitee Draft: ISO/ IEC CD 13522-1, 1993 |
| Issing, 1988 | Issing, L.J.: Wissensvermittlung mit Medien. In: Mandl, H.; Spada, H. (Hrsg.): Wissenspsychologie.- München, Weinheim: Psychologie- Verlags- Union, 1988 |
| Issing, 1995 | Issing, L. J.: Instruktionsdesign für Multimedia. In: Issing, L. J.; Klimsa, P. (Hrsg.): Information und Lernen mit Multimedia.- Weinheim: Psychologie-Verl.-Union, 1995 |
| Issing; Klimsa, 1995 | Issing, L. J.; Klimsa, P. (Hrsg.): Information und Lernen mit Multimedia.- Weinheim: Psychologie-Verl.-Union, 1995 |
| Istanbulli, 1985 | Istanbulli, S.: Software-Ergonomie – Was ist das? In: Schriftenreihe Leistung und Lohn #160/ 161, Bergisch-Gladbach, 1985 |
| Iwainsky; Wilhelmi, 1994 | Iwainsky, A.; Wilhelmi, W.: Lexikon der Computergrafik und Bildverarbeitung.- Wiesbaden: Vieweg, 1994 |
| Jacobson, 1993 | Jacobson, L.: The affordable way to explore virtual worlds.- Sams: Prentice Hall, 1993 |
| Jäger, 1994 | Jäger, N.: Die Vermittlung von "Grundlagen der Hardware" mit Hilfe von Multimedia – ein Prototyp.- Innsbruck: Univ. Dipl. Arb., 1994 |
| Jarz; Kainz; Walpoth, 1995 | Jarz, E.; Kainz, G. A.; Walpoth, G.: The design and development of multimedia-based case studies. In: Maurer, H.: Educational Multimedia and Hypermedia.- Graz: 1995 |
| Jarz; Kainz; Walpoth, 1996 | Jarz, E.; Kainz, G. A.; Walpoth, G.: Multimedia based Case studies in Education. Boston: Proceedings of the ED-Media 1996.- Boston: 1996 |
| Jonassen; Beissner; Yacci, 1993 | Jonassen, D.H.; Beissner, K.; Yacci, M.: Structural Knowledge. Techniques for representing, conveying, and acquiring structural knowledge.- Hillsdale, NJ: Erlbaum, 1993 |
| Jong; Sarti, 1994 | Jong, T. d.; Sarti, L.: Design and Production of Multimedia and Simulation – based Learning Material.- Dordrecht: Kluwer, 1994 |
| Jung, 1981 | Jung, C. G.: Psychologische Typen, 14.-Olten und Freiburg i.Br.: Walter-Verlag, 1981 |
| Jung, 1994 | Jung, M. H.: Multimedia in der Softwareschulung: eine Studie zur Effektivität.- Frankfurt am Main; Berlin; Bern; New York; Paris; Wien: Lang, 1994 |
| Kainz, 1992 | Kainz, G. A.: Computergestützte Distribuierung von Informations- und Kommunikationssystemen, Heidelberg 1992 |
| Kalawsky, 1994 | Kalawsky, R. S.: The Science of Virtual Reality an Virtual Environments.- Wokingham u.a.: Addison-Wesley, 1994 |
| Kandorfer, 1994 | Kandorfer, P.: DuMont's Lehrbuch der Filmgestaltung; Theoretisch-technische Grundlagen der Filmkunde.- Köln: DuMont, 1994 |
| Keller, 1989 | Keller, R.: Prototypingorientierte Systemspezifikation.- Hamburg: Verlag Dr. Kovac, 1989 |
| Kempton, 1986 | Kempton, W.: Two theories of home heat control. In: Cognitive Science, #10/ 1986, S. 75-90 |
| Kerres, 1990 | Kerres, M.: Entwicklung und Einsatz computergestützter Lernmedien; Aspekte des Software-Engineerings multimedialer Teachware), in: Wirtschaftsinformatik, 32. Jahrgang, Heft 1, Februar 1990 |
| Kinnebrock, 1994 | Kinnebrock, W.: Marketing mit Multimedia: Neue Wege zum Kunden.- Landsberg: Verl. Moderne Industrie, 1994 |
| Kjelldahl, 1992 | Kjelldahl, L. (Hrsg): Multimedia: Systems, Interaction and Applications.- Stockholm: Springer, 1992 |
| Klimsa, 1995 | Klimsa, P.: Multimedia aus psychologischer und didaktischer Sicht. In: Issing, L. J.; Klimsa, P. (Hrsg.): Information und Lernen mit Multimedia.- Weinheim: Psychologie-Verl.-Union, 1995 |

| | |
|---|---|
| Klingberg, 1993 | Klingberg, K. D. (Hrsg.): ABC der Multimedia-Technologie.- Bergheim: Multikom-Verl., 1993 |
| Knierzinger; Moser, 1993 | Knierzinger, A.; Moser, M. (Hrsg.): Informatics and Changes in Learning.- Gmunden, IST 1993 -- Proceedings of the IFIP Open Conference June 7-11, 1993 |
| König, 1995 | König, W. (Hrsg.): Wirtschaftsinformatik '95: Wettbewerbsfähigkeit, Innovation, Wirtschaftlichkeit.- Heidelberg: Physica, 1995 |
| Kracauer, 1985 | Kracauer, S.: Theorie des Films: Die Errettung der äußeren Wirklichkeit.- Frankfurt am Main: Suhrkamp, 1985 |
| Kroeber-Riel, 1990 | Kroeber-Riel, W.: Konsumentenverhalten, 4. Auflage.- München: Vahlen, 1990 |
| Kruckeberg; Spaniol, 1990 | Krückeberg, F./ Spaniol, O.: Lexikon Informatik und Kommunikationstechnik, 2. Auflage, Düsseldorf 1990 |
| Kuhlen, 1991 | Kuhlen, R.: Hypertext: Ein nicht-lineares Medium zwischen Buch und Wissensbank.- Berlin; Heidelberg; New York: Springer, 1991 |
| Kuhn, 1970 | Kuhn, T. S.: The Structure of Scientific Revolutions, 2nd edition.- Chicago: The University of Chicago Press, 1970 |
| Kurbel; Strunz, 1990 | Kurbel, K; Strunz, H.: Handbuch Wirtschaftsinformatik.- Stuttgart: Poeschl, 1990 |
| Lachner, 1995 | Lachner, Y. S.: Magmedia – Ein multimediales, interaktives Firmenpräsentationssystem. In: Wirtschaftsinformatik 37 (1995) 3, S. 273-281 |
| Laurel, 1986 | Laurel, B.: Interface as Mimesis. In: Norman, D. A.; Draper, S.: User Centered System Design: New Perspectives on Human-Computer Interaction.- Hillsdale, NJ: Lawrence Erlbaum, 1986 |
| Laurel, 1993 | Laurel, B.: Computers as Theatre.- New York u.a.: Addison-Wesley, 1993 |
| Laurel, 1994a | Laurel, B.: New Directions. In: Laurel, B. (Hrsg.): The art of human-computer interface design.- Mountford, USA: Addison-Wesley, 1994 |
| Laurel, 1994b | Laurel, B. (Hrsg.): The art of human-computer interface design, 8. printing.- Mountford, USA: Addison-Wesley, 1994 |
| Leggett; Schnase, 1994 | Legget, J.J.; Schnase, J.L.: Dexter with open eyes. In: Communications of the ACM, #37(2), February 1994 |
| Leher; Maier, 1994 | Leher, F; Maier, R.: Information in Betriebswirtschaftslehre, Informatik und Wirtschaftsinformatik. Forschungsbericht # 11, Vallendar, 1994 |
| Leuninger; Miller; Müller, 1972 | Leuninger, H.; Miller, M.; Müller, F.: Psycholinguistik: Ein Forschungsbericht.- Frankfurt a. M.: Fischer TB 1972 |
| Leutner, 1995 | Leutner, D.: Adaptivität und Adaptierbarkeit multimedialer Lehr- und Informationssysteme. In: Issing, L. J.; Klimsa, P. (Hrsg.): Information und Lernen mit Multimedia.- Weinheim: Psychologie-Verl.-Union, 1995 |
| Leutner; Schumacher, 1990 | Leutner, D.; Schumacher, G.: The effects of different onö-line adaptive response time limits on speed and amount of learning in computer-assisted instruction and intelligent tutoring. IN: Computers in Human Behavior #6, 1990 |
| Levie; Lentz, 1982 | Levie, H.; Lentz, R.: Effects of text illustration: A review of research. In: Educational Communication and Technology Journal, # 30/ 1982 |
| Levin; Anglin; Carney, 1987 | Levin, J.R.; Anglin, G.J.; Carney, R.N.: On empirical validating functions of pictures in prose. In: Willows, D.W.; Houghtton, H.A. (Eds.): The psychology of illustration: Vol 1 basic research.- New York: Springer, 1987 |
| Levitt, 1992 | Levitt, D.: Representing Musical Relationships in the Harmony Grid. In: Edwards, A. D. N.; Holland, S.: Multimedia Interface Design in Education.- Berlin; Heidelberg; New York: Springer, 1992 |
| Lewin, 1935 | Lewin, K.: A Dynamic Theory of Personality.- Cambridge, 1935 |
| Lewis; Everhart; Hayes, 1972 | Everhart, T.E.; Hayes, T.L.; Lewis, E.R.: Scientific American 226, #67 (1/ 1972) |
| Loeffler, 1993 | Loeffler, C. E.: Virtual Polis. In: Brody, F.; Morawetz, R. F. (Hrsg.): Virtual Reality Vienna 1993.- Wien: 1993, S. 6 f |

| | |
|---|---|
| Longuet-Higgins, 1962 | Longuet-Higgins, H.C.: Letter to a Musical Friend. In: Music Review, August 1962 und November 1962 |
| Lopuck, 1996 | Lopuck, L.: Designing Multimedia.- Berkeley, CA: Peachpit Press, 1996 |
| Lundeberg; Yama-moto; Usuki, 1992 | Lundeberg, A.; Yamamoto, T; Usuki, T.: SAL, a Hypermedia Prototype System.- In: Kjelldahl, L. (Hrsg): Multimedia: Systems, Interaction and Applications.- Stockholm: Springer, 1992 |
| Lusti, 1992 | Lusti, M.: Intelligente Tutorielle Systeme; Einführung in wissensbasierte Lernsysteme.- München; Wien: 1992 |
| Maillot, 1985 | Maillot, C.: Gehirn und Rückenmark; Ein Atlas der makroskopischen Anatomie des Zentralnervensystems.- München: Bergmann, 1985 |
| Malone, 1981 | Malone, T. W.: Toward a theory of intrinsically motivating instruction. In: Cognitive Science #5, 1981; S. 333-369 |
| Mandl, 1992 | Mandl, H.: Bewertung von Lernsoftware an Hochschulen, in: Dette, K. (Hrsg.): CIP. Heidelberg 1992, S. 307 ff |
| Mandl; Friedrich; Hron, 1988 | Mandl, H.; Friedrich, H.F.; Hron, A.: Theoretische Ansätze zum Wissenserwerb. In: Mandl, H.; Spada, H. (Hrsg.): Wissenspsychologie.- München, Weinheim: Psychologie- Verlags- Union, 1988 |
| Mandl; Spada, 1988 | Mandl, H.; Spada, H. (Hrsg.): Wissenspsychologie.- München, Weinheim: Psychologie-Verlags- Union, 1988 |
| Marmolin, 1992 | Marmolin, H.: Multimedia from the Perspectives of Psychology. In: Kjelldahl, L. (Hrsg): Multimedia: Systems, Interaction and Applications.- Stockholm: Springer, 1992 |
| Maschke, 1995 | Maschke, T.: Faszination der Schwarzweiß-Fotografie; 4. Auflage.- Augsburg: Augustus, 1995 |
| Mathis, 1994 | Mathis, T.: Evaluierung von Multimediaanwendungen.- Innsbruck: 1994 – Diplomarbeit |
| Maurer, 1995 | Maurer, H. (Hrsg.): Educational Multimedia and Hypermedia; Proceedings of ED-Media 95 – World Conference on Educational Multimedia and Hypermedia.- Graz: AACE, 1995 |
| Maurer; Scherba-kov; Schneider, 1995 | Maurer, H.; Scherbakov, N.; Schneider, A.: A New Hypermedia Authoring System. In: Multimedia Tools and Applications, # 1, 1995 |
| May; Tweedie; Barnard, 1993 | May, J.; Tweedie, L.A.; Barnard, P.J.: Modelling User Performance in Visually Based Interactions. In: Alty, J. L.; Diaper, D.; Guest, S.: People and Computers VIII; Proceedings of the HCI '93 Conference.- Cambridge: University Press, 1993 |
| Mayer; Anderson, 1992 | Mayer, R.E.; Anderson, R.B.: The instructive animation: Helping students build connections between words and pictures in multimedia learning. In: Journal of Educational Psychology, # 84,4, 1992 |
| Mayer; Sims, 1994 | Mayer, R.E.; Sims, V.K.: For whom is a picture worth a thousand words? Extensions of a dual-coding theory of multimedia learning. In: Journal of Educational Psychology, # 86,3, 1994 |
| McCormick; Mur-phy; Harrison, 1993 | McCormick, R.; Murphy, P.; Harrison, M. (Hrsg.): Teaching and Learning Technology.- New York u.a.: Addison-Wesley, 1993 |
| McMenamin; Pal-mer, 1988 | McMenamin, S. M.; Palmer, J. F.: Strukturierte Systemanalyse.- München; Wien: Hanser, 1988 |
| Merten; Rapp, 1995 | Merten, U.; Rapp, B.: Entwicklung eines multimedialen Studenteninformationssystems für die Universität-GH-Siegen.- Siegen: Arbeitsbericht #12(2), 1995 |
| Mertens et al., 1991 | Mertens, P. et al.: Grundzüge der Wirtschaftsinformatik.- Berlin; Heidelberg: Springer, 1991 |
| Mertens, 1990 | Mertens, P. (Hrsg.): Lexikon der Wirtschaftsinformatik, 2. Auflage.- Berlin; Heidelberg; New York; London; Paris; Tokyo; Hong Kong: Springer, 1990 |

| Mertens, 1992a | Mertens, P.: Zugangssysteme („Intelligent Front-Ends"). In: Wirtschaftsinformatik # 34, Heft 3, Juni 1992 |
|---|---|
| Mertens, 1992b | Mertens, P. et al.: Elektronische Produktkataloge – Entwicklungsstand und Einsatzmöglichkeiten. In: Wirtschaftsinformatik #34, Heft 5, Oktober 1992 |
| Mertens, 1995 | Mertens, P.: Wirtschaftsinformatik – Von den Moden zum Trend. In: König, W. (Hrsg.): Wirtschaftsinformatik '95: Wettbewerbsfähigkeit, Innovation, Wirtschaftlichkeit.- Heidelberg: Physica, 1995 |
| Mertens; Griese, 1991 | Mertens, P./ Griese, J.: Integrierte Informationsverarbeitung 1 und 2, 9. bzw. 7. Auflage, Wiesbaden 1993 |
| Mertens; Plötzeneder, 1975 | Mertens, P./ Plötzeneder, D.: Programmierte Einführung in die Betriebswirtschaftslehre, Band 3, 2. Auflage, Wiesbaden 1975 |
| Messina, 1993 | Messina, C.: Was ist Multimedia? Eine allgemeinverständliche Einführung.- München; Wien: 1993 |
| Messner, 1971 | Messner, R.: Der Programmierte Unterricht als Beitrag zur didaktischen Innovation. In: Messner, R.; Rumpf, H. (Hrsg.): Didaktische Impulse: Studientexte zur Analyse von Unterricht.- Wien: Österreichischer Bundesverlag, 1971 |
| Messner; Rumpf, 1971 | Messner, R.; Rumpf, H. (Hrsg.): Didaktische Impulse: Studientexte zur Analyse von Unterricht.- Wien: Österreichischer Bundesverlag, 1971 |
| Meyer-Wegener, 1991 | Meyer-Wegener, K.: Multimedia-Datenbanken.- Stuttgart: Teubner, 1991 |
| Mikunda, 1986 | Mikunda, C.: Kino spüren.- München: Filmland Presse, 1986 |
| Minsky et al., 1992 | Minsky, M. et al.: Feeling and Seeing: Issues in Force Display. In: Blattner, M.M.; Dannenberg, R.B. (Hrsg.): Multimedia Interface Design.- Wokingham u.a.: Addison-Wesley, 1992 |
| Möhrle, 1996 | Möhrle, M. G.: Betrieblicher Einsatz Computerunterstützten Lernens.- Braunschweig/ Wiesbaden: Vieweg, 1996 |
| Monaco, 1980 | Monaco, J.: Film verstehen, 2. Auflage.- Hamburg: rororo, 1980 |
| Möntmann, 1994 | Möntmann, H. G.: Das Ende der Mobilität.- Wien: Ueberreuter, 1994 |
| Morawetz, 1993 | Morawetz, R. F.: The olfactory dimension – the forgotten part of the virtual world? In: Brody, F.; Morawetz, R. F. (Hrsg.): Virtual Reality Vienna 1993.- Wien: 1993 |
| Moyes; Jordan, 1993 | Moyes, J.; Jordan, P: Icon Design and ist Effect on Guessability, Learnability, and Experienced User Performance. In: Alty, J. L.; Diaper, D.; Guest, S.: People and Computers VIII; Proceedings of the HCI '93 Conference.- Cambridge: University Press, 1993 |
| Mülder, 1990 | Mülder, W.: Gesellschaftliche Auswirkungen der Informationstechnik. In: Mertens, P. (Hrsg.): Lexikon der Wirtschaftsinformatik, 2. Auflage.- Berlin; Heidelberg; New York; London; Paris; Tokyo; Hong Kong: Springer, 1990 |
| Müller; Merbach, 1992 | Müller-Merbach, H.: Perspektiven einer informationsorientierten Betriebswirtschaftslehre. In: Konegen-Grenier, C., Schlaffke, W. (Hrsg.):Praxisbezug und soziale Kompetenz, Kölner Texte & Thesen, S. 375 ff |
| Negroponte, 1995 | Negroponte, N.: Total Digital; Die Welt zwischen 0 und 1 oder Die Zukunft der Kommunikation.- München: Bertelsmann, 1995 |
| Nelson, 1965 | Nelson, T. H.: A file structure for the complex, the changing and the indeterminate. In: ACM 20th National Conference -- Proceedings, S. 84-100.- Ohio: 1965 |
| Nessmann, 1988 | Nessmann, K.: Gestaltung und Wirkung von Bildungsfilmen: Ergebnisse der empirischen Forschung.- Frankfurt am Main: Verlag Peter Lang, 1988 |
| Neuberger, 1990 | Neuberger, O.: Führen und geführt werden, 3. Auflage.- Stuttgart: Enke, 1990 |
| Neumann, 1996 | Neumann, S.: Einsatz von Interactive Video im computerunterstützen universitären Unterricht.- Frankfurt am Main: Peter Lang, 1996 |
| Neurath, 1933 | Neurath, O.: Protokollsätze. In: Erkenntnis #3/ 1933 |
| Nielsen, 1990 | Nielsen, J.: Evaluating Hypertext Usability. In: Jonassen, D. H.; Mandl, H. (Eds.): Designing Hypermedia for Learning.- Berlin: Springer, 1990 |

356

Nokana, 1991       Nokana, I.: The Knowledge-Creating Company. In: Harvard Business Review, November/ December 1991, S. 96 - 104

Nolthuis, 1992       Nolthuis, J.: 'Rights in the Mirror': An Interactive Video Drama Programm About Human Rights Education. In: Edwards, A. D. N.; Holland, S.: Multimedia Interface Design in Education.- Berlin, Heidelberg, New York: Springer, 1992

Oberkofler; Schuster, 1995   Oberkofler, F.; Schuster, R.: SOWI-Innsbruck – Eine Fakultät stellt sich vor.- Innsbruck: Univ. Dipl. Arb., 1995

Oliveira, 1992       Oliveira, A. (Hrsg.): Hypermedia Courseware: Structures of Communication and Intelligent Help; Proceedings of the NATO Advanced Research Workshop on Structures of Communication and Intelligent Help for Hypermedia Courseware, Espinho, April 1990.- Berlin; Heidelberg.: Springer, 1992

Opwis, 1988       Opwis, K.: Produktionssysteme. In: Mandl, H.; Spada, H. (Hrsg.): Wissenspsychologie.- München, Weinheim: Psychologie- Verlags- Union, 1988

ORF, 1       ORF (Österreichischer Rundfunk): Bildgestaltung und Bildmischung.- Wien: Skripten zur Berufsfortbildung, o.D.

ORF, 2       ORF (Österreichischer Rundfunk): Lichttechnik.- Wien: Skripten zur Berufsfortbildung, o.D.

Ortner, 1991       Ortner, G. E. (Hrsg.): Neue Medien und Bildung: Informationstechnologie im pädagogischen Prozess.- Alsbach: Leuchtturm-Verl., 1991

Ostrander, 1987     Ostrander, S.: Leichter lernen ohne Streß; die revolutionäre Losanow-Methode zur Steigerung von Wissen u. Gedächtnis durch müheloses Lernen = Superlearning; Übers. aus d. Amerikan. von Susanne Schaup; 10. Auflage.- Bern; Wien u.a.: Scherz, 1987

Paivio, 1971       Paivio, A.: Imagery and Verbal Processes.- New York: 1971

Palm, 1988       Palm, G.: Modellvorstellungen auf der Basis neuronaler Netzwerke. In: Mandl, H.; Spada, H. (Hrsg.): Wissenspsychologie.- München, Weinheim: Psychologie- Verlags- Union, 1988

Pearson; Steele; Albrecht, 1995  Pearson, D.W.; Steele, N.C.; Albrecht, R.F. (Hrsg.): Artificial Neural Nets and Genetic Algorithms; Proceedings of the International Conference in Alés, France, 1995.- Wien; New York: Springer, 1995

Peimann, 1992      Peimann, C.-J.: Kontextsensitive Visualisierung in multimedialen Lehrprogrammen in der Medizin in: Dette, K. (Hrsg.): CIP, Heidelberg 1992, S. 82 ff

Pesendorfer, 1993    Pesendorfer, T.: Die Vermittlung von Wissen über "Systembetrieb und Betriebssystem" mit Hilfe von Multimedia.- Innsbruck: Univ. Dipl. Arb., 1993

Petri, 1991       Petri, H. G.: Grundwissen Musik : musiktheoretische Definitionen, Aufgaben und Lösungen.- Frankfurt (Main) : R. G. Fischer, 1991

Petrovic, 1993      Petrovic, O.: Workgroup Computing – Computergestützte Teamarbeit; Informationstechnologische Unterstützung für teambasierte Organisationsformen.- Heidelberg: Physica, 1993

Petrovic, 1994      Petrovic, O.: Der Einfluß von Multimedia auf die Wahl der Kommunikationsart in Unternehmen.- s.l.: 1994 -- Vortrag bei der Frühjahrstagung der Wissenschaftlichen Kommission Wirtschaftsinformatik an der TU Berlin vom 3. bis 4. März 1994

Phillips, 1992      Phillips, R. L.: Opportunities for Multimedia in Education. In: Interactive Learning Through Visualization: The Impact of Computer Graphics in Education.- Berlin; Heidelberg; New York: Springer 1992

Piaget, 1973       Piaget, J.: Einführung in die genetische Erkenntnistheorie.- Frankfurt am Main: 1973

Polanyi, 1962      Polanyi, M.: Personal Knowledge. Towards a Post-Critical Philosophy.- Chicago; London: University of Chicago Press, 1962

Polanyi, 1985      Polanyi, M.: Implizites Wissen.- Frankfurt am Main: Suhrkamp, 1985

Pomberger, 1990    Pomberger, G.: Methodik der Softwareentwicklung. In: Kurbel, K; Strunz, H.: Handbuch Wirtschaftsinformatik.- Stuttgart: Poeschl, 1990

| Porter; Lawler, 1968 | Porter, L. W.; Lawler, E. E.: Managerial Attitudes and Performance.- Homewood, Ill.: 1968 |

Posch; Altrichter, 1992 — Posch, P.; Altrichter, H.: Bildung in Österreich; Analysen und Entwicklungsperspektiven.- Innsbruck: Österr. Studien-Verlag, 1992

Posch; Schneider; Mann, 1989 — Posch, P.; Schneider, W.; Mann, W.: Unterrichtsplanung; mit Beispielen für den betriebswirtschaftlichen Unterricht; 4. Auflage.- Wien: Manz, 1989

Posthoff; Schubert, 1993 — Posthoff, C./ Schubert, S.: Wissensmodellierung für Intelligente Lernsysteme

Postman, 1988 — Postman, N.: Wir amüsieren uns zu Tode: Urteilsbildung im Zeitalter der Unterhaltungsindustrie.- Frankfurt am Main: Fischer TB, 1988

Preece et al., 1994 — Preece, J. et al.: Human-computer interaction.- Loughborough: Addison-Wesley, 1994

Rauterberg, 1995 — Rauterberg, M.: Mock-Up or Eye Movement Recording: Big Paybacks from a 'Discount' Method for Multimedia Interface Design. In: Maurer, H. (Hrsg.): Educational Multimedia and Hypermedia; Proceedings of ED-Media 95 – World Conference on Educational Multimedia and Hypermedia.- Graz: AACE, 1995

Reed; Oughton, 1995 — Reed, W. M.; Oughton, J. M.: Computer Experience and Learning Style: Linear versus Nonlinear Navigation in a Hypermedi Environment. In: Maurer, H. (Hrsg.): Educational Multimedia and Hypermedia.- Graz: 1995

Reiter et al., 1994 — Reiter, A. et al.: CBT – Was ist das? Studie im Auftrag des Bundesministerium für Unterricht und Kunst.- Wien: BMUK, 1994

Rheingold, 1995 — Rheingold, H.: Virtuelle Welten: Reisen im Cyberspace.- Reinbek bei Hamburg: Rowohlt, 1995

Rieber, 1994 — Rieber, L. P.: Computers, Graphics, & Learning.- Dubuque, USA: WM.C. Brown Communications, Inc, 1994

Riedewyl, 1987 — Riedewyl, H.: Grafische Gestaltung von Zahlenmaterial.- Stuttgart: Huber, 1987

Roederer, 1977 — Roederer, J. G.: Physikalische und psychoakustische Grundlagen der Musik.- Berlin u.a. : Springer, 1977

Roithmayr, 1989 — Roithmayr, F. (Hrsg.): Der Computer als Instrument der Forschung und Lehre in den Sozial- und Wirtschaftswissenschaften.- München: Oldenbourg, 1989

Roithmayr, 1996 — Roithmayr, F.: Ansätze zu einer Methodik des Know-how-Engineering; Eine inhaltliche Auseinandersetzung – aber auch ein Beitrag zu einer wissenschaftstheoretischen Diskussion für die Positionierung der Wirtschaftsinformatik. In: Heilmann, H.;Heinrich, L.J.; Roithmayr, F.: Information Engineering; Wirtschaftsinformatik im Schnittpunkt von Wirtschafts-, Sozial- und Ingenieurwissenschaften.- München; Wien: Oldenbourg, 1996

Rosenstiel; Neumann, 1991 — Rosenstiel, L.; Neumann, P.: Einführung in die Markt- und Werbepsychologie; 2. Auflage.- Darmstadt: Wissenschaftliche Buchgesellschaft, 1991

Rükgauer, 1995 — Rükgauer, O.: Planung und Realisierung eines elektronischen Möbelkatalogs auf CD-ROM.- Bern: Institut für Wirtschaftsinformatik, Arbeitsbericht # 71, 1995

Rükgauer, 1996 — Rükgauer, O.: Planung und Realisierung eines elektronischen Möbelkatalogs auf CD-ROM.- Bern: Univ.-Diss. im Druck, 1996

Rumelhart; Norman, 1978 — Rumelhart, D.E.; Norman, D.A.: Accretion, tuning, and restructuring: Three modes of learning., In: Cotton, J.W.; Klatzky, R.L. (Hrsg.): Semantic factors in cognition.- Hillsdale, N. J.: Erlbaum, 1978

Ryle, 1969 — Ryle, G.: Der Begriff des Geistes.- Stuttgart: Reclam, 1969

Salzgeber, 1996 — Salzgeber, G.: Reflexion (in) der Praxissituation im Projektstudium Betriebspädagogik.- Innsbruck: Univ.-Diss, 1996

Satava, 1993 — Satava, R. M.: Telepresence and virtual reality – a framework for surgery in the 21st Century. In: Brody, F.; Morawetz, R. F. (Hrsg.): Virtual Reality Vienna 1993.- Wien: 1993

Scanlon; O'Shea, 1992 — O'Shea, T.; Scanlon, E. (Hrsg.): New Directions in Educational Technology; Proceedings of the NATO Advanced Research Workshop on New Directions in Advanced Educational Technology, Multon Keynes 1988.- Berlin; Heidelberg.: Springer, 1992

Schäffler et al., 1992 — Schäffler, A./ Richter, M./ Heimpel, H./ Grobe, R.: Multimediale Interaktive Lernsysteme in der Medizin an der Universität Ulm, in: Dette, K./ Pahl, P.J. (Hrsg.): Multimedia, Vernetzung und Software für die Lehre; Mikrocomputer-Forum für Bildung und Wissenschaft 4.- Heidelberg: Springer, 1992

Schank; Abelson, 1977 — Schank, R. C.; Abelson, R. P.: Script, plans, goals, and understanding.- Hilldale, NJ: Erlbaum, 1977

Schanz, 1988 — Schanz, G.: Methodologie für Betriebswirte, 2. Auflage.- Suttgart: Poeschel, 1988

Schein, 1974 — Schein, E. H.: Das Bild des Menschen aus der Sicht des Managements. In: Grochla, E. (Hrsg.): Management.- Düsseldorf; Wien: 1974

Schertler, 1991 — Schertler, W.: Unternehmensorganisation, 4. Auflage.- München; Wien: Oldenbourg, 1991

Schicker, 1994 — Schicker, T.: Informationspräsentation in Multimediasystemen.- Hamburg: S + W Steuer- und Wirtschaftsverlag, 1994

Schiestl, 1995 — Schiest, J.: Groupware zur Unterstützung von verteilten Kommunikationsprozessen in Entwicklungsprojekten aus der Sicht des Projektmanagements.- Innsbruck: Univ.Diss., 1995

Schimak, 1993 — Schimak, R.: Grundlagen, Komponenten und Konzeption eines Touristeninformationssystems auf Basis von Multimedia-TIS/ MM.- Linz: Univ.-Diplomarbeit, 1993

Schindler, 1992 — Schindler, H.: Klang und Gestalt.- Innsbruck: SCIENTIA #30, 1992

Schmenk; Wätjen, 1993 — Schmenk, A.; Wätjen, A.: Multimedia.- München: Verlag C.H. Beck, 1993

Schmid, 1993 — Schmid, B.: Elektronische Märkte. In: Wirtschaftsinformatik #35, Heft 5, September 1993

Schmidt, 1972 — Schmidt, H.-D.: Allgemeine Entwicklungspsychologie.- Berlin: 1972

Schmidt, 1987 — Schmidt, B.: Lernen/ Lerntheorie. In: Grubitzsch, S.; Rexilius, G. (Hrsg.): Psychologische Grundbegriffe: Mensch und Gesellschaft in der Psychologie: Ein Handbuch.- Reinbek bei Hamburg: Rowohlt, 1987

Schneider, 1986 — Schneider, H.-J. (Hrsg.): Lexikon der Informatik und Datenverarbeitung, 2. Auflage, München/ Wien 1986

Schneider, 1994 — Schneider, U.: Mitarbeiter-Trainings unter der Lupe: Zum Sinn und Unsinn betrieblicher Weiterbildung.- Wien: Manz, 1994

Schnitzler; Gebhardt; Ameling, 1992 — Schnitzler, R./ Gebhardt, R./ Ameling, W.: GENIUS2000: eine adaptive Lehr-Lern-Oberflächein einer objektofientierten Multi-Tasking-Umgebung, in: Dette, K. (Hrsg.): CIP, Heidelberg 1992, S. 571 ff

Schnotz, 1995 — Schnotz, W.: Wissenserwerb mit Diagrammen und Texten. In: Issing, L. J.; Klimsa, P. (Hrsg.): Information und Lernen mit Multimedia.- Weinheim: Psychologie-Verl.-Union, 1995

Schön, 1983 — Schön, D. A.: The Reflective Practitioner: How Professionals Think in Action.- London: Basic Books, 1983

Schoop, 1989 — Schoop, E.: Der Einsatz multimedialer Informationssystme für die betriebswirtschaftliche Aus- und Weiterbildung. In: Roithmayr, F., Der Computer als Instrument der Forschung und Lehre in den Sozial- und Wirtschaftswissenschaften, Oldenbourg Verlag, München-Wien, 1989

Schoop, 1991 — Schoop, E.: Hypertext Anwendungen: Möglichkeiten für den betrieblichen Einsatz. In: Wirtschaftsinformatik, 33 (1991) 3, S. 198-206

Schoop, 1992 — Schoop, E.: Das hypermediabasierte betriebswirtschaftliche Informationssystem HERMES, in: Dette, K. (Hrsg.): CIP, Heidelberg 1992, S. 744 ff

| | |
|---|---|
| Schott; Kemter; Seidl, 1995 | Schott, F.; Kemter, S.; Seidl, P.: Instruktionstheoretische Aspekte zur Gestaltung von multimedialen Lernumgebungen. In: Issing, L. J.; Klimsa, P. (Hrsg.): Information und Lernen mit Multimedia.- Weinheim: Psychologie-Verl.-Union, 1995 |
| Schrödl, 1992 | Schrödl, K.: Von Punkten und Vektoren. In: Windows Aktuell, # 2/ 1992 |
| Schulmeister, 1992 | Schulmeister, R.: HamNoSys-Editor, in: Dette, K. (Hrsg.): CIP, Heidelberg 1992, S. 782 |
| Schuster, 1995 | Schuster, R.: Die Vermittlung von Wissen über „Normen, Maße und Standards" mit Hilfe von Multimedia – ein Prototyp.- Innsbruck: Univ. Dipl. Arb., 1995 |
| Schwarz, 1992 | Schwarz, A.: Das Drehbuch; Geschichte, Theorie, Praxis.- München: Schaudig, Bauer, Ledig, 1992 |
| Schweiger; Schrattenecker, 1992 | Schweiger, G.; Schrattenecker, G.: Werbung: Eine Einführung; 3. Auflage.- Stuttgart: Fischer, 1992 |
| Searl, 1986 | Searl, J. R.: Geist, Hirn und Wissenschaft.- Die Reith Lectures 1984. Frankfurt am Main: Suhrkamp, 1986 |
| Selden; Schultz, 1982 | Selden, P.; Schultz, N.: What the research says about CAI´s potential. In: Training #11, 1982, S. 61-64 |
| Shannon, 1949 | Shannon, C.; Weaver, W.: The mathematical theories of communication.- Illinois: University of Illinois Press, 1949 |
| Shneiderman, 1992 | Shneiderman, B.: Designing the User Interface: Strategies for Effective Human-Computer Interaction, 2nd edition.- Reading, MA: Addison-Wesley, 1992 |
| Siemoneit, 1989 | Siemoneit, M.: Typografisches Gestalten.- Frankfurt: Polygraph, 1989 |
| Silberer, 1995 | Silberer, G.: Marketing mit Multimedia; Grundlagen, Anwendungen und Management einer neuen Technologie im Marketing.- Stuttgart: Schäffer-Poeschl, 1995 |
| Skinner, 1953 | Skinner, B. F.: Science and Human Behavior.- New York: Free Press, 1953 |
| Stahlknecht, 1993 | Stahlknecht, P.: Einführung in die Wirtschaftsinformatik, 6. Auflage.- Berlin; Heidelberg et al.: Springer, 1993 |
| Stahlknecht, 1994 | Stahlknecht, P.; Schnieders, T.: Vergleichende Buchbesprechung. In: Wirtschaftsinformatik, 36 (1994) #6 |
| Steinbeck; Sandvoss; Schütt, 1993 | Steinbeck, W.; Sandvoss, J.; Schütt, T.: A multimedia environment for distributed learning (ECOLE). In: Synergie durch Kommunikation: Kongreßdokumentation Hochschul-Computer-Forum 1993.- Berlin: VISTAS, 1993 |
| Steinbrink, 1992 | Steinbrink, B.: Multimedia: Einstieg in eine neue Technologie, Reihe Markt & Technik.- Haar bei München: Markt- und Technik-Verl., 1992 |
| Steiner, 1988 | Steiner, G.: Analoge Repräsentationen. In: Mandl, H.; Spada, H. (Hrsg.): Wissenspsychologie.- München, Weinheim: Psychologie- Verlags- Union, 1988 |
| Steinmetz, 1993 | Steinmetz, R: Multimedia-Technologie.- Berlin; Heidelberg; New York: Springer, 1993 |
| Steinmüller, 1993 | Steinmüller, K. (Hrsg.): Wirklichkeitsmaschinen: Cyberspace und die Folgen.- Weinheim; Basel: Beltz, 1993 |
| Steppi, 1989 | Steppi, H.: Computer Based Training; Panung, Design und Entwicklung interaktiver Lernprogramme.- Stuttgart, 1989 |
| Streitz, 1985 | Streitz, N. A.: Die Rolle von mentalen und konzeptuellen Modellen in der Mensch-Computer-Interaktion: Konsequenzen für die Software-Ergonomie. In: Bullinger, H.-J. (Hrsg.): Software-Ergonomie ´85: Mensch-Computer-Interaktion.- Stuttgart: Teubner, 1985 |
| Strzebkowski, 1995 | Strzebkowski, R.: Realisierung von Interaktivität und multimedialen Präsentationstechniken. In: Issing, L. J.; Klimsa, P. (Hrsg.): Information und Lernen mit Multimedia.- Weinheim: Psychologie-Verl.-Union, 1995 |
| Sturman, 1993 | Sturman, D. J.: Spürbar real? Virtuelle Wirklichkeit und menschliche Wahrnehmung. In: Waffender, M. (Hrsg.): Cyberspace: Ausflüge in virtuelle Wirklichkeiten.- Reinbek bei Hamburg: Rowohlt, 1993 |

Sveiby; Lloyd, 1990   Sveiby, K. E./ Lloyd, T.: Das Management des Know-how; Führung von Beratungs-, Kreativ- und Wissensunternehmen.- Frankfurt, 1990

Szabó, 1993   Szabó, K.; Rauterberg, M.; Kühni, M.; Styger, E.: 2 ½ D vs. 3 D – A classification concept and an experimental comparison. In: Brody, F.; Morawetz, R. F. (Hrsg.): Virtual Reality Vienna 1993.- Wien: 1993

Tergan, 1995   Tergan, S.-O.: Hypertext/ Hypermedia: Konzeption – Lernmöglichkeiten – Lernprobleme.- Tübingen, Bericht #3/ 1995 der Arbeitsstelle Weiterbildung und interaktive Medien, 1995

Thau, 1992   Thau, M.: Drei Jahre Drehbuchwerkstatt München; Ein Erfahrungsbericht. In: Schwarz, A.: Das Drehbuch; Geschichte, Theorie, Praxis.- München: Schaudig, Bauer, Ledig, 1992

Thomé, 1991   Thomé, R.: Hypermedia – Lehrer Lämpels Nachfolger? In: Wirtschaftsinformatik, 33. Jahrgang, Heft 3, Juni 1991

Thomé, 1994   Thomé, R.: Multimediale Vorlesungen und ihre Effekte. In: Tagungsband der Frühjahrssitzung der WKWI 1994.- Berlin: 1994

Thorndike, 1932   Thorndike, E. L.: The Fundamentals of Learning.- New York: Teachers College Press, 1932

Thürmel, 1993   Thürmel, S.: Virtuelle Realität: Ursprung und Entwicklung eines Leitbildes in der Computertechnik. In: Steinmüller, K. (Hrsg.): Wirklichkeitsmaschinen: Cyberspace und die Folgen.- Weinheim; Basel: Beltz, 1993

Titze, 1993   Titze, H.: Das philosophische Gesamtwerk; Band 4: Theorie der Information.- Berlin, 1993

Turnlirz, 1927   Turnlirz, V.: Einführung in die Jugendkunde.- Leipzig: 1927

Turing, 1936   Turing, A. M.: On Computable Numbers with an Application to the Entscheidungsproblem. In: Proc. London Mathematic Society, 2-42, 17. 11. 1936, S. 230-265

Varela, 1993   Varela, F. J.: Kognitionswissenschaft – Kognitionstechnik: Eine Skizze aktueller Perspektiven, 3. Auflage.- Frankfurt am Main: Suhrkamp, 1993

Vassiliki, 1988   Vassiliki, D.: Neue Informationstechnologien als Herausforderung für die Pädagogik.- Innsbruck, 1988

Vester, 1980   Vester, F.: Denken, Lernen, Vergessen, 5. Auflage.- München: DTV, 1980

Vince, 1995   Vince, J.: Virtual Reality Systems.- Wokingham u.a.: Addison-Wesley, 1995

Völz, 1990   Völz, H.: Grundlagen der Information.- Berlin: Akademie Verlag, 1990

Völz, 1994   Völz, H.: Information verstehn: Facetten eines neuen Zugangs zur Welt.- Braunschweig; Wiesbaden: Vieweg, 1994

Von Foerster, 1984   Von Foerster, H.: Principles of self-organization – In a socio-managerial context. In: Ulrich, H.; Probst, G. (Hrsg.): Self-Organization and Management of Social Systems.- Berlin; Heidelberg; New York: Springer, 1984

Waffender, 1993   Waffender, M. (Hrsg.): Cyberspace: Ausflüge in virtuelle Wirklichkeiten.- Reinbek bei Hamburg: Rowohlt, 1993

Wallmannsberger, 1989   Wallmannsberger, J.: Hypertextmodelle der Wissensrepräsentation: Informationslinguistische Grundlagen und sozialwissenschaftliche Anwendungen. In: Roithmayr, F. (Hrsg.): Der Computer als Instrument der Forschung und Lehre in den Sozial- und Wirtschaftswissenschaften.- Wien;München: Oldenbourg, 1989

Walpoth, 1992   Walpoth, G.: Computergestützte Informationsbedarfsanalyse; Strategische Planung und Durchführung von Informatikprojekten.- Heidelberg: Physica, 1992

Walpoth, 1996   Walpoth, G.: Know-How Einheiten als Basis für intelligente Systeme. Unveröffentlichtes Manuskript.- Innsbruck, 1996

Watzlawick, 1995   Watzlawick, P.: Wie wirklich ist die Wirklichkeit? Wahn, Täuschung, Verstehen; 20. Auflage.- München: Piper, 1995

Weide, 1991   Weide, E.: Die Macht der Künstlichen Intelligenz: Zwischen Technikeuphorie und Kulturpessimismus.- München: Wirtschaftsverlag Langen-Müller/ Herbig, 1991

Weidenmann, 1988 — Weidenmann, B.: Psychische Prozesse beim Verstehen von Bildern.- Bern: Huber, 1988

Weidenmann, 1995a — Weidenmann, B.: Multicodierung und Multimodalität im Lernprozess. In: Issing, L. J.; Klimsa, P. (Hrsg.): Information und Lernen mit Multimedia.- Weinheim: Psychologie-Verl.-Union, 1995

Weidenmann, 1995b — Weidenmann, B.: Abbilder in Multimedia-Anwendungen. In: Issing, L. J.; Klimsa, P. (Hrsg.): Information und Lernen mit Multimedia.- Weinheim: Psychologie-Verl.-Union, 1995

Weizenbaum, 1990 — Weizenbaum, J.: Die Macht der Computer und die Ohnmacht der Vernunft, 8. Auflage.- Frankfurt am Main: Suhrkamp, 1990

Weltner; Neutzler, 1992 — Weltner, K./ Neutzler, M: Unterstützung des autonomen Lernens mit dem PC in Dette, K. (Hrsg.): CIP, Heidelberg 1992, S.185

Wenzel, 1992 — Wenzel, E. M.: Three-Dimensional Virtual Acoustic Displays. In: Blattner, M.M.; Dannenberg, R.B. (Hrsg.): Multimedia Interface Design.- Wokingham u.a.: Addison-Wesley, 1992

Werthner, 1993 — Werthner, H.: TIS – Tiroler Tourismus Information System. In: Wirtschaftsinformatik #35, Heft 1, Jänner 1993

Wielanga; Bredewey; Breuker, 1989 — Wielanga, B.J.; Bredewey, B.; Breuker, J. A.: Knowledge Acquisition for Expert Systems. In: Advanced Topics in Artificial Intelligence, Lecture Notes in Computer Science, Nr. 345, S. 188, 1989

Wiemer et al., 1992 — Wiemer, W./ Heuser, J./ Schmidtmann, M./ Dylka, S.: Datenbank Baugeometrie des Mittelalters (MILES/ DBM) in: Dette, K. (Hrsg.): CIP, Heidelberg 1992, S. 67 ff

Wilhelmer, 1979 — Wilhelmer, B.: Lernen als Handlung.- Köln: 1979

Wilkening, 1988 — Wilkening, F.: Zur Rolle des Wissens in der Wahrnehmung. In: Mandl, H.; Spada, H. (Hrsg.): Wissenspsychologie.- München, Weinheim: Psychologie- Verlags- Union, 1988

Wille, 1985 — Wille, R.: Musiktheorie und Mathematik. In: Götze, H.; Wille, R.: Musik und Mathematik.- Berlin u.a.: Springer, 1985

Wiswede, 1985 — Wiswede, G.: Eine Lerntheorie des Konsumverhaltens. In: Die Betriebswirtschaft, #45/ 5, kS. 544-557, 1985

Witte, 1995 — Witte, K.-H.: Nutzeffekte des Einsatzes und Kosten der Entwicklung von Teachware; Empirische Untersuchung und Übertragung der Ergebnisse auf den praktischen Entwicklungsprozess.- Göttingen, unitext, 1995

Wodaski, 1995 — Wodaski, R.: Multimedia für Insider.- Haar bei München: Markt und Technik, 1995

Wöhrl, 1995 — Wöhrl, M.: Internet-Mailing: Einsatzstudie im Unterricht.- Wien: Bericht des Bundesministeriums für Unterricht und Kunst, 1995

Wratil; Schwampe, 1992 — Wratil, P.; Schwampe, D.: Multimedia für Videa und PC; Techniken und Einsatzmöglichkeiten.- Haar bei München: Markt & Technik, 1992

Yazdani; Pollard, 1993 — Yazdani, M.; Pollard, D.: Multilingual aspects of a multimedia database of learning materials. In: Yazdani, M. (Hrsg.): Multilingual-Multimedia.- Wiltshire Cromwell Press, 1993

Zinnecker, 1975 — Zinnecker, J. (Hrsg.): Der heimliche Lehrplan; Untersuchungen zum Schulunterricht.- Weinheim: Beltz, 1975

Zweck, 1993 — Zweck, A.: Technikfolgenabschätzung für Virtuelle Realitäten. In: Brody, F.; Morawetz, R. F. (Hrsg.): Virtual Reality Vienna 1993.- Wien: 1993

GPSR Compliance
The European Union's (EU) General Product Safety Regulation (GPSR) is a set
of rules that requires consumer products to be safe and our obligations to
ensure this.

If you have any concerns about our products, you can contact us on

ProductSafety@springernature.com

In case Publisher is established outside the EU, the EU authorized
representative is:

Springer Nature Customer Service Center GmbH
Europaplatz 3
69115 Heidelberg, Germany